PENSION AND INCOME SECURITY FOR THE ELDERLY

연금과 노후소득보장

이정우 저

학지사

머리말

자네가 잘못 생각하고 있다네! 연금은 학문이 아닐세!

1987년 봄, 연금을 공부하기 위한 목적으로 독일 유학을 결심하고, 다니던 공무원연금공단의 임직원들께 퇴직인사를 하던 중 최종 단계에서 공단 이사장님으로부터 들었던 말이다. 일반 평직원이 굳이 그렇게까지 정성을 들여서 일일이 작별인사를 다녔던 이유는 2년 가까이 함께 지냈던 동료들과의 작별이 아쉬웠기도 했지만, 내심 공단의 '직원 해외파견 장학생 선발 프로그램'에 지원하고자 하는 마음도 간절했기 때문이었다. 당시 공단의 규정집에는 '연금제도 또는 공단의 업무 개선을 위해 필요하다고 판단될 경우, 직원의 해외연수나 유학 비용을 지원할 수 있다.'라는 내용이 담겨 있었다.

하지만 "연금은 학문이 아니다."라는 이사장님의 말씀 한마디에 장학금에 대한 간절한 소망이 한순간에 날아가 버린 것 같은 허탈한 기분이 들었다. 그때 이사장님께서는 왜 연금은 학문이 아니라고 말씀하셨을까? 이후 8년가량의 유학생활 그리고 귀국 이후에도 한동안 나는 이사장님이 하셨던 말씀의 진의를 제대로 파악하지 못하고 있었다.

일반적으로 국가의 책임으로 운영되는 공적연금제도는 이해당사자 상호 간 복잡한 정치적 타협과 합의의 과정을 거쳐서 최종적으로 연금모형의 선택과 같은 의사결정의 단계에 이르게 된다. 그리고 이러한 단계에 도달할 때까지 개인의 주관적 가치관이나 집단의 이데올로기가 중요한 배경 요소로서 작용하게 된다. 왜냐하면 이 경우, 어떤 연금모형을 선택할 것인가 하는 문제는 개인의 가치판단과 관련된 사안으로서 보편타당한 진리를 배경으로 하는 것이 아니기 때문이다.

공적연금제도는 정치와 정책의 서로 상반된 가치이념을 배경으로 하고 있으나, 동시에 양자는 제도적 성숙과 발전을 위해 상호보완적 관계를 유지해야만 한다. 일례로 다양한 연금모형 가운데 실제로 어떤 것을 선택할 것인가 하는 문제는 전형적인 가치판단이나 개인적 경험을 통해 얻게 되는 직관의 영역에 해당하는 사안이 될 수 있다. 이러한 차원에서 볼 때, 개인적 가치관이나 경험에 바탕을 둔 논쟁은 특정한 사안에 대한 서로의 주관적 견해가 같음과 다름에 대한 다툼일 뿐, 옳고 그름의 차원에서 다루어야 할 사안이 아니라는 점을 유의해야 한다. 그러나 일단 어떤 방안이나 전략에 대하여 사회적 합의에 도달하게 되었을 경우, 그 이후의 과정이나 방안, 평가 및 피드백 등에 대해서는 철저하게 과학적이고 객관적으로 이루어질 수 있도록 해야 한다. 이 경우에서만 비로소 해당 연구의 결과가 학문으로서의 자격요건이 되는 보편타당성을 인정받을 수 있기 때문이다.

다시 민주화의 시대로 돌아가 보면, 당시 1980년대의 한국 사회는 급속한 경제성장을 통해 누릴 수 있게 되었던 물질적 풍요에 비해 민주시민으로서의 소양이나 자질 그리고 이를 뒷받침하는 법적 · 제도적 질서는 턱없이 부족한 불균형 상태에 있었다. 이에 대항한 시민들과 대학생들의 민주화 요구는 군사쿠데타로 정권을 탈취한 군부세력에게는 자신들의 권위나 기득권을 위협하는 불온한 적대 세력의 난동으로 간주되었다.

이러한 시대적 분위기 속에서 1960년 최초로 도입되었던 공무원연금이나 군인연금은 군사정부가 공무원, 군인, 교사 등과 같은 사회의 지도계층을 회유하고, 강압적으로 사회질서에 순응하도록 강요하기 위한 일종의 당근과 같은 역할을 해 왔다. 국민연금제도 또한 도입의 지체성으로 인해 잠재적 정치 역량에도 불구하고, 당시의 시대적 요구에 제대로 부응할 수 없는 정치적 미숙아 상태에 머물러 있었다. 이 같은 이유로 당시 이사장님과 같은 사회지도자들에게 연금은 아무런 논리적 일관성도 없는, 그저 국민을 회유하고 반발을 억압하는 도구로만 보였을 수도 있다. 특히 연금은 학문이 아니라는 이사장님의 말씀은 어쩌면 당시 대한민국에서 연금제도를 대표하는 전문행정관료로서 또는 새롭게 탄생한 연금이라는 학문 분야의 전문가로서 1980년대의 암울했던 시대 상황에 대한 분노와 좌절을 우회적으로 표현해 보여 주셨던 것은 아니었을까 하고 과장해서 상상해 보기도 한다.

일반 연금은 물론, 특히 공적연금은 고유의 통계, 확률 등 수학적 특성으로 인해 별도의 학문적 연구와 교육이 필요한 분야가 될 수 있다. 먼저, 공적연금 분야에 있어서 종종 발견되는 현상으로서 개별적인 상황과 전체적 상황이 서로 대립적으로 나타나는 경우이다. 이는 다른 표현으로 '구성의 모순(fallacy of composition)'으로도 불리고 있으며, 일례로 급속한 저출산-고령화 사회로의 전환과 연금재정의 건전성 악화 등에 대처하여 국내저축률의 인상이 시급하게 요구된다. 이와 같은 사회에서 저축은 미덕이 될 수 있고, 국민 개개인이 각자의 복지문제를 스스로 해결하고자 하는 자립 의지는 사회적 귀감으로서 장려되어야 할 것이다.

하지만 만약, 사람들 모두가 자신의 노후를 위해 매진하게 된다면 이 같은 경우 저축은 더 이상 미덕이 될 수 없다. 과도한 저축은 유효수요를 떨어트려 전체적으로 경제성장의 둔화와 함께 국내 저축 하락의 원인으로 작용할 수 있기 때문이다.

이와 같이 개인 대 전체의 모순적 상관관계는 연금제도의 다른 곳에서도 비교적 용이하게 발견할 수 있다. 가령, 전체 국민의 과반수가 가입하고 있는 국민연금제도에서 적립기금의 투자 수익은 국민의 자산을 증대시키는 작용을 하지만, 동시에 이는 미래의 우리 국민이 갚아야 할 채무를 단순히 확대시키는 작용을 할 수도 있다는 점을 유의할 필요가 있다.

즉, 전체 국민의 과반수가 가입하고 있는 국민연금제도와 같은 사회보장제도에 있어서 기금의 투자실패는 위험의 분산기능이 불가능하게 되고, 단지 과거-현재-미래의 가입자들이 공동으로 책임을 져야 하는 '공동의 위험(common risks)'이 될 수밖에 없다는 것이다. 이러한 점에서 볼 때 개인적 차원의 투자실패에 따른 파산 그리고 국가적 차원의 투자실패에 따른 경제적 파산은 엄격한 차이가 존재하게 된다. 따라서 이러한 차원에서 연금에 대한 학문적 연구와 교육이 필요하게 되는 것이다.

이 책을 집필하면서 많은 도움을 주셨던 분들께 감사 인사를 드리고자 한다. 항상 먼저 감사 인사를 드리는 분이 있다. 독일 베를린공과대학교에 재직하셨던 Christof Helberger 교수님이다. 항상 내 생각이나 주장이 무엇이냐고 채근을 하셨지만, 이번에도 역시 나의 주장이 별로 담기지 못해 아쉬움이 남는다. 다음으로는 교재의 집필 및 발간 관련 행정사무와 원고의 수정 작업에 많은 도움을 받은 윤남식, 안은영 박사께 그리고 원고의 탈고와 책의 발간 과정에서 가독성이 높은 저술이 될 수 있도록 도움을 주신 학지사의 김현주 편집자와 김진환 사장님께도 깊은 경의를 표하고자 한다. 끝으로 원고가 탈고될 때까지 묵묵히 지켜보아 준 아내 이애란과 아들 현승 그리고 딸 현선에게도 미안하고 또 감사함을 전한다. 그리고 어쩌면 누구보다도 더 깊은 사랑으로 보듬어 주어야 할 예비 며느리 예진에게도 새 식구가 되어 주어 고맙다는 인사를 보낸다. 그리고 장기간의 원고 작업을 묵묵히 지켜봐 주고 용기를 준 큰동생과 작은동생 부부에게도 감사의 인사를 드린다. 마지막으로 어머니와의 사별 후 홀로 당신의 자리를 묵묵히 지켜 오시는 아버지께도 항상 건강과 행복이 함께하실 수 있기를 기원한다.

2023년 1월

김해에서, 이정우

차례

제2부 공적연금제도의 목표, 기능, 원리

제3장 노후소득보장정책의 목표와 지표 81

제4장 공적연금제도의 기능 113

제5장 노후의 사회안전망으로서 노후소득보장제도의 역할과 기능 135

제6장 공적연금제도의 기본원리 157

제3부 공적연금제도의 구성요소

제7장 공적연금제도의 적용 203

제8장 공적연금제도의 재원조달 233

제4부 연금과 보험의 이론

제5부 공적연금제도의 개혁방안

제1부
노후소득보장과 연금의 개념 및 역사

제1장 개념과 정의

현대사회에서 대다수의 사람은 근로를 제공하고, 그 대가로 받게 되는 임금으로 생계를 유지해 오고 있다. 그러나 이와 같은 생존양식은 사람들이 나이가 들어 퇴직을 하게 되면 소득단절의 문제를 초래할 수 있다는 점에서 본질적 한계가 있다. 이에 따라서 퇴직자 가계의 상당수는 소득흐름의 중단에 따른 소비기회의 제약으로 인해 노후빈곤이나 급격한 생활수준의 하락을 경험하게 될 수 있다. 따라서 국가는 국민들이 노후생활주기에서도 자립적으로 생계를 이어 나갈 수 있도록 별도의 소득보장장치를 마련해야 할 책임이 있다.

제1절 노령의 개념과 특성

1. 사회적 위험이란

사회적 위험(social risks)이란 인간의 생명이나 생존을 위협하거나 또는 존엄성을 훼손할 수 있는 중대한 위험요인(risk factors)으로서, 발생원인이 국가나 사회질서에 있어서 구조적 결함을 주요 배경으로 하고 있다. 일례로 자본주의적 사회체제에서 사회적 위험이란 시장경제를 형성하는 정치 · 경제 · 사회의 기본질서(대표적으로 경쟁과 이윤추구의 자유, 소유권 등)가 작동하는 과정에서 불가피하게 초래될 수 있는 구조적 병리현상(일례로, 빈부격차, 경제적 불안정성이나 불확실성 등)을 의미한다. 따라서 이로 인해 자본주의 사회에서는 다양한 종류의 사회문제가 양산되고, 이들은 다시 인간의 생존을 위협하는 위험요인으로 작용하게 된다.

하지만 인간의 생존을 위협하는 제반의 위험요인들 가운데 실제로 어떠한 것들을 사회적 위험으로 수용하고, 이를 어떤 방식으로 대처해야 할 것인가 하는 문제는 전적으로 가치판단의 과제가 될 수 있다(이정우, 2017: 45). 왜냐하면 개별 사회적 위험들의 해결에 있어서 우선순위의 부여, 위험별 피해에 대한 보장수준 및 문제 해결방식의 선택 등은 시대별 상황이나 국가별로 정치 · 경제 · 사회적 환경에 따라 큰 차이를 보일 수 있기 때문이다. 나아가 이와 같은 가치판단은 시간적으로나 공간적으로 부단히 변화하는 특성을 보이고 있기 때문에, 모든 시대의 모든 국가에 걸쳐 공통적으로 해당되는 소위 '표준적 위험(Standardrisiken[독])'이란 찾아보기 어려울 수도 있다(Petersen, 1989: 19).

하지만 그럼에도 불구하고 국가들 상호 간 위험의 특성에 대한 파악 그리고 대처 경험의 공유 등을 위해서는 불가피하게 사회적 위험에 대한 인식의 기준이 통일되어야 할 필요가 있다. 왜냐하면 가령 국가별로 사회보장의 수준을 올바르게 비교하기 위해서는 선행적으로 사회보장에 포함되는 위험 항목들에 대한 인식의 기준이나 범위가 모든 국가들에서 동일하여야 하기 때문이다.[1] 따라서 여기서는 국제노동기구(ILO), 국제연합(UN), 유럽연합(EU), 경제개발협력기구(OECD) 등과 같은 국제기구들이 사회정책 분야에서 축적한 학문적 연구의 성과와 경험들을 토대로 현대사회의 국가

1) 일례로 국가별로 매년도 국내총생산(GDP) 대비 사회보장 지출수준을 보여 주는 '사회보장 지출 비중'이 지표로서 올바른 역할을 할 수 있기 위해서는 선행적으로 회원국들 상호 간 사회보장의 대상 항목에 포함되는 위험의 개념정의와 범위가 일치해야 함.

들이 공동으로 대처해야 할 사회적 위험들을 정리하여 보여 주고 있다.

그 일환으로서 국제노동기구(ILO: Indernational Labour Organization)는 1944년 미국의 필라델피아 총회에서 회원국가의 대표위원들을 대상으로 ① 모든 국가들이 자국 노동자들의 복리후생을 위해 공동으로 대처해야 할 위험들을 정의하고, ② 각각의 위험들에 대한 '사회보장의 최저기준(Minimumstandard der sozialen Sicherung[독])'을 적용하는 방안을 두고 오랜 기간 동안 논의를 거쳐 왔다. 따라서 이에 근거하여 국제노동기구는 현대사회의 대표적 사회적 위험에 해당될 수 있는 위험요인으로서 질병, 실업, 노령, 산업재해와 직업병, 가족부양, 모성, 장애, 부양자의 사망 등을 정의했다.[2)]

이에 대하여 미국 출신의 학자 턴불 등(Turnbull et al., 1973)은 위험의 본질적 배경이 경제적 불안정(economic insecurity)에서 연유하는 것으로 파악하고, 다음과 같이 주장하였다. 구체적으로 그들은 문제에 대처하는 시각을 위험의 원인들(예: 노령, 장애, 실업, 부양자의 사망 등) 그 자체가 아니라, 그것들이 초래한 결과적 현상(즉, 빈곤과 소득의 불안정)에 맞출 것을 역설하고 있다. 따라서 이와 관련한 경제적 차원의 문제들로서 턴불 등(Turnbull et al., 1973)은 ① 소득의 단절, ② 평균 이상의 과도한 비용지출(additional expenses), ③ 소득의 불충분성(insufficiency), ④ 소득흐름의 불확실성(uncertainty of income) 등을 지적한 바 있다.

2. 사회적 위험으로서의 노령

인간은 일생 동안 다양한 종류의 위험을 경험하며 살아가게 된다. 이들 가운데 생애의 후반부에서 맞이하게 되는 노령(old-age,[영] Alter[독])은 다

2) 여기서 주목하여야 할 점은 빈곤이 사회적 위험의 항목에서 제외되어 있다는 점임. 그에 대한 핵심적 배경으로는 빈곤은 위험이 아니라 궁핍하게 살아가고 있는 상태, 즉 피해의 결과를 보여 주는 것이기 때문임.

른 생애주기(예: 유년기, 청소년기, 장년기 등)에서의 위험요인들과 비교해 볼 때 내용적으로 차별성을 보일 뿐만 아니라, 실제로 일상생활에서 위기상황을 초래하게 될 확률도 상대적으로 높다. 왜냐하면 노령은 [그림 1-1]에서 보는 바와 같이 ① 퇴직에 따른 소득단절로 인한 노후빈곤의 문제, ② 신체적 · 정신적 기능의 노쇠에 따른 만성질병, 장애, 일상생활의 타인의존성 심화(요수발) 등으로 인하여 과다한 추가적 비용의 발생 그리고 ③ 사회적 고립과 소외 등이 상호 복합적으로 작용할 수 있기 때문이다.

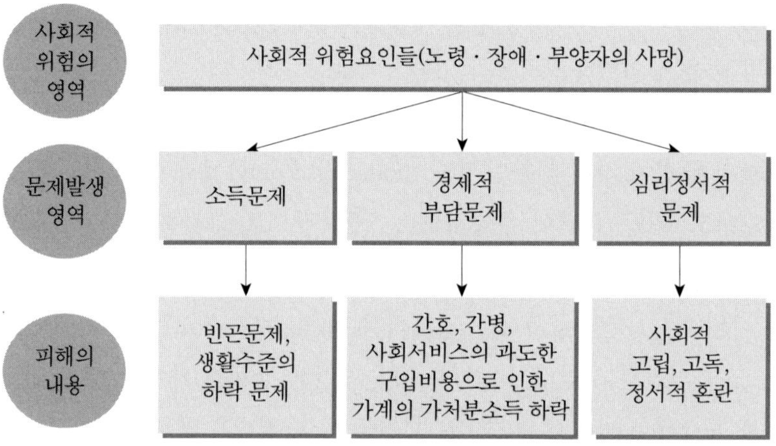

[그림 1-1] 노령기 사회적 위험요인들의 상호 작용과 문제점

출처: 이정우(2017)에서 임의로 재설계.

경제활동시기 사람들이 자신의 노후대비를 소홀히 하게 될 경우 노후빈곤과 같은 위기상황에 내몰리게 될 확률이 높다. 그리고 이러한 위기상황은 종종 노인들에게 불리한 사회환경(예: 연령차별에 따른 만성적 고용불안 및 사내 지위 하락, 가정의 노인부양기능 약화 등)으로 인해 더욱 가중될 위험마저 있다.

이러한 시대적 상황에서 발생하게 된 또 다른 사회현상으로서 평균수명의 지속적인 연장 추이는 우리 사회에서 노인부양으로 인한 국민경제의 부담을 양적으로나 질적으로 가중하고 있다. 일반적으로 평균수명의 연장은 연령계층별로 앞으로 남은 기대잔여수명이나 생존확률을 인상시키는 작용을 하게 된다. 다음의 [그림 1-2]는 각각 서로 다른 출생인구(cohorts, 일례로, 출생연도별: 1920, 1950, 1980, 2010)가 나이가 들어가게 됨에 따라 변화하게 되는 생존확률의 추이를 보여 주고 있다. 그림에서 일반적인 경향으로서 시간이 경과할수록 점차 이전보다 높은 비중의 사람들(그림에서 a)이 노후시기를 경험하게 되고, 동시에 사람들은 이전보다 더 오랜 기간(그림에서 b) 동안 노후시기를 살아갈 수 있게 되었다는 사실을 확인할 수 있다(Dinkel, 1984: 129). 이러한 차원에서 볼 때 오늘날 사람들에게 있어서 노후생활주기란 과거 산업화 초기에서와 같이 장기간 동안의 근로활동 이후 죽을 때까지 남은 단순한 '잔여적 시간(restliche Zeit[독])'이 아니라, 퇴직 이후에도 어떤 의미 있는 일을 도모할 수 있는 '새로운 생애주기(neue Lebensphase[독])'로서 인식의 변화를 보이고 있다.[3)]

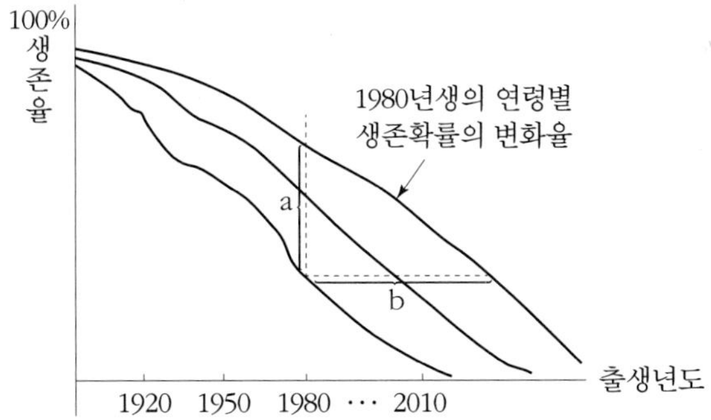

[그림 1-2] 코호트별 생존확률의 변화 추이

출처: Dinkel, R. (1984)에서 임의로 작성.

3) 독일의 경우 1889년 세계 최초로 공적연금제도를 도입하였을 당시 연금수급연령은 70세로 적용되었으며, 이는 당시의 평균수명을 감안해 볼 경우 대다수 근로계층에게는 쉽게 도달할 수 없는 한계연령으로 받아들여졌다. 하지만 동시에 당시 노동자들에 대해서는 노후소득보장을 위한 제도적 장치의 절대적 부족을 감안하여 퇴직연금의 적용 자체가 이루어지지 않았다.

하지만 이와 같은 수명연장의 긍정적 효과에도 불구하고 정작 노후대비가 부족한 다수의 사람에게 있어서 늘어난 삶은 단순히 노후의 경제적 궁핍을 연장하는 작용을 하게 되어, 장수(longevity)가 그 자체로서 새로운 사회적 위험(new social risk=장수의 위험)으로 대두되고 있다. 따라서 장차 고령화 사회의 문제점에 대비하여 개인적 차원에서나 국가적 차원에서 적절한 노후대책의 마련이 요구된다.

3. 제도적 노령과 사회적 편견

기업에게 있어서 근로자의 나이는 인력운영이나 생산활동의 측면에서 중요한 판단기준으로 활용되고 있다. 왜냐하면 근로자의 나이는 기업의 생산성(labour productivity), 이윤, 비용 등에 걸쳐 상당한 영향을 미칠 수 있기 때문이다. 일반적으로 근로자 개인의 생산성 곡선(P)은 [그림 1-3]에서 보는 바와 같이 입사 이후 일정한 연령(B)에 이를 때까지 상승하게 되고, 그 이후부터는 완만하게 하락하는 형태를 보이게 된다. 반면에 근로자들의 임금은 기업의 생산활동에서 차지하는 비용의 주된 부분으로서, 통상적으로 근로자의 나이가 들수록 증가하는 것으로 나타나고 있다.

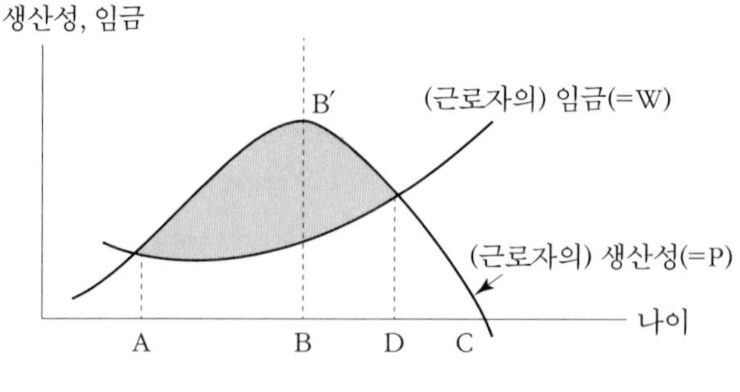

[그림 1-3] 근로자의 생산성 변화가 고용에 미치는 효과

출처: 저자 임의 작성.

그림에서 기업의 이윤은 근로자 개인의 생산성(P)과 임금 곡선(W)의 차이가 크게 발생하는 점(B′)에서 극대화될 수 있다.

반면에, 근로자의 임금수준은 기업에 따라서 차이를 보일 수 있겠지만, 매년 지속적으로 증가하는 추세를 보이게 된다. 따라서 이러한 상황에서 기업은 근로자와의 고용 관계를 조기에 종료하는 것이 경제적으로 유리하게 되고, 반대로 근로자들의 경우 정년연령을 지나서까지 고용관계를 계속적으로 유지하는 것이 이익이 될 수 있다. 종합해 보면, 고령자의 고용과 관련하여 노사 간 이해의 대립은 나이가 들어갈수록 심화되어, 종국적으로는 고령자의 고용불안이 만성적 현상으로 이어지게 될 확률이 높다.

서구 국가들의 경험에서 볼 때 이와 같은 고용불안의 현상은 다양한 종류의 조기퇴직제도를 양산하는 결과를 가져왔다. 이러한 조기퇴직제도는 운영 주체별 구분에 따라서 국가나 공적연금 차원의 (특례)조기노령연금제도 그리고 개별 기업이나 단체협약 차원에서의 각종 명예퇴직제도(실제적으로는 조기퇴직 유인제도) 등의 형태로 운영되어 왔다.[4] 이에 따라 독일과 같은 국가들의 경우 연금의 지급개시연령이 공식적으로는 65세로 유지되어 왔음에도 불구하고, 매년 새롭게 연금을 수급하게 되는 사람들의 평균연령은 꾸준히 낮아져 한때 60세 이하로까지 떨어진 경우도 있다(이정우, 1996: 64).

일반적으로 사람들은 퇴직의사결정의 과정에서 다양한 목적의 기준연령들을 참조하게 된다. 이와 같은 목적의 기준연령으로는 [그림 1-4]에서 보는 바와 같이 생애 주된 일자리에서의 퇴직연령(retirement age), 정년연령(normal retirement age) 그리고 정규노령연금 수급연령(normal

4) 국가적 차원에서 운영되었던 특례조기노령연금의 경우 국가는 연금의 조기수급에도 불구하고 그에 따른 연금의 감액률을 제대로 적용하지 않는 방법으로 경제적 혜택을 제공하였음. 이 외에도 기업 차원의 명예퇴직제도의 경우 기업들은 대상자들에게 관대한 퇴직금 또는 퇴직연금의 지원 등과 같은 방법으로 고령자들의 퇴직을 유도하였음.

pensionable age) 등으로 구분해 볼 수 있다. 먼저, 전체적으로 보았을 때 실제적인 퇴직연령과 공식적으로 노령연금의 수급가능연령 사이에는 큰 소득공백의 문제가 존재한다는 점이다. 기업의 정년연령(normal retirement age)이나 공적연금제도의 연금수급연령(pensionable age) 등은 사람들이 생애주기별로 자신들의 역할을 구분하는 일종의 기준이나 척도로 활용되고 있다. 특히, 이러한 정년연령이나 연금수급연령이 보편적으로 적용됨에 따라서 사람들의 생애주기별 역할 구분이 점차 표준화·규격화되어 가는 경향을 보이고 있다. 그리고 이와 같은 현상은 개인별로 퇴직과 연금 지급의 시점이 서로 괴리를 보이게 되어, 궁극적으로는 고령계층의 생계를 불안정하게 할 수 있다.

[그림 1-4] 주된 일자리의 퇴직연령-정년연령-연금수급연령의 상호 관계

이에 따라서 정년연령이나 연금수급연령은 일종의 '퇴직과 관련성이 있는 연령'으로서 비록 현실적으로는 서로 상이한 배경과 목적으로 운영되고 있지만, 기능적으로는 공히 고령자들의 퇴직의사결정에 중대한 영향을 미치게 된다. 따라서 양자는 개인별로 퇴직을 위한 일종의 기준 연령으로서 다음과 같은 기능을 하게 된다(Künemund & Vogel, 2018: 527; Kohli, 2000: 15).

첫째, 노동시장 정책적 기능으로서 퇴직연령은 노사 간 고용계약의 종결이 공식적으로 성립되는 연령을 의미한다.[5] 따라서 이 경우에서만 기

5) 독일 등 서구국가들에서 고용계약은 통상적으로 법정 연금수급연령의 도달시점까지로 하고 있음. 그리고 계약기간 중 연금수급연령이 변동이 있을 경우 당연히 그 내용이 반영될 수 있도록 하고 있음.

업들은 비로소 개별 근로자들과 장기간 동안의 고용계약에 따른 손익계산을 따져볼 수 있다. 나아가 고령자의 퇴직이 전제되어야만 기업들은 신규채용을 통해 조직의 활력을 강화할 수도 있다.

둘째, 사회정책적 기능(Sozialpolitische Funktion[독])으로서 기업의 퇴직연령은 대체로 공적연금제도의 연금수급연령과 맞물려 운영되므로, 퇴직으로 인한 임금소득의 단절은 이를 대체할 수 있는 연금의 수급자격을 충족하는 요건으로 작용하게 된다.

셋째, 인지적 기능(cognitive function)으로서 퇴직연령은 사람들이 퇴직 이후 자신의 경제적 · 사회적 지위 변화를 인식하게 되고, 노후를 재설계(Orientierungsfunktion[독])할 수 있는 계기를 제공해 줄 수 있다.

넷째, 도덕적 자부심과 같은 긍정적 기능(moralische Funktion[독])으로서 퇴직연령은 고령자들이 근로자의 신분으로 사용자와 체결한 고용계약을 성공적으로 완성하였음을 입증할 수 있는 기준연령으로서 활용될 수 있다.

이상에서 살펴본 퇴직연령은 다양한 기능적 특성에도 불구하고, 다음과 같은 두 가지 측면에서 부작용을 초래할 수 있다(Kohli, 2000: 15).

첫째, 일반적으로 퇴직연령은 특정한 연령으로 확정하여 적용되므로, 이는 근로자의 차별을 금지하는 '동등처우의 원칙(Grundsatz der Gleichbehandlung[독])'을 연령을 이유로 위반하는 것이 될 수 있다. 왜냐하면, 일반적으로 사람들에 따라서 근로의 능력이나 선호가 서로 상이하기 때문에 이를 모든 사람들에게 각자의 희망에 따라서 동등하게 반영해 주어야만 하기 때문이다. 따라서 이 경우 획일적인 퇴직연령은 모두에게 동등한 적용을 강조하는 '보편성의 원칙(Universalismus[독])'을 침해할 수 있다.

둘째, 모두에게 획일적인 퇴직연령은 개인의 선택권을 제한하게 되는 부작용을 초래할 수 있다는 것이다. 왜냐하면 이 경우 퇴직연령은 사람들마다 각자의 능력, 선호, 환경 등에 있어서 차별성을 강조하는 '개별성의 원칙(Individualismus[독])'을 침해할 수 있기 때문이다.

퇴직연령의 존재로 인하여 고령근로자들 개개인은 실제적인 근로능력이나 본인의 의사에 상관없이 일정한 연령을 기점으로 일률적으로 근로를 중단하고 퇴직을 해야만 한다. 하지만 이와 같은 현상은 상당 부분 '정년연령(=생산성이 떨어지는) 노령'이라는 인식적 편견과 기업의 불합리한 인력운영 관행에 기인하는 것일 수 있다는 점에서 특별한 관심이 요구된다. 이러한 인식적 편견의 대상으로서 대표적인 노령은 생애의 마지막 단계, 독립성의 부족과 타인 의존성 심화, 만성질환 등과 상당한 관계를 가지게 된다는 획일적 판단(Altersklischee[독])이나 편견에 근거를 두고 있다(Bäcker et al., 2008).

고령자의 신분을 결정하는 요소들의 상당부분은 고용문제에서 파생(독일 사회법전 제3권: 354)하고 있다. 일반적으로 정년에 가까운 고령근로자들의 경우 사내 인력의 구조조정 과정에서 일차적 대상이 될 확률이 높다. 나아가 그들은 승진·임금인상·사내복지의 혜택 등에 있어서 불이익을 받게 될 뿐만 아니라, 직업교육의 기회에 있어서도 차별을 받게 되는 경우가 종종 발생하게 된다. 여기서 특히 직업교육에 있어서 차별은 인적자본의 노후화를 가속화하여, 결과적으로 고령근로자들의 고용불안을 더욱 가중하게 되는 문제를 초래할 수 있다.

정년연령은 기업이 근로자의 인적자본에 대한 투자비용을 회수할 수 있는 기간(amortization's period)을 제한하는 작용을 하게 된다. 따라서 이러한 사실로 인하여 고령근로자들은 기업의 인적자본 투자 대상의 선별과정에서조차 차별을 받게 될 가능성이 높다. 이에 대하여 만약 고령근로자 또한 스스로 자기계발의 노력을 등한시하게 될 경우 생산성은 더욱 더 하락하게 된다. 따라서 이들 가운데 상당수는 정년연령보다 상대적으로 이른 시기에 구조조정의 대상이 되어 해고를 경험하게 될 위험이 높다. 종합해 보면 고령근로자에 대한 기업의 편견과 인사정책에 있어서 부당한 차별이 실제가 되는 것을 경험할 수 있다는 것이다(이준구, 2005).

일반적으로 기업의 정년연령이나 연금수급연령 등은 사회에서 세대 간 역할교체가 시작되는 기준연령으로 받아들여지게 되는 경우가 있다. 특히 이와 같은 기준연령은 노동시장의 상황에 따라 변동될 수 있으며, 일례로 서구사회의 경우 1970년대 중반 이후 장기간 동안의 고도실업시기를 거쳐 오면서 기준연령이 점차 하향 적용되어 왔다. 하지만 이러한 '제도적 노령'은 노령인력에 대한 편견과 차별을 배경으로 적용되는 연령으로서, 고령근로계층의 고용불안과 노후빈곤의 문제를 양산하는 원인으로 작용될 수 있다는 점에서 실제적인 연령의 적용에 있어서 특히 유의하여야 할 필요가 있다.

4. 노령과 노화의 특성 구분

노후소득보장제도란 고령계층의 소득흐름을 안정화시켜 주기 위한 목적으로 운영되는 사회제도다. 그리고 이러한 제도의 기능적 특성을 올바르게 이해하기 위해서는 노령과 노화의 개념을 구분하여 살펴볼 필요가 있다.

먼저, 노령(老齡: Alter독)이란 사회적 통념상 노인으로 간주되는 연령을 의미한다. 이러한 점에서 노령은 세대 간 역할교체가 이루어지게 되는 연령으로서 퇴직과 일정한 상관관계를 가지게 된다. 그리고 생애주기의 관점에서 볼 경우 노령은 사람들이 일생을 살아가는 과정에서 모두가 공통적으로 거치게 되는 생애의 한 단계로서 이해해 볼 수도 있다.

반면에 노화(老化, Altern,독 altern독)는 나이가 들어가게 됨에 따라 나타나는 신체적 노쇠와 기능적 퇴화 현상을 의미한다. 일반적으로 노령은 인간이 연륜(年輪)을 더해 가는 과정에서 모두에게 동일하게 해당되는 현상인 반면, 노화의 과정은 건강 상태, 유전적 특징, 정신적 기질, 삶에 대한 자세, 개인적 노력, 생활습관 및 주변 환경 등에 따라 개인별로 상당한 차이를 보이게 되는 특성이 있다. 하지만 그럼에도 육체적 · 정신적 노화는 주로 노인계층에게서 나타나는 현상으로서 노령과 따로 분리하여 볼 수 없는 특성을 가지고 있다.

이러한 노령과 노화의 개념 구분은 공적연금제도의 급여 종류들 가운데 하나인 노령연금의 수급자격이 인정되는 연령의 결정 과정에서 중요한 판단 근거가 될 수 있다.[6] 먼저, 정규노령연금(normal retirement pension)은 달리 법정노령연금(statutory retirement pension)으로도 불리며, 이는 정치·경제·사회적 논의의 과정을 통하여 합의된 일정한 '(노령) 연령'을 기준으로 연금의 수급자격을 결정하게 된다. 따라서 정규노령연금은 이러한 기준연령의 충족을 급여의 수급조건으로 하므로 별도로 급여의 감액 또는 증액 없는 '완전한 형태의 연금(full pension)'이 지급된다.

하지만 이와 같은 정규노령연금의 수급연령은 모두에게 일률적으로 적용되어 사람들마다 상이한 노화의 과정으로 인한 일과 여가에 대한 다양한 욕구를 제대로 반영해 주지 못하는 결과를 초래할 수 있다. 나아가 이상과 같은 연금수급제도의 운영방식은 개인별로 근로에서 퇴직으로의 이행과정에서 다양성과 유연성을 제약하여 획일화시키게 될 위험이 높다. 따라서 이와 같은 종류의 문제점에 대한 대응책의 일환으로서 스위스는 연금개혁을 통하여 정규노령연금 수급연령 등과 같은 차별적이고 제약적인 용어의 사용을 지양하고, 대신 '참조연령(reference age)'이란 용어를 통하여 개인적으로 연금수급연령, 퇴직연령 등에 대한 선택의 폭이 확대될 수 있도록 하고 있다.

이에 따라서 국가는 개인별로 근로에서 퇴직으로의 이행이 유연하게 이루어질 수 있도록 하기 위한 별도의 제도적 정치를 구축할 필요가 있다(이정우, 2005). 구체적으로 국가는 한편으로 정규노령연금 수급연령

6) 일반적으로 공적연금제도에 있어서 연금의 종류는 노령연금, 장애연금, 유족연금이 있으며, 스위스 등의 국가에서는 이 외에도 연금가입자와 생계를 함께하는 부인이나 자식들을 위한 아내연금(wife pension)과 아동연금(child pension) 등이 있음.

을 기준으로 그 전후 일정한 연령구간을 설정하여 각자 자신들의 작업부담능력이나 일에 대한 선호에 따라 실질적인 퇴직연령을 선택(자율노령연금, flexible retirement pension)할 수 있도록 할 필요가 있다. 그리고 다른 한편으로 국가는 고령자 개인별로 자신들의 건강상태나 선호에 따라 일과 여가의 시간을 선택할 수 있도록 하는 부분연금제도(partial rente pension system)의 도입방안을 마련하여야 할 필요가 있다.

하지만 노령연금의 조기수급이나 수급의 연기 또는 점진적 퇴직은 연금재정에 영향을 미치게 되므로, 통상적으로 국가는 개인의 노령연금에 대하여 합당한 수준의 감액률 또는 가산율을 적용하게 된다.

제2절 노후소득보장제도의 개념과 기능

1. 연금과 노후소득보장제도의 정의

노후소득보장제도란 사람들이 노령으로 인해 근로활동을 중단하게 될 경우 발생하는 소득공백의 문제를 해결해 주기 위한 목적으로 운영되는 제도적 안전장치다. 일반적으로 노후를 위한 대비 수준이 높을수록 개인은 노후의 생활안정과 경제적 자립을 영위하는 효과를 누릴 수 있다.

국가는 국민들 모두가 안정된 노후생활을 영위할 수 있도록 노력해야 한다. 그러나 일반론적 차원에서 이러한 국가의 책임에도 불구하고 노후소득보장의 과제는 반드시 국가가 전적으로 자신의 주도하에서 직접적으로 수행해야 할 당위성은 없다. 왜냐하면 국민들 모두가 자율적 판단에 따라 스스로의 노력으로도 합리적 수준의 노후 대비를 수행할 수 있을 경우 해당 분야에 대한 국가 개입은 불필요할 수도 있기 때문이다.

노후소득보장의 기능을 하는 제도로는 [그림 1-5]와 같이 공적 차원에서 사회보장의 영역과 사적 차원의 민간보장의 영역에 걸쳐 다양하고 광범위하게 존재하고 있다.

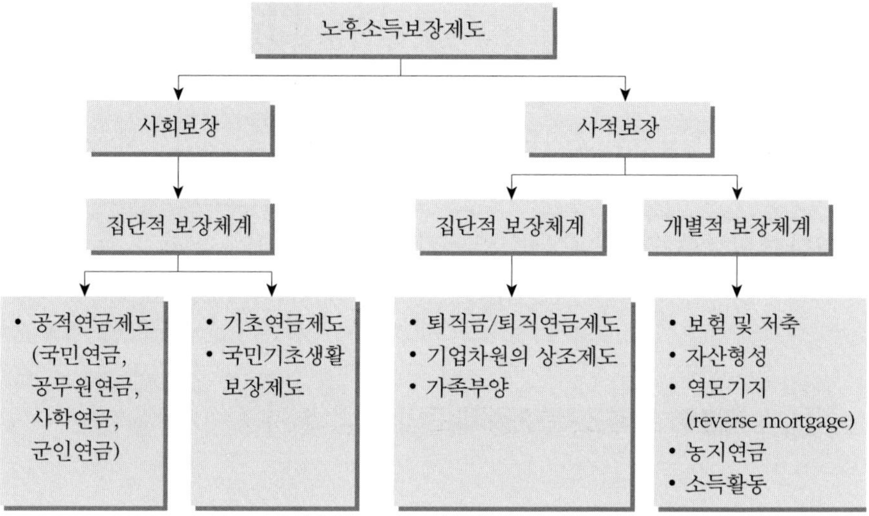

[그림 1-5] 전체 국민경제에서 노후소득보장제도의 구성 체계

출처: 이정우(2013).

여기서 먼저 사회보장의 영역은 주로 국가의 책임으로 운영되는 공적 노후소득보장제도들로서 보험의 원리를 바탕으로 하는 국민연금과 공무원연금 등 특수직역연금 그리고 부조의 원리를 기초로 하는 기초연금과 국민기초생활보장제도의 생계급여 등으로 구성되어 있다. 다음으로 사적 차원의 민간보장은 개별적 노후대책의 방안으로서, 이는 다시 직장 · 가족 · 친지 단위의 단체적 보장방식(즉, 소득의 이전 등) 그리고 개인 스스로 저축(여기에는, 일반 저축이나 보험 가입 이외에도 부동산 등의 구입, 역모기지) 등을 통해 노후를 대비하는 방식으로 구분해 볼 수 있다.

이상을 종합하면, 국가는 공적 기관 또는 사적 민간시장에 걸쳐 다양한 형태나 종류의 노후소득보장 상품들이 생산 및 거래될 수 있는 환경을 조성함으로써, 국민들 각자가 노후빈곤 문제의 해결은 물론 안정적인 노후생활을 유지할 수 있도록 제도적 환경을 조성해 나아가야 할 책임이 있다.

2. 생애소비의 안정성 유지 방안: 저장과 교환

후생경제학의 이론에 따르면 사람들은 각자 일생 동안 소득흐름을 안정적으로 유지함으로써, 자신들의 효용 수준을 극대화하고자 한다. 따라서 이를 위해 사람들은 젊은 시절 자신들이 벌어들인 소득 중 일정 부분을 유보하여, 향후 은퇴시기에 가서 자신들의 노후소비를 안정적으로 유지하고자 노력하게 될 것이다. 이처럼 사람들이 자신의 소비기회를 시기적으로 적절하게 배분하여 일생 동안 안정적인 소비생활을 영위할 수 있는 방법은 다음과 같은 두 가지가 있을 수 있다.

1) 장래의 노후소비를 위한 저장

사람들이 장래에도 일정한 수준의 소비생활이 가능하도록 하기 위해 현재 생산물의 일부를 저장(storage)하는 방법이 있을 수 있다. 하지만 이처럼 실물적 차원의 노후대비 방법은 다음과 같은 문제점을 가지고 있다.

첫째, 사람들이 생산한 물품들 가운데 일부를 미래소비를 위해 직접 저장 및 보관하는 것은 비효율적인 행위가 될 수 있다는 점이다. 왜냐하면 생산물의 저장은 장기간 동안의 보관 및 관리 비용 또는 도난 · 부패 및 파손 등에 대비한 거래비용(transaction's cost)의 문제를 초래할 수 있기 때문이다. 나아가 이 경우 만약에 사람들의 선호나 습관이 중도에 변화하게 되면, 향후 그 상품의 소비를 통해 얻게 되는 개인적 후생은 줄어들 수도 있다.

둘째, 환경 또는 사람들의 선호 등이 변화함에 따라 생산물의 실질적 가치 또한 변동할 수 있는 불확실성의 문제가 있다.

셋째, 현장에서 사람들의 노동력을 통해 직접 이루어지게 되는 일부 서비스 상품의 경우 저장 자체가 불가능할 수도 있다는 점이다. 교육이나 진료 또는 돌봄 등 인간의 행위를 통하여 직접 획득하게 되는 서비스 상품이 대표적인 사례가 될 수 있다.

2) 미래의 생산물에 대한 청구권리와 교환

개인이 현재 생산된 상품이나 서비스의 일부를 미래의 생산물에 대한 청구권리와 교환(exchange)하는 방법도 있을 수 있다. 구체적인 방법으로서 개인들 각자가 자신의 소득 가운데 일부를 저축하여 퇴직 후에 젊은 세대가 생산한 상품이나 서비스와 교환할 수 있는 금융자산을 축적하는 적립방식 그리고 퇴직 후에 다른 사람이 생산한 재화의 일부를 획득할 수 있는 권리를 미래세대나 정부로부터 보장받는 부과방식[또는 비(非)적립방식]이 있을 수 있다.

이상에서 적립방식과 부과방식은 노후소득보장 방식에 있어서의 차이점에도 불구하고, 현재의 생산세대가 향후 노인세대가 되었을 때 생존을 위한 소비의 기회는 공히 그 시기에 생산세대가 생산한 상품이나 서비스를 대상으로 충족될 수 있다.

노후의 소득보장을 위하여 개인이 장래의 생산물 가운데 일부를 청구권리와 교환할 수 있는 수단들로는 다시 저축, 보험 그리고 사회보험 등이 있을 수 있다. 다음에서는 교환의 수단이 되는 저축, 보험 그리고 사회보험의 사회정책적 기능을 보여 주고 있다. 그림에서 소득에 대한 효용곡선을 보여 주고 있으며, 이는 통상적으로 저축, 보험, 신뢰를 통해 보험에 장래소비를 보장해 주는 기능을 보여 주고 있다. 이에 따라서 개별 교환수단들이 미래소비를 보장해 주는 범위에 따라서 각자의 기능적 차이를 평가해 볼 수 있을 것이다.

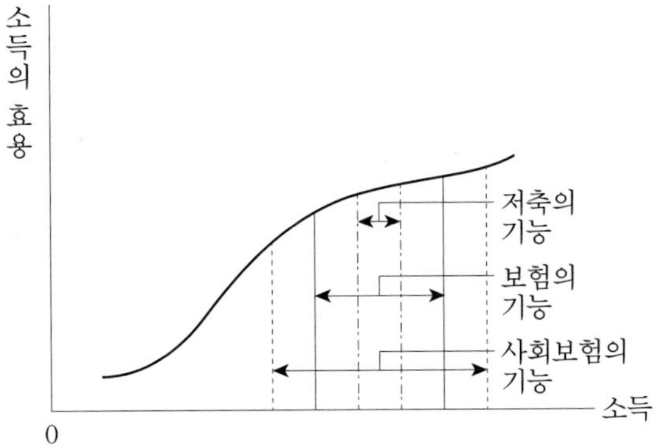

[그림 1-6] 장래의 소비와 교환을 위한 수단들의 역할 범위에 대한 평가

출처: 이정우, 이동수(2008)를 중심으로 재구성.

먼저, 개인들 각자가 노후를 대비하여 자신의 현재 소득 가운데 일부를 저축하는 방법이 있을 수 있다. 일반적으로 저축은 개인들 각자의 소비기회를 시기적으로 이전하는 기능을 하게 된다. 하지만 노후소득보장을 위한 제도적 장치로서 저축은 장기간 동안의 경제적 · 사회적 · 인구학적 불확실성 등의 문제에 취약하다는 단점이 있다. 특히 저축은 개인별 평균수명의 차이로 인하여 생애 필요소득의 개인 간 차이를 반영해 줄 수 없는 한계가 있다. 즉, 사람들에 따라서는 생애의 후반부에 가서 나머지 삶을 위해 필요한 소득이 부족하게 되는 소득공백의 문제 또는 소득과잉의 문제가 발생할 수 있다는 점이다. 그리고 화폐의 저축은 향후 연금을 수급하게 되는 시기까지 장기간 동안의 시차로 인해 그 기간 동안의 인플레이션으로 인한 화폐의 실질가치 하락문제에 취약할 수 있다는 점을 유의할 필요가 있다.

다음으로는, 이상의 문제점에 대한 제도적 대응장치로서 보험이 있을 수 있다. 일반적으로 보험은 위험의 분산기능을 통해 앞서 평균수명의 격차에 따른 생애 필요소득량의 격차를 메꾸어 주는 기능을 하게 되나, 개인별 소득수준의 격차로 인한 보험시장 접근성의 불평등 문제에 대해서는 본연의 기능을 제내로 수행할 수 없는 한계를 보이게 된다.

마지막으로, 사회보험은 본연의 보험기능과 분배적 기능을 바탕으로 위험분산과 사회적 조정기능을 동시에 반영할 수 있다. 따라서 사회보험은 시장의 원리를 부분적으로 제한하고, 대신 사회 연대적 기능을 통해 보험료의 부담능력이 취약한 근로계층으로까지 제도의 적용을 확대할 수 있는 장점을 가지고 있다.

제3절 연금의 개념정의와 연금제도의 역사

1. 연금의 개념정의

연금(年金)이란 일정한 시간적 간격을 두고 주기적으로 지급되는 금융상품이 해당된다. 구체적으로 연금은 금융상품의 수요자와 공급자가 사전에 약속한 수급요건(일례로 최소가입기간, 보험료의 납부기간, 최저퇴직연금 지급연령 등)을 충족하게 되었을 경우, 가입자 개인이나 그 가족들에게 정기적으로 지급되는 급여로서, 달리 '퇴직자들의 월급(Ruhegehalt[독])'으로도 불리고 있다.

일반적으로 연금은 관리자가 추구하는 목적이나 의도에 따라 다양한 종류나 형태로 운영이 가능한 금융상품이다.[7] 일례로 연금은 그 기능적 특성에 따라 저축성 보험과 보장성 보험으로 구분해 볼 수 있으며, 필요에 따라서는 양 기능이 혼합된 형태의 보험모형도 있을 수 있다.

7) 주요국가별로 연금의 명령, 종류, 산정방식 등을 다양한 각도에서 상세하게 설

연금이란 가입자들에게 있어서 상대적으로 장기간에 걸쳐 기금의 적립과 연금의 지급이 이루어지게 되고, 동시에 지급 횟수나 주기 등에 있어서 일정한 규칙성을 보이는 특징이 있다. 그리고 기금의 적립 이후 최종적인 연금의 수급까지 상당한 시차가 존재하는 이른바, '초장기성 금융보험상품'이라는 점에서, 미국이나 유럽 등의 국가에서는 연금(rent)을 장기성 국공채의 의미로도 활용하고 있다.

앞서 [그림 1-1]에서 살펴본 바와 같이 연금은 노후소득보장의 기능을 하고 있는 다양한 금융 및 보험상품들 가운데 하나로 인식할 수 있다. 이 경우 연금은 경제활동시기 사람들이 근로를 제공하여 확보하였던 임금을 대신하여 주어지는 현금성 급여를 의미한다. 따라서 연금은 '소득대체적 기능(income replacement function)'을 수행하게 되며, 상대적으로 오랜 기간에 걸쳐 규칙적으로 지급되는 특성을 가지고 있다. 이와 같은 특성에 따라서 연금은 일생 동안 지급되는 종신연금(Leibrente[독]) 그리고 일정한 기한을 정하여 제공되는 한시적 연금(befristete Rente[독])이 있다. 일반적으로 연금에 대해서는 법적 청구권이 보장되며, 운영 주체별로 개인연금이나 기업연금(한국의 경우 퇴직연금) 또는 국가적 차원의 연금제도(즉, 공적연금제도)가 있다. 나아가 보험의 원리와는 다른 별도의 운영원리로 작동하는 전쟁피해자연금제도(Kriegsopferrente[독]), 체육연금 등이 있다.

2. 연금의 역사적 기원

오늘날의 연금제도와 유사한 목적과 기능을 가진 최초의 제도는 고대 로마시대의 국방부문에서 그 역사적 뿌리를 찾아볼 수 있다. 이에 따라

명하고 있는 자료로서 rententrescheid 24. de, 2020, Die Rende, ein Begriff für vieles, 1-11.

서 제도의 초기적 형태는 ① 전투 중 군사들의 사기 진작, ② 국왕이나 국가에 대한 충성심의 유도, ③ 탈영의 방지를 통한 전투력 증강 등을 목표로 이루어졌다. 당시 군인연금제도의 개략적 형태는 전쟁영웅이나 전사자의 유가족들에게 '녹봉[8]'으로서 토지의 하사와 함께, 별도로 일정한 경제적 보상과 정치적 지위를 가지는 공직을 약속하는 방식으로 실시되었다. 아울러 이들은 전리품의 배분 과정에서 우선권을 보장받기도 했다.

이후 로마제국의 연금제도는 급여수준 및 지급방식 그리고 운영재원의 확보 등에 있어 안정성 유지 등을 목표로 수 차례에 걸친 제도개혁이 단행되었다. 일례로 먼저 황제 아우구스투스 카이사르(Ausgustus Caesar)는 개인별로 전쟁수행의 성과나 실적에 따라 차등화된 연금(recognisable pension)과 함께 별도로 전리품을 포상금으로 배분할 것을 약속하였다. 그리고 이후 황제는 16년간의 군복무와 추가로 4년간의 예비군 복무를 마치고 퇴역을 하게 되는 병사들에게는 로마군단 소속 병사 연봉의 13배에 상당하는 3,000디나리(denarii)를 일시금으로 지급하는 군인연금을 시행하기도 했다.

이상과 같은 군인연금제도의 도입에 따라 로마제국은 군사들의 사기를 진작하고, 동시에 전쟁에서 전투력을 향상할 수 있는 성과를 거둘 수 있게 되었다. 하지만 이후 이러한 군인연금제도는 막대한 전비부담을 초래하여 정치적 갈등의 요인으로 작용을 하였으며, 더 나아가 연금의 수급요건을 충족하지 못한 대부분의 일반병사들은 제도적 수혜에서 배제되어 군사들 상호 간 갈등과 긴장의 요인으로 작용하게 되었다. 이에 따라서 일부의 역사학자들은 로마제국이 군사력 향상을 위해 도입한 군인연금제도가 오히려 제국의 멸망을 앞당기게 하는 역설적인 현상을 초

8) 전근대 사회에서 국가가 관리들에게 봉급으로 준 쌀, 보리, 명주, 베 따위를 이르는 말.

래하였다고 비판하고 있다.

그리고 이 시기의 주목할 만한 상황은 전사한 병사들의 유가족을 위한 유족연금제도(배우자 유족연금과 아동 유족연금)들이 확산되기 시작하였다는 점이다. 이는 초창기 군인연금이 여러 갈등과 반목을 반복하였음에도 불구하고, 군인 본인뿐만 아니라 그들 가족의 이후 생애를 함께 보장하는 기능을 수행하였다는 점에서, 큰 틀에서 현대의 연금제도와도 유사한 점을 보여 주고 있다고 할 수 있다.

3. 연금제도의 종류

1) 공적연금제도

먼저 국가의 책임과 주도로 운영되는 공적연금제도(public pension system,[영] Gesetzliche Rentenversicherung[독])로서 한국의 경우 일반국민들을 대상으로 하는 국민연금 그리고 직업적 신분의 특성 구분에 따라 각각 별개의 공무원연금, 군인연금, 사학연금이 있다.[9] 그리고 각각의 공적연금제도들은 위험별 구분에 따라 노령연금, 장애연금 그리고 유족연금으로 나누어진다.[10] 이 외에도 저소득계층의 노인세대와 중증장애인들 대상 소

9) 이 외에도 별도로 별정직 우체국 직원들만을 적용 대상으로 하는 소규모의 특수직역연금제도가 운영되고 있음. 이들 별정직 우체국 직원들은 체신이나 우정분야의 민영화 과정에서 공무원으로서의 신분을 확보하지 못한 결과로 나타나게 된 조직으로 이해해 볼 수 있음. 한국의 경우 향후 산업의 통합 · 분리 · 인수합병 등 구조조정의 과정에서 이와 같은 신분적 변화와 그에 따른 소속 조직의 변화가 빈번하게 발생하게 될 우려가 있음.

10) 통상적으로 공적연금제도에서는 노령, 장애, 사망 등 세 가지 종류의 위험에 대하여 각각 하나의 단일 제도로 운영하는 것이 일반적임. 하지만 일부 예외적인 국가 사례로서 스위스의 경우 국민연금은 노령과 사망의 위험만을 보호 대상으로 하고, 대신 장애의 경우 별도의 장애사회보험제도(invalidenenversicherung)

득조사를 바탕으로 한 기초연금제도가 존재한다. 그리고 저소득계층 노인들의 구제를 위한 최종적 안전망인 국민기초생활보장제도(즉, 생계급여)가 운영되고 있다.

2) 퇴직연금과 개인연금

연금은 국가가 사회보장정책의 차원에서 운영하는 공적연금(public pension) 이외에도 기업의 차원에서 인사정책이나 근로자들의 복리후생 차원에서 운영하는 기업연금(Betriebs rende[독]) 또는 퇴직연금(retirement pension[영]) 그리고 개인적 차원에서 자율적으로 관리 및 운영을 하는 개인연금(private pension)이 있다. 따라서 이러한 세 가지 종류의 연금체계는 '3층 연금제도(three pillar systems)'로도 불리며, 사람들은 안정적이고 효율적인 노후생활을 영위하기 위해서 노후자산을 분산 관리해 오고 있다.

일반적으로 퇴직연금이나 개인연금은 민간의 사적연금제도로 분류되고 있다. 하지만 양자는 공히 국가로부터 재정적 지원(예: 제세의 공제혜택 또는 보조금의 지원)을 받게 된다는 점에서 해당 제도의 공적 책임이나 역할에 대한 연구 검토가 요구된다.

4. 연금의 명칭과 계급적 특성

종종 사람들이 어떤 종류의 연금을 얼마나 받고 있는가를 보고 우리는 각자의 과거 직업경력이나 학력 또는 생활수준 등을 짐작해 볼 수 있다. 이와 같은 신분 구분의 가능성은 특히 공적연금제도가 직종, 직역, 지역별로 분산 운영되는 독일과 같은 조합주의형 복지국가에서 상대적으로

의 형태로 운영하고 있음.

용이하게 나타날 수 있다.[11)]

현재 한국의 경우 노후소득보장에 대한 청구권이 개별적이건 단체별이건 국가에 의한 집합적 차원에서 확보한 급여이건 상관없이 공히 연금으로 통용되고 있다. 하지만 이와 같은 연금이란 용어는 국가별 또는 종류별로 'annuity' 'pension' 'rente' 'provision' 등 다양하게 존재하며, 이 경우 그 내용이나 기능적 특성 또한 국가별로 일정한 차이를 보이고 있다.

1) Annuity

연금(Annuity)이란 관련 제도의 탄생 과정을 배경으로 한 용어로서, 다음과 같은 특성에서 유래하는 것으로 알려지고 있다. 첫째, Annuity는 매년도 수확(물)을 영주로부터 분배받는다는 의미(Ertrag des Jahres, Ernte[독])에 바탕을 둔 연금을 의미한다. 둘째, 국왕이나 영주를 위해 봉직했던 시간이나 노력(Amtsjahr[독])에 대한 대가로서 주어지는 연금으로서, 오늘날 공무원연금이나 군인연금의 탄생배경과 유사한 특수성을 보이고 있다. 구체적으로 살펴보면, 공무원이나 군인 등 특수직역 종사자의 경우 복무하는 기간 동안 노후를 대비한 별도의 보험료 납부와 같은 물질적인 기여보다는, 국가를 위한 충성심이나 희생정신 그 자체를 급여지급의 바

11) 참고로 독일의 경우 공적연금제도는 일반국민을 위한 국민연금 이외에도 공무원연금, 농민연금, 광산국민연금, 자유예술가국민연금 그리고 전국적으로 대략 90여 개의 전문직 자영자(일례로, 의사, 변호사, 약사, 건축설계사 등) 공제조합으로 구성되어 있음. 이와 관련한 자세한 내용은 이정우(2019)를 참조하기 바람.

탕으로 삼았다는 점에서 제도의 특수성을 인정받고 있다.[12)] [13)] 셋째, 연금은 어떠한 경우에도 개인의 사망 시까지, 즉 종신토록 보장한다는 의미(Lebensjahr獨)에서 종신연금(Leibpension獨)이라는 명칭의 특성을 유추해 볼 수 있다. 오늘날 본인이 소유한 농지 혹은 주택을 사후(死後) 국가에 귀속하는 조건으로 받는 농지연금이나 주택연금의 경우도 비슷한 속한다고 할 수 있다. 넷째, 단순히 1년(Das Jahr獨), 1년 동안(während eines Jahres獨) 혹은 매년(jährlich獨)에 바탕을 둔 의미로서 가령 1년을 단위로 연금을 산정한다든지 하는 등 연금의 기능적 특성을 사전적으로 말하고 있다.

2) Pension

'pension'은 작은 규모의 호텔(예: 펜션, 여인숙 등)을 의미하며, 미국, 일본, 호주, 뉴질랜드 등 세계의 대다수 국가에서 일반 근로자 또는 공무원 등 특수직역 종사자의 신분 구분 없이 모든 퇴직자에게 공통적으로 적용되는 연금이라는 용어다. 따라서 이들 국가의 경우 'pension'은 연금을 지칭하는 일종의 보통명사로서 '오랜 기간 동안의 근로 활동 이후 편안하고 안락한 노후를 살아가다.'라는 의미를 가지고 있다.

---

12) 실제로 많은 수의 국가들에서 공무원이나 군인들에 대해서는 보험료 납부의 의무 없이 다른 비물질적인 기준(가령 충성심, 희생정신, 사적인 영리추구의 금지 등), 즉 대다수 일반 시민들에게 요구하기에 까다로운 부분들을 수행한다는 점을 높이 사, 이들은 퇴직 후 국가의 일반재정으로 연금이 아닌 퇴직공무원의 봉급 차원에서 연금을 받게 됨(Verdientruhestand獨).

13) 이상과 같은 공무원이나 군인에 대한 특별 처우는 오늘날까지도 이어져 일례로 독일이나 프랑스 등과 같은 국가들의 군인연금이나 공무원연금의 경우 ① 본인의 부담이 없이 전액 국가의 재정으로 충당되며, ② 일반 국민들과는 달리 공무원은 평생 동안 공무원으로서의 신분보장과 함께 그에 걸맞은 복지혜택이 주어지게 됨.

'pension'의 어원을 보다 깊이 살펴보면, 15세기 프랑스에서 '퇴직자에게 제공하는 봉급'이라는 말이 연금의 기원으로 알려져 있다. 그 일환으로서 연금은 은퇴수당(ruhegehalt[독])이라는 말로도 불려왔다.

3) Rente

독일과 같은 일부 국가들에 있어서 'pension'과 'rente'는 공히 연금이라는 말을 의미하나, 각자는 공무원과 일반 국민으로 신분을 구분하여 적용하고 있다. 반면에 오스트리아와 같은 국가의 경우 양자의 구분이 없이 대등하게 적용해 오고 있다. 하지만 독일과 같은 국가의 경우 연금이란 용어에 해당되는 'pension'과 'rente'는 엄격하게 구분하여 사용하고 있다. 일례로 독일의 경우 'pension'은 퇴직한 공무원의 경제적 부양(beamten-versorgung[독])을 목적으로 국가가 세금을 주된 재원으로 공직자들을 배타적으로 보호하기 위한 제도를 의미한다.

이상과 같은 전통적 배경으로 독일은 '직업공무원의 신분(berufsbeamtentum[독])'으로서의 자질과 전문성 그리고 책임성 있는 자세로 맡은 바 업무를 수행할 수 있는 전문적 인력을 양성해 오고 있다. 그리고 그 과정에서 독일은 공무원연금이나 군인연금을 통하여 국가에 대한 무한한 충성심과 고도의 도덕적 의무감 및 모국에 대한 무한한 긍지와 자부심을 이끌어 내고 있다.

이 외에도 연금(rente[독])은 'pension'과는 다른 어원에서 유래한 용어로서 라틴어 'redare[독]'에서 그 뿌리를 두고 있다. 구체적으로 'redare'는 're(다시)'+'dare(돌려받다)'라는 의미로 사용되고 있다. 이를 연금과 연관시켜 보면, '개인이 보험료의 납부 등 경제적 기여 또는 영주나 국가에 대한 비물질적 헌신 등 스스로 기여한 것을 돌려받다(zurückbekommen[독])'라는 의미를 가지고 있다. 따라서 연금이란 개인이 각자 젊은 시절 스스로 저축을 하거나 국가나 사회를 위해 노력한 각종 형태의 물질적 또는 비물질적 기여를 퇴직 이후 되돌려 받는 것을 의미한다.

끝으로 'pension'과 'rente'의 상호관계로서 'pension'은 국가가 공무원, 군인, 교원, 법관 등 사회의 특수집난에 대한 특별 보호의 차원에서 제공되는 급여를 의미한다. 이에 따라 공무원 등 특수직역의 경우 국가로부터 월등히 높은 수준의 연금 및 기타 경제적 혜택을 받아 왔다. 이에 따라 현재 독일이나 그 전통을 이어받은 주변 국가에서는 국민연금과 특수직역 연금 간 급여 편차로 인해서 상당한 내부적 갈등을 겪어 오고 있다. 하지만 이와 같은 차이는 역사적 전통이나 관습에서 연유하는 것으로 차별의 극복이 결코 용이하지 않은 것으로 파악되고 있다.

참고문헌

독일 사회법전 제2권. p. 354.

이정우(1998). 대량실업시대의 고용안정 지원방안. 사회복지정책, 6, 239-259.

이준구(2005). 재정학. 경기: 문우사.

이정우(2005). 퇴직의사결정의 자율성을 보장하기 위한 연금수급제도의 개선방안. 규제연구, 14(1), 107-137.

이정우, 이동수(2009). 복지국가와 경제이론. 서울: 학지사.

이정우(2013). 사회복지정책(2판). 서울: 학지사.

이정우(2017). 사회복지정책(3판). 서울: 학지사.

유호선, 이정우(2018). 독일형 복지국가. 경남: 인제대학교 출판사.

Dinkel (1985). Das Äquivalenzprinzip in Privat-und Sozialversicherung-eine. kritische auseinandersetzung mit der.

BÄcker, G., Naegel, G., & Bispinch, R. (2008). Sozialpolitik und sozal Lage in der Bundesrepublik Deutschland, 4. Auflage, VS-Verlag, Wiesbaden.

Petersen (1989). Sozialökonomik. Kohlhammer.

Turnbull, J. G., Willams, A., & Cheit, E. F. (1973). Economic and Social Security. 4. Aufl. New York.

Kohli, M. (2000). Altersgrenzen als gesellschaftliches Regulative individuelle Lebenslaufgestaltung: ein Anachrnismus? Zeitschrift fÜr Gerontoloie und Geriatrie, Bd. 33, Supplement 1. pp. 12-23.

KÜnemund, H., & Vogel, C. (2018). Altersgrenzen-Theroetischr Überlegungen und empirische Befunde zur Beendigung von Erwerbsarbeit und Ehrenamt. In S. Scherger, Vogel (Eda.), Arbeit im albeit im Alter: Zur Beendigung bezahlter und unbezahlter TÄtigkeiten in der Lebensphase Ruhestand. pp. 75-98.

제2장

근대적 노후소득보장제도의 탄생 배경

제1절 경제 · 인구사회학적 배경

근대적 노후소득보장제도들 가운데 하나인 공적연금제도는 1889년 독일에서 최초로 시작하여 1935년 미국에 이르기까지 대략 반세기 동안 서구의 대다수 국가로 확산되었다(〈표 2-1〉 참조). 여기서 공적연금제도란 국가의 책임과 관리, 감독하에서 운영되는 노후소득보장제도를 의미한다. 이처럼 당시의 국가들이 국가 주도의 공적연금제도를 신속하게 도입하게 되었던 핵심적 배경으로는 산업화로 인해 촉발된 경제 · 인구사회학적 환경의 급격한 변화를 언급할 수 있다. 왜냐하면 삶의 단계 가운데 노령이 산업화에 따른 사회구조적 환경변화의 영향으로 인해 전적으로 새로운 양상의 사회문제, 즉 삶의 위기상황을 초래할 수 있는 사회적 위험(social risk)으로 등장하게 되었기 때문이다(Döring, 2002: 9).

<표 2-1> 근대적 사회보장제도의 국가별 도입 시기

	산재보험	질병보험	연금보험	실업보험
독일	1884	1883	1889	1927
덴마크	1898	1892	1891	1907
벨기에	1903	1894	1900	1920

오스트리아	1887	1888	1907	1920
영국	1897	1911	1908	1911
프랑스	1898	1928	1910	1905
스웨덴	1901	1891	1913	1934
네덜란드	1901	1931	1919	1916
이탈리아	1898	1943	1919	1919
일본	1911	1927	1941	1947
미국	1930	1965	1935	1935
스위스	1918	1911	1946	1982
한국	1964	1988	1988	1995

출처: BPB (2017).

1. 임금노동자의 탄생과 양적 팽창

19세기 중반 이후 산업화에 대한 강력한 의지와 정치 · 군사적 패권 경쟁을 배경으로 서구의 주요 열강들은 전통적 농업국가에서 탈피하여, 근대화된 산업국가로 빠르게 전환하기 시작했다. 그리고 이러한 산업화의 과정에서 노동력을 판매하여 생활해야 하는 소위 '임금노동자계급(proletariat[독])'이 대규모로 탄생하게 되었다. 이후 산업화가 본격적인 궤도에 오르게 됨에 따라 추가적으로 농촌지역을 이탈하여 도시로 유입된 인구, 몰락한 가내수공업자와 도제 그리고 부랑인과 걸인들 또한 노동자계급으로 대거 편입되었다. 이에 따라 국가 경제 전체적으로 노동력의 판매를 통하여 자신과 가족의 생존을 확보하여야 하는 사람들, 즉 프롤레타리아의 비중이 점차 증가하기 시작했다(Lampert & Althammer, 2007).

괴츠 브리프(Götz Briefs)는 산업화 초기 이와 같은 노동자들의 생존환경을 두고 '자본주의로의 모험(Abenteuer in den Kapitalismus[독])의 시대'로 비유한 바 있다. 그에 따르면 이러한 모험은 ① 당시 노동자들 자신에게 전적으로 생소한 자본주의체제에서 ② 노동력 이외에는 아무런 생존수단도 가지지 못한 노동자계급(proletariat^독)이 점차 확대되어 국민의 과반수 이상을 차지하게 되었고, ③ 나아가 그들에게는 소유권과 자유권이 상호 보완적인 관계를 보여 왔다는 점이 바로 '자본주의 사회를 향한 모험의 본질'을 의미한다.[1)]

비록 당시 계몽주의적 사상의 조류에 따라 시민권으로서 자유권이 폭넓게 보장되었으나, 대다수 노동자의 경우 무소유로 인한 경제적 종속과 착취의 문제가 심각한 사회문제로 등장하게 되었다. 이러한 시대적 환경을 배경으로 탄생한 노동자계급은 '무산의 산업예비군(proletariat)'으로서 눈물과 고통의 그늘 속에서 빈곤과 궁핍을 심각하게 경험하면서 성장해 왔다(Weddigen, 1957).

이에 따라 국민의 삶에 있어서 노동시장의 영향력이 점차 확대되는 '노동시장 종속성(labour market dependancy)의 문제'가 새로운 사회문제로 등장하게 되었다. 구체적으로 이는 개인이나 가족의 생존과 삶의 질이 가장의 노동시장 참여 여부 그리고 노동시장에서의 임금수준이나 신분 및 지위 등에 따라 결정되는 사회현상을 의미한다.

일반적으로 노동시장은 대내외적 환경변화에 민감하게 반응하는 특징(Krisenanfälligkeiten^독)을 보이고 있다. 따라서 이와 같은 노동시장의 특성으로 인하여 산업화 초기 노동자계급의 생존양식은 이미 처음부터 불안정성과 불확실성이 내재되어 있었다는 것을 알 수 있다. 왜냐하면 가령 개인이 실업, 노령, 장애, 질병 또는 산업재해 등으로 인하여 취업기회나 근로능력을 일시적 또는 영구적으로 상실하게 되었을 경우, 이

---

1) 일례로, 토지에 대한 소유권을 가진 개인들은 이러한 소유권을 바탕으로 작물의 선택을 임의로 조절할 수 있는 자유권이 있었던 반면에, 아무런 소유권을 갖추지 못한 일반노동자들의 경우 생존의 문제로 인하여 자본가나 지주 등에게 전적으로 종속될 수밖에 없었음.

는 당사자 본인이나 가족들에게 있어서 직접적인 생존의 위험(혹은 위협)으로 작용하게 될 가능성이 높았기 때문이다.

따라서 국가는 산업화 사회의 새로운 사회적 위험들로부터 국민을 보호하고 삶을 안정시켜 주기 위한 일환으로서 노동자보호정책과 함께 각종 사회보장제도들을 속속 도입하기 시작했다. 이 가운데 특히 산업화 초기 고령계층의 대량빈곤문제는 일반 시장의 기능으로는 해결이 불가능한 사회문제로 간주되어, 적극적인 국가개입이 요구되었다.

2. 노동시장에서 고령자의 불리

산업화로 인한 노동시장의 구조적 변화가 고령계층의 생존환경에 불리하게 작용하였다는 사실 또한 근대적 노후소득보장제도의 탄생에 일정한 기여를 하였던 것으로 밝혀지고 있다. 당시 급속한 산업화에 따라 전통적 부문인 농업이나 가내수공업 등과 같이 고령자에게도 근로의 기회를 비교적 용이하게 제공해 주었던 업종들이 빠르게 소멸하였다.

반대로 새로운 산업부문의 경우 전반적인 인력수요가 증가하였음에도 불구하고, 고령자의 경우 해당 분야에서의 취업기회가 전적으로 배제될 수밖에 없었다. 왜냐하면 당시 기업들의 인력채용 과정에서 공통적으로 요구하였던 자격기준(qualifikationen[독])들은 '인력수요의 표준화(standardization of labour demand)'로 작용하여, 고령자의 경우 정상적인 노동시장으로의 접근기회 자체가 허용되지 않았기 때문이다.

여기서 '인력수요의 표준화'란 기업들이 인사정책의 일환으로 제시하는 인력의 선발 또는 해고의 기준으로서, 통상적으로 연령, 성별, 교육수준, 건강상태 등이 해당 변수가 될 수 있다. 이에 따라서 고령자의 경우 자신의 근로능력이나 의사와는 상관없이 기업이 독자적으로 정한 정년제도의 적용을 받아 강제적으로 근로를 중단해야만 했다.

끝으로 산업화 사회의 특성으로서 고령자에 대한 인력수요는 경기변동에 따라 민감하게 반응하는 특성을 보이고 있다는 점이다. 이러한 현상은 기업들에게 있어서 고령자가 일종의 '대기성 인력(reserved army, 혹은 산업예비군)'으로서 불경기 때 가장 먼저 해고되고, 호경기 때 가장 마지막으로 취업의 기회를 되찾게 되는, 신분적으로 매우 불리하고 동시에 불안정한 집단으로 취급되어 왔기 때문이다.

이상을 종합하면, 산업화 시기 전반적 인력수요의 증가에도 불구하고 고령자의 노동시장 환경은 별다른 개선이 없거나 경우에 따라서는 오히려 불리하게 작용했던 것으로 나타났다. 이러한 현상의 주요 원인으로는 기존에 고령자의 취업이 용이하였던 산업부문 또는 업종의 소멸, 인력수요의 표준화 그리고 고령자에 대한 기업의 인사정책적 자세 등을 들 수 있다. 이처럼 고령자가 노동시장에서 겪게 되는 각종의 차별과 불이익은 퇴직 이후 이어지는 노후생활주기에서 다시 극심한 가난과 물질적 궁핍으로 되풀이되는 결과를 양산하였다.

3. 산업화에 따른 사회적 환경의 변화와 위험의 본질적 특성 변화

산업화 과정에서 농촌지역 생산인구의 도시로의 대량적 이탈현상에 따라 전통적 대가족제도는 빠르게 해체되기 시작하였다. 반대로 도시지역에서는 부모와 자식으로 구성된 핵가족제도가 점차 보편화되었다.

일반적으로 대가족은 다양한 세대의 구성원이 가족으로 함께 뭉쳐서 살아가는 생활 형태로서, 그 자체로 사회보장제도의 역할을 담당하였다. 왜냐하면 대가족은 '생산과 소비의 공동체'로서, 만약 가족 구성원 가운데 일부가 노령 · 질병 · 장애 · 출산 · 사망 등으로 인하여 생산활동에 참여하지 못하게 되었을 경우에도 생존을 보장받을 수 있었기 때문이다. 특히 대가족제도에 있어서 출산은 가족을 위한 장래의 생산인력을 제공해 주는 기능을 하게 되고, 동시에 부모는 이러한 출산을 통하여 자신들의 노후를 보장받을 수 있었다. 그리고 전통사회에서 자녀의 출산과 양육은 그 효용이 대부분 가족에게 돌아가게 되므로 일종의 '투자재(investive good)'가 되는 특성을 가지고 있었다.

하지만 이와는 반대로 핵가족은 전적으로 '소비의 공동체'로서, 가계의 생계유지를 위한 소득은 가장이 집과 떨어진 직장에서의 노동을 통하여 확보하게 되는 임금으로 충당해야만 했다. 이에 따라 개별 가정의 상황에 따라 필요로 하는 가구소득과 가장이 실제로 벌어 오는 임금소득은 상시적인 괴리를 드러내 보였다. 뿐만 아니라 당시 핵가족 사회의 가족 구성원을 감안해 볼 때, 가족의 노인부양기능은 절대적으로나 상대적으로도 취약해지는 한계를 드러내 보이게 되었다.

일반적으로 노령, 장애, 부양자의 사망과 같은 문제는 예전부터 존재해 왔던 위험요인으로서, 비록 완벽하지는 않지만 (대)가족의 기능을 통하여 비교적 원만하게 해결되어 왔다. 하지만 산업화로 인한 사회환경 변화의 결과로서 가족의 형태가 핵가족으로 변화함에 따라, 이러한 위험들이 초래하게 될 부정적 파급효과는 더 이상 개인적 차원에서 해결할 수 없는 사회적 위험으로 등장하게 되었다.

4. 평균수명의 연장

19세기 서구 주요국가들의 산업화 이후 나타난 대표적인 인구학적 특이 현상을 들자면 바로 국민의 평균수명이 꾸준히 증가해 왔다는 것이다. 이와 같이 평균수명이 연장됨에 따라 개개인마다 은퇴 이후 소득이 없는 상태에서 살아가야 하는 기간이 점차 확대되는 결과를 가져다주게 되었다.

산업화 초기 국가별로 평균수명이 연장되었던 배경요인을 살펴보면 다음과 같다.

첫째, 산업화 이후 의료기술의 급속한 발전과 함께 전문 의료인력의 양성이 활발하게 이루어졌고, 그에 따른 성과로서 영아사망률이 괄목할 만한 수준으로 하락하였다는 점이다.

둘째, 소득의 증가에 따른 생활수준의 향상 그리고 위생 및 보건환경의 개선에 따른 전염병의 발생빈도가 현저히 감소하였다는 점이다.

셋째, 재해예방을 위한 국가의 적극적인 개입과 대대적인 산업안전 및 보건의 조치에 따라 중대재해의 발생빈도가 현저하게 하락하였다는 것이다.

이와 같은 요인의 상호작용에 힘입어 점차 많은 사람이 정년연령에 도달하고, 나아가 사람들의 기대잔여수명 또한 점차 늘어나게 되었다. 따라서 늘어나는 노후생활의 기간에 대처하기 위한 차원에서 적절한 노후준비의 필요성이 적극적으로 환기되기 시작하였다.

제2절 공적연금제도의 탄생 이전 시기의 노후소득보장제도

근대적 공적연금제도가 탄생하기 이전부터 이미 다수의 서구 국가에서는 다양한 형태의 노후소득보장제도를 운영해 왔다. 그리고 이러한 제도들에 대한 운영 경험은 국가별로 향후 공적연금제도의 도입 및 발전 과정에서 많은 영향을 주었다.

1. 일반생명보험

공적연금제도의 출범 이전 생명보험은 서구사회에 있어서 주로 귀족이나 경제적으로 부유한 자본가 계급의 노후대비용 수단으로 활용되었다. 이러한 목적을 가진 최초의 제도로는 1765년 영국에서 출범한 '이퀴터블(equitable)'이 있다. 동 보험은 제도 도입 이후 상당 기간 동안 당시 보험시장에서 독점적 지위를 행사하였다. 하지만 19세기에 들어와 독일의 고타(Gotha, 1827) 그리고 프랑스, 스위스 등에서도 유사한 경쟁상품들을 대대적으로 출시함에 따라 기존 보험시장의 독점문제가 점차 해소될 수 있게 되었다.

이후 19세기 후반에 들어서면서 부터는 귀족 등 특정 계층에서 일반 시민을 대상으로 한 일련의 보험상품들, 일례로 독일의 폴크스퓌어조르게(volksfürsorge), 영국의 빅토리아(victoria) 등이 속속 시장에 출시되었다. 그리고 1910년경에는 공공법인에서 운영하는 연금보험상품들도 시장에 선을 보이기 시작했다.

하지만 이러한 일련의 생명보험들은 20세기 격동의 시기를 거치면서 노후보장용 상품으로서 취약성을 드러내 보이기 시작했다. 주된 이유로는 당시 서구의 열강들을 괴롭혀 왔던 주기적 경기변동의 문제가 통화가치의 불안정 문제로 나타났기 때문으로 밝혀졌다. 이러한 문제에 대처하여 도입되었던 금본위제도(gold standard system)는 개별 국가들이 자국의 통화 가치를 금값에 연동시키게 됨으로써 비로소 원만하게 해결되는 듯 보였다. 하지만 이후 이는 개별 국가들이 자국 상품의 대외경쟁력 확보를 목적으로 외환시장에서 환율조작에 인위적으로 개입하게 됨에 따라 관련 국가들 상호 간 갈등과 불신의 요인으로 작용했다. 이러한 금본위제도는 당시 대내외 정치 · 경제적 불확실성의 문제에 대처할 수 있는 능력을 사실상 상실한 상태에서 유지되어 오다가 1931년에 이르러서야 최종적으로 폐지되었다. 이후로도 수시로 발생하였던 통화위기는 생명보험 등 장기성 금융상품의 자산가치를 심각하게 잠식하였다는 점이다. 그중에서도 특히 1922~1923년 발생한 독일의 '초고도 인플레이션(hyper-inflation)'은 기존 보험시장의 존립 기반 자체를 흔들게 되었다는 점에서 중요한 역사적 교훈이 되고 있다.

다음으로, 일반 생명보험의 재정적 위기를 초래한 또 다른 역사적 사례로서 양차 세계대전에 따른 부정적 파급효과를 지적해 볼 수 있다. 전쟁기간 동안 기계 및 각종 설비 그리고 건물 등 부동산과 같은 실물자산의 대량적 파괴로 인하여 민간보험은 자산가치의 절반가량을 상실하는 경험을 하게 되었다는 점이다.

이러한 상황에서 화폐개혁과 같은 국가의 긴급조치는 노후자산의 실질가치를 더욱더 떨어뜨리는 작용을 하게 되었다는 점이다. 실제로 독일은 1 · 2차 세계대전 이후 더해가는 극심한 인플레이션 압박에 대처하기 위하여 두 차례에 걸친 화폐개혁을 단행하였으며, 그 과정에서 국민들의 노후 대비용 적립자산의 실질가치는 각각 대략 1/10 수준으로까지 현저히 하락하였던 것으로 알려지고 있다([그림 2-1] 참조).

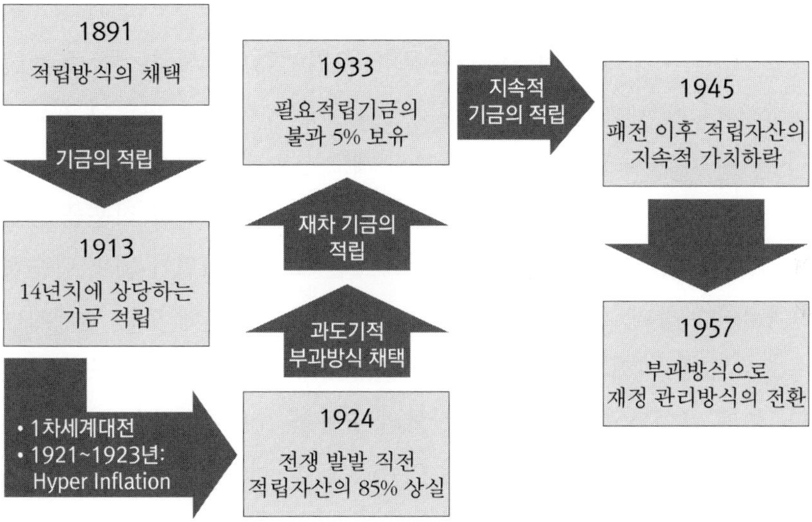

[그림 2-1] 1889년 독일 공적연금제도 도입 이후 재정상황의 변화 추이

출처: 독일연금공단연맹(Deutsche Rv Band: DRB, 2021).

2. 공무원 및 군인부양제도

1) 제도 탄생의 배경

공무원 및 군인부양제도(Beamten-und Soldatenversorgung,[독] 이하 공무원연금제도)는 중세시대 유럽의 공무원 및 군인 그리고 그 가족들을 대상으로 운영되었던 일종의 신분제적 사회보장제도로서, 오늘날 일반 국민을 위한 공적연금제도의 역사적 기원으로서 역할을 하였다. 하지만 급여 혜택에 있어 보험료의 납부를 전제로 하는 공적연금제도와는 달리, 공무원 및 군인부양제도는 국가(과거의 경우 영주)와 일생 동안의 신분적 관계에 기초하여 보장이 이루어져 왔다.

공무원연금제도는 '직업공무원 또는 직업군인으로서의 신분(Berufsbeamten-und Soldatentum[독])에 걸맞은 보장을 목적'으로 도입된 제도이다. 이에 따라 독일 등 상당수 국가의 제도는 평생공무원이나 평생군인의 신분에 상응하는 신분보장과 그에 준하는 보장체계의 적용을 받을 수 있게 되었다. 나아가 공무원연금제도는 보호의 범위가 넓어 단순히 노후소득보장의 기능뿐 아니라, 질병 · 장애 · 산업재해 또는 천재지변 등으로 인한 피해에 대해서도 동시에 보호가 이루어질 수 있도록 하였다. 이때 급여는 통상적으로 농산물의 수확 주기에 따라 연 1회의 주기로 지급되어 왔으며, 이는 오늘날 연금(年金, annuity)이라는 용어로 정착할 수 있도록 결정적인 기여를 하였다. 그리고 제도의 운영을 위한 재원은 전적으로 국가가 자신의 책임으로 충당하였다. 산업화 이전 사회의 경제적 · 사회적 상황을 감안해 볼 때 당시 공무원이나 군인들이 담당하였던 공공부문의 일자리는 종속적 형태의 고용관계가 성립 · 유지될 수 있었던 유일한 분야로 파악해 볼 수 있다.

2) 공무원 및 군인 연금제도의 운영 목적

공공부문 종사자를 위한 부양제도는 16세기 오스트리아와 프랑스의 군사적 분야에서 최초로 탄생했다. 이러한 군인부양제도는 사용자인 국가의 책임으로 운영되는 제도로서, 군인들의 사기진작과 탈영방지 등을 통한 전투력 강화를 목적으로 도입되었다. 이러한 차원에서 볼 때 이후 도입되었던 공무원부양제도의 경우에서도 공무원이 대민업무를 수행하는 과정에서 부당한 사리사욕의 추구 등과 같이 부정부패의 유혹으로부터 면역력을 높이기 위한 목적을 가지고 있었다. 특히 공무원부양제도는 공무원에게 부정부패에 따른 기회비용(일례로 연금수급권의 박탈 등)을 높이는 작용을 하여 공무원 스스로 이권개입 등과 같은 부정이나 청탁으로부터 자신을 통제하는 효과를 기대해 볼 수 있다. 뿐만 아니라 공무원연금제도는 영주(산업화 이후 근대사회부터는 국가)에 대한 절대복종과 충성심을 배경으로 조국이나 국민에게 헌신을 할 수 있는 집단을 양성하는 기능 역시 수행하게 되었다.

3) 공무원연금제도의 기능별 차이점

공무원을 대상으로 하는 부양제도는 1790년 프랑스 그리고 이듬해인 1791년 오스트리아에서 최초로 도입되었다. 당시 제도 운영의 배경이나 특징으로서 주목하여야 할 점은 공무원부양제도가 국가의 핵심 요직에 근무하는 고위직 공무원에 대해서는 급여 수준이 상대적으로 높은 '연금(pension[영]=ruhestandsgehalt[독]: 퇴직기간 동안의 월급)', 반대로 일반 공무원에게는 상대적으로 낮은 '수당(provision: 배당금 또는 성공 보수)'이라는 명칭으로 구분하여 적용되었다는 점이다(Ehmer, 1990).

3. 기업연금제도

본격적인 산업화 사회로의 진입에 따라 서구의 국가에서는 임금으로 생계를 유지하는 근로계층이 점차 확대되었다. 이에 따라서 이들을 고용한 기업이나 업종을 중심으로 기업연금(betriebsrenten[독])이 확산되기 시작했다. 하지만 산업화 초기 대다수 기업연금은 기업의 자체적 판단과 비용 부담으로 운영되었다. 따라서 당시의 근로자에게는 기업연금의 법적 청구권이 인정되지 않았고, 대신 기업은 관련 제도의 도입 여부, 대상자의 선별, 급여의 내용 및 수준, 노사 간 재정의 분담방식 등에 있어서 자유재량권을 행사할 수 있었다. 따라서 이와 같은 기능적 특성으로 인하여 기업연금은 사용주가 제공하는 '은혜로운 급여', 즉 은급(恩給, gnadenpension[독])이라는 명칭으로도 불리게 되었다.

이러한 기업연금은 초기의 경우 사내의 특수한 요직에 근무하는 종사자들을 위주로만 운영되었다. 일례로 회사의 특수한 기밀이나 기술을 취급하는 자 그리고 회계 및 인사 담당자 등이 기업연금의 주된 수혜자였던 것이다. 이러한 점에서 볼 때 기업연금은 개별 기업이 인사정책의 차원에서 우수한 인력을 확보하고 또한 이들의 중도퇴사를 방지하기 위한 목적으로 도입되었다는 것을 알 수 있다.

인사정책의 수단으로서 기업연금의 역할은 호경기 우수인력의 확보가 어려운 시기에 특히 강조되었다. 호경기의 경기과열 현상으로 인해 기업들이 필요한 인적자원의 확보에 어려움을 겪게 됨에 따라, 기업은 신규로 기업연금을 도입하거나 또는 기존의 기업연금을 일반근로자 전체로까지 확대 적용하게 되었다. 반대로 불경기의 경우 기업연금은 적용범위나 급여수준 등에 있어서 일정한 제한을 두는 방식으로 운영하였다. 나아가 기업연금은 1970년대 중반 오일쇼크 이후 기업들의 사내 유휴인력(주로 중 · 고령인력)의 구조조정을 위한 제도적 통로(pathway to early retirement)로서도 활용되어 왔다.

또한 서구의 국가들에서 기업연금은 종종 사내 보직의 중요도 또는 조직에 대한 기여도 등에 따라 차등적으로 운영되기도 했다. 그리고 이는 여러 측면에서 공무원부양제도와 놀랄만한 유사성을 보여 왔다. 왜냐하면 민간기업의 경우에서도 안정적인 사업운영을 위해서는 단순히 노동력의 거래관계를 바탕으로 하는 일반근로자 이외에도, 조직에 대한 절대적 충성심과 이를 바탕으로 회사의 핵심기술과 주요기밀을 다룰 수 있는 별도의 인력 또한 필요하였기 때문이다. 이와 같은 성격의 기업연금은 19세기 초반 주로 보험 및 금융업 종사자를 대상으로 최초로 도입되었다. 그리고 중화학 등 산업부문 종사자를 위한 기업연금은 이후 해당 산업이 활성화되어 감에 따라 일정한 시차를 두고 출범하였다.

4. 자조기구

자조기구(selbsthilfeeinrichtungen[독])란 공동체의 문제를 해결하기 위한 목적으로 도입된 오랜 역사와 전통의 협동적 조직으로서, 주로 직장·직종·직역·노동조합의 단위로 운영되어 왔다. 이러한 자조기구는 근대적 형태의 사회보장제도, 특히 공적연금제도의 탄생과정에 상당한 영향을 주었다. 일반적으로 자조기구는 공제조합의 형태로 운영되는 자조조직으로서, 영국에서는 우애조합(friendly societies[영]), 프랑스에서는 상부상조조합(mutualité[프]), 독일이나 스위스에서는 공제금고(hilfskassen[독])로도 불려 왔다.

서구 국가에 있어 자조기구는 원래 조합원들이 작업과정에서 상시적으로 경험하게 되는 단기성 위험인 산업재해나 직업병에 대한 보장기능을 주로 담당해 왔다. 그러나 이러한 자조기구는 노후소득보장과 같은 장기성 위험에 대해서는 과중한 소요비용이나 불확실성의 문제로 인해 제대로 기능을 할 수 없는 한계를 보여 왔다.

하지만 예외적인 분야로서 광산업의 사례를 언급해 볼 수 있다. 광산업의 경우 당시의 여느 공제조합들과 같이 초기에는 조합원의 자조조직으로서 출발했다. 그러나 이후 산업화를 위한 에너지 자원의 안정적 확보 등과 같은 업종의 중요성이 부각됨에 따라 공제조합의 운영에 대한 국가개입 또한 상대적으로 높아지기 시작했다. 이에 따라 일부 국가의 광산공제금고(Knappschaftskasse[독])에서는 조합원의 의무가입이 적용되고, 동시에 국가나 기업의 재정적 지원이 별도로 주어지는 최초의 강제적 사회보험으로 탄생하게 되었다.

이후 시간이 경과함에 따라 서구의 대다수 국가들에서는 공제조합에 대한 재정적 지원이 보편적으로 이루어져 자리를 잡게 되었다. 그 이유는 당시 빈민구제에 대한 책임은 구빈법의 전통에 따라 기초자치단체(Gemeinde[독])에 있었기 때문에, 만약 개별 공제조합이 적용범위를 확대하게 될 경우 장차 자치단체의 경제적 부담이 그만큼 경감되는 효과가 발생할 것으로 기대되었기 때문이다.

서구의 국가에서 노후소득보장을 위한 공제조합이 보편적 제도로 확장될 수 있게 된 또 다른 결정적 계기로는 공제조합에 대한 사용자의 재정지원이 의무화되었다는 점이다. 이와 같은 사용자의 보험료 납부의무 규정에 따라 직역이나 직종별로 구분하여 운영되어 왔던 공제조합의 경우 제도의 적용에 있어서 일정한 제한이 주어지는 계기로 작용하였다.

이상에서 살펴본 바와 같이 공제조합에 대한 국가의 개입과 규제가 강화 및 체계화됨에 따라 공제조합은 점차 사회보험제도로 그 성격이 전환되기 시작하였다. 그리고 이러한 공제조합의 전통은 오늘날에 와서도 독일의 경우 의사, 변호사, 약사, 세무사, 건축(설계)사 등 소위 '고소득의 전문직' 자영업자들을 위한 '전문직종 종사 자영자부양기구들(berufständische versorgungswerke[독])'은 이러한 공제조합에 그 뿌리를 두고 있다. 이들은 공제조합의 사회보험제도로의 전환과정에서 공적연금제도에 포함되지 못한 특정한 집단으로서, 독일의 경우 2014년 말 현재 89개의 부양기구에 약 95만 명이 가입하고 있는 것으로 나타났다.[2)]

제3절 공적연금제도의 탄생 배경과 기본사상

1. 공적연금제도 탄생의 배경요인과 국가별 제도적 대처 방식의 상이성

산업화 초기 서구 유럽의 공적연금제도는 일반국민의 노후소득 보장을 목적으로 운영되었던 최초의 제도라는 점에서 중요한 의미가 있다. 이러한 공적연금제도는 국가별로 운영 방식에 따라 보험료를 주된 재원으로 하는 공적연금보험제도(staatlich organisierte gesetzliche Rentenversicherung[독]) 와 조세재원으로 운영되는 국가부양제도(Staatsbürgerversorgungssytem[독]) 로 구분해 볼 수 있다.

비록 국가별로 구체적인 운영 방식에 있어서는 일정한 차이가 있지만, 양자 모두 일반국민을 대상으로 하는 공적노후소득보장제도의 형태로 도입될 수 있었던 것은 다음과 같은 시대적 배경요인이 공통적으로 작용했기 때문인 것으로 판단된다(Döring, 2002: 17).

첫째, 당시 급속한 산업화의 진행에 따라 근로계층이 수적으로 확대되어 대다수 국가에 있어서 이들의 정치 · 경제적 영향력 역시 점차 확대되었기 때문이다. 뿐만 아니라 근로계층의 양적 팽창에 따라 퇴직 시 임금을 대체해 줄 수 있는 소득원으로서 연금제도의 필요성을 인식하게 되었다는 것이다.

둘째, 근대화 초기 도시빈민이나 장애인들의 부양을 위한 비용을 전적으로 책임져야 했던 기초자치단체의 불만과 정치적 압력 행사 또한 공적연금제도의 도입 과정에서 일정한 역할을 했다. 그리고 이와 같은 기

2) 독일의 전문직종 자영자 공제조합제도에 관해 설명하고 있는 국내자료로는 이정우(2019: 191-195)를 참조하기 바람.

초자치단체의 정치적 영향력에 따라 새롭게 도입되었던 공적연금제도는 주로 빈곤의 위험에 상대적으로 높게 노출되어 있던 저임금의 공장 근로자들을 우선적 적용대상으로 받아들였다는 것이다.[3)]

셋째, 기업연금이나 각종 공제금고 등은 당초 주로 중산층 이상의 사람들만을 운영 대상으로 하여 빈민에게는 아무런 혜택이 돌아갈 수 없었기 때문이다. 따라서 이러한 문제를 해결하기 위한 목적으로 국가는 자신의 책임과 권한으로 운영되는 공적연금제도를 속속 도입하여 운영하기 시작했다.

넷째, 사회적 갈등의 무마와 정치적 통합에 대한 국가의 관심 그리고 노동조합이나 노동자 정당의 사회정책에 대한 국가의 역할 강화에 대한 요구 또한 공적연금제도의 탄생에 일정 부분 기여하였다.

2. 공적연금제도의 도입에 있어서 국가별 대처 방안의 상이성

근대화 초기 서구의 대다수 국가는 유사한 정치 · 경제 · 사회적 환경에도 불구하고, 공적연금제도의 도입과 관련한 제도적 대응전략에 있어서는 서로 상당한 차이를 드러내 보였다. 그 이유로는 한편으로는 노후보장에 대한 개인적 책임의 범위를 둘러싼 가치관의 차이, 또 다른 한편으로는 노후보장에 대한 국가의 책임범위를 두고 국민 상호 간 사회의식의 차이가 작용을 하였기 때문인 것으로 판단된다. 이에 따라 국가의 가부장적 역할에 대한 인식수준이 높은 독일이나 프랑스의 경우 공적노후소득보장제도가 상대적으로 이른 시기에 도입될 수 있었다. 반면에 개인적 자율과 책임을 강조하는 영국의 경우 관련 법률의 제정이 상대적으로 늦게 이루어졌다.

3) 독일의 공적연금제도인 '공장근로자 연금제도(1889)' 그리고 '사무직근로자 공적연금제도(1911)'는 최초 도입 당시 공히 임금소득이 연간 2,000M(마르크, Mark) 이하인 저임금 근로계층으로만 한정하여 운영되었음.

공적노후소득보장제도의 역할에 대한 인식수준의 차이는 제도의 운영원리나 설계에 있어서도 상당한 차이를 보이고 있다. 구체적으로 독일이나 프랑스의 경우 공적연금제도는 보험료를 주된 운영재원으로 하고, 급여수준은 개인별로 임금소득의 수준에 비례하는 방식으로 설계되어 있다. 반면에 영국이나 덴마크의 경우 국민 모두에게 동일한 수준의 급여를 보장해 주는 기초소득보장제도가 선호되었으며, 이때 운영재원은 제도의 특성상 조세 혹은 조세와 유사한 성격의 보험료를 운영재원으로 충당하였다. 이 가운데 후자의 경우 초기에는 욕구조사와 자산조사를 바탕으로 운영되었으며, 이는 전통적인 구빈정책의 잔재를 보여주는 현상으로 파악해 볼 수 있다. 따라서 해당 국가의 경우 연금급여는 보충성의 원리에 입각하여 개인이나 가구의 소득이 최저생계비에서 미달하는 부분을 보충해 주는 수준에서 결정되었다.

반면, 독일의 공적연금제도는 예전의 공제조합에 전통적 뿌리를 두고 도입되었다. 이와 같은 역사적 배경에 따라 제도의 적용대상에 해당되는 사람들에 대해서는 강제가입의 규정이 적용되었으며, 그 대상은 주로 임금을 목적으로 노동력을 판매하는 노동자가 되었다. 그리고 독일의 제도는 보험료의 부담과 급여혜택이 공히 개인의 소득에 비례하는 방식으로 설계되어 있으나, 동시에 상당한 수준의 소득재분배 기능 역시 수행할 수 있도록 하였다.

유럽 노후소득보장제도의 중요한 두 축을 형성하고 있는 독일과 영국의 제도는 구성 원리에 있어서도 상호 간 현격한 차이를 보이고 있다. 먼저 독일의 공적연금제도는 직역, 직종 그리고 지역별로 세분화된 조합주의와 선별주의 방식을 핵심적 운영원리로 채택하고 있다. 반면에 기초소득보장을 지향하는 영국의 노후소득보장제도는 개인적 욕구를 기준으로 운영되며, 제도의 적용에 있어서는 보편주의의 원칙(universalitätsprinzip[독])을 추구하고 있다. 이에 따라 제도의 적용기준은 점차 거주의 원칙 또는 시민권에 연계하여 이루어지게 되었다.

서구의 선진국들에게 공적노후소득보장제도가 핵심적 제도로서 자리를 차지하게 된 이후, 이와 유사한 목적이나 기능으로 존재하였던 기존 제도와의 역할 재조정이 요구되었다. 이에 따라 먼저 종전의 기업연금은 공적노후소득보장제도를 보완하는 부차적 역할을 담당하게 되었다. 다음으로는 당시 몇몇 국가에 있어서 일부 공제조합의 경우 조합원들의 동의를 구하여 강제적 제도로 전환하게 되는 사례도 발견할 수 있다. 여기에 해당될 수 있는 제도로는 독일의 경우 농민연금, 전문직종 자영업자 공제조합 등이 대표적으로 해당될 수 있다.

또한 정도의 차이는 있겠지만, 세계의 어느 사회에서도 경제 · 사회적으로 소외된 분야가 존재하기 마련이다. 능력의 기준이 적용되기 힘든 영역(예: 중대질병, 장애 등)에서 능력의 규범과 원칙을 적용하는 것은 사회정책적으로 결코 바람직하지 못한 자세로 판단된다.

비록 능력의 원칙과 필요의 원칙은 서로 대립적인 사회사상과 철학이지만, 복지선진국의 차원에서 양자는 서로 보완과 조화의 차원에서 수용되어야 할 것이다.

3. 공적연금제도의 기본사상과 구성원칙

1) 공적연금제도의 기본사상

공적연금제도는 국가의 책임으로 운영되는 노후소득보장제도로서, 시장경제의 원리는 물론 사회의 보편적 규범이나 가치이념 또한 반영하게 된다. 공적연금제도에 있어서 이러한 가치규범(sozialnorm[독])은 여러 가지가 있겠지만, 그중에서도 특히 공정한 분배적 기준은 제도의 생성과 발전에 있어 매우 중요한 역할을 하고 있다. 왜냐하면 공적연금제도는 세대 내 · 세대 간 분배적 기능을 토대로 운영되는 제도로서 공정성의 기준은 정책수행에 있어 필수적인 요소가 될 수 있기 때문이다. 일반적으로 공정한 분배적 기준이란 '한 사회에서 생산된 부가가치를 구성원 간에 어떻게 배분하여야 할 것인가' 하는 가치규범(sozialnorm[독])과 관련한 것으로서, 여기에는 대표적으로 평등(eqality[영])과 형평(equity[영])이 있다.

(1) 평등

공정한 분배적 기준의 한 축으로서 평등(equality,[영] gleichheit[독])은 사회의 전체 자원을 모두에게 동등하게 배분하는 것을 분배정의로 간주하고 있다. 이러한 절대적 평등사상은 다음과 같은 가치이념을 배경으로 하고 있다. 구체적으로 인간 모두는 신에 의해 창조된 존엄한 존재로서 자원 배분 또한 마땅히 동등하게 이루어져야 한다. 이와 같은 절대적 평등사상에 따르면 인간 개개인은 생존을 위해 필요로 하는 기본적 욕구 또한 모두에게 있어서 동일한 것으로 간주하고 있다.

종합해 보면, 공정한 분배의 기준으로서 평등의 가치이념을 개개인은 자신의 존엄한 자아를 유지하기 위해 필요한 물질적 자원의 충족 여부를 중심으로 판단하게 된다. 이러한 의미에서 볼 때, 평등사상은 '필요의 원칙(Bedarfsprinzip[독])'을 철학적 기초로 하고 있다는 것을 알 수 있다.

이상과 같은 평등사상은 단순히 규범적 차원에서뿐만 아니라, 경제적 차원에서도 유용한 이론적 토대를 제공해 주고 있다. 공리주의자들(utilitarian[영])의 주장에 따르면 국가가 국민 상호 간 소득격차의 해소를 위해 노력하게 될 경우, 이는 사회 전체적으로 총복지(total welfare[영])를 증대시켜 '최대다수의 최대행복'이라는 최적의 상황을 실현할 수 있다는 것이다. 왜냐하면 일반적으로 화폐에 대한 한계효용은 개인별로 소득수준에 반비례하는 경향이 있으므로 부자들이 분배정책을 통하여 상실하게 되는 한계효용(MUrich)보다 가난한 사람들이 그에 상당하는 이전소득의 획득을 통하여 얻게 되는 한계효용(MUpoor)이 상대적으로 높기 때

문이다.[4)]

하지만 이러한 절대적 평등사상은 우리가 살고 있는 시장질서에 정면으로 배치된다는 점에서 문제를 보이고 있다. 따라서 이러한 모순적 상황을 극복할 수 있는 현실적 정책대안이 마련되어야 할 필요가 있다. 경쟁원리를 기반으로 하는 시장경제체제하에서 어느 정도의 분배적 불평등은 불가피한 측면이 있으므로, 국가는 이러한 불평등이 정치적으로나 사회적으로 용인될 수 있는 수준을 능가하지 않도록 노력하여야 할 필요가 있다. 동시에 국가는 국민 가운데 어느 누구도 사회문화적 최저생활수준(soziokulturelles Minimum[독]) 이하로 생활하게 되는 경우가 발생하지 않도록 하여야만 한다. 따라서 이러한 차원에서 볼 때 빈곤정책은 절대적 빈곤이 아닌 상대적 빈곤을 대상으로 이루어져야 할 필요가 있다.[5)]

이렇듯 빈곤문제에 대한 제도적 대응전략은 대체로 다음과 같은 것이 있다. 첫째, 별도의 자산조사(means test) 없이 대상자 개인이 일정한 자격요건(예: 연령, 거주기간 등)만을 충족할 경우 보편적으로 노후소득을 보장해 주는 방법이다. 둘째, 자산조사에 근거하여 대상자에게만 최저소득을 보장해 주는 방법으로서, 이는 다시 현행 국민기초생활보장제도의 내부 또는 별도로 노인계층만을 대상으로 하는 새로운 사회부조제도를 통하여 이루어질 수 있다.

(2) 형평

공정한 분배적 기준의 또 다른 한 축으로서 형평(equity,[영] gleichbehandlung[독])

4) 본문에서 MU of Rich or MU of Poor란 부자 또는 가난한 사람의 한계효용(marginal utility)을 의미함. 그리고 한계효용이란 사람들이 한 단위를 소비 또는 지출하였을 때 얻게 되는 만족감의 증가분을 의미함.

5) 유럽연합의 경우 빈곤선은 사회 전체의 중위소득을 기준으로 일정 비율(일례로 50% 또는 60%)로 결정하고 있음.

은 달리 '상대적 평등(relative gleichbehandlung[독])'이라고도 불린다. 형평은 '같은 것은 같게, 다른 것은 다르게' 구분해 처우하는 것을 공정한 보상양식으로 간주하며, 따라서 개인별로 행동에 따른 보상이나 책임이 '능력의 원칙(leistungsprinzip[독])'을 토대로 이루어지는 것이야말로 공평의 원리에 부합된다고 주장하고 있다. 그리고 이러한 보상체계는 개인의 동기유발을 통하여 국민경제의 발전에 기여를 할 수 있다.

하지만 성과에 대한 평가기준으로서 능력의 원칙은 현실적 적용에 있어서 일정한 제약을 보이고 있으므로, 그 자체로서 유일한 분배적 기준이 될 수 없는 한계가 있다. 왜냐하면 생산과정에서 능력의 정의, 측정 그리고 평가방식 등 제반 상황이 모호하고 또한 불명확하기 때문이다. 나아가 일반적으로 생산은 다양한 생산요소(예: 노동, 자본, 토지 등)의 상호작용을 통하여 이루어지는 것으로서, 개별 생산요소의 생산성을 각각 따로 분리하는 것은 이론적으로나 현실적으로 매우 어려운 과제가 될 수 있기 때문이다.

이러한 차원에서 볼 때 개별 생산요소의 기여도에 대한 평가의 전반적 과정을 시장의 기능에 일임하고 단순히 그 결과를 따르자고 주장하는 것은 오히려 분배적 왜곡의 결과를 초래하게 될 우려가 높다. 나아가 성과의 평가가 전적으로 시장을 중심으로만 이루어질 경우 자칫 인간의 생존을 위해 필수적인 비공식적 행위(가사, 수발, 자원봉사 등) 또는 장애인이나 만성질환자 등 사회적 약자는 시장기구의 혜택이나 배려로부터 배제되는 문제가 발생할 수 있다.

따라서 평등과 형평을 조화시킬 수 있는 통합적 개념이 개발되어야 할 필요가 있다. 그 일환으로서 먼저 사회적으로 유용한 행위 또는 사회적 약자에 대한 보호 측면에서 '시장기능의 배제(달리 표현하면, 탈시장화, 탈상품화 등)'는 반드시 필요한 조치가 될 수 있다. 그리고 사회적으로 수용될 수 있고, 인내할 수 있는 수준을 넘어서는 불평등의 문제는 해소되어야만 한다.

평등과 형평은 서로 상이한 목표지향을 가지고 있으며, 따라서 경우에 따라서는 상호 대립되는 위치에 서기도 한다. 하지만 선진적 복지국가체제하에서 양자는 최저소득보장의 필요성 그리고 국가 수도적 차원의 제도 운영에 있어서 상호 의견을 수렴하고 있다. 그러나 이 경우에도 최저소득보장의 수준에 있어서는 서로 일정한 의견의 차이를 보이고 있다. 구체적으로 능력의 원칙(Leistungsprinzip[독])을 강조하는 국가의 경우 최저보장의 수준은 매우 엄격하고 인색한 수준을 주장하고 있는 반면에, 사회계량주의적 사상을 가진 국가의 경우 빈곤계층에게도 사회문화적 참여와 소통이 가능한 비교적 관대한 수준의 급여를 지지하고 있다.

2) 자유주의와 보수주의

공적연금제도의 구성체계에 있어서 차이를 결정하는 또 다른 사회사상으로서 자유주의와 보수주의가 있다. 그리고 이러한 사회사상은 국가별로 공적연금제도의 운영방식과 관련하여 국가와 시장의 역할범위를 결정하는 요인으로 작용하기도 한다.

(1) 자유주의 사상

자유주의 사상(=베버리지 연금모형)의 관점에서 볼 때, 국민의 노후소득보장에 대한 국가의 책임과 역할은 가능한 최소한의 범위 내에서 빈곤정책으로 제한할 것을 주장하고 있다. 왜냐하면 빈곤정책은 상당한 수준의 소득 재분배를 수반하는 국가 고유의 정책분야로서, 자칫 국가의 과도한 개입은 경제질서의 왜곡과 도덕적 해이(moral-hazard) 등과 같은 부작용을 초래하게 될 우려가 높기 때문이다. 따라서 자유주의자는 빈곤정책의 범위를 뛰어넘는 생활수준보장의 경우 기업과 개인의 노력에 전적으로 일임하는 방안을 지지하고 있다.

일반적으로 빈곤정책의 수행을 위해 필요한 소득 및 자산조사와 이에 기초한 급여의 조정은 특히 저소득계층으로 하여금 자신들의 노후대비를 위한 저축동기를 억제하게 되는 부작용을 초래할 수 있다. 왜냐하면 이 경우 개인이 자신의 노후를 위해 저축수준을 높이게 될 경우, 그에 비례하여 국가가 당사자에게 지급하게 되는 노후소득보장 급여가 삭감되는 소위 '잠재적 한계세율(marginal implicit tax)'의 문제가 발생할 수 있기 때문이다. 따라서 이러한 의미에서 볼 때 최저소득보장은 보충성의 원리에 따라 대상자를 선별하여 급여수준을 개인별로 차등지급하는 방식보다는 가급적 모든 국민에게 보편적으로 보장하는 것이 합당할 수 있다.

이상과 같은 사상은 베버리지 연금모형에서 비교적 잘 반영하고 있다. 베버리지(Beveridge)는 영국 출신의 저명한 경제학자인 동시에 사회정책가로서, 1943년 발간된 자신의 보고서(베버리지 보고서)에서 전후 영국형 복지국가의 기틀을 확립하였다. 이에 따라서 베버리지는 영국의 전통적인 자유주의 사회사상에 기초하여 자신의 연금모형을 제시하였다.[6] 하지만 이러한 베버리지 연금모형은 훗날 영국 고유의 사회모형이 아닌 이미 오래전부터 덴마크(1893년) 등과 같은 자유주의 국가들에서 실시해 왔던 연금모형과 대체로 유사했던 것으로 밝혀졌다. 다만 최저소득보장을 위한 재원의 조달방식에 있어서는 일정한 차이를 보이고 있다.

최저소득보장을 위한 재원의 조달방식과 관련하여 베버리지는 '개인

---

6) 영국의 복지국가 모형에 있어 핵심적인 특징으로서 '정액의 원칙(flat-rate-principle)'은 1911년의 「사회보험법」 그리고 1908년의 「노령연금법」에서 이미 반영되었음. 다만, 이 경우 베버리지 보고서와의 차이점은 과거의 두 가지 법률에서는 급여의 수급요건으로서 소득조사를 명시해 두었다는 점임. 그리고 사회복지정책에 대한 영국의 입장은 한편으로는 '국가적 차원의 최저선(national minimum) 보장'이라는 페이비언(Fabianism) 사회개혁사상, 다른 한편으로는 사회보장을 빌미로 한 국가개입의 확장에 대한 경계심을 언급할 수 있음.

의 사전적 기여'를 급여의 수급요건으로 하되, 이 경우 모든 국민이 정액의 형태로 부담할 것을 주장하였다. 하지만 이와는 반대로 다른 자유주의 국가들의 경우, 최저소득보장을 위한 비용부담이 각 개인별로 능력에 따라 이루어질 수 있도록 하기 위한 차원에서 그 재원은 국가의 일반재정에서 충당해 왔다. 오늘날에 와서는 과거 영국과 같은 정액형의 연금보험료 부담방식은 더 이상 유럽(연합)의 국가에서는 채택하지 않고 있다.

(2) 보수주의 사상(=비스마르크 사상)

베버리지 연금모형의 정책목표인 빈곤방지의 또 다른 한 축을 형성하고 있는 비스마르크 연금모형은 연금수급자의 종전 생활수준보장을 목표로 하고 있다. 여기서 국가는 노동자계층을 대상으로 그들이 임금을 수령하며 살아왔던 생활수준을 퇴직 이후에도 계속하여 영위할 수 있도록 하기 위한 목적으로 '소득대체적 기능(income replacement function)'을 수행하는 연금제도를 운영해 왔다. 여기서 연금급여는 개인별로 생산과정에서 경제적 기여에 따라 차이를 보이게 되고, 그리고 다시 이는 개인의 임금소득에 반영되는 특성을 보이고 있다. 이상의 내용은 다음의 [그림 2-2]로 설명해 볼 수 있다. 이에 따르면 근로자들 개인은 자신의 생애소득에 근거하여 공정한 보험료를 부담하여야 하고, 퇴직자들 역시 자신의 소득을 기준으로 일정한 수준의 급여를 받게 된다. 여기서 후자의 경우 연금수급자들은 국가가 시혜적 차원에서 무상으로 제공해 주는 급여가 아니라, 개인들 각자가 사전적으로 기여에 비례하는 급여를 받게 된다. 이와 관련하여 바(Barr, 2006)에 의하면 "이와 같은 기여와 급여의 연계성에도 불구하고, 이는 일종의 외형적 현상에 불과하며, 따라서 여기서 보험료 또한 일종의 세금과 같은 특성을 보이고 있다."라고 주장하였다. 실제로 이 경우 개인별로 보험료 부담과 연금급여의 혜택 상호간에는 시장의 원리에 입각한 그 어떠한 상관관계도 성립될 수 없기 때문이다. 따라서 양자의 연계수준은 단순히 정치적 타협의 결과일 뿐이라는 것이다.

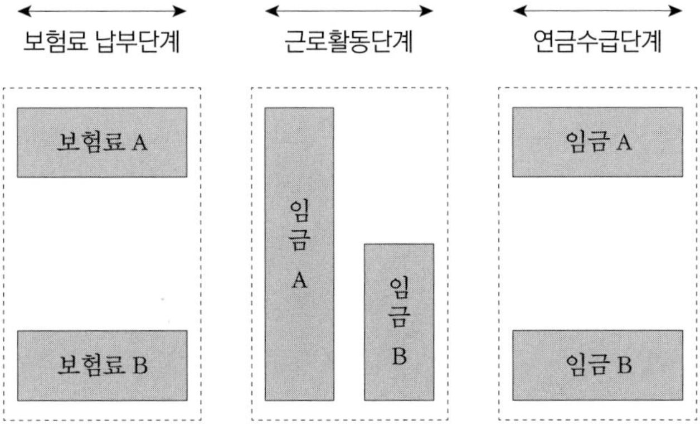

[그림 2-2] 보험료-임금-연금급여의 상관관계

개인별로 사회보장의 비용부담 대비 급여혜택의 상관관계는 시장경제의 운영원리에 부합하는 구조로 파악해 볼 수 있다. 그리고 이는 자본주의 사회의 주도적 운영철학에 상응하는 매우 실용적인 방안으로 이해할 수 있다. 특히 공정한 보험료의 부과체계와 공정한 급여구조는 개별 경제주체들의 경제적 동기를 활성화하여, 궁극적으로는 생산의 증대와 국민복지의 향상에 기여를 할 수 있을 것으로 기대된다. 그리고 보험료 부담과 급여혜택이 공히 개인별 근로소득에 연계되어 있으므로, 제도의 적용이 보편적이라기보다는 오히려 근로계층 또는 피용자인 임금근로계층을 대상으로 하는 선별적 방식으로 운영해 오고 있다.

일반적으로 생활수준보장의 정책목표는 공적연금제도와 민간보험의 상호 협력(cooperation[영])을 통하여 실현될 수 있다. 생활수준보장이라는 정책목표와 관련하여 공사 연금제도 상호 간의 관계는 베버리지 연금모형의 경우에서와도 같이 여기서도 일정한 법칙이 없는 것이 사실이다. 하지만 국민의 안정된 노후생활을 위해서 국가는 공사 연금제도가 상호 보완적 관계를 유지할 수 있도록 제도를 운영할 필요가 있다. 이 경우에 있어서도 역시 고령화시대에 대비하여 공적연금제도와 사적연금제도 상호 간 역할 재분담의 문제가 남아 있게 된다. 지난 세기 유럽의 대다수 복지선진국은 두 차례의 세계대전, 초강력 인플레이션 그리고 1920년대의 세계 대공황 등을 거치면서 주로 공적연금제도의 역할과 책임을 확대하는 방향으로 문제를 해결해 왔다. 그러나 제2차 세계대전의 종전 이후 현재까지 유럽에서는 정치적으로나 경제적으로 안정적인 체제가 장기간 지속되어 오고 있으며, 동시에 인구고령화의 문제가 공통적인 도전과제로 대두되고 있는 점을 감안해 볼 때 현재는 공적연금제도의 역할 축소를 통하여 국민의 과도한 노인부양비 부담을 경감시켜 주는 방향으로 제도적 개선이 이루어져야 할 필요가 있다.

이상은 베버리지 연금모형에 대응하는 소위 비스마르크 연금모형의 특징에 대해 살펴보았다. 이러한 연금모형이 베버리지 연금모형과 대비되는 지점으로서 최저소득보장이 있다. 오늘날 비스마르크 연금모형에 해당되는 국가의 경우 최저소득보장은 일반적인 사회부조제도 또는 빈곤노인만을 대상으로 하는 별도의 부조제도(일례로 한국의 경우 기초연금)를 통하여 이루어져 오고 있다는 점이다. 이상과 같은 비스마르크 연금모형의 특징에 대하여 보다 신중한 자세가 요구되고 있다. 왜냐하면 여기서 이야기하는 비스마르크 연금모형은 독일의 초대수상 비스마르크가 1889년 공적연금제도를 도입했던 시점에서의 그의 입장과 상당히 달랐기 때문이다. 실제로 당시 비스마르크는 사회보험방식을 토대로 하는 연금수급자들의 종전 생활수준보장보다는 조세를 기반으로 하는 국민의 최저소득보장을 목표로 추구하였다. 이러한 점에서 볼 때 오늘날 우리가 이야기하는 비스마르크 연금모형은 비스마르크 자신이 아니라, 그보다 훨씬 이후에 탄생하였다는 점을 유의할 필요가 있다. 즉, 연금제도의 분류에 있어 비스마르크 모형은 2차 세계대전 이후 독일정부가 당시의 총체적 빈곤상황에서 이를 극복하기 위한 차원에서 독일의 학자

빌프리드 슈라이버(Wilfried Schreiber)의 사회사상에서 유래한 것임을 유의할 필요가 있다. 다음의 〈표 2-2〉는 이상에서 살펴본 베버리지 그리고 비스마르크 연금모형에서 빈곤방지 및 생활수준보장이라는 두 가지 정책목표의 해결을 위한 국가와 시장의 역할분담 방식을 요약하여 보여주고 있다.

<표 2-2> 노후의 빈곤방지와 생활수준보장의 두 가지 정책목표에 대한 국가와 민간의 역할분담 방식

정책목표		비스마르크 연금모형	베버리지 연금모형
노후빈곤문제의 보편적 극복	핵심적 정책수단	민간	국가(보험방식 또는 조세 재원을 통한 보편적 기초소득보장제도의 도입)
	보충적 역할	국가(필요의 원칙에 입각한 부조성 제도)	국가(욕구조사를 기반으로 운영되는 공공부조제도의 도입)
노동자들의 종전 생활수준보장	핵심적 정책수단	국가(소득비례형 공적연금제도의 도입)	민간
	보충적 역할	민간	

출처: Döring, D. (2002).

제4절 노후소득보장 모형들

급여수준의 측면에서 연금정책의 목표는 빈곤방지와 생활수준보장 크게 두 가지로 구분해 볼 수 있다. 이와 같이 연금모형의 분류체계를 구분하고자 하는 목적은 무엇보다도 국가별 제도의 특성을 파악하고 이해하는 데 있다. 그리고 이러한 학문적 연구방법을 통하여 우리는 제도의 적용기준, 보장수준의 목표, 재정조달방식의 특성 등에 대한 이해의 폭을 확장할 수 있다는 장점도 있다. 전체적으로 공적연금모형은 크게 다음의 네 가지로 구분해 볼 수 있다.

1. 연금모형 1: 직역별, 소득비례형 연금보험모형

동 모형은 특징적으로 생활수준보장을 핵심적 목표로 채택하고 있으며, 이러한 기준에 상응하는 사상적 규범으로서 부담과 혜택의 공정성이 제도 운영의 기본원리로서 작동하고 있다. 그리고 생활수준보장은 논리적으로 당연한 귀결로서 다양한 직종이나 직역의 사람을 대상으로 한 소위 '조합방식'의 범주별 제도체계를 중요한 특징으로 보이고 있다. 이에 따라서 공적연금제도의 적용대상은 통상적으로 모든 경제활동인구에서 직역별로 구분된 형태로 노동자계층으로까지 다양한 형태를 보일 수 있다. 이와 같은 제도적 범주에 따라 제도의 적용으로부터 제외되어 있는 가입자의 피부양가족에 대한 제도적 보호의 문제가 발생할 수 있다. 따라서 이러한 적용범주의 제도에서는 일종의 파생적 연금수급권인 유족연금제도가 별도로 운영되고 있는 것이 일반적 현상이다. 이에 따라 유족연금은 가입자의 사망 시 피부양가족, 특히 법적 배우자로서의 신분을 전제로 제공하게 되는 급여를 의미한다.

'생활수준보장'이라는 정책목표에 상응하는 급여수준이 개인별로 종전 근로소득을 기준으로 어느 정도의 수준을 유지할 수 있도록 하여야 할 것인가 하는 문제는 실로 다양할 수 있다. 나아가 이 경우 공적연금제도와 사적 민간연금제도 상호 간 역할분담의 수준 또한 상이할 수 있다. 따라서 이러한 현실적 상황을 감안하여 여기서는 공적 또는 사적으로 다양한 종류의 연금제도가 노후의 생활수준보장을 목표로 상호 '병렬적 관계(additive Zusammensetzung[독])'를 유지하게 된다.

이상에서 살펴본 바와 같이 생활수준보장을 주된 목표로 하는 유형의 제도에서는 강제적 가입방식의 공적연금보험제도가 일반적이다. 그리고 여기서 제도의 적용대상은 소득하한선을 넘어서는 수준의 소득으로 경제활동을 하는 근로자로서, 통상적으로 소득상한선 이내의 소득자가 대상이 된다. 따라서 이와 같이 개인은 소득의 상한선과 하한선 이내에 있는 자신의 총소득에 대하여 보험료를 납부하게 되고(보험료 부담의 공정성, Beitragsgerechtigkeit[독]), 개인은 향후 자신이 납부한 보험료 수준에 준하여 연금급여를 받게 된다(급여수급의 공정성, strukturell beitragsäquivalente Renten[독]). 이 외에도 가입자의 사망 시 유가족인 배우자를 위해 유족연금이 지급된다. 그리고 동 모형에서는 생활수준보장이라는 제도적 목적의 취지에 부합하여 '임금연동(wage-index[영])' 방식의 급여조정이 이루어지게 된다.

하지만 노후의 빈곤문제에 대해서 동 연금모형은 자체적인 해결방안을 갖추고 있지 않는 경우가 일반적이다. 다만, 오스트리아의 경우에서처럼 공적연금제도 자체적으로 빈곤선 미만의 연금소득을 빈곤선까지 인상시켜 주는 보충연금모형은 매우 예외적인 사례에 해당된다. 일반적인 범주에 해당되는 국가들의 경우 연금수급계층의 빈곤문제에 대하여 보편적 공공부조제도 또는 노인이나 장애인만을 대상으로 하는 범주형 부조제도를 통하여 해결하고 있다.

2. 연금모형 2: 보편적 최저생계보장 모형

두 번째의 공적연금모형은 앞서 종전 생활수준보장과는 달리 노후빈곤의 방지를 핵심적 정책목표로 채택하고 있다. 이에 따라 국가의 역할 또한 노후의 빈곤방지를 목표로 하는 수준의 소득재분배로 한정된다. 일반적으로 빈곤문제는 생활수준보장의 경우에서처럼 특정한 근로집단으로만 한정시킬 수 없는 성격의 문제이기 때문에, 최저소득보장을 궁극적 목표로 하는 노후소득보장제도에서는 통상적으로 제도의 적용을 보편적으로 운영하게 된다. 따라서 동 모형에 있어서 적용대상은 근로계층뿐만이 아닌 비경제활동계층들도 포함하게 되고, 이 경우 급여수준은 네덜란드 등과 같이 개인별로 거주기간(또는 영국의 경우, 보험료의 납부기간 등)에 연동하여 결정되는 것이 일반적이다.

모형 2 방식의 연금제도는 표준적 수준의 빈곤방지를 전략적 목표로 채택하고 있다. 이에 따라 해당 연금제도들은 인간으로서 존엄성을 보장받을 수 있는 수준의 연금을 목표로 하고 있으므로, 여기서 빈곤선은 상대적 의미를 갖고 있다고 할 수 있다. 그리고 이 경우 빈곤정책은 모두에게 적용될 수 있는 표준적 빈곤선을 대상으로 하므로, 개인별로 충족되지 못한 욕구를 해소하기 위한 차원에서 별도의 사회부조제도를 필요로 하게 된다. 뿐만 아니라 개인별로 표준화된 급여에 상응하는 재원조달방식으로서 정액의 보험료는 특히 저소득계층의 부담을 높이는 특성을 보이고 있다. 따라서 저소득계층의 보험료 부담을 경감해 줄 수 있는 제도적 방안이 강구되어야 할 필요가 있다. 그 일환으로서 개인별로 능력의 원칙을 반영해 줄 수 있는 조세방식의 제도로 전환하는 방안도 강구해 볼 필요가 있다. 그리고 이와 같은 전환과정에서 보험료는 점차 자연히 조세적 특성을 두드러지게 보이게 된다.

보편적 기초보장 모형은 사회정책적으로 다양한 민간주체에게 생활수준보장의 책임을 위임할 수 있다는 장점을 가지고 있다. 그리고 일반적으로 빈곤방지와 생활수준보장은 뚜렷하게 구분될 수 있는 정책목표로서, 각각의 목표에 따라 책임주체를 분명하게 구분할 수 있는 장점을 가지고 있다.

3. 연금모형 3: 혼합모형

모형 3은 혼합모형으로서, 앞서 살펴본 모형 1과 모형 2의 특성을 공통적으로 가지고 있다. 이에 따라 여기에 해당되는 공적연금제도는 생활수준보장과 빈곤방지의 목표를 동시에 추구하게 된다. 실제로 이러한 두 가지의 정책목표는 다음과 같은 다양한 방법으로 이루어지고 있다.

대표적인 방식으로서, 첫째, 소득비례형 공적연금제도에 별도로 최저소득보장의 기능을 하는 제도적 장치를 설치하는 방안이 있을 수 있다. 일례로 오스트리아의 보충연금제도(Ergänzungrente[독])는 최소한 25년 이상의 가입경력을 갖춘 장기가입자의 노령연금이 최저생계비 이하에 있을 경우 최저생계비 수준까지 연금액을 보충해 주는 방식이다.[7] 둘째, 가입자 개인의 공적연금제도 가입경력을 소득구간별로 1~3등급으로 구분하여 낮은 등급에 대해서는 상대적으로 높은 가중치를 부여하는 방식이 있을 수 있다. 이러한 방법을 통하여 저소득 가입자들은 노후에 자신의 종전소득에 상당하는 연금급여를 받을 수 있게 된다. 셋째, 공적연금제도 자체를 분리하여 별도의 기초연금제도와 소득비례연금으로 운영하는 방식으로서, 이는 노르웨이, 핀란드 등 북구의 복지선진국에서 주로 운영해 오고 있다.[8] 넷째, 단일의 통합형 국민연금제도의 급여산식에서 소득재분배 기능을 하는 균등부분(국민연금의 A값) 그리고 소득비례부분(국민연금의 B값)을 동시에 두도록 하는 방법이 있을 수 있다.

제2유형의 혼합형 연금모형은 주로 경제활동계층이나 임금근로계층을 대상으로 운영되어 왔던 것이 일반적인 현상이다. 하지만 스위스의

---

7) 이러한 방식은 독일의 통일 이후 일정기간 동안 공적연금제도의 노령연금을 포함한 전체 현금급여가 동독지역의 최저생계비 수준 이하일 경우 그 부족분을 채워 주는 사회가급연금을 통해서도 적용되었던 바 있음.

8) 스웨덴의 경우에도 기초연금제도와 소득비례연금제도로 분리 운영해 왔으나, 1999년 연금대개혁을 통하여 NDC방식의 소득연계형 연금제도로 전환하였음.

경우에서처럼 균등부분이 일종의 최저소득보장제도로서 기능할 수 있도록 설계되었을 경우, 공적연금제도는 마땅히 전체 국민이 적용대상이 되어야 할 것이다.[9)]

혼합형 연금제도에 있어서 최저소득보장은 표준적 수준에서 이루어지게 되므로, 개인별로 개별적 차원의 욕구는 제대로 반영될 수 없다는 한계가 있다. 따라서 혼합형 제도에서는 자체적인 빈곤구제기능 이외에도 별도의 최후의 사회안전망으로서 사회부조제도(한국의 국민기초생활보장제도) 또는 노인이나 장애인 등을 대상으로 하는 별도의 제도가 함께 운영되어야 할 필요가 있다.

혼합형 연금제도에 있어서 재원조달의 문제는 특히 중대한 관심의 대상이 될 수 있다. 동 연금모형의 기능 구분에 따라 재원조달의 방식을 구분하여야 할 필요가 있기 때문이다. 구체적으로 이러한 혼합형 제도의 운영에 있어서 개인별로 소득비례형 부분은 보험적 기능을 감안하여 보험료 수입으로 충당하도록 하되, 최저소득보장을 위한 소득재분배 부분은 국가의 일반재정으로 충당하는 것이 합당할 것으로 판단된다.

4. 연금모형 4: 사회부조형 노후소득보장모형

모형 4에 있어서 최저소득보장에 대한 국가의 역할은 민간 또는 개인의 역할 실패로 인하여 사회문화적 최저수준(soziokulturelles minimum[독])을 위협받게 되었을 경우에만 제한적으로 필요로 하게 된다. 이에 따라 생활수준보장의 책임은 전적으로 시장의 역할에 일임을 하도록 하고 있다. 그리고 여기서 급여수준은 앞서 모형 2의 경우와는 달리 표준적인 수준의 최저생계비가 아니라, 개별적 욕구를 반영한 수준을 의미한다.

---

9) 스위스의 국민연금제도 급여산식은 한국 국민연금과 유사하게 설계되어 있으나, 다만 한국의 경우와 차이점은 균등부분인 A값은 국민의 최저보장선으로서 기능을 하고 있다는 것임.

이러한 차원에서 볼 때 여기서는 노인계층만을 대상으로 한 특별 빈곤구제제도가 필요하게 된다. 하지만 이러한 연금모형은 노후빈곤문제에 대한 가장 목표효율적 제도로 생각할 수도 있으나, 현실적으로 여기서는 상당한 수준의 은폐된 빈곤문제를 초래할 수 있다는 점에서 비효과적인 제도로 평가해 볼 수 있다. 특히 이러한 소득조사방식의 최저소득보장제도는 저소득계층 노인들의 저축동기나 자립동기를 억제하게 될 우려가 높다.

모형 4와 같은 사회부조형 연금제도는 그 기능적 특성에 따라 조세를 기반으로 운영하게 된다.

<표 2-3> 연금모형별 구성체계상 특징

연금모형	적용대상	파생적 수급자	적용제외자	급여수준	급여의 구성	재정조달 방식
1	경제활동계층(임금근로계층)	피부양가족	비경제활동자+ 파생적 수급자격 미보유자	생활수준보장	연금 $= f(y_i, t_i)$	소득비례보험료
2	경제활동계층(임금근로계층)	피부양가족	비경제활동자+ 파생적 수급자격 미보유자	생활수준보장+ 최저소득보장 (사회문화적 최저수준)	소득비례연금+ 별도의 최저소득보장 기초연금+소득비례 연금	소득비례보험료+ 최저소득보장에 대한 국가보조 기초연금 부분에 대한 국가보조+ 소득비례 연금에 대한 보험료
3	전체국민	–	–	사회문화적 최저수준의 보편적 보장	소득수준에 연계되지 않은 보편적 기초연금	조세재원 또는 조세와 유사한 성격의 보험료
4	빈곤노인	–	–	사회문화적 최저수준의 개별적 보장	개별적 욕구수준에 연동된 기초연금	국가의 조세재원

연금모형	추가연금에 대한 민간보험의 역할	추가연금의 적용 대상	추가연금의 급여구조
1	공적연금과 보완적 관계	소득활동계층(근로자)	소득비례형 추가급여
2	소득비례형 공적연금을 보충하는 역할	소득활동계층(근로자)	소득비례형 추가급여
3	민간보험은 전적으로 생활수준보장을 목표	소득활동계층(근로자)	고소득계층의 소득욕구를 상대적으로 높게 반영
4	민간보험의 주도적 역할	소득활동계층(근로자)	민간보험자(또는 별도의 공적연금제도)에 의한 보장

출처: Döring, D. (2002).

참고문헌

이정우(2019). 독일형 복지국가: 과거-현재-미래. 경남: 인제대학교 출판부.

Barr, N. (2006). *The Economics of the Welfare State*. (4th ed.) Oxford University Press.

BPB (2017). Wohlfahrtstaatliche Grundmoedelle-EinfÜhrung der sozialversicherungen.

Döring, D. (2002). Die Zukunft der Alterssicherung.

Lampert, H., & Althammer J. (2007). *Lehrbuch der Sozialpolitik*. Suhrkamp edition. Springer Berlin, Heidelberg.

Weddingen, W. (1957). *GrundzÜge der Sozialpolitik und Wohlfahrtspflege*. Stutt, Gutav Bosse Verlag.

제2부
공적연금제도의 목표, 기능, 원리

제3장

노후소득보장정책의 목표와 지표

제1절 목표의 의의와 역할

1. 목표의 의의

사회사상은 인간 개인과 사회 전체의 관계에 있어서 바람직한 이상향(utopia)을 지향하는 경향이 있다(이정우, 2017: 115f). 그리고 사회사상의 토대가 되는 가치이념이나 이데올로기 등은 목표를 통해서 비로소 현실적이고 구체적인 모습을 가질 수 있다. 왜냐하면, 가치이념은 개인들 각자의 주관적 가치판단을 토대로 형성될 수 있는 반면에, 목표는 개인들의 객관적이고 합리적 사고체계를 통해 도출될 수 있기 때문이다(Sannmann, 1973). 이러한 측면에서 볼 때 목표는 국가정책의 방향성을 제시하고 합리적인 수단의 동원이 이루어질 수 있도록 함으로써 가치이념의 실현을 지원하는 역할도 수행하게 된다.

이상과 같은 일련의 과정들이 효과적으로 진행될 수 있기 위해서는 가급적 목표는 명료하고 정확하게 설정되어야 한다. 따라서 그 일환으로서 목표는 계측이 가능한 형태로 제시되어야 하며, 나아가 모호한 성격이나 내용의 목표는 우회적 방법으로 측정이 가능한 지표의 형태로 전환하여야 할 필요가 있다(Helberger & Wagner, 1981: 249).

노후소득보장정책을 포함한 제반의 사회정책에 있어서 목표는 현상 및 수단과 함께 정책수행의 합리성을 위한 3대 기본요소 가운데 핵심적 축을 차지하고 있다([그림 3-1] 참조). 여기서 목표는 ① 주어진 사회현상에 대한 판단, ② 정책적 개입을 위한 수단의 선택, ③ 수단의 효과에 대한 통제와 평가가 용이하게 이루어질 수 있도록 기능하게 된다. 그리고 이상의 세 가지 요소는 서로 밀접하게 연계되어, 일반사회정책이나 경제정책의 수행과정에서 다음과 같은 역할을 하게 된다(Schmähl, 1980: 224).

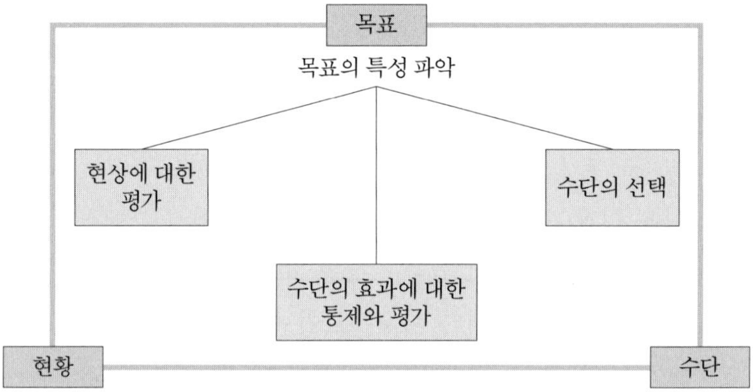

[그림 3-1] 노후소득보장정책의 합리성을 위한 3대 기본요소

출처: Schmähl, W. (1980).

첫째, 목표는 정책담당자가 주어진 사회현상에 대한 판단을 내리고, 나아가 이에 대한 문제인식을 제기할 수 있는 일종의 잣대나 기준과도 같은 역할을 하게 된다.

둘째, 목표는 수단의 선택이 합리적으로 이루어질 수 있도록 지원하는 역할을 하게 된다. 일반적으로 사람들은 목표의 설정을 통하여 정책적 개입의 대상이나 방향을 결정하게 된다. 이러한 일련의 작업 과정에서 목표는 정책의 수행에 필요한 수단의 선택과 투입량의 결정에 있어서 일종의 가늠자로서 역할을 할 수 있다.

셋째, 목표는 정책의 실행 이후 그 효과를 평가·검증하고 새로운 대안을 모색함에 있어서 비교 기준으로도 활용될 수 있다.

이상을 종합해 보면, 목표는 주어진 사회현상에 대한 평가와 진단 그리고 정책적 개입수단의 선택에 영향을 미치게 되고, 역으로 정책개입 이후 나타나게 되는 새로운 사회현상은 기존 목표의 수정을 위해 필요한 기본정보를 제공해 주게 된다.

2. 목표의 상호 관련성

노후소득보장정책은 사회의 다양한 가치이념을 배경으로 다양한 목표를 추구하게 된다. 이러한 목표의 총체는 흔히 노후소득보장정책의 '목표체계(target system)'라고도 한다. 일반적으로, 노후소득보장정책이 추구하는 제반의 목표들은 긍정적인 차원에서든 부정적인 차원에서든 상호 영향을 미치게 되며, 동시에 국가의 다른 정책이 추구하는 목표체계와도 밀접한 관련성을 가지게 된다. 예를 들면, 국가의 조세 및 재정정책, 가족정책, 교육 및 문화정책, 국방정책 등은 재원의 조달 및 비용 지출 등 정책의 수행과정에서 불가피하게 노후소득보장정책의 주된 관심사인 분배적 목표에 영향을 주게 된다. 나아가, 노후소득보장정책의 목표는 그 실현과정에서 종종 경제성장, 고용안정, 물가안정 등 경제정책의 목표체계에 파급효과를 미칠 수도 있다(Helberger & Wagner, 1982: 95).

노후소득보장정책의 목표는 사회의 전반적 영역에 걸쳐 국가가 추구하는 일반 목표체계와의 관계를 종합적으로 감안하여 설정하여야 할 필요가 있다(Transfer-Enquete-Kommission, 1979). 이처럼 통합적 시각에서 노후소득보장정책의 목표체계를 수립하게 될 경우, 좁게는 노후소득보장정책 자체의 실효성이 제고될 수 있고, 넓게는 제반 정책들이 상호 질서와 조화를 유지할 수 있도록 하여 궁극적으로는 국가나 사회의 건전한 발전에 기여할 수 있다.

3. 목표설정의 구체화와 계량화

국가의 정책목표는 구체적으로 제시되어야 할 필요가 있다. 이처럼 정책의 목표들이 구체성을 가지게 될 경우에만 비로소 정책의 방향 설정, 개입방법 및 수단의 동원, 정책의 성과평가, 환류(feed-back) 등 일련의 과정들이 합리적이고 일관적으로 유지될 수 있기 때문이다. 나아가 이 경우 정책의 전달과정에서 발생할 수 있는 행정적 혼선이나 비용의 낭비 문제를 최소화할 수 있는 효과도 기대해 볼 수 있다.

국가는 합리성의 차원에서 제반 목표들이 '최소 비용으로 최대 효과'를 달성할 수 있는 방향으로 정책을 수립하여야 한다. 이러한 차원에서 노후소득보장정책의 목표 또한 계량화를 위한 지표의 개발이 필요하게 된다. 일반적으로 목표의 계량화는 목표설정의 구체성 그리고 정책수행의 성과에 대한 객관적 평가의 측면에서뿐만 아니라, 목표에 대한 국민 홍보와 여론의 수렴 등 정보 제공의 측면에서도 중요한 역할을 하게 된다(Leipert, 1979).

노후소득보장정책은 노인세대를 대상으로 그들이 안정적인 삶을 영위하기 위해 필요한 소득보장의 문제를 다루는 국가의 정책으로서, 통상적으로 정치적 의사결정 과정을 통하여 수립 및 운영된다. 여기서 가치이념과 목표는 정치적 의사결정의 과정에서 핵심적인 변수로 작용하게 된다.

다른 일반 사회복지정책의 경우에서처럼 노후소득보장정책 역시 주관과 객관이 동시에 지배하는 정책영역이다. 일례로, 다양한 연금모형 가운데 어떤 것을 선택할 것인가 하는 문제는 전형적으로 가치판단의 영역에 해당되는 사안이다. 따라서 가치판단에 바탕을 둔 논쟁은 특정한 사안에 대한 서로의 주관적 견해가 같음과 다름일 뿐, 옳고 그름의 차원에서 다루어져야 할 사안이 아니라는 점을 유의하여야 할 필요가 있다. 그리고 이러한 정치적 선택의 영역에서 주관적 차이는 정치적 타협과 조정을 통해 극복해 나가야 할 사안이다. 하지만 정치적 타협과 조정의 과정을 거쳐 일단 정책의 목표들이 채택되면, 이후의 전체 과정은 철저하게 객관적이고 과학적으로 진행되어야만 한다(Barr, 2004: 30). 따라서 노후소득보장정책의 분야에 있어서 관념적이고 피상적인 목표들은 가급적 계측이 가능한 형태로 재설정될 수 있도록 하여야 할 필요가 있다. 나아가 만약 목표 자체가 추상적이고 모호할 경우, 간접적이고 우회적인 방식으로 측정이 가능한 지표(indicator)의 개발이 요구된다고 할 수 있다.

이상을 종합해 보면, 노후소득보장정책 분야에 있어서 목표의 설정은 명확하고 구체적으로 제시되어야 한다. 왜냐하면 이를 통하여 제도나 정책에 대한 공공 목적의 통제 그리고 국민홍보를 통한 신뢰자산의 축적 등과 같은 효과를 기대할 수 있기 때문이다. 따라서 목표의 효율적·과학적 관리를 위한 선행요건으로서 목표의 계량화가 요구된다.

제2절 노후소득보장정책에 대한 유럽연합의 역할과 목표체계

1. 노후소득보장정책에 대한 유럽연합의 목표

공적연금제도는 근대사회 이래 인류가 만들어 낸 가장 위대한 업적들 가운데 하나로 손꼽을 수 있다(European Commission, 2003). 왜냐하면 공적연금제도는 태초부터 인류를 괴롭혀 왔던 노인계층의 빈곤문제를 해결하는 데 있어서 획기적인 기여를 하였던 것으로 인정을 받고 있기 때문이다. 따라서 오늘날 대다수 선진국에게 있어서 노인계층의 빈곤율은 다른 어떠한 연령계층의 경우에서보다 낮은 수준을 유지해 오고 있다(OECD, 2017).

하지만 이러한 공적연금제도는 세계적으로 보편적 현상인 인구구조의 고령화로 인해 지속가능성을 위협받고 있다. 따라서 이러한 '연금의 위기(pension crisis)'라는 도전요인에 직면하여 유럽연합(European Union)은 회원국 상호 간 대응전략과 운영경험들을 공유하고, 필요할 경우 공동으로 대처해 오고 있다.

유럽연합은 개별 회원국이 자국의 노후소득보장제도를 개혁하는 과정에서 공통적으로 추구하여야 할 가치로서 다음과 같은 정책목표를 제시하였다. 구체적으로 이러한 목표는 [그림 3-2]에서 보는 바와 같이 급여의 적절성, 연금재정의 지속가능성 그리고 연금제도의 기능적 현대화라는 세 가지의 목표영역(target-area)으로 구분하여 총 11개의 세부적 실천목표로 구성되어 있다. 이와 같은 목표설정을 통하여 유럽연합은 회원국 국민들이 고령화 사회문제의 심각성을 함께 공유하고, 나아가 고령화 사회의 공통적 위협요인에 대하여 공동으로 대처하기 위한 전략적 의도도 가지고 있는 것으로 파악되고 있다.

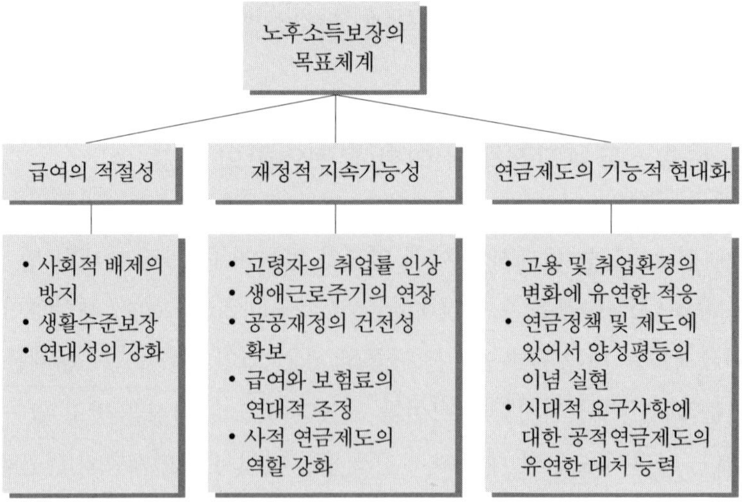

[그림 3-2] 유럽연합의 노후소득보장 목표체계

출처: Europäische Kommission (2003).

2. 유럽연합 노후소득보장정책의 세 가지 핵심 목표영역

다음에서는 이상의 열한 가지 세부적 실천목표들을 간략하게 정리해 보고자 한다.

1) 급여의 적절성(benefit adequacy,[영] Angemessenheit[독])

노후소득보장제도에 있어서 급여의 수준은 노인들의 생활수준, 건강, 사회참여 등에 밀접한 영향을 미치게 된다. 따라서 노후소득보장제도의 급여는 노인들의 삶의 질에 있어서 매우 중요한 목표영역으로서, 여기에는 세부적으로 사회적 배제의 방지, 생활수준보장 그리고 세대 간 연대성의 강화라는 세부적 실천목표들을 제시해 볼 수 있다.

목표 1. 사회적 배제의 방지

사회적 배제(social exclusion)를 방지하기 위한 정책목표는 빈곤을 절대적 관점이 아닌 상대적 관점에서 파악하고, 이에 대한 적절한 대책을 담아야 한다. 구체적으로 여기에는 노인들이 빈곤문제로부터 해방되고, 나아가 매년도 경제성장에 따른 과실의 배분과정에 참여할 수 있는 권리(Teilhaberecht[독])도 함께 보장을 받을 수 있도록 하는 것을 핵심적 내용으로 하고 있다. 뿐만 아니라 이와 같은 경제적 보장을 통하여 비로소 노인들은 공적 · 사적 그리고 사회문화적 생활에 있어서 역시 적극적인 참여를 보장받을 수 있게 된다.

유럽의 사회보장체계에 있어서 노인계층의 빈곤문제를 해결하기 위한 제도적 장치로는 노후최저소득보장(minimum income guarantee for the elderlies)을 언급할 필요가 있다. 일반적으로 이러한 최저소득보장을 위한 제도적 장치는 국가별로 ① 전체 연령계층의 빈곤문제를 대상으로 하는 국민기초생활보장제도 또는 ② 노인계층의 빈곤문제를 대상으로 하는 별도의 제도를 신설하는 방안을 생각해 볼 수 있다.

목표 2. 생활수준보장

국가는 근로자에게 공적연금은 물론 퇴직연금 및 개인연금의 가입을 장려함으로써, 이들이 노후에도 종전 근로활동시기에 누려 왔던 생활수준을 퇴직 이후에도 계속적으로 유지할 수 있도록 지원하여야 할 필요가 있다. 왜냐하면 중산층 이상의 일반 시민에게 있어서 노후의 생활수준보장은 빈곤방지의 목표보다 우선순위를 차지하고 있기 때문이다. 따라서 국가는 각종 세제 또는 보조금의 혜택을 통하여 근로자가 노후대비를 위해 보다 많은 노력을 기울일 수 있도록 유도하고 있다.[1)]

생활수준보장(living standard security)의 정책목표는 국가별로 급여구조에 따라 해결방안에서 차이를 보일 수 있다. 먼저 소득비례형 공적연금제도를 가진 국가(독일, 프랑스, 오스트리아, 스웨덴 등)의 경우 그 자체로서 생활수준보장의 목표에 근접할 수 있는 장점이 발생하게 된다. 반면에 단일의 기초연금제도만을 가진 국가(덴마크, 아일랜드, 네덜란드 등)의 경우 생활수준보장을 위해서는 별도로 퇴직연금이나 개인연금의 역할이 상대적으로 강조되고 있다.

목표 3. 세대 간 연대성의 강화

공적연금제도에 있어서 연대성은 세대 내 그리고 세대 간 연대성으로 구분해 볼 수 있다. 먼저 세대 간 연대성이란 노인세대와 그 이외의 다른 일반세대 상호 간 소득자원의 배분이 적절하게 이루어져야 한다는 것을 의미한다. 다음으로 세대 내, 특히 노인세대 내부의 구성원 상호 간 소득격차가 일정한 수준에서 통제되어야 한다는 것을 의미한다. 마

1) 여기서 세제 혜택이란 대표적으로 가입자인 근로자가 납부한 보험료에 대한 세액공제 그리고 보험료 납부의 면제 또는 경감 등과 같은 혜택이 주어지는 각종 연금크레딧제도가 있음.

지막으로 노인세대의 구성원 상호 간 소득불평등이 적정수준에서 억제될 수 있도록 하여야 한다. 이와 관련하여 덴마크의 경우 국가가 노인세대에 대한 조세를 강화하여 상호 간 소득격차를 일정한 범위 이내에서 억제하고 있다.

2) 연금제도의 재정적 지속가능성 확보

저출산-고령화 사회에서 연금제도의 재정적 상황은 생산인구의 감소로 인해 지속적으로 불안정할 확률이 높다. 그리고 이러한 불안정한 재정상황은 적립방식 또는 부과방식 등 재정관리방식의 선택과는 별개의 문제다. 다만, 매년도 생산의 수준(구체적으로 경제성장률 또는 취업률 등) 그리고 인구의 규모 및 인구의 연령별 구성 등은 연금재정에 중요한 변수가 될 수 있다.

목표 4. 고령자의 취업률 제고

일반적으로 취업률이나 고용률의 인상 그리고 실업률의 억제 등은 고령화 사회에서 생산인구의 감소문제를 보완해 줄 수 있는 매우 유효한 정책수단이 될 수 있다. 나아가 여성, 노인, 장애인 등의 경제활동참가율이 높아지게 될 경우 이들의 근로소득은 연금재정의 안정화에 긍정적인 영향을 줄 수 있다.

목표 5. 생애근로주기의 연장

고령화 사회 연금재정의 불안문제는 단순히 사람들이 오래 살게 되고, 동시에 노인인구가 늘어나게 되었기 때문에 발생하는 문제가 아니다. 오히려 가장 본질적인 문제는 사람들의 수명연장에 따라 추가적으로 늘어나게 된 시간이 고스란히 노후의 비경제활동기간의 연장으로만 이어지고 있기 때문이다. 따라서 고령자들의 근로유인을 활성화하고, 동시에 조기퇴직의 유인이나 기회를 억제하는 방안이 강구되어야 할 것이다.

목표 6. 공공재정의 건전성을 통한 공적연금제도의 지속가능성 확보

인구구조의 고령화로 인한 연금재정의 불균형 문제는 종국적으로 국가의 일반재정을 부실하게 만들 가능성이 높다. 그리고 이러한 국가재정의 부실문제는 향후 고령화 사회에서 예상되는 연금재정의 수지 불균형의 문제에 대처한 국가의 대응능력을 제약하게 될 위험이 높다는 점에서 문제의 심각성이 있다.

이러한 문제에 대처하여 유럽연합은 회원국가들에게 다음과 같은 세 가지의 전략을 제시하고 있다. 첫째, 회원국가들은 장차 인구의 고령화로 인한 일반재정의 부실문제에 대처하여 예방적 차원에서 국가부채의 비율을 낮추기 위한 노력을 경주하여야 한다. 둘째, 회원국가들은 포괄적인 노동시장의 개혁조치를 통하여 고령자와 여성(특히, 전업주부 등)의 취업률이 획기적으로 인상될 수 있도록 노력하여야 한다. 셋째, 회원국가들은 공적연금제도의 대대적 구조개혁을 통하여 연금재정의 건전성을 확보함으로써, 국가의 추가적 재정부담을 예방적 차원에서 차단하여야 한다.

목표 7. 급여와 보험료의 연대적 조정

고령화 사회로의 진전에 따른 연금재정의 추가적 부담은 경제활동계층과 노령계층이 상호 공정하게 분담할 수 있도록 하여야 한다. 그리고 이 과정에서도 저소득 근로자나 연금수급자의 경제적 부담능력이 충분하게 반영되어야 한다. 나아가 이러한 연대적 조정의 과정에서 개인의 연금급여가 사회문화적 최저수준 이하로 떨어지게 되는 문제가 발생하지 않도록 하여야 한다.

목표 8. 사적연금제도의 역할 강화

공적연금제도와 사적연금 상호 간 적절한 연계장치의 구축과 이의 효율적 운영을 통하여 안정적인 노후생활이 보장될 수 있도록 하여야 한다. 그리고 노후소득보장에 있어서 1층 공적연금제도의 재정적 부담을 적정한 수준에서 억제하고, 대신 개인의 책임으로 운영되는 2층과 3층 연금제도의 역할이 현재보다 강화될 수 있도록 한다.

3) 연금제도의 기능적 현대화

글로벌 시대에서 연금제도가 사회 및 노동시장의 환경변화에 적응하여 생존을 확보하기 위해서는 연금제도 스스로 부단하게 변화하고 또한 발전하여야 한다.

목표 9. 고용 및 취업 환경의 변화에 유연한 적응

모든 것이 불안정하고 불확실한 오늘날의 노동시장 환경에서 소위 정상적인 형태의 일자리는 비정상적이고, 오히려 비정상적인 일자리가 일상적인 것이 되어 가고 있다. 따라서 연금제도는 결코 유연한 형태의 일자리 생성을 억제하거나 또는 노동력의 이동성을 불리하게 만들어서는 안 될 것이다. 그리고 연금제도는 어떠한 상황에서도 기초적 수준 이상의 노후소득을 보장하고, 나아가 제도 간 연계성을 통하여 노동력의 이동성을 지원해야 한다.

목표 10. 연금정책 및 연금제도에 있어서 양성평등의 이념 실현

제반의 연금제도와 규정들은 양성평등의 원칙을 충실하게 준수해야 하고, 이 경우 그 내용이나 수준은 유럽연합의 지침에 따라야 한다. 그리고 양성평등은 여성과 남성의 같음과 다름이 조화를 이룰 수 있는 방향으로 추구하고, 아울러 연금제도의 적용 및 급여수준에 있어서 성별

격차를 줄여 나갈 수 있도록 노력하여야 한다.

목표 11. 시대적 요구사항에 대한 공적연금제도의 유연한 대처능력

연금제도의 투명성과 적응능력은 제도에 대한 국민의 신뢰를 제고할 수 있다는 점에서 가장 핵심적인 정책목표가 된다. 그리고 이러한 신뢰성은 보험료 인상이나 제도개혁에 대한 국민의 동의를 얻어 낼 수 있는 소중한 자산이 될 수 있다.

제3절 노후소득보장정책에 있어서 목표 영역별 지표체계

이 절에서는 공적연금제도의 목표 영역 중 경제적으로 가장 관심이 높을 것으로 판단되는 다음의 세 가지 영역을 선택하여, 개별 영역의 지표를 분석해 보고자 한다(Helberger & Wagner, 1981: 264; Helberger, 1982). 그리고 개별 목표 영역의 상황은 통상적으로 단일의 지표 또는 복수의 지표를 종합적으로 감안하여 평가를 내릴 수도 있다.

- 공적연금제도의 기능적 역량
- 노후소득의 안정성과 지속가능성
- 공적연금제도 분배정의의 기준으로서 능력의 정의와 필요의 정의

1. 노후소득보장제도의 기능적 역량(Funktionsfähigkeit des Alterssicherungssystems[독])

1) 공적연금제도의 기능적 역량 제고

(1) 연금제도의 재정 상황에 대한 지표

• 연금충당률(Rentendeckungsquote[독])

매 년도 가입자들로부터 징수하는 보험료(A) 및 공단의 이자수입(B)으로 같은 해의 수급자들에게 지급되어야 하는 급여지출(C)을 충당할 수 있는가에 대한 비율(A+B/C)

• 필요연금수준(Notwendige Rentenniveau[독])

보험료율이 고정인 상태에서 보험료 수입과 급여지출이 상호 재정적 균형을 유지할 수 있도록 하기 위해 필요한 연금 수준

• 필요보험료율(Notwendiger Beitragssatz[독])

보험적용소득의 범위 이내의 소득에 대해서 적용되는 보험료율로서, 이 경우 별도로 정한 연금수준(Rentenniveau[독])을 보험료의 수입과 지출을 각각 조정하여 균형을 유지할 수 있도록 하는 방식

(2) 사회적 상황

• 노인부양비(Altersquotient[독])

18세 이상 65세 미만의 인구(A) 대비 65세 이상 인구(B)의 비율

• 가입자 비율(Versichertenquote[독])

전체 보험가입 의무연령에 해당되는 성인연령의 인구의 국민연금 가입비율

• 연금수급자 비율(Rentnerquotient[독])

65세 이상 총 인구 가운데 실제로 연금급여를 받고 있는 사람들의 비중 대상자의 비율

2. 노후소득의 안정성과 지속성(Sicherheit und Stetigkeit des Einkommens im Alter[독])

- 표준연금수준(Eckrentenniveau[독])

  표준연금수준이란 현재 평균 총 임금과 관련하여 전체 국민연금 가입자의 총 임금과 40년(480개월) 가입 후 연금생활자 간의 급여수준의 관계
- 연금수급자의 상대적 평균 소득위치(durchschnittliche relative Einkommensposition der Rentner[독])

  연금수급자 가구의 평균 개인 총 소득 대비 보험 가입자의 평균 순소득을 백분율로 나타낸 것
- 보장수준(Absicherungsniveau[독])

  연금수급연령 진입 전 개인별 평균 순소득 대비 연금생활자로서 받는 개인별 평균 순연금액의 수준

3. 노후소득보장제도를 통한 소득분배의 능력과 필요의 공정성

1) 보험료의 수지상등지표(Beitragsäqivalenzziffer[독])

(1) 분배적 공정성

<표 3-1> 횡단면적 · 종단면적 분석

	횡단면 분석(분석주기: 1년)		종단면 분석(분석주기: 연령별 코호트 삶의 주기)	
	미시	거시	미시	거시
I. 공적연금제도의 기능적 역량				
I.1. 재정적 상황				
1. 연금충당률	일정한 보험료 수입에 대한 연금공단의 연금지출비율		횡단면 분석과 같지만, 해당 코호트의 총 납부 보험료 및 연금과 관련한 정의임	
2. 필요 보험료율	보험대상 소득과 관련하여 주어진 연금수준이 연금지출과 같도록 하기 위해 필요로 하는 보험료율		횡단면 분석과 같음	

3. 필요 연금수준	주어진 보험료율이 연금지출과 같도록 하기 위해 필요한 연금수준		횡단면 분석과 같음	
I.2. 사회적 상황				
4. 노인인구비	60세 이상(A)과 20~60세(B) 간의 비율(A/B)			
5. 연금가입자비율	전체 성인 인구 가운데 국민연금제도에 가입한 모든 피보험자의 비율		횡단면 분석과 같음	
6. 연금생활자비율	주로 국민연금 수급액으로 살아가는 사람들의 비율	연금생활자로 전환된 전체 인구(연금합계/표준연금)에서 급여생활자로 전환된 전체 인구(보험료 납부의무 수입/평균 소득)의 비율	코호트 내 피보험자 대비 연금생활자의 비율	
II. 노후소득의 안정성과 지속성				
7. 표준연금수준	현재 평균 총 임금과 관련, 전체 국민연금 가입자의 총 소득과 40 가입연수를 가진 연금생활자와의 관계			
8. 연금생활자의 상대적 소득 수준의 평균	연금생활자 가구의 평균 개인 총 소득 대비 보험 가입자의 평균 순소득을 백분율로 나타낸 것		횡단면 분석과 같음	
9. 보장의 수준	연금생활자들의 개인별 평균 순소득 대비 연금수급 진입 전 사람들의 개인별 순소득의 관계		횡단면 분석과 같음	
III. 노후보장시스템을 통한 소득재분배의 기여 및 필요의 정의				
III.1. 기여의 정의				
10. 보험료의 수지 상등지표	–	–	생애주기동안 지급된 연금액 대비 연금 납부율, 즉 개인별 연금액에 가중치를 둔 개별 연금납부비율의 평균	
11. 개인별 평균 연금-보험료 관계	–	–	개인별 연금보험 납부율의 가중평균	

출처: Krupp, H. (1981).

앞서 〈표 3-1〉와 같이 횡단면뿐 아니라 종단면적 분석도 왜 함께 요구되는가에 대한 이유는 다음과 같이 요약할 수 있다. 첫째, 종단면적 분석의 경우 분석의 중심이 세대(Generation[독])나 코호트(Kohort[독]) 등 일정한 공통점(Gemeinsamkeiten[독])을 가진 집단이 아닌 개인(Individuum[독])을 중심으로 해서 나타나는 변화율 내지는 변화추이를 뜻한다. 예를 들면, 한 개인이 생애 동안 벌어들이게 되는 총소득을 기준으로 설정되는 소득대체율(Einkommensersatzrate[독]) 혹은 임금의 변화에 연동되는 연금보험료율 등이 여기에 해당된다 할 수 있다. 즉, 퇴직이라는 하나의 중요한 생애 이벤트를 중심으로 개인의 퇴직 이전과 이후를 비교하는 것이다. 둘째, 이와 반대로 횡단면 분석의 경우에는 앞서 종단면적 분석의 예시에서 밝혔듯, 이질적인 코호트 내지는 집단 내에 소속된 사람들의 생애 총 근로기간 혹은 연령 등 일정한 일련의 공통점(Gemeinsamkeiten[독])을 중심으로 한 하나의 분포를 나타내 준다는 점에서 종단면적 분석과는 차이가 있다. 종합하면, 양자택일의 방식이 아닌 분포를 중심으로 하는 횡단면적 분석과 변화율을 중심으로 하는 종단면적 분석 모두를 함께 바라보고 분석을 할 필요가 있다. 달리 어느 한쪽에 치우치지 않는 자세, 즉 비교의 기준을 상실하지 말아야 한다는 측면에서 횡단면적 분석과 종단면적 분석 양자 모두 공히 그 중요성이 충분하다고 판단된다.

제4절 공적연금제도의 분배적 목표와 지표

1. 분배적 차원의 목표 분석

연금정책은 경제정책과 사회정책이 상호 교차하는 학문분야로서 다양한 종류의 정책적 기능을 수행하고 있다. 그중에서도 특히 분배정책은 공적연금제도가 담당하고 있는 가장 핵심적 분야에 해당된다.

사회보험제도로서 공적연금은 다양한 기능을 수행하고 있으며, 이 중 분배적 기능은 핵심적 역할이 될 수 있다. 여기서는 공적연금제도의 분배적 목표를 중심으로 다양한 기능과 정책목표의 실행수준을 보여 주는 지표들을 살펴보고자 한다.

먼저 시간의 단위에 주목할 필요가 있다. 이는 크게 횡단면과 종단면으로 구분할 수 있다. 앞서 〈표 3-1〉에서와 같이, 먼저 횡단면적으로 분석을 하게 되면, 각각 다른 연도에 태어난 코호트를 나열한 후 이들 조합에서 임금이력들을 추출해 낼 수 있다. 이후 어느 특정 시기를 정하여 추출하여 비교를 하게 될 경우, 코호트 별로 이들이 벌어들이는 근로소득 등은 자연히 차이가 날 수 밖에 없게 된다. 하지만 종단면으로 분석을 하게 되면 어떨까? 가령 20대 사원과 50대 부장 간의 연 임금격차를 5배로 가정한다면, 횡단면 분석에서는 단순히 5배의 임금격차, 즉 불평등으로 나타나게 된다. 그러나 해당 연도에서 사원이었던 사람이 시간이 흘러 50대 부장이 되고 해당 시기에 새로이 입직한 사원까지 종단면으로 놓고 보게 된다면 20대 사원과 50대 부장의 임금격차가 불평등이라고 할 수 있을 것인가.

① 소득의 단위, 종류(Bezugseinheit[독])

독일의 연금보험료 납부와 연금수급은 원칙적으로 개인(Individuum[독]) 차원에서 이루어지게 된다. 따라서 이러한 개인은 소득의 단위와 종류를 분석함에 있어 중요한 참고의 단위가 된다. 하지만 개인들은 보통 가족 단위의 다가구로 거주하는 형태가 다수를 이루며, 이에 따라 개인과 가족 구성원, 즉 가계의 생활을 위한 일종의 '소득이용공동체(Einkommensverwendungsgemeinschaft[독])'를 형성하게 된다. 또한 이들은 가계의 소득뿐 아니라 소득에 대한 연금보험의 중요성에도 역시 관심을 가지게 될 수 있다. 따라서 연금보험제도의 분배적 효과에 있어서 분석의 초점은 개인과 집단의 차이에서 시작된다. 구체적으로 횡단면과 종단면 분석에 있어서는 각기 다른 관심이 집중된다. 횡단면적 분석틀에서는 특히 어린이, 청소년, 노년 등으로 구분한 '세내(Generationen[독])'에 중점을 두게 되는 반면, 종단면적 분석틀에서는 연령별 코호트 혹은 생애 총 고용기간 등 특정한 부분에서 동질적인 그룹을 형성하는 것에 그 중점을 두게 되는 경향이 있다(Schmähl, 1980).

② 분배적 기준

노후소득보장정책은 경제정책 및 사회정책을 관통하는 분야로서 다양한 종류의 정책목표를 수행하고 있다. 이 중에서도 특히 분배정책은 공적연금제도가 추구하는 각종 목표 가운데 사회정책적 목표는 가장 본연의 목표가 될 수 있다. 또한 경제정책이나 사회정책은 국민경제에 있어서 공동의 과제가 될 수 있는 부분이 많기 때문에 양자의 정책 영향력을 같이 반영한 정책수립이 필요하게 된다.

1) 분배적 목표의 가측성을 위한 전략

① 목표차원(Zieldimension[독]), 소득의 정의(Einkommensbegriffe[독]), 목표정합성(Zieltendenz[독])

소득의 분배는 공적연금제도가 추구하는 다른 어떠한 분야보다 특히 중요하고 복합적인 목표영역(Zielbereich[독])이 된다. 전후 사정이나 배경이 없이 단순히 소득분배를 이야기하는 것은 따라서 어떠한 정책적 관점에서 소득분배의 상황을 설명하고 분석하는 체계적인 작업이 요구된다.

소득분배에 대한 연구분석에 앞서 다음과 같은 세 가지의 기준은 중요한 척도가 될 수 있다. ① 소득의 정의, ② 소득에 대한 소비에 참여할 수 있는 단위(Bezugseinheit[독]), ③ 소득의 시간적 단위. 특히 연구의 분야로

서 소득의 이용단위로서 개인, 가구 또는 다양한 사회계층(일례로 공장근로자, 사무직근로자, 자영업자 등)

공적연금제도는 사회보험제도의 하나로서 분배정책은 특히 중요한 정책목표가 될 수 있다. 따라서 다음에서는 공적연금제도의 세 가지 차원의 목표를 살펴보고자 한다.

2. 분배정책의 차원에서 공적연금제도의 목표

국가는 사회복지정책을 통하여 다양한 목표를 추구하게 된다. 여기서는 사회복지정책에서 특히 중요시하는 목표를 중심으로 간략하게 살펴보고자 한다.

1) 노후빈곤의 방지

① 빈곤의 개념 및 정의의 한계

빈곤정책은 모든 국민이 인간으로서의 존엄성을 유지하기 위해 필요로 하는 최소한의 소득수준 이상으로 생활할 수 있도록 지원하는 것을 목표로 한다. 일반적으로 빈곤문제의 해소라는 목표에 대해서는 광범위한 사회적 합의가 이루어질 수 있으나, 구체적으로 빈곤의 정의, 기준, 측정방법 등에 대해서는 논란의 여지가 많다. 왜냐하면 빈곤의 양상은 다양한 형태로 나타날 수 있기 때문이다. 이에 따라 빈곤의 기준은 종종 아무런 객관적이고 과학적인 잣대 없이 사회적 관념을 바탕으로 한 정치적 의사결정을 통하여 이루어지는 특성을 보이게 된다.

② 빈곤의 종류

빈곤현상에 대한 객관적 개념정의의 부재에도 불구하고 빈곤문제는 일반적으로 절대적 빈곤과 상대적 빈곤으로 구분하여 사용되고 있다(Barr, 2004). 여기서 절대적 빈곤은 인간의 생존을 위해 반드시 필요로 하는 수준의 소득을 기준으로 파악된다. 따라서 초기의 빈곤 연구들은 빈곤을 객관적으로 정의하고자 하는 의도로 생존에 필요한 기본적인 영양요구량(basic nutritional requirement)을 현금으로 환산한 금액을 토대로 정의하고자 하였다. 그러나 빈곤에 대한 이러한 접근방식은 중대한 모순을 드러내고 있다. 왜냐하면 개인별로 필요한 영양요구량이 서로 다르기 때문에 모두에게 공통적으로 적용될 수 있는 표준적 기준의 제시가 불가능하고, 나아가 가난한 사람들 모두가 자신들에게 지원된 소득으로 이러한 영양기준을 충족시킬 수 있을 것이라고 기대할 수도 없기 때문이다. 이와 같은 절대적 빈곤의 개념은 육체적 생존을 위한 지원만이 받아들일 수 있었던 시대에서 유래한 것이다. 그러나 이는 근래 들어, 특히 복지 선진국에서는 부적절한 개념으로 간주되고 있다. 왜냐하면 이러한 국가들의 국민은 물질적 생존에 필요한 수준 이상의 생활을 보장받고 있을 뿐만 아니라, 궁핍의 개념이 정서적 · 문화적 기준에도 적용되어야 한다고 생각하고 있기 때문이다.

반면, 상대적 빈곤의 개념은 매우 단순한 표현 방식이기는 하지만, 만약 어떤 개인이 자신이 가난하다고 느끼게 되면 그는 가난한 사람이 된다는 것이다. 이 경우 개인은 자신 주위의 환경과 비교하면서 스스로가 가난한지 여부를 느끼게 된다. 일반적으로 상대적 빈곤은 그 사회의 보편적인 생활수준에 따라 시간적 · 공간적으로 끊임없이 변화하는 특성을 보이게 된다. 이러한 의미에서 볼 때 전체 국민의 평균소득 등은 상대적 빈곤의 수준을 파악해 볼 수 있는 적절한 기준이 될 수 있다. 예를 들면, 평균소득의 일정 비율(예: 50%)을 상대적 빈곤선으로 설정하게 될 경우 그 이하의 소득으로 생활하는 모든 사람은 상대적 빈곤계층이 된다.

③ 빈곤정책의 기능과 역할

절대적 빈곤선(absolute poverty line)은 육체적 생존수준으로 정해지게 되는 반면, 상대적 빈곤선(relative poverty line)은 일반 국민의 생활수준 향상에 따라 지속적으로 상향 조정되어야 한다. 후자의 경우와 관련하여 만약 한 개인이 대다수의 국민에게 보편적으로 개방된 소비활동에 참여할 수 없다면 그는 가난한 사람으로 간주되어야 한다. 이러한 차원에서 볼 때 한국의 경우 텔레비전을 시청할 수 없는 사람이나 컴퓨터 또는 인터넷의 접근에 제약을 받는 아동은 문화적으로 가난한 사람이 된다. 그리고 이와 같은 결핍의 항목들을 추가적으로 고려하게 될 경우 상대적 빈곤선은 지속적으로 상향 조정되어야만 할 것이다.

또 다른 차원의 논의로서 빈곤선이 지속적으로 인상되어야만 하는 이유는 다음과 같이 설명해 볼 수 있다. 일반적으로 국민의 소득수준이 증가함에 따라 열등재(inferior goods)에 대한 수요가 감소하고, 결과적으로 그 재화에 대한 거래가 시장에서 사라지게 되는 경향이 있다. 이러한 소위 '풍요의 역설(paradox of affluence)'은 경제성장에 따른 부산물로서 신(新)빈곤(new poverty)의 문제를 초래하게 된다는 것이다. 예를 들면, 점차 많은 수의 사람이 자가용을 소유하게 되면 대중교통은 승객 감소에 따른 재정적 부담으로 운임을 높여야만 하고, 이는 결과적으로 요금 인상이나 노선 폐지와 같은 문제를 야기할 수 있다. 또 다른 예로, 중앙난방이 보편화되면서 연탄을 생산하는 공장이 줄게 되어 연탄 수요자는 연탄을 구입하기가 힘들어지고 가격도 점차 비싸지고 있다. 이와 같은 상황을 고려한다면 빈곤선은 가난한 자가 다른 값싼 대체재를 구입할 수 있는 수준으로 인상되어야만 할 것이다.

④ 빈곤정책의 기본방향

일반적으로 절대적 빈곤은 물질적 궁핍으로 인하여 육체적 고통과 생존의 위협을 가져다줄 수 있다는 점에서 문제가 있고, 상대적 빈곤은 그 특성상 개인 간의 갈등과 사회적 혼란을 초래할 수 있다는 점에서 문제가 있다. 그리고 절대적 빈곤은 경제성장에 따른 국민소득의 증대를 통하여 해결할 수 있으나, 상대적 빈곤은 소득의 분배가 불평등한 사회에서 항시적으로 존재하게 된다. 오늘날 대다수 국가의 경우 빈곤정책은 절대적 빈곤문제를 완전히 해소할 수 있도록 하고, 대신 상대적 빈곤문제에 대해서는 일정한 수준 이내의 범위에서 제한하는 방향으로 이루어지고 있다.

2) 생활수준보장: 소득대체율, 연금수준

(1) 개념 및 정의

노후소득보장제도에 있어서 생활수준보장(living standard guarantee)은 빈곤문제의 해소와 함께 핵심적 정책목표로 간주된다. 여기서 생활수준보장은 개인들 각자가 근로활동시기 누려왔던 생활수준을 퇴직 이후에도 영위할 수 있도록 하는 것을 추구하는 기능적 목표이다. 이와 같은 정책목표에 따라 사회복지정책의 대상이 단순히 사회적 약자계층뿐만 아니라, 일반 국민으로까지 확대 적용될 수 있는 계기를 확보할 수 있게 되었다.

일반적으로 인간의 삶이 소비를 통해 유지되고 있다는 점을 감안해 보면, 개인의 생활수준은 소비활동을 유지해 나갈 수 있는 소득 흐름의 안정성(income smoothing)에 의해 영향을 받게 된다. 따라서 가령 개인이 노령, 질병, 실업, 장애, 산업재해 등의 이유로 소득원을 상실하게 되거나 혹은 소득이 급격하게 하락하게 되었을 경우, 그 소득을 대체해 줄 수 있는 별도의 제도가 마련되어야만 한다. 이러한 취지의 제도로는 국민연금, 고용보험, 그리고 산재보험제도 등에서 운영하고 있는 각종의 현금급여들(연금, 실업급여, 휴업급여 등)이 해당된다.

(2) 생활수준보장의 측정 지표

생활수준보장은 개인의 경제적 지위가 노령으로 인한 퇴직 또는 실업 등과 같은 사회적 위험으로 인하여 급격하게 하락하게 되는 문제를 방지하는 것을 추구하는 정책목표다. 이 경우 정책목표는 [그림 3-3]에서와 같이 두 가지 방향에서 설정해 볼 수 있으며, 따라서 목표의 실현수준을 측정할 수 있는 지표 또한 각자 상이하다. 다음에서는 여기에 해당하는 지표로서 소득대체율과 연금수준의 기능 및 내용에 대해 살펴보고자 한다(Belz, 2017).

① 소득대체율(Einkommensersatzrate[독])

이는 개인별로 생애주기(life-cycle)의 관점에서 생활수준보장이라는 정책목표의 실현수준을 측정하는 지표로서, 그림에서 종단면 분석(longitudinal analysis)의 방법을 활용하게 된다. 여기서 생활수준보장은 개인적 차원에서 위험 발생 전후 자신의 소득이나 생활수준이 큰 격차가 없이 안정적으로 유지될 수 있도록 하는 것을 목표로 한다.

이러한 정책목표의 실현수준은 공적연금제도를 예로 들어 설명해 보면 다음과 같다. 그림에서 어떤 1950년 출생자 개인(A)이 20세부터 59세까지 근로한 이후 2010년 퇴직하여 60세부터 받게 되는 연금이 자신의 퇴직 이전 임금을 어느 정도 수준으로 대체해 주는가 하는 비율, 즉 '연금의 소득대체율(income replacement rate of pension)'이라는 지표를 다음과 같은 방식으로 측정해 볼 수 있다.

$$\text{소득대체율} = \frac{\text{퇴직 이후 개인의 연금소득}}{\text{퇴직 전 개인의 근로소득}}$$

이상과 같은 특성을 감안해 볼 때 소득대체율은 일종의 저축적 기능으로서 '소득의 시기적 이전(intertemporal transfer of income)'을 바탕으로 하는 지표다. 즉, 소득대체율이란 개인이 근로활동 시기에 납부한 보험료(일종의 강제저축)를 통하여 확보한 연금이 자신의 종진임금에서 차지하는 비율을 의미한다. 이에 따라 소득대체율은 개인 자신을 중심으로 두 가지 시점, 즉 퇴직 이전과 이후 시점을 상호 비교함으로써 산출할 수 있다.

② 연금수준(pension level[영], Rentenniveau[독])

이는 세대 간 부양의 차원에서 연금수급계층의 생활수준보장이라는 정책목표의 실현수준을 나타내는 지표로서, 주로 횡단면 분석(cross-sectional analysis)의 방법을 통해 측정하게 된다. 여기서 세대 간 부양이란 '세대 간 연대의 원리'에 따라 항상 생산세대는 노인세대를 부양하고, 향후 생산세대의 노후문제는 미래의 생산세대가 책임을 지게 하는 방식을 의미한다. 이에 따라 노인세대는 과거 자신이 선배세대의 노후보장을 위해 기여했던 보험 경력에 근거하여, 현재의 생산세대가 생산한 경제적 과실(예: 국내총생산)의 분배과정에 함께 참여할 수 있는 권한(Teilhaberecht[독])을 가지게 된다(Helberger, 1982).

노후의 생활수준보장에 있어서 이와 같은 세대 간 부양이 중요한 이유는 매년도 노인세대의 소비생활은 같은 해의 생산세대가 생산한 국내총생산을 기반으로 하여 유지될 수 있기 때문이다(Mackenroth, 1952). 달리 표현하면, 매년도 전체 국민의 물질적 생존 기반은 항상 그 해에 생산된 국내총생산이 되기 때문에 노후의 생활수준보장이라는 정책목표는 생산세대와의 분배협약, 즉 세대 간 계약에 의해 영향을 받게 된다는 것을 알 수 있다. 따라서 이러한 점에서 볼 때 생활수준보장과 같은 정책목표의 실현수준은 [그림 3-3]에서 매 시기(예: 2010년) 당시 노인세대(B)의 연금과 생산세대의 임금소득을 상호 대비한 비율, 즉 연금수준(pension level,[영] Rentenniveau[독])이라는 지표를 통하여 다음과 같이 측정할 수 있다.

$$\text{연금수준} = \frac{\text{특정한 시기 전체 연금수급자들의 평균연금}}{\text{같은 시기 전체 근로자들의 평균임금}}$$

이상에서 연금수준은 특정 시기 두 연령계층의 연금소득과 임금소득을 상호 비교함으로써 구할 수 있다는 점에서 소득대체율의 산출방식과 중대한 차이를 보이게 된다. 그리고 연금수준은 특정 시기 단체나 집단의 소득을 상호 비교하는 방식으로 산출되므로, 개인을 중심으로 서로 다른 시기의 소득을 비교하는 소득대체율과는 차이가 있다.

③ 소득대체율과 연금수준의 기능 비교

이상에서 살펴본 바와 같이 공적연금제도의 생활수준보장 기능을 측정할 수 있는 지표로서 소득대체율과 연금수준이 있다. 이들 각각의 분석 방법 및 대상, 노후보장의 기능 그리고 특징을 정리해 보면 [그림 3-3]과 같다.

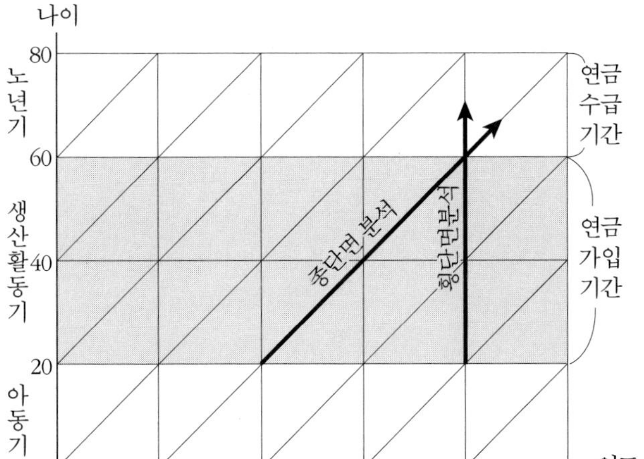

[그림 3-3] 종단면 분석과 횡단면 분석의 차원에서 생활수준보장

출처: Schmähl, W. (1980).

일반적으로 공적연금제도의 급여수준은 개인별로 노동시장에서의 이력에 따라 그리고 제도적으로 다양한 소득재분배 기능으로 인하여 큰 편차를 보이게 된다. 이에 따라서 생활수준보장의 기능을 측정할 수 있는 지표인 연금의 소득대체율이나 연금수준 또한 개인별로 상당한 차이를 보일 수 있다.

하지만 여기서 특히 소득대체율은 기준의 선택에 따라 그 값이 현저한 차이를 보일 수 있다는 점에서 지표로서 유용성의 한계가 있다. 첫째, 개인별로 근로활동 시기 동안의 어떤 임금(일례로, 퇴직 전 임금 또는 생애 평균임금 등)을 기준으로 선택하는가에 따라 소득대체율은 각각 상이할 수 있다. 둘째, 연급수급시기의 경우 구체적으로 어떤 시기의 연금을 기준으로 할 것인가에 따라 역시 소득대체율은 각각 차이를 보일 수 있다. 여기서 이러한 현상은 연금급여의 재조정 방식(예: 물가연동, 임금연동, 혼합방식) 그리고 급여조정의 시차(time lag) 문제에 상당 부분 연유하고 있다. 셋째, 공적연금제도는 상당한 수준의 재분배 기능을 수행하게 되므로 소득계층별로 누구를 기준으로 할 것인가에 따라서 소득대체율은 서로 현저한 차이를 보일 수 있다.

개별 지표들의 의미와 지표값들의 상호 비교를 용이하게 하기 위해서는 사전적으로 지표를 구성하고 있는 변수들을 표준화(standardization)할 필요가 있다. 가령, 40년의 가입 기간 동안 매 시기 전체가입자 평균소득(국민연금의 경우 평균소득월액)으로 공적연금제도에 가입한 사람(=표준가입자)에게서 표준소득대체율과 표준급여수준은 다음과 같은 방법으로 측정할 수 있다.

$$\text{표준소득대체율} = \frac{\text{표준가입자 개인의 최초 연금}}{\text{표준가입자 개인의 퇴직 직전 임금}}$$

$$\text{표준연금수준} = \frac{\text{표준가입자 개인의 최초 연금}}{\text{표준가입자의 퇴직 당시 전체 가입자 평균임금}}$$

※ 여기서 표준가입자는 40년 동안 지속적으로 평균임금의 수준으로 가입한 사람을 의미함

일반적으로 연금 등 사회보장급여의 경우와는 달리 임금소득에 대해서는 상대적으로 높은 조세와 사회보험료가 부과된다. 이에 따라 표준소득대체율이나 표준연금수준은 ① 제세를 공제하지 않은 총소득(gross income)을 기준으로 할 것인가, 또는 ② 제세를 공제한 순소득(net income)을 기준으로 할 것인가에 따라 그 값은 상당한 편차를 보일 수 있음을 유의하여야 할 필요가 있다. 나아가, 이 외에도 표준소득대체율을 계산하고자 할 경우, 계산식의 분모에서 개인의 퇴직 전 임금을 ① 퇴직 직전의 최종임금으로 할 것인가, 또는 ② 생애평균임금으로 할 것인가에 따라 지표값이 차이를 보일 수 있다.

공적연금제도에 대한 연구에 있어서 생활수준보장(Lebensstandardgarantie[독])이라는 정책목표는 제도의 기능적 역량을 가늠할 수 있는 매우 중요한 주제이다. 이에 따라서 노후의 생활수준을 보여 주는 지표인 소득대체율(Einkommensersatzrate[독])과 연금수준(Rentenniveau[독])은 학계는 물론 정치권에서도 매우 높은 관심을 끌고 있다. 하지만 문제는 개인의 노후소득보장이라는 정책목표와 관련한 모든 상황을 전적으로 보여 주는 단일의 지표는 존재하지 않는다는 것이다. 따라서 지표의 선택과 해석에 있어서 신중해야만 하고, 특히 국제비교에 있어서는 연구가 동일한 지표의 선택 그리고 동일한 지표의 기준 등을 바탕으로 진행되었는지 여부를 확인하여야 한다. 나아가 지표의 이질성이라는 단점은 오히려 다양한 기준과 상황 그리고 목적에 적합한 지표들을 생성하는 방법으로 극복할 수 있다.

3) 빈곤문제의 해소와 생활수준보장의 상호 관계

사회복지정책의 목표로서 빈곤문제의 해소와 생활수준보장은 실행과정에서 종종 상호 배타적인 관계를 가질 수 있다. 왜냐하면 빈곤문제의 해소는 소득의 재분배를 통하여 국민의 경제적 지위의 편차를 해소 또는 완화하기 위한 목적으로 이루어지게 되는 반면, 생활수준보장은 주어진 소득분포 상황에서 개인의 경제적 지위가 일생 동안 안정화될 수 있도록 노력하게 되기 때문이다.

소득의 분배가 불평등하게 이루어지고 있는 자본주의 사회에서 사회복지정책이 생활수준보장을 주된 목표로 하게 될 경우 국민의 경제적 지위의 편차가 고착화되는 문제가 발생할 수 있다. 따라서 국가는 빈곤문제의 해소와 생활수준보장이라는 사회적 당면과제가 적절하게 조화를 이룰 수 있도록 사회복지정책을 수립하여야 할 책임이 있다.

4) 연대성의 원칙: 세대 내 그리고 세대 간 소득불평등의 완화

자본주의 사회는 이윤추구의 자유 및 경쟁시장의 원리와 같은 경제질서로 인해 사회계층 간 소득불평등 문제를 초래하고 있다. 특히, 최근 들어 세계화와 자유화의 추세는 인간의 삶의 현장 곳곳에서 불확실성을 심화시켜 소득의 양극화 문제를 야기하고 있다. 따라서 국가는 이와 같은 문제에 대처하여 다양한 형태의 분배정책을 실시해 오고 있다. 그리고 이러한 분배정책들로는 국가의 조세정책을 포함한 각종 사회복지정책을 대표적으로 손꼽을 수 있다.

분배정책의 당위성이나 필요성에도 불구하고 정작 소득불평등의 문제에 대한 정책적 판단은 그 원인이나 관찰 방식에 따라 달라질 수 있다.

첫째, 개인별 능력의 차이로 인해 소득불평등의 문제가 발생할 수 있다. 이 경우 능력의 차이가 무엇으로 인해 연유되었는가에 따라 정책적 개입에 대한 판단이 상이할 수 있다. 만약 이러한 차이가 선천적 요인에 기인한 것이라면 소득의 편차는 일종의 운명으로서 수용되어야 할 것이다. 하지만 만약 능력의 차이가 후천적으로 부모의 경제력과 이에 따른 교육의 양적, 질적 수준의 차이에 기인한 것이라면 사회정의의 차원에서 국가의 개입이 필요하게 된다.

둘째, 개인별 삶의 가치관이나 선호의 차이로 인해 발생하게 되는 소득불평등의 문제다. 가령 어떤 개인이 일반인과는 다른 가치관(예: 종교적 신념)을 추구함으로 인해 소득의 격차 문제가 발생하게 되었다면, 이는 개인의 자발적 선택의 결과로서 수용되어야 할 것이다. 따라서 이와 같은 부류의 가치관이나 삶으로 인해 초래된 빈곤이나 불평등의 문제에 대해서는 분배정책의 차원에서 국가 개입은 우선순위에서 뒤떨어질 수 있다.

셋째, 소득의 측정 기간에 따라 불평등의 양상이 달리질 수 있다는 점이다. 가령 생애소득이 서로 같은 A와 B가 있다면, 생애 전체의 차원에서 볼 때 양자 간에는 불평등의 문제가 존재하지 않게 된다. 그러나 A는 젊은 시기에 많은 소득을 올렸고, 반면에 B는 젊어서는 가난하였으나 늙어서 큰돈을 벌었다고 가정을 하면, 양자 간에는 소득불평등의 문제가 상시적으로 존재했던 것으로 파악해 볼 수 있다.

다섯째, 개인 A와 B의 소득이 동일하다고 하더라도, 가족의 규모에 따라 생활수준이 달라질 수 있다. 일반적으로 가정은 소비의 공동체로서 가구원의 수가 많을수록 구성원 1인당 소비 규모가 줄어들게 되는 문제가 발생하기 때문이다. 따라서 이로 인해 발생하게 되는 소비기회의 불평등 문제는 별도의 '균등화지수(equivalence scale)'를 활용하는 방법을 생각해 볼 수 있다(이정우, 이동수 역, 2008: 236ff). 여기서 균등화지수는 가구의 소비생활에 있어서 규모의 경제효과가 작용하게 된다는 가정하에서 독신가구 A와 3인가구 B 사이의 소득불평등을 측정하기 위해 적용되는 가중치를 의미한다. 이에 따라 가령 B의 가정은 본인과 주부인 아내 그리고 미성년 아동으로 구성되어 있다고 가정해 보면, 일종의 가중치인 균등화지수(예: 각각 1:0.8:0.5)를 적용한 조정소득(adjusted income)이 산출된다. 그리고 이러한 방법으로 산출된 B의 조정소득을 A의 소득과 대비함으로써 양자 간 소득의 편차를 측정할 수 있다.

지금까지 살펴보았듯이 소득불평등의 문제는 그 실체가 모호하고 또한 관찰 방법에 따라 전혀 상이한 결과를 보일 수도 있다. 하지만 그럼에도 불구하고 불평등의 문제는 빈곤문제와 함께 사회복지정책에 있어서 가장 핵심적인 위치를 차지하고 있다. 따라서 이와 같은 분야의 정책을 대상으로 한 학문적 연구가 활성화되어야 할 필요가 있다.

참고문헌

이정우, 이동수(2008). 복지국가와 경제이론. 서울: 학지사.

Barr, N. (2006). *The Economics of the Welfare State*. (4th ed.) Oxford University Press.

Belz, B. (2017). Messung des Lebensstandards im Alter: Das Konzept der Ersatzraten. FNA Graduiertenkolloquium 2017.

EuropÄische Kommission (2003). Angemessene und nachhaltige Rente: Gemeinsamer Berichte der Kommission und des Rates.

Kruppy, H. (1981). *Alternativen der Rentenreform '84*. Frankfurt-New York.

Helberger, C., & Wagner, G. (1981). Ziele und Indikatoren im bereich der Alterssicherung, in: Krupp, H-j. u.a. (Hrsg.) *Alternativen der Rentenreform '84*.

Helberger, C. (1982). Ziele von Alterssicherungssystemen-Bewertungskriterien fur die Rentenform '84, in: Helberger, C. und Rolf, G.(Hrsg.), Die Gleichstellung von Mann und Fray in der Altrssicherung-Ergebnisse eiens Colloqiums zu den Altenative der Rentenreform 84, Sonderforschungsbereich 3 der U ni. Frankfurt und Mannheim, S. 93-133.

Transfer-Enquete-Kommission (1979). Zur Einkommenslage der Renter, Zwischenbericht der Kommission, Stuttgart-Berlin-Koln-Mainz.

Leipert, C. (1979). *Gesellschaftliche Berichterstattung-Eine EinfÜhrung in Theorie und Praxis sozialer Indikatoren*. Springer-Verlag.

Mackenroth, G. (1952). Die Reform der Sozialpolitik durch einen deutschen Sozialplan, in: Albrecht, G. (Hrsg.), *Die Berliner Wirtschaft zwischen Ost und West, Schriften des Vereins fur Sozialpolitik, N. F. Bd. 4*, Berlin, S.

39–76.

Sannmann, H. (1973). Leitbilder und Zielsysteme der praktischen Soziapolitik als problem der wissenchaflichen Sozialpolitik, Sanmann, H. (Ed.), *Leitbider und Zielsysteme der Sozialpolitik*. 61–75.

SchmÄhl, W. (1980). Zielvorstellungen in der Diskussion Über die Alterssicherung-Eine Skizze, in: Zeitschrift fur Geronyologie, 13. Hf. 3, S. 222–246.

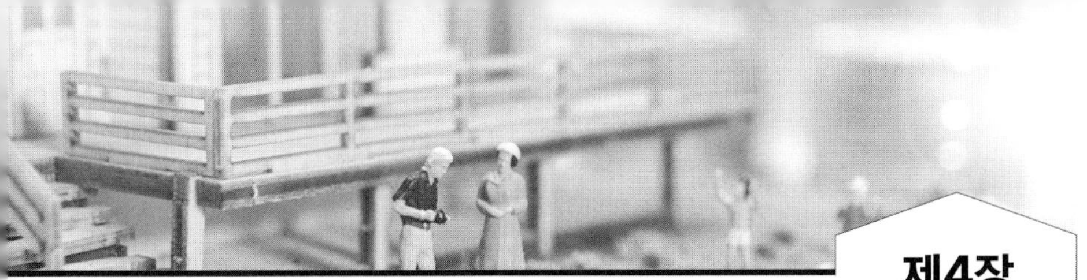

제4장 공적연금제도의 기능

공적연금제도는 사회보장정책 본연의 기능뿐만 아니라, 국가의 다른 일반 사회 및 문화 그리고 경제정책의 영역에 걸쳐서도 상호 밀접한 연관관계를 가지게 된다. 따라서 이 경우 국가는 정책수행의 효율성 차원에서 가급적 관련 목표영역들을 함께 포괄하는 방식으로 정책을 수행하는 방안을 강구할 필요가 있다.[1)]

제1절 공적연금제도의 분배적 기준

사회보험으로서 공적연금제도는 다양한 측면에서 정책적 역할을 수행하게 되며, 특히 그중에서도 분배적 기능은 제도의 핵심적 과제로서 주목을 받고 있다. 여기서는 먼저 공적연금제도에서 담당하고 있는 나눔의 기준으로서 기여의 원칙과 욕구의 원칙을 구분하고, 다음으로는 세 가지 종류의 기본적 분배기능에 대해 간략하게 살펴보고자 한다.

1) 개별 정책영역의 목표들은 상호 보완적 · 경쟁적 · 중립적 특성을 보이게 됨.

1. 분배의 기준

인간은 사회적 부가가치의 분배문제를 둘러싸고 종종 갈등을 겪게 된다. 따라서 분배정책은 사회구성원 모두가 합의할 수 있는 공정한 분배를 통하여 사회적 갈등을 해소하기 위한 목적으로 실시되고 있다. 그러나 공정한 분배는 사회철학의 차원에서 이루어지는 논의의 대상으로서 분배정책의 수행에 필요한 객관적 기준을 제시할 수 없는 한계를 가지고 있다.

여기서는 공정한 분배를 위한 정책 방향의 설정 기준으로서 능력의 원칙(Leistungsprinzip[독])과 필요의 원칙(Bedarfsprinzip[독])으로 구분하여 살펴보고자 한다.[2)] 이러한 두 가지 원칙은 모두 사회의 중요한 가치이념인 평등의 사상을 바탕으로 분배정책의 방향을 제시하고 있다.

1) 기여의 원칙

능력의 원칙은 사회적 부가가치의 분배가 생산과정에서 개인이 수행한 기여도에 비례하도록 하는 사상을 바탕으로 하고 있다. 여기서 평등의 관점은 개인별로 생산의 기여도와 분배의 몫이 상호 일치하도록 하는 것을 의미한다. 이에 따라 생산과정에서 같은 수준의 능력을 발휘한 사람들에 대해서는 동등한 분배가 이루어질 수 있어야 하고, 능력의 차이가 있을 경우 분배의 몫은 당연히 개인별로 차별화되어야 한다. 고대 그리스의 철학자인 아리스토텔레스는 이러한 방식으로 분배가 이루어지게 될 경우 그 사회는 분배정의(distributive justice)를 실현하고 있다고 생각하였다.

---

2) 분배정책의 철학적 기준으로서 능력의 원칙과 필요의 원칙에 대하여 설명한 대표적인 문헌으로는 Werner(1979: 48-77)를 참조하기 바람.

그에 따르면, 비록 결과적 차원에서 소득의 수준이 개인별로 불평등하게 되더라도 모든 사람이 동일한 기준인 능력을 바탕으로 분배의 과정에 참여할 경우 공정한 분배가 실현될 수 있다.

능력의 원칙은 '소득의 기능적 분배'를 이론적 근거로 하고 있다.[3] 구체적으로, 개별 가계는 각자가 소유한 생산수단인 노동 · 자본 · 토지의 생산능력, 즉 생산성에 비례하여 소득을 할당받을 수 있다. 그러나 이러한 소득의 분배방식에는 다음과 같은 문제점이 있을 수 있다.

첫째, 일반적으로 생산은 다양한 종류의 생산요소가 상호 유기적으로 결합하여 이루어지는 특성이 있다. 따라서 생산과정에서 개별 생산요소가 수행한 기여도와 정확히 일치하는 소득의 분배는 이론적인 차원에서만 가능할 수 있다.

둘째, 분배의 기구로서 시장은 모든 생산요소를 동등한 차원에서 취급하고 있다. 즉, 시장은 경제적 고려에 따라 노동을 자본으로 임의로 대체할 수 있도록 하고, 나아가 소득의 분배과정에서 노동력의 소유자인 인간이 비인격체인 자본과 경쟁을 해야 하는 문제를 초래할 수 있다. 그 결과, 노동력의 소유자인 인간은 종종 인격적 존엄성이 훼손당하는 문제에 직면할 수 있다.

셋째, 주관적 차원에서 노동자 개인이 스스로 평가하게 되는 생산의 기여도와 객관적 차원에서 시장의 기능에 의한 소득의 분배가 서로 일치하지 않는 경우가 있을 수 있다. 여기서 전자가 후자보다 높다고 인식하는 근로자의 경우 시장에 의한 분배의 결과를 거부(market refusal)하는 문제가 발생할 수 있다.

넷째, 근로자의 생산성과 소득수준의 차이는 내부적 차원에서 개인 간 능력의 격차뿐만 아니라, 외부적 차원에서 시장의 환경이나 기업의 상황에 의해서도 영향을 받을 수 있다. 예를 들면, 우수한 생산 설비를 바

3) 소득의 기능적 분배에 관련한 자료로는 이정우(2017)를 참조하기 바람.

탕으로 시장에서 독점적 위치에 있는 대기업에서 종사하는 근로자의 경우 생산성이나 소득수준이 다른 근로계층에 비해 월등할 수 있다. 이처럼 소득의 분배가 외부적 환경에 의해 차별적으로 이루어질 경우 사회적 갈등의 요인이 될 수 있다.

2) 욕구의 원칙

필요의 원칙은 소득의 분배가 생산과정에서 개인의 기여도에 상관없이 인간의 욕구수준에 준하여 평등하게 이루어질 수 있도록 하는 사상을 바탕으로 하고 있다. 일반적으로 소득은 인간의 생존이나 복지욕구를 충족하는 수단으로 활용되므로 필요의 원칙은 소비욕구를 분배의 기준으로 채택하게 된다.

필요의 원칙은 인간의 사회적 공존을 목표로 하는 사회철학으로서 전형적인 분배정책의 사상적 기초를 제공하고 있다. 이러한 사상적 이념을 정책적으로 실현하기 위해서는 구체적인 분배의 기준이 마련될 수 있어야 한다. 그 일환으로서 모든 인간은 신의 피조물로서 완전히 평등하여야 한다고 생각해 볼 수 있다. 따라서 인간의 생존에 필요한 소득 또한 모두에게 동등하게 분배되어야 한다. 그러나 인간은 신체조건 · 적성 · 자질 등 제반의 측면에서 상이하며, 나아가 각자의 상황에 따라 필요로 하는 소득수준 역시 차이를 보이게 되는 특성을 가지고 있다. 즉, 절대적 평등에 입각한 분배정책은 비록 형식적 차원에서 소득의 평등을 실현할 수 있으나, 현실적 차원에서 인간의 다양한 욕구를 무시하여 또 다른 불평등의 문제를 초래할 위험이 있다.

필요의 원칙에 입각한 분배정책은 인간의 다양성을 수용할 수 있는 방향으로 수립되어야 한다. 이러한 차원에서 절대적 평등사상에 입각한 분배정책은 그 대상을 최저소득으로 제한해 볼 수 있다. 구체적으로, 여기서 분배정책은 개인의 능력에 상관없이 모든 인간이 최저생계를 유지하기 위해 필요로 하는 소득수준까지 평등할 수 있도록 하는 목표를 수행하게 된다. 그러나 이 경우 최저소득의 수준에 대한 사회적 합의가 전제되어야 하고, 동시에 개인의 경제적 · 사회적 상황에 따라 필요로 하는 최저소득의 수준이 상이할 수 있다는 사실을 정책에 반영할 수 있어야 한다.

3) 기여의 원칙과 필요의 원칙 간 상호 보완의 필요성

분배정책의 사회규범으로서 능력의 원칙이나 필요의 원칙은 각각 독립적으로 기능을 할 수 없다는 한계를 가지고 있다. 왜냐하면 능력의 원칙은 경제적 · 사회적 제반의 사유에 의해 능력을 제대로 발휘할 수 없는 계층의 생존권을 보장해 줄 수 없다는 한계를 가지고 있기 때문이다. 그리고 필요의 원칙은 사회적 부가가치의 생산 측면에서 중요한 동기를 부여할 수 있는 개인의 능력과 의욕을 제약하는 문제를 가지고 있다.

국가는 능력의 원칙과 필요의 원칙이라는 사회철학을 적절하게 조화시킬 수 있는 방향으로 분배정책을 수립하여야 한다. 그러나 분배정책의 수행과정에서 이러한 두 가지 원칙이 상호 경쟁관계에 처하게 될 경우, 능력의 원칙이 필요의 원칙에 우선하도록 할 필요가 있다. 왜냐하면 인간의 무한한 욕망에도 불구하고 현실적으로 이를 충족시켜 줄 수 있는 물질적 수단이 한정된 사회의 경우 개인의 능력은 희소성의 문제를 극복할 수 있는 핵심적인 기능을 하게 되기 때문이다.

분배정책의 기본방향으로서 능력의 원칙과 필요의 원칙은 다음과 같은 방법으로 조화를 이루어야 할 필요가 있다. 국가의 분배정책은 일차로 능력의 원칙을 토대로 하여 사회적 부가가치의 분배(distribution)가 이루어질 수 있도록 하고, 이차로 사회적 약자의 보호 차원에서 필요의 원칙에 입각한 소득의 재분배(redistribution)가 실현되도록 하여야 한다. 따라서 필요의 원칙은 능력의 원칙을 보충 · 보완하는 기능을 담당하게 된다. 이 경우에도 필요의 원칙은 개인이 스스로의 노력으로 획득한 소득이 사회적 최저수준에 미달할 경우 그 부족분을 보충해 줌으로써 능력의 원칙과 연계될 수 있도록 하여야 한다.

2. 분배의 종류

다음의 공적연금제도에서는 소득의 시기적 재분배, 개인 간 재분배 및 세대 간 재분배 세 가지 종류의 분배적 기능을 각각 분리하여 설명하고 있다.

1) 소득의 시기적 재분배

인간은 일생을 살아가는 동안 다양한 종류의 사건이나 사고를 경험하게 된다. 이에 따라 사람들 각자의 소득수준 또한 시기별로 큰 변화를 겪게 되는 문제를 보이고 있다. 예를 들면, 개인은 때로는 높은 수준의 소득을 바탕으로 안락한 생활을 영위하게 되는 경우도 있고, 때로는 실업이나 질병 등으로 인해 생계마저도 제대로 이어나가기 힘들 정도로 어려움을 겪는 경우도 있을 수 있다.

이러한 차원에서 소득의 시기적 재분배(intertemporal redistribution of income[영])는 개인이 일생 동안 '안정적 소득수준(income smoothing[영])'을 유지할 수 있도록 지원하기 위한 목적의 분배정책을 의미한다. 가령, 개인이 [그림 4-1]에서와 같이 정상적인 시기에 획득하게 되는 시장소득 가운데 일정 부분을 유보해 두었다가 노령, 실업, 질병, 장애 등 유사시에 이를 인출하여 부족한 소득을 보충하는 방법을 생각해 볼 수 있다. 따라서 소득의 시기적 재분배는 일종의 '저축적 기능'을 바탕으로 개인의 소득이 시기별로 재분배될 수 있도록 함으로써 일생 동안 소득흐름이 안정적인 생활수준을 유지할 수 있도록 하는 역할을 한다. 이러한 취지로 이루어지고 있는 대표적인 사회복지정책으로는 공적연금제도가 있다.

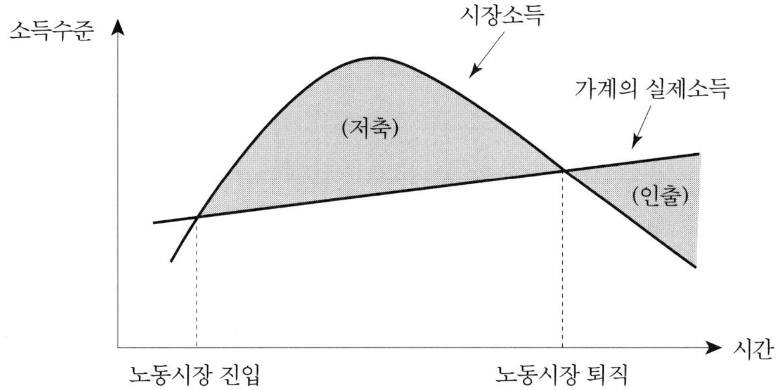

[그림 4-1] 소득의 시기적 재분배를 통한 소득흐름의 안정화 효과

출처: 이정우(2017).

일반적으로 연금은 근로자의 퇴직 시 종전 자신의 임금을 대신하여 제공되는 '대체소득'으로서 역할을 하게 된다. 앞의 그림은 '소득의 시기적 이전'의 차원에서 이루어지는 노후소득보장의 기능을 보여 주고 있다. 그림에서 매 세대의 개인들은 자신들이 젊었던 시기 저축한 기금과 운용수익인 이자율을 바탕으로 각자 자신의 노후를 스스로 보장하게 된다. 여기서 중요한 사실은 노후대비(보험료의 납부)와 노후생활(연금의 수급)이 동일한 개인을 중심으로 이루어지고, 동시에 양자 사이에는 상당한 시차가 존재한다는 점이다.

2) 소득의 개인 간 재분배

자본주의 사회의 고질적인 문제점으로서 소득의 불평등을 지적할 수 있다. 이러한 문제는 궁극적으로 소득의 개인 간 재분배(interpersonal redistribution of income), 즉 실질적 차원의 재분배를 통하여 해소될 수 있다. 다음에서는 이러한 개인 간 재분배의 과제를 다시 재분배의 종류별 그리고 대상별로 구분하여 살펴보고자 한다.

(1) 재분배의 종류별 구분

소득의 개인 간 재분배는 그 기능에 따라 다시 소득의 수직적 재분배와 수평적 재분배로 구분하여 살펴볼 수 있다.

첫째, 소득의 수직적 재분배(vertical redistribution of income)는 소득수준을 기준으로 개인별로 소득이 재분배될 수 있도록 하는 정책을 의미한다. 즉, 소득의 수직적 재분배는 부유한 계층의 소득 가운데 일정 부분을 가난한 계층에게 지원해 주는 정책이다. 반면, 여기서 '소득의 역진적 재분배'란 공적연금제도나 정책의 역기능으로 인해 오히려 저소득 계층이 상위 소득계층을 경제적으로 지원하게 되는 모순 현상을 의미한다. 예를 들면, 소득계층별로 평균수명의 차이가 있다는 일부 연구결과를 수용하게 될 경우, 국민연금제도에서 상대적으로 짧은 수명의 저소득 가입자는 자신이 납부한 보험료의 일부를 상대적으로 수명이 긴 고소득 가입자의 노후소득보장을 위해 지원하는 부정적 결과를 경험할 수 있다.

둘째, 소득의 수평적 재분배(horizontal redistribution of income)는 소득수준에 상관없이 특정한 사회적 기준을 바탕으로 개인별로 소득의 재분배가 이루어질 수 있도록 하는 정책을 의미한다. 이러한 유형의 분배정책을 공적연금제도에서 찾아보면 대표적으로 유족연금이 있을 수 있다. 일례로 독신의 가입자는 사망 시 유족연금을 물려줄 가족이 없으므로, 그가 생애기간 동안 납부한 보험료 중 유족연금에 상당하는 부분은 배우자가 있는 가입자 가구를 지원하게 되는 결과를 가져다줄 수 있다.

이러한 유형의 분배정책은 의료보험제도의 경우에서도 찾아볼 수 있다. 한국의 국민건강보험제도는 가입자의 건강상태, 부양가족의 수 등에 상관없이 단순히 가입자의 소득을 기준으로 보험료를 부과하고 있다. 이에 따라 동일한 수준의 소득계층은 동일한 보험료를 부담하게 되는 반면, 제도의 혜택에 있어서는 가입자 개인별로 건강상태나 가족의 상황에 따라 차이를 보이게 되는 '수평적 재분배'의 효과가 발생하게 된다.

(2) 재분배의 대상별 구분

소득의 개인 간 재분배는 대상별로 연금수급자들 상호 간 그리고 연금가입자들 상호 간 재분배로 구분해 볼 수 있다.

먼저 연금수급자세대의 구성원 상호 간의 재분배로서, 이는 노인세대를 중심으로 분배적 혜택과 부담이 상호 청산될 수 있도록 하는 제도적 규정을 의미한다. 이와 관련한 사례로는 먼저 한국 국민연금제도의 급여산식을 언급해 볼 수 있다. 왜냐하면 한국 국민연금제도의 급여산식은 연금수급자 개인별로 소득의 수준에 반비례하여 연금수익률이 적용될 수 있도록 하는 재분배장치를 가지고 있기 때문이다. 이 외에도 노인들 가운데 빈곤계층을 대상으로 운영되는 한국의 기초연금제도 또한 유사한 성격의 기능을 하게 되는 것으로 평가해 볼 수 있다. 참고로, 외국의 사례로서 독일의 '엄마연금(Mütterrente[독])' 역시 이와 같은 분배적 기능을 하게 된다. 엄마연금은 개인별로 국민연금의 가입을 지원하는 출산크레딧제도의 도입 이전 이미 출산 및 양육의 경험을 하였던 여성들을 대상으로 그들의 연금수급단계에서 일정한 금액의 연금을 지원하는 제도다.

다음으로는 연금가입자세대의 구성원 상호 간의 재분배로서, 생산세대의 특정한 집단에게 분배적 혜택 또는 부담이 돌아갈 수 있도록 하기 위한 차원의 제도적 규정을 의미한다. 대표적으로 연금제도의 운영에 소요되는 비용의 조달방식(예: 보험료 → 조세재정)을 변경하게 될 경우 이는 재정적 부담의 분포가 달라지게 되는 효과가 발생하게 된다. 이 외에도 공적연금제도의 소득상한선은 그 수준을 넘어서는 근로자들의 보험료 부담을 경감해 주게 되는 문제를 초래할 수 있다. 나아가 출산 · 군복무 · 실업 크레딧제도는 대상자들의 연금보험료 부담을 경감해 주게 되어, 종국적으로 분배적 파급효과가 발생하게 된다. 뿐만 아니라 한국 국민연금제도와 연계하여 운영되는 '두루누리사업' 역시 영세규모 사업장의 저임금 근로계층을 지원대상으로 한다는 점에서 역시 유사한 부류의 정책으로 판단해 볼 수 있을 것이다.

3) 소득의 세대 간 재분배

산업사회에서 대다수 인간은 근로를 통하여 확보하게 되는 소득을 바탕으로 생존문제를 해결해 오고 있다. 그러나 이러한 생존양식은 더 이상 근로활동을 할 수 없는 노령계층에게는 적용될 수 없다는 점에서 문제가 있다.

따라서 이와 같은 노령계층의 생계보장문제는 앞서 살펴본 소득의 시기적 재분배나 여기서 살펴볼 소득의 세대 간 재분배(intergenerational redistribution of income)를 통해서도 해결할 수 있다.[4] 여기서 양자의 궁극적 차이점으로서 전자는 개인을 중심으로 자신의 생애소득을 시기적으로 재배분하는 방식으로 노후의 생계를 유지할 수 있다는 것이다. 반면에 후자의 경우 노후소득보장은 집단적 차원에서 매 시기의 생산세대가 노인세대를 부양하는 방식으로 이루어지게 된다.

---

4) 소득의 시기적 재분배와 소득의 세대 간 재분배는 노인세대의 소득보장방식뿐만 아니라, 이 책의 제10장에서 다루게 될 적립방식과 부과방식의 이론적 토대가 될 수도 있음.

<표 4-1> 연금가입계층 내부의 분배적 과제[5]

목표영역별 목표변수 / 목표	소득의 시기적 재분배 소득대체율	소득의 세대간 재분배 급여수준	소득의 개인간 재분배	
			가입계층의 보험료율	연금수급계층 급여구조
생활수준보장 (income smoothing)	급여산식 (특히 개인의 가입 소득: pBMG)	급여산식 (특히 급여승수, 재평가율, 독일의 aBMG) 급여의 재조명	소득비례형 보험료	일률적 급여승수의 적용, 임금소득과 연금의 연계성 (가입 기간이나 pBMG)
소득불평등의 완화	최저소득보증 연금(독일) 연금크레딧 균등부분 (A값)	소득비례형 연금의 제한: 순임금 기준의 급여재조명, 연금과세 → (목표) 급여수준 인하	소득상한선 이내의 보험료와 국가보조금의 혼합재정	소득상한선의 적용 최저소득 보증연금 연금과세, 연금수급자의 의료보험료 등급화
빈곤문제의 방지			저소득계층의 보험료 면제제도 (저소득자 크레딧제도)	최저소득보증 연금

출처: Schmähl, W. Verteilungswirkungen des sozialen Sicherungssystems (1980)을 중심으로 저자 작성.

5) 이 표는 독일 최초로 국민연금에 점수제(Das Punktesystem)을 도입한 1957년 연금대개혁(Rentenreform 57')부터 1992년 연금대개혁(Rentenreform 92')시기까지 사용했던 목표 · 과제들을 정리한 것임. 그리고 1992년 연금대개혁 이후부터는 새로운 방식의 국민연금 점수제가 도입되었음.

매 시기 생산계층은 당시의 노인세대를 부양하고, 대가로서 그는 다음 세대의 생산계층으로부터 경제적 지원을 받게 된다. 주목할 점은 다음과 같다.

첫째, 노후소득보장에 대한 거래방식이 시장의 기능에 기초한 수요자와 공급자 상호 간 양방향의 방식이 아니라, 일방통행의 방식이라는 점이다. 즉, 생산세대는 노인세대를 부양하고, 그 대가는 거래의 당사자들이 아닌 미래세대가 책임을 지게 되는 방식이다. 하지만 세대 간 계약은 노인부양에 따른 채무관계를 담보할 수 있는 적립기금의 부재로 인해 정상적인 시장의 기능을 통해서는 성립될 수 없다는 한계가 있다. 따라서 이와 같은 세대 간 계약은 통상적으로 제도 가입과 보험료의 부담에 대한 국가의 법적 강제력을 통해서만 유지될 수 있다.

둘째, 앞서 소득의 시기적 재분배에서와는 달리 노후자산의 축적을 위한 별도의 준비 기간이 필요로 하지 않으므로 노후소득보장제도의 도입과 동시에 기능적 효력(제도 도입 당시 노인세대의 노후소득보장)을 발휘할 수 있다. 하지만 이처럼 세대 간 재분배의 기능을 토대로 하는 노후소득보장제도가 영속적으로 유지되기 위해서는 장래의 노인부양 책임을 맡게 될 자녀세대가 적정한 수준으로 태어나야만 한다는 전제를 반드시 필요로 하게 된다.

셋째, 소득의 시기적 재분배와 소득의 세대 간 재분배의 공통점은, 원칙적으로 모든 개인은 근로활동주기에 일정한 비용(보험료)을 부담하여야 하고, 이를 근거로 하여 각자는 자신의 노후 소득보장을 위한 급여청구권을 확보하게 된다는 점이다. 하지만 양자의 궁극적인 차이점으로서 소득의 세대 간 재분배는 제도의 도입 초기 기여경력을 제대로 갖추지 못한 세대에 대해서도 노후 소득보장의 혜택을 제공해 줄 수 있는 장점을 가지고 있다는 것이다.[6)]

---

6) 이와 유사한 사례는 한국의 경우 2008년 7월 1일 최초로 도입된 노인장기요양보

세대 간 계약방식의 공적연금제도가 제1기에 최초로 도입되었다고 가정해 보자. 이 경우 제1기의 젊은 세대($JUNG_1$)와 같은 시기를 살아가는 기여경력이 전무한 제0기 노인세대(ALT_0)의 노후소득보장 문제가 제기될 수 있다. 그러나 이때 노인세대의 경제적 부양문제는 관련 제도 도입의 지체로 인해 발생하게 된 일종의 사회문제로서, 그 책임이 상당 부분 국가에 있는 것으로 판단해 볼 수 있다. 따라서 이 경우 국가는 제1기의 젊은 세대가 납부한 보험료 재원의 일정 부분을 활용하여 제도 도입 당시의 노인세대 그리고 가입경력이 상대적으로 짧은 중·고령 생산세대의 노후소득보장을 위해 활용할 수 있다. 그러나 제도 도입 초기 이러한 비기여세대의 노후소득보장을 위한 재정적 비용은 먼 장래에 가서 만약 제도가 폐지될 경우 당시의 생산세대 또는 정부가 부담하여야 한다. 하지만 국가의 영속성을 가정해 볼 경우 이와 같은 기금상환과 같은 사태는 발생하지 않을 것으로 판단된다.

제2절 공적연금제도에 있어서 보장기능과 분배적 기능의 딜레마

노령, 질병, 장애, 실업, 부양자의 사망 등 소위 '사회적 위험(social risks)'과 빈곤은 인간의 생존을 위협하는 중대한 문제다. 국가는 국민의 생존권을 보호해야 할 책임이 있으므로 이와 관련한 개인의 의사결정에 일정 부분 개입할 권한을 가지고 있다. 이 경우 국가의 전략은 크게 다음의 두 가지 방법이 있을 수 있다. 첫 번째, 국가는 사전적으로 위험에 대비한 기구(예: 사회보험)를 조직하여 사람들이 의무적으로 가입하도록

험에서 찾아볼 수 있음. 이 제도는 시행 초기부터 보험료의 납부 경력이 전무한 치매 또는 중풍 노인에게 보호의 혜택을 제공해 왔음.

함으로써 각자의 생존을 공동으로 보장할 수 있도록 하는 방법이 있을 수 있다. 두 번째, 국가는 사람들이 각자 자유의지와 판단에 따라 스스로 문제를 해결해 나가도록 하되, 다만 이들 가운데 피해를 자력으로 극복할 수 없는 빈곤계층에 대해서만 사후적으로 국가가 구제해 주는 방법이 있을 수 있다. 이 경우 문제집단에 대한 보호는 물질적 나눔, 즉 분배적 기능을 통해 이루어지게 된다. 이 절에서는 인간의 생존전략으로서 보장과 분배의 주요 기능 및 내용에 대해 살펴보고자 한다.

1. 위험의 분산과 보장기능

인간은 사회적 동물로서 집단을 형성하여 살면서 생존을 위협하는 제반의 위험으로부터 스스로를 보호할 수 있는 지혜와 능력을 갖추고 있다. 이러한 인간의 생존양식은 집단이 가지고 있는 중요한 기능인 위험의 분산을 통하여 이루어지게 된다. 구체적으로 위험의 분산은 구성원 중 일부가 위험에 처하여 겪게 되는 고통을 전체 집단이 공동으로 분담하도록 하는 방식을 의미한다.

위험의 분산은 집단의 내부에서 위험으로 인해 고통을 겪는 사람들과 그렇지 않은 사람들 간에 소득을 이전하는 기능을 하게 된다. 그러나 위험의 분산은 다음과 같은 점에서 소득의 (재)분배와는 다른 기능적 특성을 보인다. 일반적으로 위험의 분산은 구성원 간 호혜성의 원리(principle of reciprocity)를 바탕으로 피해를 공동체적으로 해결하게 된다. 구체적으로, 위험의 분산에 입각한 소득의 이전은 공동체의 구성원 각자가 자신에게도 발생할 수 있는 위험으로부터 스스로의 생존을 보장하기 위한 목적으로 지불하는 비용(즉, 보험료)을 의미한다.

이와 같은 생존양식은 전통사회에서 길드(guild)나 춘프트(Zunft[독]) 또는 한국의 향약, 두레, 계 등에서 찾아볼 수 있으며, 오늘날에 와서는 보험이 대표적인 사례가 될 수 있을 것이다. 가령 보험의 예를 들어서 보면, 자동차보험에서 자동차 사고를 당한 가입자와 무사고 가입자 상호 간 소득의 이전은 위험의 분산 차원에서 이루어지는 것으로서, 진정한 의미에서 소득의 재분배와는 별개이다. 따라서 이 경우 개인이 보험료를 지불한 대가로서 구입하는 것은 보험금품이 아니라, 유사시 자동차 사고가 발생하게 될 경우에도 그로 인한 경제적 피해로부터 보호를 받을 수 있다는 심리적 안도감(Sicherheitsgefühl[독]) 또는 확실성(Zuverlässigkeit[독])인 것이다.

보험은 보험사고로 인한 개인의 경제적 피해를 보상해 주는 기능을 하게 되며, 이는 달리 '보장기능(security function)'으로도 불린다. 여기서 보상의 내용 및 수준은 '보장성'으로 표현되며, 통상적으로 보험상품의 가격인 보험료에 비례하게 된다. 일례로, 자동차보험에서 종합보험상품은 책임보험상품보다 보험료가 비싼 대신, 보장성의 혜택은 폭넓고 또한 높은 수준으로 제공된다. 같은 맥락에서, 만약 개인이 제반의 사회적 위험(예: 질병 또는 노령)으로부터 보다 안정적인 삶을 영위하고자 할 경우 보장성이 높은 사회보험을 선택해야만 할 것이다. 하지만 이 경우 개인은 그에 상당하는 높은 비용, 즉 사회보험료를 부담할 수 있는 능력과 수용 의사를 가지고 있어야만 한다.

2. 분배적 기능

분배적 기능이란 나눔을 통하여 사람들 상호 간 소득이 실제적으로 이전(transfer)되는 것을 의미한다. 사회보장정책에 있어서 분배란 기업이 생산요소를 사용한 대가로서 가계에게 분배(distribution)한 임금 · 이자 · 지대 소득에 대하여 국가가 분배정책의 목표에 따라 다시 교정하는 행위, 즉 재분배(redistribution)를 지칭하고 있다. 일반적으로 보장기능을 토대로 하는 보험의 경우 보험료의 부담과 혜택이 가격기능을 바탕으로 상호 엄격한 상관관계(즉, 수지상등의 원리)를 유지하게 되는 반면, 재분배의 경우 부담과 혜택이 각자 독립적으로 이루어지게 되는 특성을 보이고 있다.

재분배는 각종 사회제도나 정책을 통하여 강제적으로 이루어지는 제도적 분배 그리고 인간의 이타적 심리에 근거한 기부행위(예: 자선 또는 공동모금 등)와 같은 자발적 분배로 구분해 볼 수 있다. 여기서 후자는 개별적 차원에서의 순수성에도 불구하고 사회 전체적 차원에서는 상당수 국민들의 분배적 부담에 대한 기피현상과 그에 따른 무임승차자의 문제로 인해 분배적 부남의 공정성이 훼손될 우려가 높다. 따라서 이로 인해 발생할 수 있는 분배정책 효과의 제한성과 편중성, 형평성 왜곡 등과 같은 부작용이 예상되며, 자발적 재분배정책은 분배정책의 수단으로서 가지는 효과성은 제한적인 것으로 평가해 볼 수 있다.

그러나 제도적 분배 또한 사회문제의 해결에 있어서 그 역할이나 기능이 제한적일 수 있다. 왜냐하면 재분배의 경우 부담과 혜택이 상호 연계되어 있지 않으므로, 사람들은 자신의 분배적 책임을 거부하고자 하는 경향(부담회피 또는 납부저항 등)을 보일 수 있기 때문이다.

3. 보장기능과 분배적 기능의 역할관계

노후소득보장정책에 있어서 보장기능과 분배적 기능은 공히 사회문제의 해결을 위한 중요한 정책수단이 된다. 그리고 각자는 사회문제의 특성에 따라 각각 고유의 역할영역을 가지고 있지만, 종종 정책수단으로서 서로 영역이 중복되는 경우도 있다.

예를 들어 설명해 보면, 현행 한국 국민연금제도의 보험료는 성별 구분 없이 공히 9%로 정해져 있다. 하지만 성별 평균수명(2018년 기준 남성 79.7세, 여성 85.7세)의 격차를 감안해 볼 때 여성은 국민연금으로부터 남성보다 높은 분배적 혜택을 누리게 되는 것을 알 수 있다. 그리고 그에 따른 비용은 평균수명이 상대적으로 짧은 남성이 부담하게 되고, 따라서 남성으로부터 여성에게로 소득의 재분배가 상당한 수준으로 발생하게 되는 것으로 생각해 볼 수 있다.

하지만 만약 보험료의 납부의무가 시작되는 연령은 현행 국민연금에서와 같이 18세로 정해둔 상태에서, 제도의 적용 연령만 출생 시점으로 앞당기게 된다면, 이 경우 성(性)은 미지의 정보가 된다.[7] 이러한 상황에서 성별 수명 격차로 인한 남성 대 여성 간 소득의 이전은 보험에서 위험분산의 결과로서, 따라서 보장기능의 일환으로 생각해 볼 수 있다(Wagner, 1985). 종합해 보면, 어떤 사회문제를 보장기능 또는 분배적 기능으로 해결해야 할 것인가 하는 의사결정은 문제의 속성을 감안하여 이루어져야 하는가에 대한 제약이 있지만, 경우에 따라서는 정치적 의지에 따른 정책적 선택의 사항이 될 수도 있다.

보장기능과 분배적 기능이 서로 경합적 관계를 가지게 될 경우, 정책수단의 선택은 비용효과성 그리고 시장경제 원리와의 정합성 등을 감안하여 신중하게 판단할 필요가 있다. [그림 4-2]에서 가령 어떤 사람 A가 늙어서 빈곤상태(Apo)에 있다고 생각해 보자. 이때 A가 노후에 빈곤하게 된 이유가 어려서부터 내내 가난했기 때문이라면, 이는 상당 부분 한국 빈곤정책의 제도적 결함을 주된 원인으로 판단해 볼 수 있을 것이다. 하지만 반대로 A가 늙어서 빈곤하게 된 이유가 만약 중대 질병에 따른 과중한 의료비 부담으로 인한 가계파탄의 결과라고 한다면, 이는 한국 의료보장정책의 기능결함을 주된 원인으로 생각해 볼 수 있다. 나아가 만약 한국에서 노후빈곤의 원인이 전반적으로 사회보장 제도적 체계의 공백 문제와 급여수준의 열등성 때문이라고 한다면, 이는 분배적 기능

---

7) 참고로 스위스의 장애연금제도(IV)에서 보험료의 납부의무는 18세부터 시작되나, 제도의 적용은 '모든 자연인(alle natürlichen Personen)'으로서 출생 시점부터 이루어지게 됨(Widmer, 2008: 35f). 이와 같은 규정에 따라 스위스에서는 소득활동이 전적으로 불가능한 선천성 장애인 또는 중도장애인에 대해서도 장애연금의 혜택이 돌아가고 있음.

보다는 보장기능을 강화할 수 있는 정책적 노력을 통해 해결해야 할 과제가 된다.

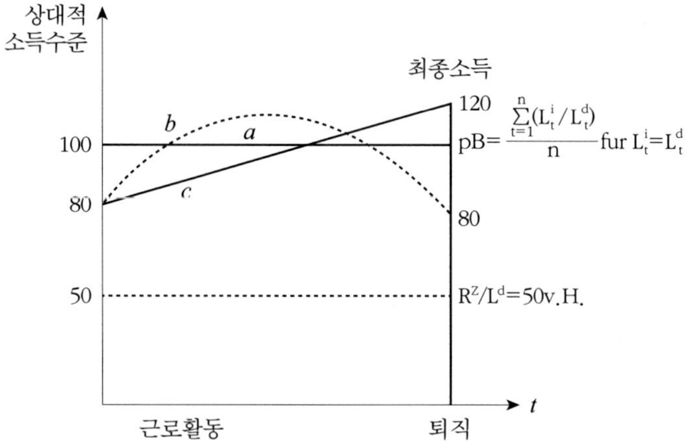

[그림 4-2] 적립방식에서 보험료 및 연금수준

출처: Schmähl, W. (1980).

사회보험제도는 보장기능과 분배적 기능을 동시에 수행하게 된다. 하지만 이러한 두 가지 기능은 현실적으로 제도운영의 과정에서 상호 충돌하게 되는 경우를 종종 발견할 수 있다. 일반적으로 보장기능은 보험의 원리에서 연유하는 것으로서, 사람들은 위험으로 인한 물질적 · 신체적 피해로부터 보장을 받기 위한 목적으로 보험상품을 구입하게 된다. 여기서 보장성은 보험상품의 가격을 결정하는 요소로서 사람들은 위험으로부터 높은 보장혜택을 받고자 할 경우 그에 상응하는 보험료의 인상을 수용해야만 한다.

하지만 만약 공적연금제도가 과도한 분배적 프로그램을 내포하고 있을 경우 분배적 부담자가 되는 다수의 사람은 보험료의 인상을 반대하게 될 가능성이 높다. 왜냐하면 이 경우 그들에게는 '보험료의 인상 대비 보장성의 증대효과'라는 교역조건이 불리하게 작용할 수 있기 때문이다. 종합해 보면, 공적연금제도에 있어서 보장기능과 분배적 기능은 공적보험으로서의 당위성에도 불구하고, 현실적으로는 상호 기능적으로 경쟁관계에 있을 가능성이 높다. 특히 공적연금제도에서 과도한 분배적 기능은 종종 사회보험으로서 본연의 보장기능을 제약하여 [그림 4-3]에서와 같은 빈곤문제는 물론 불평등의 문제도 동시에 초래하게 될 수 있다.

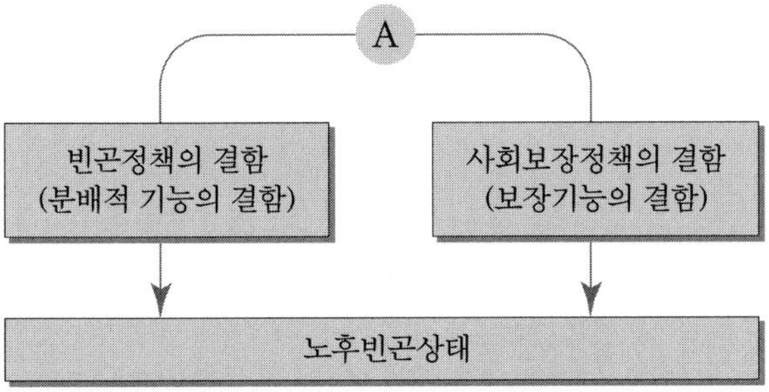

[그림 4-3] 노후빈곤의 발생원인

출처: 이정우(2017).

따라서 공적연금제도에 있어서 보장기능과 분배적 기능은 다음과 같은 방향으로 재정리하여야 할 필요가 있다. 개략적인 방향으로서 사회보험제도는 보장기능을 중심으로 운영하되, 분배적 기능은 공공부조제도로 이관하는 방안이다. 여기에 해당될 수 있는 사례로서 한국의 경우 현행의 국민연금제도와 기초연금제도의 기능을 전면적으로 재조정하는 방안을 생각해 볼 수 있다. 이에 따라 국민연금제도는 순수하게 제도의 가입자를 대상으로 법률로 정한 급여를 제공하고, 나아가 현행의 급여산식에서 소득재분배 기능을 하고 있는 균등부분(국민연금 A값)은 제거하도록 한다. 이에 따라 국민연금제도의 급여산식은 소득비례부분(국민연금 B값)으로만 운영하게 함으로써 개인별로 근로능력이나 노력이 자신의 연금급여에 직접적으로 반영될 수 있도록 하여야 한다. 대신 기초연금제도는 노인과 장애인만을 대상으로 하는 일종의 국민기초생활보장제도와 같은 형식으로 운영함으로써, 그들의 특성이나 욕구가 충실하게 반영될 수 있도록 한다.

또 다른 방향으로서 현행과 같이 사회보험제도는 보장기능과 분배적 기능을 동시에 수행하도록 하되, 사회보험의 분배적 역할로 인한 비용은 전액 국가의 재정적 지원으로 충당하는 방법이 있을 수 있다.

참고문헌

이정우(2017). 사회복지정책(3판). 서울: 학지사.

SchmÄl, W. (1980). Zielvorstellungen in der Diskussion uber die Alterssicherung-Eine Skizze, in: Zeitschrift fur Geronyologie, 13, Hf. 3, S. 222–246.

Widmer, W. R. (2008). Die Sozialversicherung in der Schweiz, 6. Auflage, Schulthess.

Werner, D. (1979). Vertrilungspolitik, Stuttgart und New York.

Wagner, G. (1985). Umverteilung in der gesetzlichen Rentenversicherung, in: *soziale Sicherheit, vol. 34*, Hf. 2, S. 51–54.

Werding, M. (1998). Zur Rekonstruktion des Generationenvertrages. Verteilungswirkungen des Rentenversicherungssystems(I) SchmÄhl, W. (1980), Verteilungswirkungen des Rentenversicherungssystems(I), WISU 1/80.

SchmÄhl, W. (1980). Verteilungswirkungen des Rentenversicherungssystems, Finanzwissenschaft, WISU 3/80.

제5장

노후의 사회안전망으로서 노후소득보장제도의 역할과 기능

정년이 보편적으로 적용되고 있는 현대사회에서 사람들은 나이가 들게 되면 당연히 퇴직을 해야 한다. 따라서 노후소득보장제도란 사람들이 노령에 따른 퇴직으로 인해 소득단절의 문제를 겪게 될 경우, 별도의 대체소득(예: 국민연금의 노령연금)을 제공하기 위한 목적으로 만들어진 일련의 제도적 장치를 의미한다.

'노후의 사회안전망(social safety net in old-age[영])'이란 국민의 노후생활 안정을 목표로 하는 제도적 장치로서, 통상적으로 국가의 책임 및 주도로 운영되는 전체 공적 또는 사적 노후소득보장제도로 구성되어 있다. 일반적으로 노후소득보장을 목표로 하는 사회안전망은 그 기능상의 특성에 따라 일차적 노후안전망과 이차적 노후안전망으로 구분해서 살펴볼 수 있다. 따라서 먼저 사회적 위험요인으로서 노령의 본질적 특성을 살펴보고, 일차적 노후안전망과 이차적 노후안전망의 내용에 대해 상세하게 살펴보고자 한다.

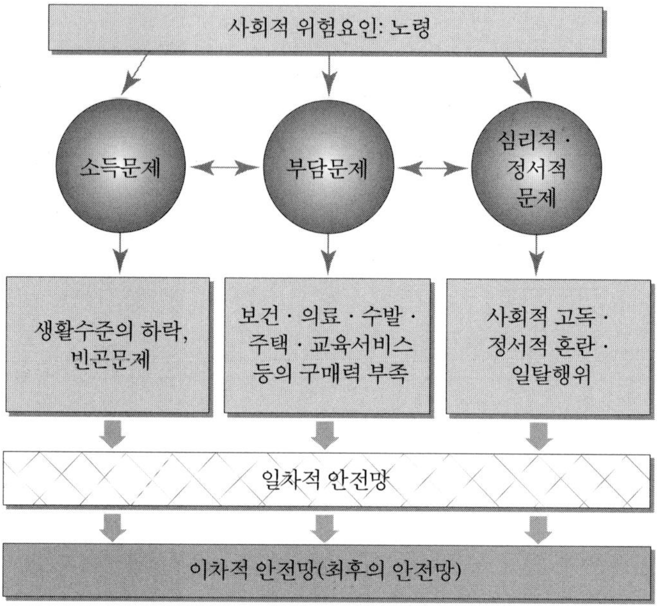

[그림 5-1] 노후소득보장제도의 종류별 구성

출처: 이정우(2017).

제1절 사회적 위험요인으로서 노령의 본질적 특성

제반의 사회적 위험요인의 경우 발생원인이나 종류의 차이에도 불구하고 공히 인간의 일상생활에 중대한 위기를 초래하게 된다는 공통점을 가진다. 따라서 여기서는 이러한 생활상의 위기가 발생하게 되는 과정에 대해 주목할 필요가 있다. 구체적으로, 제반의 사회문제들은 사회구조적 병리현상에 의해 다양한 형태의 '사회적 위험요인(soziale Tatbestände[독])'을 양산하게 되고, 이러한 사회적 위험요인이 직접적인 원인이 되어 인간은 일상생활의 유지에 심각한 위협을 받게 된다. 따라서 공적연금제도는 국민의 생활안정을 목표로 사회적 위험요인의 예방과 해소를 위하여 노력해야 할 책임을 가지게 된다.

인간의 생존에 지장을 초래할 수 있는 제반 요인 중 구체적으로 어떠한 것을 사회적 위험요인으로 간주할 것인가 하는 과제는 가치판단의 문제로서 시대적 · 공간적으로 상당한 차이를 보이고 있다. 예를 들면, 과거 전통사회의 경우 생존권 보장의 문제는 농촌에서는 대가족제도를 기반으로 가족구성원 간 소득의 분배 그리고 도시에서는 장인제도 또는 동일 직종의 공제조합 구성원 간 소득의 분배를 통하여 해결해 왔다. 나아가 당시의 경우 지역사회 단위의 지연 및 혈연적 유대감 또한 제반 사회적 위험요인의 연대적 해결에 큰 몫을 담당하였다. 따라서 이 시기에는 전체 국민을 대상으로 하는 국가적 차원의 공적연금제도에 대한 필요성이 대두되지 않았다. 오늘날에 와서도 이러한 가족, 직장 그리고 지역 단위의 전통적 공적연금제도는 산업화의 속도가 미진한 상당수의 국가에서 유지되어 오고 있다.

근대화 과정에서 산업의 급속한 발전은 국민경제적 차원에서 산업구조의 변화 그리고 국민생활의 차원에서 사회구조의 변화를 함께 가져오게 되었다. 산업화와 함께 종전 농업 중심의 전통적 산업구조가 제조업과 서비스업을 위주로 하는 근대적 산업구조로 탈바꿈함에 따라 임금근로계층의 양적 팽창과 인구의 도시집중 현상이 발생하게 되었으며, 이는 개인의 일상생활에도 많은 변화와 충격을 가져다주었다. 동시에 핵가족화의 진전에 따른 대가족제도의 해체와 지연적 · 혈연적 유대감의 약화는 자연히 전통적 사회보장장치의 붕괴를 초래하였다. 이러한 사회환경의 변화에 따라 개인은 제반의 사회적 위험요인으로부터 자신을 보호할 수 있는 안전장치를 상실하게 되었다. 나아가 산업사회가 지닌 구조적 특징으로 인해 개인은 종전의 전통사회에 비해 월등히 많은 종류의 위험에 노출되었다. 이에 국가는 전적으로 새롭고 다양한 형태의 공적연금제도를 도입 · 운영해야 하는 과제를 가지게 되었다.

제2절 사회적 위험요인과 사회안전망의 역할

1. 사회적 위험요인에 의한 생활상의 문제점

제반 사회적 위험요인은 인간의 일상생활에 심각한 지장을 초래하게 된다. 그리고 이러한 생활상의 곤경은 사회적 위험요인 그 자체에 의해 발생하는 것이 아니라, 그것이 원인 제공자가 되어 야기하는 별도의 문제점이라는 사실에 주목할 필요가 있다. 예를 들면, 현대사회의 대표적인 사회적 위험요인으로 간주되는 '노령'에 대한 보호는 신체적 노화현상을 대상으로 하는 것이 아니라, 그에 따라 초래되는 제반 생활상의 위험요인들(예: 퇴직으로 인한 소득의 단절)을 대상으로 하게 된다. 마찬가지로 '질병'이라는 사회적 위험요인 또한 질병 그 자체의 신체적 병리현상이 사회적 보호의 대상이 되는 것이 아니라, 그에 따라 발생하는 치료비용의 부담 문제 그리고 이로 인한 해당 기간 동안의 소득 공백이 보호의 대상이 된다.

사회적 위험요인으로 개인이 겪게 되는 문제점은 크게 소득문제, 부담능력의 문제 그리고 심리적 · 정서적 문제로 구분해서 살펴볼 수 있다.

첫째, 소득문제는 노령, 질병, 장애, 산업재해, 출산 및 육아 등의 사회적 위험요인(soziale Tatbestände[독])에 의해 개인이 근로능력을 영구적 또는 일시적으로 상실하게 되거나, 실업이라는 사회적 위험요인으로 근로기회를 상실하게 될 경우 발생하는 소득의 단절 현상을 의미한다. 소득의 단절문제는 개인의 일상생활 유지에 필요한 각종 상품이나 서비스의 구매력을 제한하게 되어 당사자에게 생활수준의 하락이나 빈곤과 같은 생활상의 위험을 초래하게 된다. 이러한 문제에 대해 공적연금제도는 상실된 소득의 일부 또는 전부를 대신하는 현금급여의 지급을 통해 '소득대체적 기능(income substitution function)'을 수행하게 된다. 이와 관련한 대표적인 급여로는 각종 연금급여(노령연금, 장애연금, 유족연금), 실업급여, 산전후휴가급여, 육아휴직급여 등이 있다.

둘째, 부담능력의 문제는 특정한 사회적 위험요인을 극복하기 위하여 필요로 하는 소득이 개인의 경제적 부담능력을 초과할 경우에 발생한다. 예를 들면, 가족의 수발 및 돌봄, 질병의 치료 또는 다자녀(多子女)의 부양 및 교육에 필요한 비용이 과도하게 들 경우 당사자와 그 가족은 생활상의 위협을 겪을 수 있다. 따라서 공적연금제도는 개별 가계의 경제적 부담을 경감해 주기 위하여 현금급여 또는 현물급여의 형태로 소득을 지원하는 소위 '소득보충의 기능(income supplement function)'을 수행하게 된다. 이와 관련한 성격의 급여로는 양육수당이나 아동수당 등과 같은 현금급여와 요양급여, 재활급여, 무상급식 및 장기요양급여(시설급여와 각종 재가급여) 등과 같은 현물급여가 있다.

셋째, 심리적 · 정서적 문제는 사회적 위험요인의 발생에 의해 개인이 겪게 되는 각종 정서적 혼란, 사회적 고독 및 일탈행위 등을 말한다. 대표적으로 퇴직, 실업, 장애 등에 의한 노동시장에서의 역할 상실과 인적 교류의 단절은 당사자에게 있어 상당한 정신적 충격과 함께 생활상의 지장을 초래하게 된다. 이러한 문제를 해결하기 위하여 공적연금제도는 당사자에게 다양한 형태의 사회복지서비스를 별도로 제공하여야 하는 과제를 가지게 된다.

일반적으로 사회적 위험요인이 발생할 경우 이와 같은 제반 문제들이 연쇄적 · 복합적으로 발생한다는 점에서 개인적 차원의 문제해결이 불가능할 수 있다. 예를 들면, 장애의 문제가 발생할 경우 당사자는 소득활동의 중단에 따른 경제적 궁핍은 물론, 치료 및 재활에 필요한 비용부담의 문제와 사회적 부적응의 문제에 직면할 수도 있다. 따라서 개별 공적연금제도들은 사회적 위험요인으로 초래되는 문제점을 면밀히 분석하여 다양하고 전문적인 지원 프로그램을 사회복지(혹은 사회보장) 급여체계에 포함시킬 필요가 있다.

2. 사회안전망의 종류와 기능

사회적 위험요인으로 발생하는 제반의 문제점으로부터 국민을 보호하기 위해서는 별도의 안전장치가 마련되어야 한다. 이러한 안전장치는 흔히 '사회안전망(social safety net[영])'으로 불리며, 통상적으로 국가의 전체 공적연금제도가 사회안전망으로서 기능을 하게 된다.

사회안전망은 역할과 기능에 따라 일차적 안전망과 이차적 안전망으로 구분할 수 있다.

1) 노후의 사회안전망으로서 노후소득보장제도

노후소득보장은 노령으로 인해 경제활동을 중단하게 될 경우 발생하게 되는 소득단절의 문제에 대처하여 별도의 대체소득을 보장받기 위한 목적의 제도적 안전장치를 의미한다. 이러한 안전장치는 흔히 '사회안전망(social safety net[영])'으로 일컬어지며, 통상적으로 국가의 책임으로 운영되는 전체 공적 노후소득보장제도가 여기에 해당될 수 있다. 일반적으로 노후소득보장을 목적으로 하는 사회안전망은 그 기능상의 특성에 따라 일차적 안전망 그리고 이차적 안전망으로 구분해서 살펴볼 수 있다.

(1) 일차적 노후안전망

노후소득보장의 일차적 안전망은 개인이 경제적 기여를 통하여 스스로 확보하게 되는 보호장치로서, 일반적으로 보험의 원리를 바탕으로 운영되고 있는 공적연금제도가 여기에 해당된다. 이러한 일차적 안전망은 개인별로 보험료 납부를 전제로 하여 보호가 이루어지게 되므로 가입자는 급여의 청구에 대한 법적 권리와 도덕적 정당성을 확보할 수 있다.

그러나 일차적 안전망으로서 공적연금제도는 그 기능상의 특성으로 인하여 다음과 같은 문제점을 보이게 된다.

첫째, 연금의 수급자격이나 급여의 수준이 사전적 기여도에 따라 개인별로 차이를 보이게 되어 종종 급여의 과부족 문제가 발생할 수 있다. 나아가 공적연금제도의 이러한 기능적 특성은 사회계층별로 소득활동시기의 경제적 지위가 향후 노후시기로까지 수평적으로 이전되도록 하는 소위 신분의 고착화 문제를 초래할 소지가 높다.

둘째, 공적연금제도는 기여의 능력이 부족한 사회취약계층에 대하여 적절한 보호를 제공할 수 없는 기능적 한계점을 가지고 있다. 달리 표현하면, 일차적 안전망으로서 공적연금제도의 경우 그 그물코가 너무 넓어 제도적 보호로부터 탈락하게 되는 계층이 상당수 존재하게 된다는 문제점이 있다.

따라서 한 나라의 노후소득보장이 전적으로 일차적 안전망인 공적연금제도를 중심으로 이루어지게 될 경우 빈곤문제가 등한시되고, 경제적 또는 사회적으로 능력이 있는 계층만이 보호의 주된 대상이 되는 모순된 현상이 발생하게 될 위험도 있다.

(2) 이차적 노후안전망

① 일반적 기능

일반적으로 이차적 안전망은 국민의 기본권인 생존권이 보편적으로 보장될 수 있도록 하기 위한 목적으로 빈곤의 원인 · 나이 · 성 · 국적에 상관없이 단순히 빈곤현상 그 자체를 보호의 대상으로 하고 있다. 따라서 이차적 안전망의 그물코는 그 기능적 목표에 부합하게끔 일차적 안전망에 비해 촘촘하게 짜여질 수 있도록 할 필요가 있다.

이차적 안전망은 부조의 원리를 바탕으로 운영되는 제반의 사회보장제도들로서, 일차적 안전망으로부터 탈락하거나 적절한 수준의 급여를 받지 못하게 되는 계층을 최종적으로 보호하기 위한 목적으로 운영되고 있다. 국민의 노후소득보장과 관련한 이차적 안전망으로는 한국의 경우 대표적으로 국민기초생활보장제도나 기초연금제도가 있다.

부조의 원리를 바탕으로 운영되는 사회보장제도들은 대체로 다음과 같은 특징을 가지고 있다(이정우, 2002).

첫째, 급여는 개인의 사전적 기여에 상관없이 빈곤현상 그 자체를 대상으로 제공된다는 점이다. 그리고 운영재원은 전적으로 국가의 조세수입으로 충당이 된다.

둘째, 사회적 차원의 보호와 지원에 있어서 '후순위의 원칙'이 적용된다는 점이다. 이에 따라 개인은 소위 '자구의 원칙'과 '사회원조의 절차'에 의거하여 먼저 자신의 소득·자산·사회보장급여 등을 우선적으로 활용하여야 하며, 다음으로 부양의무자로부터 지원을 받은 이후에도 계속하여 생활의 어려움을 겪게 될 경우 비로소 사회적 차원의 지원을 받을 수 있는 자격을 가지게 된다.

셋째, 급여수준의 결정과 관련하여 부조의 원리에서는 '보충성의 원칙'이 적용된다는 점이다. 가령 개인의 소득이 빈곤선 이하로 떨어져 생계유지에 위험을 겪게 될 경우 그 부족분에 대하여 보충적으로 급여가 제공된다. 따라서 이러한 소득의 부족분을 산출하기 위하여 불가피하게 본인과 그 가족을 대상으로 한 소득 및 자산조사가 필요하게 된다.

넷째, 부조의 원리에 입각한 사회적 보호는 '개별성의 원칙'을 바탕으로 이루어지게 된다는 점이다. 구체적으로 이 경우 급여의 내용과 수준은 빈곤상태에 노출된 개인의 상황과 생활여건을 감안하여 차별적으로 이루어지게 된다. 그리고 이러한 개인별 구분처우는 결과적으로 모든 대상자들의 생활이 사회적 최저수준까지 동등하게 하도록 하는 기능을 가지고 있다.

다섯째, 급여는 대개의 경우 한시적으로 지급된다는 점이다. 왜냐하면 부조의 원리는 근본취지에 따라 빈곤현상이나 과도한 경제적 부담의 요인이 발생하게 되었을 경우 그 기간 동안에 한해서만 보호해 줄 수 있도록 하고 있기 때문이다.

② 범주별 이차적 안전망과 비범주별 이차적 안전망

이차적 안전망은 일차적 안전망이 초래할 수 있는 기능적 결함을 보완하여 국민의 최저생활을 보장해 주기 위한 목적으로 운영되는 공공부조제도를 의미한다. 한 나라에 있어서 이러한 이차적 안전망의 구축방안은 다음의 두 가지로 구분해 볼 수 있다.

먼저 범주적(categorial) 방안으로서, 이는 이차적 안전망을 빈곤의 내용별로 구분하여 각각 별개의 제도로 운영하는 특성을 가지고 있다. 구체적으로 노령과 장애, 질병, 실업, 장기요양보호, 주거 등과 같은 사회적 위험요인별로 독자적인 이차적 안전망을 운영하는 방법이 된다. 이러한 범주별 공공부조제도는 빈곤계층의 인구사회학적 특성(일례로 노령이나 장애) 또는 빈곤의 내용(일례로 소득, 건강, 주거)별로 구분하여 선별된 대상자들에게 자신들의 욕구에 근접할 수 있는 급여프로그램(일례로 급여의 목표, 종류, 수준, 지급기간 등)을 제공해 줄 수 있는 장점을 가지고 있다. 하지만 이와 같은 범주별 공공부조제도는 과거 구빈법의 전통에서와 같이 '자격 있는(deserving)' 가난한 자와 '자격 없는(undeserving)' 가난한 자로 분리되어 자칫 빈곤의 사각지대와 사회적 갈등문제를 초래하게 될 우려가 있다.[1)]

다음으로 이와는 반대의 비범주적(non-categorial) 방안으로서, 여기에서는 빈곤의 원인이나 내용에 상관없이 단일의 제도적 형태로 통합하여 운영된다. 한국의 경우 국민기초생활보장제도가 여기에 해당될 수 있다. 이러한 제도는 빈곤의 원인보다는 빈곤현상 그 자체에 대하여 정책적 관심을 가지고 있으며, 단지 욕구(need)의 내용이나 수준에 따라 개별 수급계층을 구분하게 되는 경향이 있다. 따라서 한국의 국민기초생

1) 베버리지 또한 자신의 보고서(Beveridge, 1942)에서 범주별 공공부조제도를 옹호하면서 소위 정당한 빈곤의 원인을 여덟 가지로 정하여 각각에 대한 제도적 대응방안을 제시한 바 있음.

활보장제도는 대상자별로 욕구의 형태에 따라 생계급여, 주거급여, 의료급여, 교육급여, 장제급여, 자활급여 또는 긴급급여와 같은 다양한 종류의 급여 프로그램을 운영하고 있다. 종합해 보면, 비범주적 제도는 위기에 처한 사람들이 안전망에서 누락되는 사각지대의 문제를 최소화할 수 있는 장점을 가지고 있으나, 빈곤의 범주별로 나타날 수 있는 차별적인 욕구를 제대로 반영해 줄 수 없는 한계를 보이고 있다.

이상에서는 빈곤구제를 위한 이차적 안전망의 구축방안으로서 범주별 공공부조제도와 비범수별 공공부조제도의 특징과 각각의 장단점에 대하여 살펴보았다. 이러한 점을 감안해 볼 때 범주별 방안과 비범주별 방안은 한 나라의 이차적 사회안전망을 구축하는 데 있어서 상호 대립적 또는 경쟁적인 관계보다는 보완적인 관계를 유지할 수 있는 방향으로 설계되어야 할 필요가 있다. 개략적으로 다음의 〈표 5-1〉에서 보는 바와 같이 빈곤문제의 경우 발생 원인이나 내용이 상이할 수 있으므로 먼저 범주별 특성에 따라 별도의 제도적 프로그램을 적용하는 것이 목표효율성의 차원에서 바람직한 방안이 될 수 있을 것이다.

하지만 이러한 범주별 공공부조제도에서는 사각지대의 문제나 급여의 불충분성 문제가 발생할 수 있으므로 추가적인 보호장치로서 비범주적 공공부조제도(국민기초생활보장제도)가 마련되어야 한다. 이러한 의미에서 볼 때 국민기초생활보장제도는 전체 사회안전망 가운데 가장 최후의 보루(the last safety net)로서 기능하게 된다.

이상의 내용을 토대로 하여 볼 때 한국 기초연금제도의 제도적 지위는 다음과 같이 정리해 볼 수 있다. 구체적으로 기초연금제도는 노령계층의 빈곤문제(노령+빈곤)에 대처하기 위한 전형적인 범주별 부조제도로서의 특징을 보이고 있다. 한국의 기초연금제도는 보호대상이 전체 노인인구의 70%가량으로, 선별성의 원리를 바탕으로 하고 있는 일반적인 공공부조제도의 특성과는 달리 포괄성을 보이고 있다. 하지만 반면에 기초연금의 급여수준이 낮아 해당 제도만으로는 노후빈곤의 문제를 완전하게 해결을 할 수 없는 한계를 보이고 있다. 따라서 상당수 노인들의 경우 기초연금과는 별도로 국민기초생활보장제도의 생계급여를 신청하여야만 하는 제도적 이중성의 문제와 그로 인한 행정적 추가비용이 발생하는 문제가 있다.

<표 5-1> 사회적 위험요인별 사회안전망의 구성체계

사회적 위험요인		노령과 장애	질병	실업	장기요양	주거
일차적 안전망		공적연금제도(국민연금제도, 공무원연금제도 등), 퇴직연금제도	국민건강보험제도	고용보험제도	노인장기요양보험제도	소득활동 및 자산축적 등의 방법으로 개인적으로 해결
이차적 안전망	범주별	• 기초연금제도 • 장애인연금제도	의료급여제도	(실업부조제도)	노인장기요양부조	(주거부조제도)
	비범주별	국민기초생활보장제도 (생계급여, 주거급여, 의료급여, 교육급여, 장제급여, 자활급여, 긴급급여)				

주: ( ) 안은 현재 한국에는 존재하지 않은 제도임.
출처: 이정우(2017).

3) 일차적 노후안전망과 이차적 노후안전망 상호 간 역할분담의 필요성

자본주의 국가는 제반의 사회보장제도가 가급적 시장경제의 기본원리에 부합될 수 있도록 하는 방향에서 운영하여야 하는 과제를 가지고 있다. 그리고 만약 그것이 불가능하게 될 경우에도 국가는 사회보장제도의 운영으로 인한 시장경제의 충격이 최소한의 수준에서 억제될 수 있도록 노력하여야만 한다. 이러한 의미에서 노후소득보장을 목표로 하는 일차적 안전망과 이차적 안전망의 상호 간 합리적 역할분담이 요구되고 있다. 구체적으로 국가는 노후소득보장의 과제를 기여의 원칙을 운영원리로 하고 있는 일차적 안전망인 공적연금제도를 중심으로 해결할 수 있도록 하고, 부조의 원리를 바탕으로 하는 이차적 안전망의 기능은 최소한의 수준으로 억제할 수 있도록 할 필요가 있다.

국가는 국민의 노후소득보장과 관련한 노후의 사회안전망이 합리적으로 운영될 수 있도록 하기 위하여 일차적 안전망과 이차적 안전망 상호 간 기능의 연계체계를 구축할 필요가 있다. 구체적으로 이차적 안전망은 일차적 안전망의 기능을 보완할 수 있는 방향으로 설계되어야 한다. 동시에 국가는 일차적 안전망이 본연의 기능을 충실히 수행할 수 있는 제도적 여건을 마련하여 보장의 결함(security gap)으로 인한 이차적 안전망의 부담을 최소화할 수 있도록 노력하여야 한다. 이와 관련한 대표적인 방안으로는 영세사업장 저임금근로자 사회보험료 지원사업(최근의 두루누리사업), 출산 · 군복무 · 실업 · 질병 등과 같은 기간에 대한 연금크레딧제도의 도입 및 확대 실시 또는 국민연금의 부양가족연금 급여수준의 인상 등이 있을 수 있다.

나아가 이차적 안전망을 통한 사회적 보호 또한 궁극적으로 대상자의 홀로서기와 일차적 안전망으로의 편입을 지원할 수 있는 방향에서 이루어질 수 있도록 하여야 한다. 이와 관련한 방안으로는 대표적으로 국민기초생활보장제도의 재원으로 운영되는 각종 자활지원사업과 사업참여자에 대한 사회보험료 지원사업 등이 있을 수 있을 것이다. 그러나 노후빈곤의 경우 그 특성상 이러한 생산적 홀로서기가 극히 제한적으로만 가능하다는 점에서 한계가 있다. 왜냐하면 노령기의 빈곤현상은 신체적 · 정신적 기능의 노화 그리고 정년퇴직이나 구조조정 등과 같은 사회제도적 제약요인으로 인하여 자력에 의한 경제적 지위의 개선이 어려울 수 있기 때문이다. 따라서 이러한 불가역성(less reversibility)의 문제는 노인의 빈곤문제에 대한 사회보장정책의 방향이 다른 일반 사회계층의 빈곤문제와는 다르게 모색되어야 한다는 당위성을 시사하고 있다.

3. 이차적 노후안전망의 모형별 특성 분류

1) 조세방식의 보편적 기초연금제도

이차적 노후안전망 모형은 65세 이상의 모든 노인을 대상으로 그들의 소득수준에 상관없이 사회문화적 최저수준을 보장할 수 있는 수준의 정액연금을 제공하는 것을 기본적 내용으로 하고 있다. 그리고 운영재원은 전액 국가의 일반재정에서 충당하도록 하고 있다.

이와 같은 보편적 기초연금모형의 정당성에 대한 논의는 앞서 아동수당의 경우에서처럼 과연 노령이라는 지표가 빈곤과 밀접한 상관관계를 가지고 있는가 하는 판단에서 출발하여야 할 것이다. 오늘날 대다수 서구 복지국가에 있어서 노인계층의 빈곤문제는 공적연금제도 및 다층노후소득보장제도의 성숙에 힘입어 다른 연령계층에 비해 상대적으로 낮게 나타나고 있는 것으로 알려지고 있다. 이러한 점에서 볼 때 보편적 기초연금모형은 현재 서구국가의 상황에서는 적절한 대안이 될 수 없을 것으로 판단된다.

2) 보험방식의 보편적 기초연금제도

동 모형은 전 국민 연금제도를 기본방향으로 하고, 운영재원은 상당부분 보험료 수입으로 충당을 하도록 하고 있다. 그리고 급여의 목표를 현행의 생활수준보장에서 빈곤방지로 변경함으로써 그 수준을 대폭적으로 하향조정하여 운영한다. 나아가 기초연금은 개인별로 가입기간 동안의 소득수준에 상관없이 순수하게 가입기간에만 비례를 하도록 하되,

이 경우에도 급여의 개인 간 편차는 일정한 범위 내에서 제한을 하도록 한다. 하지만 이러한 기초연금모형하에서 고용관계나 소득이 불안정한 가입계층의 경우 향후 노후빈곤의 문제에 직면할 수 있으므로, 별도로 추가적인 최저소득보장제도를 필요로 하게 되는 한계가 있다.

3) 부조방식의 선별적 기초연금제도

부조방식의 기초연금제도는 저소득 연금수급자의 최저생계를 보장하기 위한 목적으로 조세재원으로 운영되는 제도를 의미한다. 이러한 취지의 기초연금제도는 다시 공적연금제도의 내재형 그리고 독립형 기초연금제도로 구분해 볼 수 있다.

먼저, 공적연금제도 내재형 기초연금제도는 달리 보충연금모형으로도 불리고 있다. 이는 공적연금제도의 가입경력이 법으로 정한 일정기간을 초과하고 있음에도 불구하고, 연금급여의 수준이 빈곤선 이하에 있을 경우 그 부족분을 보충해 주는 역할을 하는 제도이다. 앞서 살펴본 두 가지의 모형이 현행 공적연금제도의 기능을 대체하는 역할을 하게 되는 것과는 달리, 보충연금모형은 공적연금제도의 기능적 결함(주로 빈곤방지의 측면에서)을 보완해 주기 위한 목적으로 고안되었다. 특히 동 모형은 별도로 기초노령연금제도를 도입할 필요가 없이, 현행의 공적연금제도 체계 내에서 최저소득보장의 목표를 수행할 수 있는 제도적 장치만을 추가로 설치함으로써 실현할 수 있다.

다음으로, 공적연금제도와는 독립적으로 운영되는 외부형 모형으로서 한국의 기초연금제도가 있다. 동 모형은 빈곤의 상황에 처해 있는 65세 이상의 노인 또는 장애인(모형에 따라서 장기실업자와 장기질환자도 포함 가능)을 대상으로 별도의 독립적인 사회부조제도를 운영하는 것을 목표로 하고 있다. 급여는 개인별로 소득 또는 자산조사를 통하여 부족한 소득을 보충해 주는 방식으로 운영하고, 이 경우 부모나 자식에게 부과되는 부양의무(일례로 구상권의 청구)는 적용하지 않도록 한다. 그리고 재원은 조세방식으로 중앙정부와 지방정부가 공동부담하여 충당하도록 한다. 이러한 모형의 핵심적 특징은 다음의 두 가지로 정리해 볼 수 있다. 먼저, 국민기초생활보장제도의 역할 가운데 노인과 장애인의 소득보장 문제는 별도로 분리하여 독자적인 제도로 운영할 것을 제안하고 있다는 점이다. 다음으로, 이러한 기초소득보장 모형은 앞서 보충연금 모형의 경우에서처럼 현행 공적연금제도의 기능적 결함을 보완해 주는 역할을 하도록 하되, 공적연금제도와 행정적으로 분리하여 운영하는 방안을 채택하고 있다.

4. 기초연금제도의 운영원리

기초연금제도는 달리 최저소득보증연금제도(minimum income guarantee pension)로도 불리고 있다. 이러한 모형은 빈곤노인 또는 장애인의 생활안정을 지원하기 위한 목적의 제도로서 한국의 경우 각각 2008년과 2011년에 도입된 기초연금제도와 장애인연금제도가 여기에 해당될 수 있다. 국민기초생활보장제도와 동일한 부조의 원칙을 바탕으로 운영되고 있음에도 불구하고 최저소득보증연금제도는 다음과 같은 기능적 차이를 보이고 있다.

첫째, 국민기초생활보장제도에서 통용되고 있는 '가족부양 우선의 원칙(부양의무자 기준)'이 최저소득보증연금제도에서는 적용되지 않는다는 점이다.

둘째, 국민기초생활보장제도에 있어서 제반의 사회적 지원은 자구를 전제로 한시적으로 이루어지게 되나, 노인 또는 장애인의 빈곤문제는 그 특성상 이러한 생산적 홀로서기가 극히 제한적으로만 가능하다는 점에서 한계가 있다. 따라서 최저소득보증연금제도는 노령 또는 장애로 인한 빈곤의 불가역성을 감안하여 상대적으로 장기성 급여로서의 특성을 보이고 있다.

최저소득보증연금제도는 현행 공적연금제도의 기능을 대체하는 역할이 아니라, 그 기능을 보완해 주는 역할을 하게 된다. 일반적으로 공적연금제도는 개인별로 급여의 수급요건이 충족되면 자신의 소득이나 자산상황에 상관없이 수급자격을 부여하게 되는 반면, 최저소득보증연금제도는 개인의 기본적 욕구 충족을 위해 필요한 소득의 부족분만을 지원해 주게 된다. 이러한 측면에서 볼 때 최저소득보증연금제도는 연금이 아니라 보충적 성격의 부조급여로 이해해 볼 수 있다.

일반적인 국민기초생활보장제도와는 별도로 독립적인 최저소득보증연금제도를 필요로 하게 된 배경은 개략적으로 다음과 같이 설명해 볼 수 있다.

먼저, 국민기초생활보장제도로부터 생계급여의 수급자격이 있음에도 불구하고 자녀에 대한 법적 · 경제적 피해(예: 구상권 청구) 그리고 자산조사로 인한 수치심이나 사회적 통제에 대한 두려움 등으로 인하여 신청을 기피하게 되는 소위 '빈곤의 은폐문제' 또는 '수치스러운 빈곤의 문제'가 발생할 수 있다. 나아가 일부의 경우 실제로 자녀로부터 아무런 경제적 부양을 받고 있지 않음에도 불구하고, 단지 경제적 능력을 가진 자녀의 존재만을 이유로 급여의 신청이 거부되는 사례도 빈번하게 발생하고 있다. 따라서 새로운 최저소득보증연금제도는 급여 신청권리의 행사를 방해하는 제도적 · 심리적 장애요인을 제거하고, 동시에 최저생활보장에 대한 청구권을 강화하여야 할 필요가 있다.

다음으로, 국민기초생활보장제도에서 통상적으로 적용되고 있는 노인부양에 대한 가족책임의 우선원칙은 형평성의 원리에 위배된다는 문제가 발생할 수 있다(Hauser, 1999). 일반적으로 공적연금제도의 핵심적 운영원리가 되는 세대 간 계약은 단순히 보험료의 납부를 통한 경제적 기여뿐만 아니라, 자녀의 출산과 양육이라는 사회적 기여를 동시에 요구하고 있다. 후자의 관점에서 볼 때 세대 간 계약의 의무를 충실히 수행한 가정의 경우 다자녀의 부양으로 인하여 노후빈곤의 위험에 노출될 확률이 높을 뿐만 아니라, 이 경우 자녀들이 부모의 부양비용을 전적으로 부담하여야만 한다. 반면에 이와는 달리 무자녀 가정의 경우 노후빈곤의 문제는 사회가 전적으로 책임을 지게 되는 모순된 현상이 발생할 수 있다. 따라서 최저소득보증연금제도는 빈곤문제에 대한 가족책임의 우선원칙을 폐지 또는 완화함으로써 최저생활보장에 대한 권리 행사에 있어서 형평성을 제고하여야 할 당위성이 있다.

마지막으로, 경제적 · 사회적 환경의 변화 그리고 인구구조의 고령화 등으로 인하여 개인의 노후생활에 대한 불확실성이 심화되고 있다. 따라서 국가는 어떠한 경우에도 모든 국민에게 최소한의 경제적 생활을 보장해 줄 수 있는 제도적 장치를 마련해야 할 필요가 있다.[2)]

첫째, 고령화 사회로의 진전에 따른 국민경제의 노인부양비 부담 증가 문제에 대처하여 공적연금제도의 대대적인 체질개혁이 이루어지고 있으며, 그 과정에서 특히 사회취약계층의 경우 노후빈곤의 위험에 노출될 확률이 상대적으로 높아지는 문제가 있다. 또한 연금개혁을 통하여 단행되는 직접적 또는 간접적 방법의 급여삭감은 빈곤문제에 대한 별도의 제도적 장치가 전제될 경우에만 비로소 정치적으로나 사회적으로 수용능력을 확보할 수 있다.

둘째, 세계화와 자유화의 추세에 따라 다양한 형태의 근로모형(파트타임, 계약 또는 한시적 근로, 재택근로, 유사자영업 등)이 빠르게 확산되고 있다는 점이다. 이러한 현상은 개인적 차원에서 고용의 불안정으로 나타나게 되며, 동시에 노후의 생활안정을 담보할 수 있는 수준의 연금수급권을 확보하는 데 있어서 절대적으로 불리하게 작용을 하게 된다.

---

2) 최저소득보증연금제도의 이론적 배경을 설명하고 있는 대표적인 자료로는 Vobruba(2007), Exner 등(2007) 등이 있으며, 노후의 기초소득보장에 관한 국가별 비교를 제시하고 있는 자료로는 Schmähl(1993), Gillion 등(2000) 등을 참조하기 바람.

셋째, 다양한 가족모형의 발달 그리고 가족구성원 상호 간 연대의식의 약화 등은 사회적 위험에 대한 개인의 대처능력을 약화시키게 되며, 이러한 문제로 인한 피해는 특히 노년기에 첨예하게 나타나게 될 위험이 높다. 따라서 최저소득보증연금제도는 노후의 최저생계를 보장해 줄 수 있는 최후의 안전망으로 기능을 충실히 할 수 있어야 한다.

최저소득보증연금제도는 다음의 〈표 5-2〉에서 보는 바와 같이 국가별로 다양한 형태로 운영되고 있다. 여기서는 최저소득보증연금제도의 모형설계에 있어서 특히 중요한 것으로 판단되는 제도의 운영 형태와 관련한 두 가지 방안에 대해 살펴보고자 한다.[3)]

<표 5-2> 최저소득보증연금제도의 운영사례에 대한 국가 간 비교

국가	제도명	보호의 대상	제도의 운영형태		소득 및 자산의 기준		
			독립형 제도	공적연금 제도에 포함되어 운영	공적연금의 연금소득만 대상	개인 또는 부부의 소득+자산+사회보장소득	부모·자녀의 소득과 자산
독일	노령·장애에 대한 부조방식의 기초소득보장제도 (bedarfsorientierte Grundsicherung im Alter und bei Erwerbsminderung)	노령, 장애	○			○	고소득 계층만 해당
스웨덴	보증연금제도 (Guarantee Pension)	노령	○		○		
스위스	보충급여제도 (Ergänzungsleistungen)	노령, 장애	○			○	
오스트리아	조정수당제도 (Ausgleichszulage)	노령, 장애		○		○	

3) 독일의 기초소득보장 모형들을 소개하고 있는 대표적인 자료로는 Kreikebohm(1989), Klanberg와 Prinz(1988) 그리고 Katenborn(1998) 등을 참조하기 바람.

미국	보충적 보장소득제도 (Supplemental Security Income)	노령, 장애	○			○	
영국	최저보증연금(Minimum Income Guarantee) → 2003년 이후 연금크레딧제도 (Pension Credit System)로 명칭 변경	노령, 장애	○			○	
한국	• 기초연금제도 • 장애인연금제도	노령 장애	○			○	

첫째, 내재적 모형으로서 이는 현행 공적연금제도의 내부에 최저소득보장의 기능을 수행할 수 있는 장치를 마련하는 방안이 된다. 이와 같은 모형은 대표적으로 오스트리아의 조정수당제도가 해당될 수 있다. 구체적으로 오스트리아의 조정수당제도는 개인별로 공적연금제도의 가입경력이 '법으로 정한 최소 가입기간'을 초과하고 있음에도 불구하고, 연금급여의 수준이 빈곤선 이하에 있을 경우 그 부족분을 보충해 주는 기능을 하게 된다. 그리고 이러한 조정수당은 개인의 연금급여를 포함한 소득 및 자산조사를 토대로 제공되며, 재원은 국가의 일반재정으로 충당된다.

둘째, 외부적 모형으로서 이는 현행 공적연금제도와는 별도로 최저소득보장의 기능을 수행할 수 있는 독립적인 제도를 마련하는 방안이 된다. 이 경우 급여는 개인별로 소득 및 자산조사를 통하여 부족한 소득을 보충해 주는 방식으로 운영되고, 재원은 전액 조세방식으로 충당된다. 이러한 모형의 핵심적 특징은 현행 공적연금제도의 기능적 결함(빈곤방지의 기능결함)을 보완해 주는 역할을 하도록 하되, 공적연금제도와 국민기초생활보장제도와는 제도적으로나 행정적으로 독자적 형태로 운영하게 된다는 점이다.

〈표 5-2〉에서 살펴본 바와 같이 최저소득보증연금제도를 실시하고 있는 국가들 가운데 대다수는 외부적 모형을 채택하고 있다. 이와 같은 현상의 배경으로는 다음과 같은 인식에 근거를 두고 있는 것으로 생각해 볼 수 있다.[4)]

첫째, 공적연금제도와 최저소득보증연금제도는 정책목표의 측면에서 서로 상이한 사회적 위험을 대상으로 운영되고 있다는 점이다. 구체적으로, 공적연금제도는 노령과 장애라는 사회적 위험(social risk)으로 인한 소득단절의 문제를 예방적 차원에서 대비하는 역할을 하게 되는 반면, 최저소득보증연금제도의 경우 노인 또는 장애인의 빈곤문제를 사후적 차원에서 보완해 주는 기능을 하게 된다. 이러한 양 제도의 기능적 특성으로 인해 급여의 목표 그리고 지급요건 및 지급방식 또한 각각 상당한 차이를 보이게 되며, 따라서 행정적 차원에서 두 제도의 분리운영이 바람직할 것으로 판단된다.

둘째, 내재적 최저소득보장 모형의 경우 보험의 원리와 부조의 원리가 공적연금제도의 내부에서 통합적으로 운영되어 자칫 노후소득보장에 대한 자기책임의 원칙이 약화되어 각종 도덕적 해이가 발생하게 될 개연성이 높다. 특히 기여를 전제로 한 급여의 청구에 대한 권리의식이 약화되어 제도불신을 초래할 수 있으며, 이로 인하여 보험료 납부의 기피 또는 소득의 축소신고 경향이 심화될 우려도 있다.

셋째, 최저소득보증연금제도는 부조의 원리를 바탕으로 운영되므로 공적연금제도는 대상자의 소득이나 자산조사를 위한 별도의 행정관리체계를 구축하여야만 한다. 그러나 이러한 과제는 상당한 행정비용을 초래하게 될 가능성이 높다는 점에서 문제가 있다.

4) 최저소득보장제도의 모형선택과 관련한 논의를 정리하여 제시하고 있는 자료로는 Hauser(1999), Ruland(1999), Bäcker(2001) 그리고 Dünn 등(2003)을 참조하기 바람.

참고문헌

이정우(2002). 사회복지정책. 서울: 학지사.

이정우(2017). 사회복지정책(3판). 서울: 학지사.

Beveridge, W. H. (1942). *Social Insurance and Allied Services*, Cmd. 6404, HMOS, London.

Gillion, C., Turner, J., Bailey, C., & Latulippe, D. (2000). *Social Security Person: Development and reform*. International Labour Office. Geneva.

Klanberg, F., & Prinz, A. (1988). Soziale Grundsicherung-aber wie? in: G. Rolf, Spahn, P.B. & Wagner, G. (Hrsg.), Sozialvertrag und Sicherung. Zur ökonomischen Theorie staatlicher Versicherungs-und Umverteilungssysteme, Frankfurt am Main/New York, S. 403–430.

Kreikebohm, R. (1989). Die Idee der Statsburgerversorgung-Systemastic Darstellung verschiedener Modelle und EinwÄnde, in: Zeitschrift Fur Sozialreform, Jg. 35, Hf. 3, S. 129–160.

Ruland, F. (1999). Die Beamtenversorgung, v. Maydell, B. und KannengieBer, W. (Ed.), *Handbuch der Sozialpolitik*, Noske. 326–341.

제6장

공적연금제도의 기본원리

제1절 연대성의 원칙

국가나 조직이 정치적 · 경제적 · 사회적으로 어려운 상태에 처하게 될 경우 종종 다양한 형태의 내적 갈등이 발생할 수 있다. 이 경우 사람들은 사태의 진정을 위하여 흔히 구성원 간의 연대성에 호소하게 된다. 여기서는 먼저 연대성에 대한 본래의 의미를 살펴보고, 다음으로 이러한 용어가 사회보장정책의 수립 또는 시행 과정에서 가지게 되는 함의를 모색해 보고자 한다.

1. 연대성의 정의

연대성이란 원래 법률 용어인 '연대보증(Solidarhaftung[독])'이라는 말에 그 기원을 두고 있다. 여기서 연대보증은 한 사람의 채권자에 대하여 다수가 채무변제의 책임을 지도록 하는 법률적 장치가 된다. 이에 따라 실제로 돈을 빌린 채무자가 채무불이행의 상황에 처하게 될 경우 다수의 보증인이 공동으로 채무를 변제하도록 함으로써 파산에 따른 경제적 피해가 다수에게 분산되는 효과가 발생하게 된다. 이러한 차원에서 볼 때 사회보장정책에서 연대성은 법률적 연대보증의 원리를 응용하여 사회적 위험의 해결을 위한 방안으로 이해할 수 있다. 즉, 연대성의 원칙은 특정한 사회적 위험으로 피해를 입은 소수를 위하여 다수가 그 비용을 공동으로 부담하도록 하는 방식이다.

일반적으로 연대성은 조직 내부의 구성원 간 결속력 또는 유대감을 의미하며, 달리 동료의식(Brüderlichkeitsgefühl[독]) 또는 연대의식(Solidaritätsgefühl[독])으로도 표현된다. 이러한 연대성의 수준은 "특정한 사안에 대하여 얼마나 많은 수의 조직구성원이 공동의 관심사로 인식할 수 있는가"에 따라 차이를 보이게 된다(Frerich, 1990). 예를 들면, 사용자 또는 사용자 단체에 대항하여 노동자계층 간의 연대성은 고용안정, 임금인상 등 근로조건의 개선이라는 공동의 이익을 추구하는 과정에서 용이하게 유지·강화될 수 있다. 이러한 의미에서 연대성은 조직구성원 간 '한 배를 탄 공동체 의식'을 전제로 하여 긴밀하게 이루어질 수 있다.

2. 연대성의 원칙과 사회보장정책

사회보장정책은 인간이 일상생활 과정에서 직면하게 되는 사회문제를 공동의 노력으로 해결할 수 있도록 하기 위하여 마련된 사회제도로 정의해 볼 수 있다. 여기서 연대성이란 조직구성원 개개인이 해당의 사회문제를 공동의 관심사로 인식하고 동시에 이를 집단적 노력으로 극복하고자 하는 의지를 갖는 것을 의미한다. 따라서 구성원 간 연대의식이 긴밀하게 유지될수록 개별 사회보장정책이 가지게 되는 사회문제의 해결능력은 그에 상응하는 수준으로 높아지게 된다.

사회문제의 해결방식으로서 연대성은 다음과 같은 두 가지 특성을 가지고 있다. 그리고 이러한 두 가지 특성은 다음과 같이 종종 상호 이율배반적으로 작용하게 되는 경우가 있다.

첫째, 연대성은 사회문제의 해결과정에서 조직구성원 간 '이타적 희생정신'을 필요로 한다. 이러한 이타적 희생정신은 사회문제로 고통을 겪고 있는 동료를 ‘아무런 조건 없이(bedingungslos[독])’ 도와줄 수 있는 의사를 의미한다.

둘째, 연대성은 사회문제에 대한 집단적 대처 수단으로서 상호성, 구체적으로 ‘상부상조의 정신’을 바탕으로 한다(Winterstein, 1976). 고대 로마에서는 상부상조의 정신을 개인들 각자가 ‘유사시 보호를 받기 위한 목적으로 지금 피해를 입은 다른 사람을 도와주고자 하는 의지’로 정의하였다(Brück, 1976). 이러한 관점에서 볼 때 연대성은 사후적 차원에서 피해로 고통을 겪고 있는 타인에 대한 기부 또는 자선행위가 아니라, 사전적 차원에서 행하는 사회문제에 대한 공동체적 대응전략의 일환으로 이해할 수 있다.

이상과 같은 두 가지 특성을 종합해 보면 연대성은 다음과 같이 정리해 볼 수 있다. 연대성의 원칙은 ‘개인은 전체를 위하여 그리고 전체는 개인을 위하여(Einer für alle, Alle für einen[독])’라는 정신을 그 배경으로 하고 있다(Nell−Breuning, 1957). 여기서 전자와 후자는 각각 개인주의적 그리고 집단주의적 사회철학의 출발점으로서 개인의 이해와 사회의 이해 간 우선순위의 선정과 관련하여 끊임없는 논란의 대상이 되고 있다. 구체적으로 개인주의(individualism)는 이기주의(egoism)의 관점에서 사회는 단지 개인의 이익을 보호하기 위하여 존재한다고 인식하는 사회철학이다. 반면, 집단주의(collectivism)는 이타주의(altruism)의 관점에서 사회의 이익이 개인의 이익에 우선한다는 사회철학이다. 따라서 후자의 관점에 따르면 사회는 스스로의 존재 목적을 가지며, 개인과 사회 간 이해의 대립현상이 발생하게 될 경우 개인은 마땅히 전체를 위하여 희생하여야만 한다는 것이다.

그러나 넬 브로우닝(Nell−Breuning)의 주장에 따르면, 연대성은 개인주의 또는 전체주의라는 일방적이고 편향적인 논리를 지양하고, 대신 두 가지를 절충하는 사회철학이 되어야 한다. 구체적으로 연대성의 원칙은 개인의 이해와 전체의 이해가 균형적으로 반영될 수 있도록 하는 상호주의(mutualism)를 바탕으로 하고 있다. 그리고 이러한 전제조건이 충족될 경우 사회보장정책은 사회문제의 공동해결을 위해 요구되는 구성원 개개인의 연대의식을 최대한의 수준으로 동원할 수 있다.

3. 조직의 규모가 연대적 의지에 미치는 영향력

연대성의 원칙은 근대사회 훨씬 이전부터 사회문제의 공동체적 해결을 위한 일환으로 활용되어 온 오랜 사회적 관습이다. 이러한 연대성은 초기의 경우 공동의 관심사를 배경으로 결성된 소규모 집단의 조직연대성(Gruppensolidarität[독])으로부터 출발하였다. 여기에는 대표적으로 혈연 또는 지연공동체 그리고 직장 또는 동일 직종 단위의 공제조합(예: 중세 유럽의 길드나 춘프트) 등이 있다.

소규모 공동체를 대상으로 하는 연대성의 경우 다음과 같은 점에서 개별적인 특성을 가지고 있다(Meier, 1999). 즉, 공동체에 대한 개인의 연대의식은 당사자의 자유의지(freie Wille[독])에 달려 있다. 구체적으로 개인은 공동체에 대한 정서적 소속감이나 심리적 유대감 등에 따라 연대의식의 수준을 달리할 수 있다. 뿐만 아니라 개인의 연대의식은 공동체에 대한 도덕적 의무감이나 조직 내부의 강제적 규범에 의해 영향을 받을 수도 있다. 종합하면, 소규모 자발적 조직의 경우 연대성의 동원능력이 절대적으로 미흡할 뿐 아니라, 연대의식의 수준 역시 개인별로 차이를 보이게 되어 근대사회 이후 대규모로 발생하고 있는 사회문제를 해결하기에는 한계가 있었다.

사회보험제도의 가입 계층이 확대될 경우 [그림 6-1]과 같이 사회문제의 해결능력은 그에 상응하는 만큼 향상될 수 있다. 왜냐하면 공동체의 규모가 커질수록 위험분산의 효과가 증가하게 되는 소위 '규모의 경제(economy of large scale)'가 작용하기 때문이다. 그러나 가입계층의 확대는 가입자 간 연대의식에 부정적인 영향을 미칠 수 있다는 점에서 문제가 있다.

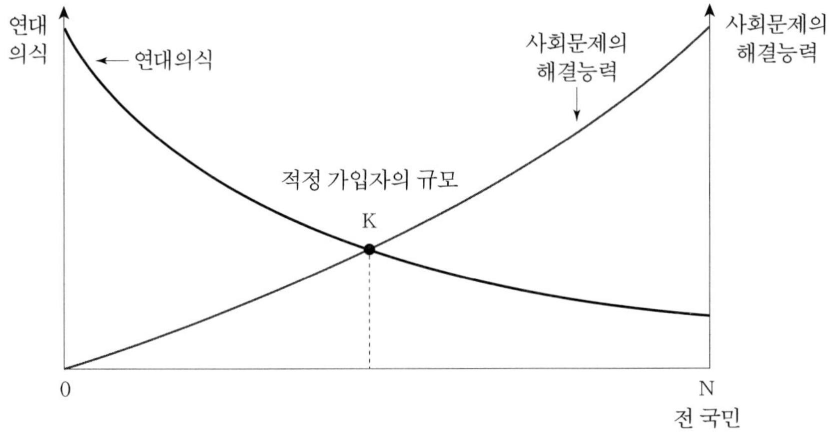

[그림 6-1] 공동체의 규모가 사회문제의 해결능력과 구성원의 연대의식에 미치는 영향

출처: 이정우(2017).

일반적으로 연대성의 강도는 조직구성원 내부의 동질성과 밀접한 관련을 가지고 있다. 예를 들면, 조직구성원 개개인의 이해가 충실히 반영될 수 있는 소집단(예: 가족, 친지, 직장, 직종)의 경우 조직의 연대성이 비교적 긴밀하게 유지될 수 있다. 따라서 이러한 집단은 공동의 관심사를 해결하기 위해 필요로 하는 비용의 분담과 관련하여 용이하게 합의를 도출할 수 있고, 동시에 혜택의 배분 시 갈등을 최소한의 수준으로 억제할 수 있다. 반면, 집단의 규모가 커질수록 동질성이 희박해져 구성원 간 연대의식이 약화되는 문제가 나타날 수 있다. 그 결과, 대규모 집단의 경우 문제의 공동체적 해결과정에서 각종 이해의 상충과 내부적 갈등이 발생하게 될 확률이 높다.

사회보험제도의 적용 확대는 사회복지의 기능과 사회문제의 해결능력을 확충하기 위한 국가의 정책적 노력으로 이해할 수 있다. 그러나 이는 실질적인 의미에서 구성원 간 동질성과 연대의식을 저하시켜 전체보다는 개인의 이익이 우선하는 이기주의적 의식을 강화하는 모순을 초래할 수 있다. 달리 표현하면, 사회보험제도의 적용 확대에 따라 직업 및 직종, 소득의 수준, 형태(예: 임금, 사업소득, 농업소득), 발생주기 등 제반의 측면에서 상호 이질적 집단이 단일 조직에 의해 관리될 경우, 구성원 간 연대의식이 약화되어 오히려 사회문제의 해결능력이 위축될 가능성이 높다.[1] 나아가 사회보험제도에 대한 국민의 연대의식이 약화될 경우 제도의 가입과 보험료의 납부를 기피하는 문제가 발생할 수도 있다. 이처럼 자발적 차원의 연대의식이 부족해지는 문제에 대처하여 국가는 불가피하게 연대의식의 강요, 즉 제도의 가입과 보험료 납부의 의무 등 강제적 규정을 동원하게 된다. 그러나 강요된 연대의식은 사회보험제도 운영의 경직성, 관료성 그리고 비민주성 등의 부작용을 초래하게 될 우려가 있다.

종합하면, [그림 6-1]에서 K 지점은 조직의 연대의식과 사회문제의 해결능력이 상호 일치하는 '가장 최적 규모의 위험 공동체'로 이해해 볼 수 있다. 그리고 이와 같은 논리는 독일, 오스트리아, 프랑스 등 소위 조합주의형 복지국가의 이론적 배경이 되고 있다. 실제로 해당 국가들의 경우, 의료보험, 연금보험, 산재보험 등은 직종, 직역 및 지역별로 분리된 다수의 조합에 의해 운영되고 있다.

1) 이와 같은 이유로 독일 등 다수의 국가에서는 농민을 위한 사회보험제도를 별도로 운영하고 있음. 왜냐하면 농민의 경우 소득의 형태(실물소득), 소득의 발생주기 그리고 사회적 위험의 종류나 내용이 일반 근로자와 전적으로 상이하기 때문임.

제2절 원조성의 원칙

1. 원조성의 정의

원조성의 원칙(subsidiarily priniple,[영] subsidiaritätsprinzip[독])은 가톨릭교회의 세계관이나 가치관에 바탕을 둔 사회철학으로서 1891년 교황 레오 13세의 'Rerum novarum' 그리고 1931년 교황 비오 11세의 'Enzyklika Quadragesiomo anno'를 계기로 더욱 활발하게 전개되었다. 당시 교황 비오(Pius) 11세가 제시한 교지의 취지는 다음과 같이 정리해 볼 수 있다.

"과거 우리 선조들이 그렇게 살아왔던 것처럼, 현대에 와서도 모든 인간은 상호 화해와 공존을 위하여 서로 도우며 살아야 할 도덕적 의무가 있다. 이와 관련하여, 가령 이웃이 곤경에 처하게 되었을 경우 사람은 그를 진정으로 도울 수 있는 방법을 모색하여야 할 책임이 있다."

여기서 진정한 도움과 관련한 핵심 내용은 소위 '사회원조의 절차'에서 찾아볼 수 있다. 제반 문제에 대한 일차적인 책임자로서 개인은 스스로 자유의지를 토대로 자구노력의 의무를 충실히 수행하여야만 한다. 예를 들면, 개인이 독자적으로 극복할 수 있는 문제를 사회가 대신 해결해 주게 될 경우 의존심리가 생겨 독립적인 인간성의 훼손 문제가 발생할 수 있다. 그러나 개인의 자구노력에도 불구하고 문제의 극복이 미흡하게 될 경우 그 부족분에 대하여 보조적 · 보충적 차원에서 가족 및 친지, 지역사회, 직장, 자선단체, 자치단체 그리고 국가의 순으로 사회원조가 이루어지도록 하여야 한다.[2] 이러한 사회원조의 절차는 도움을 제공

---

2) 사회원조의 절차와 유사한 개념을 소개한 문헌으로는 김태성과 성경륭(1995)의 『복지국가론』, pp. 65-71을 참조하기 바람. 이와 관련하여 저자들은 '사회적 원조의 동심원 모델'을 제시하고 다음과 같이 설명을 하고 있음. "이 모델의 핵심적 내용은 제도화된 보편적 복지 제공의 통로가 결여된 조건하에서 한 개인이 문제

하는 주체의 측면에서뿐만 아니라 원조의 시간적 흐름의 측면에서도 순서대로 적용될 수 있도록 요구하고 있다.

원조성의 원칙은 "사회적 공존의 기능이 개인의 자구노력에서부터 출발할 수 있도록 하여야 한다."는 것을 주장하는 사회철학이다. 이에 따라 사람은 모두 각자의 판단에 따라 자신의 생존문제를 스스로 해결할 책임과 권리를 가지고 있다. 만약 자신의 생존문제를 해결할 수 있는 역량이 부족한 사람의 경우에도 가족, 친지, 지역사회 등 자발적 차원의 민간복지가 국가적 차원의 공적복지보다 우선적으로 적용될 수 있도록 하여야 한다(Ruland, 2000). 이 경우 국가나 사회는 개인이 자신의 역량을 최대한 발휘할 수 있는 공정한 사회질서를 형성하고, 나아가 개인 각자가 자신의 기본권, 특히 자아실현의 기회를 동등하게 행사할 수 있도록 필요한 물질적 전제조건을 충족시켜 주어야 할 책임을 가지게 된다(Kreikebohm, 2010).

2. 원조성의 원칙과 사회보장정책

사회보장정책의 사상적 토대로서 원조성의 원칙은 자구노력 우선주의에 따라 정책의 기능을 제약하고, 나아가 국가의 사회적 책임을 최소한의 수준으로 제한을 하는 문제를 가지고 있다. 나아가 원조성의 원칙이 바탕으로 하고 있는 '사회원조의 절차'는 부단히 변화하고 있는 경제적 · 사회적 환경에 대처하여 사회보장정책 또는 분배정책을 역동적으로 전개하는 데에 장애요인이 되고 있다. 이러한 문제인식을 바탕으로 넬 브로우닝(Nell-Breuning, O. v., 1957)은 원조성의 원칙을 현대적 개념에 맞게 다음과 같이 세 가지로 재해석하고 있다.

상황에 빠졌을 때 자신과 가장 가까운 사람부터 점점 거리가 먼 사람 혹은 기관으로 도움을 구하는 범위를 확대해 나간다는 것이다."

첫째, 당사자의 자구노력이 우선하여야 하며, 사회원조 또한 이러한 자구노력을 지원하기 위한 차원에서 이루어져야만 한다. 왜냐하면 단순히 동정적 차원에서 이루어지게 되는 사회원조는 개인의 창의성이나 자립의식을 약화시켜 진정한 의미에서의 도움이 되지 못하기 때문이다. 종합하면, 생활상의 위험에 대처하여 개인의 자구노력은 항상 사회원조에 선행할 수 있도록 하여야 한다.

둘째, 개인의 자구노력이 반드시 사회원조에 우선하는 것은 아니다. 왜냐하면 일부의 경우 사회원조가 선행되어야만 개인의 자구능력이 확보되는 경우도 있기 때문이다. 예를 들면, 고기잡이의 경우 그물과 고기를 잡는 방법에 대한 사회적 지원이 있을 경우 비로소 개인의 자립이 가능하게 되는 경우가 있다. 그러므로 개개인의 사정을 고려하여 자구노력 또는 사회원조의 우선순위가 결정되어야 할 필요가 있다.

셋째, '사회원조의 절차'는 원조에 있어서 가족 → 친척 → 이웃 → 직장 → 자선기관 → 국가의 순서적 개념이 아니라, 다양한 사회원조집단 간의 관계 속에서 파악되어야 한다. 일반적으로 사회원조는 문제를 겪고 있는 당사자와 심리적으로나 지리적으로 근접한 주체에게 위임하는 것이 바람직하다. 왜냐하면 이러한 원조주체는 피해 당사자의 상황이나 욕구를 비교적 용이하게 파악할 수 있을 뿐 아니라 가장 적절한 사회적 서비스를 제공할 수 있는 능력을 가지고 있기 때문이다. 이 경우 국가는 원조주체에게 과도한 부담이 지워지지 않도록 별도의 지원체계를 마련할 필요가 있다. 그러나 이상의 내용과는 반대로 일부 문제의 경우 사회 또는 국가 전체적 차원에서 해결하는 것이 바람직한 경우도 있다. 그러므로 사회적 원조주체의 선정문제는 지원의 효과성과 비용의 효율성 등을 감안하여 합리적으로 결정되어야 한다. 이러한 의미에서 원조성의 원칙을 유연하게 해석하고 이를 현실에 적합하게 적용하려는 노력이 필요하다.

제3절 종합

인간은 모든 측면에서 사회와의 관계 속에서 삶을 유지해 오고 있다. 예를 들면, 개인은 국민복지를 바탕으로 이루어지는 사회안정을 통하여 자신의 복지를 안정적으로 향유할 수 있으며, 반대로 국민복지는 개인이 각자의 복지를 최대한으로 추구하는 과정에서 극대화될 수 있다(Blüm, 1974).

연대성의 원칙과 원조성의 원칙은 더불어 살 줄 아는 인간의 지혜를 대변하는 사회철학으로서 사회문제를 해결할 수 있는 방향을 제시하고 있다.

연대성의 원칙은 사회문제를 집단적으로 해결하기 위한 목적으로 운영되는 공적연금제도에서 활용이 되는 사회철학이다. 여기서 사회문제의 해결 기능은 구성원 간 결속력에 의해 중대한 영향을 받게 되는 특성을 보이고 있다. 그리고 이러한 결속력은 해당 제도가 전체 구성원의 이해를 균형적으로 반영할 수 있을 경우에만 긴밀하게 유지될 수 있다. 따라서 연대성의 원칙을 바탕으로 형성된 사회조직은 흔히 '위험 공동체(Risikogemeinschaft[독])' 또는 '이익공동체(Interessengemeinschaft[독])'로 명명된다(Beck, 1991). 이렇듯 사회문제의 해결을 위한 중대한 기능에도 불구하고 연대성의 원칙은 전체 구성원 공동의 이익을 추구하게 됨에 따라 반대로 개인의 개별적 욕구가 제대로 반영될 수 없는 문제가 있다. 또한 연대성의 원칙에서 강조하는 결속력은 조직의 운영과정에서 종종 개인보다는 공동의 이해를 우선하여 자칫 전체주의 또는 집단주의로 전도될 위험성이 있다.

반면에, 원조성의 원칙은 사회문제를 해결하는 데 개인 또는 그와 인접한 사회주체의 책임의식을 우선적으로 강조하고 있다. 원조성의 원칙은 연대성의 원칙에서 지적되었던 문제점을 상당 부분 해결할 수 있는 장점을 가지고 있다. 즉, 사회원조의 개별성을 바탕으로 개개인의 욕구에 가장 근접한 복지혜택을 제공할 수 있으며, 소집단별 위험 극복의 기능에 의해 다원적이고 민주적인 제도운영이 가능하게 한다. 그러나 원조성의 원칙은 원조의 개별적 특성 때문에 대규모의 사회적 위험에 대처할 수 있는 능력이 미흡해지는 단점이 있다.

연대성과 원조성은 다음과 같은 방식으로 상호 의존적 관계를 유지하고 있다. 연대성은 상대방의 어려움에 대해 공동의 책임으로 받아들이고, 엄격한 이해타산 없이 도움을 제공하고자 하는 의사로서, 달리 '연대의지'라는 말로 표현해 볼 수 있다. 하지만 이와 같은 연대의지는 공동체 구성원들의 비용부담이 적정한 수준을 넘어 과도하게 될 경우 점차 약화될 가능성이 높다. 따라서 이 경우 원조성의 핵심이 되는 자기책임의식은 개인 각자가 당면한 문제를 스스로 해결하여 다른 사람에게 비용이 전가되는 문제를 가급적 최소화하는 방향으로 작용하게 된다. 그리고 개인에게 있어서 이와 같은 마음가짐은 과도한 분배적 부담으로 인한 연대의지의 약화문제를 사전에 예방해 줄 수 있다.

그러나 자기책임의식은 각 개인이 비용을 스스로 부담할 수 있는 능력이 전제될 경우에만 가능한 사안이 될 수 있다. 따라서 이러한 경제적 능력이 뒷받침되지 못하는 사람에 대해서는 연대적 차원의 지원이 필요하게 된다. 종합해 보면, 연대성은 자기책임의식을 토대로 유지될 수 있고, 반대로 자기책임의식은 자력으로 해결이 어려운 계층에 대한 보충적 차원의 연대적 지원이 전제될 경우에만 지켜질 수 있다(Lampert & Althammer, 2007).

공적연금제도의 합리적 운영을 위한 차원에서도 연대성의 원칙과 원조성의 원칙은 상호 적절하게 조화를 유지하여야 할 필요가 있다. 예를 들면, 사회보험제도는 가입자 간의 연대적 기능을 바탕으로 공동의 문제를 해결하도록 하는 대표적인 사회제도다. 그러나 사회보험제도의 이와 같은 특징은 가입 계층의 확대에 따라 점차 제도 운영의 획일성, 관료성, 경직성 등의 문제를 보이게 될 위험이 있다. 이러한 문제를 해결하기 위한 하나의 방안으로서 '자치운영의 원리(Selbstverwaltungsprinzip독)'가 있다.[3] 여기서 자치운영은 원조성의 정신에 입각하여 가입자가 사회보험제도의 운영과정에 직접 참여할 수 있도록 함으로써 그들의 이해와 창의성을 정책에 반영하고 제도운영의 민주성을 보장할 수 있는 방안으로 활용 가능하다. 종합하면, 원조성의 원칙은 사회보험제도의 관리운영 시 권력의 집중 현상을 해소하고, 가급적 많은 가입자에게 이를 분산하도록 하는 장점이 있다.

현대사회에 들어와 국민의 복지욕구는 실로 다양하게 표출되고 있다. 그리고 이와 같은 국민 각자의 복지욕구를 적극적으로 수용해 나가는 과정에서 사회복지의 다원주의(pluralism)가 등장하고 있다. 그러나 복지 다원주의는 전체 사회복지체계의 조화성에 문제를 초래할 수 있다. 이러한 복지체계의 무질서 문제를 해결하기 위하여 연대성의 원칙과 원조성의 원칙은 다음과 같은 방법으로 역할분담을 할 필요가 있다. 먼저, 원조성의 원칙은 횡적인 측면에서 다양한 사회원조 주체 간 동반자적 관계를 형성하고, 종적인 측면에서 사회문제의 해결에 필요한 사회원조의 절차를 설정함으로써 전체 사회복지체계의 연계성과 조화성을 도모할 수 있다. 다음으로, 연대성의 원칙은 원조성의 원칙에서 발생할 수 있는 사회원조 주체의 개별성 문제를 합리적으로 보완하여 장기적으로 사회 전체적으로 조직의 결속력을 유지, 강화할 수 있다.

3) 사회보험제도의 자치운영과 관련한 내용은 이 책의 제11장(행정관리)에서 자세히 다루고 있음.

제4절 보험의 원칙, 부양의 원칙, 부조의 원칙

사회문제로 인해 야기되는 제반의 사회적 위험이나 빈곤문제는 국가의 책임으로 해결해야 할 당위성이 있다. 여기서 살펴보는 보험의 원칙, 공급의 원칙 그리고 부조의 원칙은 이러한 문제들을 어떠한 방법으로 해결할 것인가 하는 정책적 의사결정에 중요한 판단 근거가 될 수 있다.

1. 보험의 원칙

1) 개념의 정의

사회보험제도는 보험의 원칙(Versicherungsprinzip[독])을 응용하여 제반의 사회적 위험요인을 해결해 오고 있다. 여기서 보험이란 특정한 위험을 집단적 노력으로 극복할 수 있도록 고안된 제도적 장치다. 이러한 보험의 기능은 크게 두 가지로 정리해 볼 수 있다.

첫째, 보험은 가입자 간 위험분산의 기능 또는 위험조정(Risikoausgleich[독])의 기능을 수행하게 된다. 이에 따라 보험은 조직구성원 중 일부가 위험의 발생으로 곤경에 처하게 되었을 경우, 그 비용을 전체에게 분산하도록 함으로써 위험의 공동체적 극복 기능을 하게 된다. 달리 표현하면, 보험은 조직구성원 간 연대적 기능을 의미하는 상부상조의 원리를 바탕으로 위험을 해결하도록 하고 있다.

둘째, 보험은 배타적 자구성의 원칙을 바탕으로 하고 있다. 경제학적인 측면에서 살펴볼 때 보험이란 일종의 '상품'으로서 이의 소비를 통한 효용(구체적으로 위험으로부터의 보호)을 누리기 위해서는 사전에 적절한 가격(즉, 보험료)을 지불하여야만 한다. 따라서 가격을 지불하지 않은 사람의 경우 아무런 보험의 혜택을 받을 수 없게 된다.

종합하면, 보험(insurance,[영] Versicherung[독])이란 가입자 간 상부상조의 원칙과 자구성의 원칙이 혼합된 상품을 의미한다. 사회적 관점에서 이러한 두 가지 원칙의 연관성은 다음과 같이 이해할 수 있다. 즉, 보험제도는 집단적 호혜주의의 정신에 입각하여 피해를 입은 사람과 그렇지 않은 사람 간의 '보호의 거래'로 해석할 수 있다.[4] 즉, 보험이란 개별적으로는 불확실하나 집단적으로 예측이 가능한 사고나 위험에 대처하여 금전 및 물질적 피해를 사전에 미리 대비하는 제도적 장치를 의미한다(Kolb, 1984). 보험의 원칙은 위험의 해결방안으로서 상업보험 및 사회보험에 적용되고 있다. 여기서는 각각의 특징에 대해 살펴보고자 한다.

2) 상업보험의 특징

상업보험은 일반 상품이나 서비스와 같이 민간기업(즉, 보험회사)에 의해 생산되고, 동시에 시장의 기능을 통해 정상적으로 거래된다. 따라서 보험회사가 제반의 위험을 대상으로 제공하고 있는 일련의 서비스를 보험상품이라 한다. 대표적인 보험상품으로는 자동차보험, 생명보험, 화재보험, 건강보험, 도난보험 등이 있다. 일반적으로 상업보험은 다음과 같은 네 가지의 특성을 가지고 있다(Müller, 1988).

첫째, 보험상품의 거래관계는 공급자와 수요자 간 자율적인 계약에 의해 성립된다. 이 경우 보험상품의 가격과 거래량은 다른 일반 상품이나 서비스와 마찬가지로 시장의 경쟁 기능에 의하여 결정된다. 그리고 보험상품의 구입자는 가격을 지불하는 대가로 향후 위험이 발생하게 되었

4) 보험의 기능은 다음과 같이 요약해 볼 수 있음. "지금 내가 피해를 입은 제삼자를 도와주는 이유는 나중에 내가 유사한 피해를 당하게 될 경우 그에 상응하는 보호를 기대하기 때문이다." 보험의 기능과 유사한 전통적 사회관습으로는 향약, 두레, 계 등이 있으며, 그 밖에 민간 차원의 각종 행사에서 이루어지는 부조금, 조의금도 그 일환으로 이해할 수 있음.

을 경우 공급자인 보험회사로부터 적절한 보상을 청구할 수 있는 권리(청구권)를 확보하게 된다.

둘째, 보험상품의 운영을 위해 필요로 하는 재원은 전적으로 보험상품의 가격인 보험료 수입에 의해 충당된다. 일반적으로 보험료의 수준은 상품의 구입자 개인별로 위험 발생의 등급에 따라 차등으로 결정되도록 하고 있다. 따라서 상업보험의 경우, 개인별 차원에서 비용의 부담과 보장의 혜택이 상호 균형을 유지할 수 있도록 하는 '수지상등의 원칙(equivalence principle)'이 엄격하게 적용되고 있다. 보다 엄밀하게 말하면, 이는 '개인별 수지상등의 원칙(individual equivalence principle)'으로서 가입자 개인별로 보험계약의 체결 시점을 기준으로 향후 납부하게 될 보험료 총액의 기댓값(expected value)과 위험 발생 시 수령할 것으로 예상되는 보상 총액의 기댓값이 상호 일치하도록 하는 것을 의미한다. 이에 따라 보험상품의 거래과정에서 위험의 발생 확률이 높은 집단은 그렇지 않는 집단에 비해 상대적으로 높은 수준의 보험료를 부담하여야만 한다.

셋째, 상업보험의 관리운영은 영리주의를 바탕으로 하는 기업 형태로 이루어지며, 상품의 운영에 따른 이익은 물론 손실 또한 전적으로 보험의 공급자인 보험회사가 책임을 지게 된다.

넷째, 보험회사의 파산에 대비하여 기금의 적립이 의무화되고 있다. 일반적으로 보험상품의 경우 보험료의 지불이 이루어지고 난 이후 일정 기간 동안 보장의 혜택이 제공되는 시차의 문제가 있다. 이러한 보험상품의 특성을 감안하여 국가는 보험 가입자의 청구권을 보호하기 위한 목적으로 그에 상당하는 수준의 기금을 적립하도록 의무화하고 있다.

상업보험의 경우 소득의 이전효과는 시점의 선택에 따라 큰 차이를 보이게 된다. 먼저, 보험계약 시점을 기준으로 살펴볼 경우 보험상품은 철저히 수지상등의 원칙에 따라 거래되므로 가입자 간 소득의 이전효과가 발생하지 않게 된다. 여기서는 단지 개인별로 위험의 발생 전후 간 소득의 시기적 재분배 기능을 통하여 소득의 안정화 효과(income smoothing effect)가 나타나게 된다. 이러한 의미에서 보험료는 일종의 저축적 기능을 담당하고 있다. 반면, 위험 발생 시점을 기준으로 살펴볼 셩우 보험제도에서는 위험이 발생한 집단과 그렇지 않은 집단 간 소득의 이전효과가 나타나게 되며, 이는 보험제도가 가지고 있는 위험분산의 기능에 기초를 두고 있다. 따라서 이 경우 비용의 부담과 보장의 혜택이 균형을 유지할 수 있도록 하는 수지상등의 원칙이 적용되지 않게 된다.

3) 사회보험의 특징

사회보험은 가입자의 보험료 수입으로 운영되며, 위험의 분산 그리고 부담과 혜택의 상관관계가 적용된다는 점에서 상업보험과 유사한 특성을 보인다. 그리고 일반 상업보험과 같이 사회보험제도에서도 가입자가 일정한 요건을 충족하게 될 경우 보험급여의 법적 청구권이 인정되고 있다. 이러한 의미에서 개인이 사회보험제도에 납부하게 되는 보험료는 일종의 재산권으로서 보호받게 된다(Ruland, 1986).

사회보험은 다음과 같은 점에서 상업보험과 그 성격을 달리하고 있다(Winterstein, 1976).

첫째, 상업보험과는 달리 사회보험은 수지상등의 원칙이 상대적으로 완화되어 적용된다. 왜냐하면 사회보험은 보험의 원칙에 입각한 위험분산의 기능 이외에도 별도로 '사회적 조정(sozialer Ausgleich[독])' 또는 '연대적 조정(Solidarausgleich[독])'을 목적으로 다양한 형태의 분배적 기능을 수행하고 있기 때문이다. 여기서 후자와 같은 기능을 바탕으로 사회보험은 소득수준에 상관없이 가급적 많은 수의 국민에게 사회적 위험에 대한 보장의 혜택을 고르게 제공할 수 있다. 하지만 이러한 사회적 조정은 보험 본연의 기능을 벗어나는 사업으로서 사회보험제도에서는 일정한 제한을 받아야 한다(Kolb, 1986). 왜냐하면 사회보험제도 내에서 과도한 사회적 조정은 보험의 기능을 훼손하는 무원칙성의 문제뿐 아니라, 자칫 국가가 자체의 예산으로 수행하여야 할 정책과제를 사회보험제도로 전가하게 되는 부작용이 발생할 수도 있기 때문이다.

둘째, 제도의 가입과 보험료의 납부 시 강제성의 원칙이 적용된다. 나아가 보호의 내용 및 수준 또한 본인의 의사와 상관없이 제삼자인 국가에 의해 일방적으로 결정된다. 사회보험의 운영에 있어서 이러한 강제성의 원칙은 예방적 차원에서 국가가 개인의 비합리적인 소비 성향을 교정함으로써 적절한 수준의 미래 대비를 할 수 있도록 한다는 점에서 그 당위성을 찾아볼 수 있다. 나아가 사회보험은 소득의 재분배 기능을 통하여 사회통합과 정치적 안정이라는 목표를 추구하게 되며, 이러한 기능은 강제성이 수반될 경우에만 효과적으로 이루어질 수 있다.

셋째, 사회보험의 운영에 필요한 재원은 가입자 본인은 물론, 제삼자의 비용부담으로 충당된다. 구체적으로 사회보험의 재원은 가입자가 부담하는 보험료 이외에도 사용주의 보험료 지원 및 정부의 재정보조로 구성된다.

넷째, 상업보험의 경우 위험의 발생으로 인한 비용은 전적으로 보험회사가 부담하게 되는 반면, 사회보험의 경우 그 비용은 연대성의 원칙에 따라 전체 가입자의 공동부담을 통해 해결된다. 나아가 사회보험의 운영과정에서 발생할 수 있는 제반의 제도적 위험(예: 보험재정의 수지적자 문제)의 경우에 대해서도 전체 가입자가 공동으로 책임지도록 하고 있다. 그리고 국가는 사회보험제도의 최종 책임자로서 제도의 운영 및 재정 등 전반의 사항에 대해 법적 관리의 의무를 가지고 있다. 이러한 차원에서 볼 때 사회보험의 경우 상업보험과는 달리 가입자의 청구권을 충당할 수 있는 수준의 기금적립이 불필요하게 된다. 왜냐하면 사회보험제도에 있어서 기금의 고갈문제와 그로 인한 급여지급 불능사태는 원칙적으로 발생할 수 없기 때문이다.

다섯째, 사회보험제도의 운영은 통상적으로 국가가 아닌 별도의 공익적 기구(예: 사회보험과 관련한 각종의 관리공단)에 의해 이루어지게 된다. 한국의 경우 보험의 원칙을 바탕으로 운영되고 있는 제도로는 의료보험, 연금보험, 산재보험, 고용보험 그리고 노인장기요양보험이 있다.

보험의 원칙은 다양한 형태의 사회적 위험에 대한 해결방안으로 활용될 수 있다. 오늘날 일부 선진국가에서는 앞서 언급한 전형적 형태의 사회보험제도 외에도 별도의 제도를 도입하여 다른 종류의 사회적 위험을 해결해 오고 있다. 예를 들면, 스웨덴에서 실시되고 있는 부모사회보험제도(parential social insurance)는 임신, 출산, 육아 등으로 발생하게 되는 개별 가정의 경제적 부담을 사회가 공동으로 부담할 수 있도록 하고 있다. 이에 따라 스웨덴은 산전후 휴가급여, 육아휴직 급여 그리고 모성휴가 기간 동안의 연금보험료 등이 부모사회보험제도에서 지원되고 있다.

4) 상업보험과 사회보험의 주요 기능 비교

지금까지 살펴본 상업보험과 사회보험의 주요 기능을 요약하여 정리해 보면 〈표 6-1〉과 같다.

<표 6-1> 상업보험과 사회보험의 주요 기능 비교

주요 기능	상업보험	사회보험
보험의 특징	상품으로서 보험 (보험상품)	사회적 목적의 탈상품적 보험
핵심기능	위험분산	위험분산+사회적 조정
제도의 가입	개인의 자율적 선택	법률적 강제
운영재원	당사자 본인의 보험료	노사 보험료+정부보조금
손실, 적자, 파산 등의 피해에 대한 부담 주체	보험회사	전체 가입자
적립기금의 규모	전체 급여권을 충당할 수 있는 기금의 적립 의무	소규모의 완충기금

운영주체	보험회사	공적 법인 형태의 공단 또는 국가

출처: 이정우(2017).

2. 부양의 원칙

1) 개념의 정의

공급의 원칙(Versorgungsprinzip[독])은 국가의 가부장적 역할을 바탕으로 사회문제를 해결하는 방식이다. 구체적으로 국가는 국민의 친권자 또는 부양 의무자로서 국민이 겪고 있는 제반 위험요인을 해소해 주고, 나아가 국민의 생존에 필요한 소득이나 물자를 제공해야 하는 책임이 있다. 이 경우 국가는 선입견이나 편애 없이 가급적 혜택이 공정하게 돌아갈 수 있도록 노력해야 한다.

공급의 원칙은 사회문제의 해결방식에 따라 다시 사회보상의 원칙과 보편성의 원칙으로 구분해 볼 수 있다. 사회보상의 원칙은 사회적 기여 행위 또는 국가나 사회가 끼친 개인의 피해에 대한 특별보상, 즉 '인과성의 원리'에 입각하여 사회문제를 해결하는 방식이다. 그리고 보편성의 원칙은 문제 발생의 원인에 상관없이 특정한 피해 현상 그 자체를 대상으로 보편적인 보호가 이루어질 수 있도록 하는 방식이다. 여기서는 이 두 가지 원칙에 대해 자세히 살펴보고자 한다.

2) 보편성의 원칙

(1) 개념 및 특징

'보편성의 원칙(Universalprinzip[독])'은 소위 '무차별성의 정신'에 입각하여 법으로 정한 사회문제에 직면한 모든 사람을 보호해 주기 위한 목적으로 운영되는 공적연금제도에서 적용된다. 이 경우 제도적 보호의 대상은 원칙적으로 해당 국가에 소속된 전체 국민이 되며, 나아가 경우에 따라서는 일정한 거주 요건을 충족한 외국인도 해당될 수 있다.

보편성의 원칙에 기초하여 운영되는 공적연금제도들은 공통적으로 다음과 같은 특징을 갖고 있다(Molitor, 1987).

첫째, 제도의 적용이 보편적, 포괄적으로 이루어진다. 이에 따라 정치적 · 경제적 · 사회적 신분의 차이에 상관없이 모두에게 동등한 보호의 혜택이 돌아갈 수 있어 '사각지대의 문제'가 근본적으로 해결될 수 있다.

둘째, 급여수준이 모두에게 평등하다. 즉, 모든 국민은 동일한 수준의 사회적 보호를 받을 수 있게 되어, 소득불평등의 문제가 상당 부분 완화될 수 있다.

셋째, 보편성의 원칙에 입각한 공적연금제도는 전적으로 국가의 일반재정으로 운영되며, 이에 따라 제도의 관리운영 또한 정부에 의해 이루어지게 된다.

넷째, 급여는 국가의 재정적 부담능력을 감안하여 통상적으로 기초적 욕구(basic needs)를 충족시켜 줄 수 있는 수준에서 결정된다.

(2) 제도적 운영 사례

한국의 경우 보편성의 원칙에 입각한 공적연금제도는 현물급여를 중심으로 매우 제한적으로만 존재하고 있다. 대표적인 사례로서 모든 초 · 중등학생을 대상으로 하는 무상급식과 무상보육 그리고 「노인복지법」에 근거를 둔 교통비 지원과 감면혜택 등 일부 경로우대제도 등이 있다.[5)]

반면, 선진 외국의 경우 보편성의 원칙을 바탕으로 하는 공적연금제도

5) 이 외에도 초 · 중등학생을 대상으로 하는 무상의 의무교육 또한 보편성의 범주에 포함될 수 있을 것임.

들은 제도의 종류는 물론, 보호의 내용 및 수준 또한 한국에 비해 월등하게 유지되어 오고 있다. 이와 관련하여 국민건강보장제도와 국민기초소득보장제도가 대표적 사례로서 손꼽힐 수 있다.[6] 먼저, 국민건강보장제도 관련 사례로는 영국, 이탈리아, 뉴질랜드, 스웨덴, 덴마크 등의 '국민건강서비스제도(National Health Service: NHS)'가 있으며, 여기서는 일반재정으로 전체 국민에게 무상으로 의료혜택을 제공해 주고 있다. 다음으로, 국민기초소득보장제도 관련 사례로는 덴마크와 캐나다의 '기초연금제도(basic pension system)'가 있다. 이들 국가에서는 조세재원을 바탕으로 일정한 수급요건(주로 거주 및 연령요건)을 충족하는 모든 국민에 대하여 동일한 금액의 노후소득을 보장해 주고 있다.[7]

그리고 이 외에도 현재 세계적으로 활발하게 논의되고 있는 기본소득제도(basic income scheme) 또한 보편성 · 무조건성의 원칙을 핵심적 기능으로 하고 있다(최광은, 2011: 15f). 기본소득제도는 국민배당제도(national dividend)로도 불리며, 이는 인간의 생존을 위해 필요한 최소한의 소득을 일종의 국민 배당금의 형태로 모든 국민에게 제공하는 것을 목표로 하고 있다. 이러한 기본소득제도의 근본취지는 주변 환경의 불확실성이나 소득의 양극화 현상에도 불구하고 인간으로서 기본적 생존권이 안정적으로 보장을 받을 수 있도록 하고, 나아가 인간의 생존권이 노동시장에 지나치게 종속되는 문제를 방지하여 삶을 자유롭게 선택할 수 있도록 지원하기 위한 목적을 가지고 있다.

그 밖에도 보편성의 원칙에 바탕을 둔 공적연금제도로는 아동수당, 장애수당 등이 있다.

---

6) 그 밖에 보편성의 원칙을 바탕으로 하고 있는 사회제도로는 현재 유럽의 대다수 국가에서 공교육 전반에 대해서 적용하고 있는 '무상 의무교육'이 있을 수 있음.

7) 외국인에 대해서는 국내 거주기간에 비례하여 기초연금액이 차등 지급되고 있음.

(3) '보편성의 원칙'의 장단점

보편성의 원칙에 입각한 공적연금제도는 적용대상의 포괄성이나 급여수준의 평등성 측면에서 긍정적으로 평가를 받고 있다. 또한 이러한 원칙은 다음에 나오는 내용 중 부조의 원칙에서 소위 '자산조사(means test)'로 인해 발생할 수 있는 사회적 낙인효과로 인한 수급권의 포기문제(=빈곤의 은폐 문제) 그리고 '경제적 자립과 복지수급권'의 배타적 관계로 인한 사회복지 의존심리의 심화문제 등을 해결할 수 있는 장점이 있다.

그러나 보편성의 원칙은 다음과 같은 측면에서 문제를 가지고 있다. 먼저, 복지재정의 제약에도 불구하고 보호의 필요성이나 당위성이 상대적으로 낮은 사회계층(중산층 이상의 고소득계층)에게도 사회적 혜택이 무차별적으로 돌아가게 되어 '목표 효율성(target efficiency)'의 원칙이 훼손될 가능성이 높다. 다음으로, 제도의 운영재원이 일반재정에서 충당되므로 여러 가지의 불합리한 문제가 발생할 수 있다. 이와 관련한 내용은 다음과 같이 정리해 볼 수 있다.

첫째, 급여의 수준은 별도의 급여산식을 통해 개인별로 결정이 되는 것이 아니라 국가에 의해 일방적으로 책정된다. 그 결과, 급여의 내용이나 수준이 개인의 욕구나 경제적 상황과는 상관없이 결정되어 종종 급여의 과부족 문제가 나타날 수 있다.

둘째, 사회복지예산은 국가의 다른 지출 항목과 경쟁관계를 가지게 되므로 국가의 재정상황에 따라 급여수준이 수시로 변동하는 문제가 발생할 수 있다.

셋째, 보편성의 원칙에 입각한 공적연금제도는 종종 정당 간 지지도의 제고를 위한 수단으로 활용되기도 한다. 그 결과, 급여수준이 정치적 경쟁과정에서 점차 상향 조정되어 국민경제적 차원에서 재정적 부담이 가중되는 문제가 발생할 수 있다.

3) 사회보상의 원칙

'사회보상의 원칙(soziales Entschädigungsprinzip[독])'은 특정한 집단에 대한 특별보상의 취지로 운영되고 있는 공적연금제도에서 주로 적용되고 있다. 이 경우 특별보상의 정당성은 먼저 공공의 이익을 위한 봉사 또는 그에 따른 피해에 대한 국가적 차원의 보상(報償, reward), 다음으로 전쟁 · 범죄 등에 의한 재난이나 독재정권의 부당한 권력행사에 의한 개인적 피해의 보상(補償, compensation)에서 찾아볼 수 있다.[8)]

일반적으로 개인의 공익활동은 국가체제나 사회질서의 유지 그리고 사회안정에 중대한 기여를 하게 된다. 따라서 국가는 개인적 차원의 순수한 공익 행위를 적극적으로 장려하기 위하여 적절한 수준의 공로보상과 피해의 보상제도를 마련해야 할 책임이 있다.[9)] 한국의 경우 이러한 취지로 운영되고 있는 대표적인 사회제도로는 국가유공자보훈제도와 의사상자보호제도 등이 있다. 국가유공자보훈제도는 순국선열, 애국지사, 전몰 · 전상 군경, 순직 · 공상 공무원 등을 보호의 대상으로 하고 있으며, 의사상자보호제도는 강도 또는 화재 등으로 곤경에 처한 타인을 돕다가 피해를 입게 된 민간인을 보호하기 위한 취지로 운영되고 있다.[10)]

---

8) 사회보상의 근본 취지와 이에 입각하여 운영되고 있는 사회제도를 설명한 문헌으로는 전광석(2000)의 『한국사회보장법론』, pp. 350-372를 참조하기 바람.

9) 참고로 독일의 경우, 공무원연금제도는 공로보상의 정신에 입각하여 운영되고 있음. 왜냐하면 공무원은 직업의 특성상 공공의 이익을 위해 종사하는 것으로 간주할 수 있기 때문임. 따라서 독일의 공무원연금제도는 공무원 개인의 비용부담이 없이 전액 국가의 일반재정으로 운영되고 있음.

10) 한국의 경우, 「국민체육진흥법」 제14조(선수 등의 보호와 육성) 그리고 제22조(기금의 사용)에 근거하여 국위를 선양한 체육인과 국가대표 선수들의 복지증진을 목적으로 운영되고 있는 체육연금도 이와 같은 성격의 제도로 이해해 볼 수 있음.

개인의 경제적 · 육체적 · 정신적 피해가 종종 사회적 원인에 의해 발생하게 되는 경우가 있다. 이 경우 사회의 운영에 대한 최종 책임자로서 국가는 개인의 피해에 대하여 보상 의무를 가지게 된다. 예를 들면, 전쟁 중 민간인의 희생이나 재산상 손실 등은 외교적 · 군사적인 사유로 발생한 것이므로 국가의 보상책임이 제기될 수 있다. 그리고 북한이탈주민에 대한 사회적 지원의 당위성 또한 국토의 분단과 군사적 대치 상황이라는 시대적 모순에 의한 개인의 피해를 보상하기 위한 차원에서 찾아볼 수 있다.[11] 그 밖에 각종 정치적 · 사회적 모순이나 부조리로 발생한 피해에 대해서도 마땅히 국가적 차원의 보상을 필요로 하게 된다. 예를 들면, '5 · 18 광주민주화운동 피해자 보상제도' '일본군 종군위안부 특별보상제도' '고엽제 피해자 보상제도' 등이 이러한 범주에 속한다. 나아가 '범죄피해자 구조제도'는 치안권력을 독점하는 국가가 범죄 예방 및 방지의 의무를 제대로 수행하지 않음으로써 발생한 민간인의 육체적 · 경제적 피해에 대하여 보상을 하기 위한 목적으로 운영되고 있다.

사회보상의 원칙에 따라 운영되는 공적연금제도의 특징은 다음과 같이 정리해 볼 수 있다(Molitor, 1987).

첫째, 상호성의 원칙(principle of reciprocity)이 결여되어 있다는 점에서 보험의 원칙과 차이가 있다. 즉, 여기서는 당사자의 사전적 비용부담(보험료의 납부)의 여부에 상관없이 공공에 대한 기여 또는 피해의 현상에 대하여 급여가 제공되도록 하고 있다. 그리고 급여수준 또한 개인별로 사회적 기여도의 수준이나 피해의 정도에 따라 차등적으로 결정된다.

둘째, 급여는 개인의 경제적 수준이나 사회적 신분에 상관없이 정해진 일정한 요건(예: 공익의 기여도 또는 피해의 수준 등)을 충족할 경우 지급된다.

---

11) 북한이탈주민들을 위한 사회적 지원방안에 대한 문헌으로는 이정우와 김형수(1996)를 참조하기 바람.

셋째, 해당자의 경우 급여에 대한 당연한 법적 청구권이 인정된다. 이 경우 청구권은 당사자의 사회적 기여나 피해를 토대로 하여 발생하게 된다.

넷째, 관련 제도의 운영에 따른 소요 재원은 전액 정부의 일반재정에서 충당된다. 그리고 사회보상의 원칙에 입각한 제도들은 사회보험제도의 경우와는 달리 국가(즉, 중앙정부)가 직접 관리한다.

3. 부조의 원칙

1) 개념의 정의

현대사회에서 생존권은 자유권과 함께 국민의 기본권으로 인정받고 있다. 특히 생존권은 모든 국민을 물질적 궁핍에서 해방시켜 인간의 존엄성과 자아실현의 자유를 보장해 줄 수 있다는 점에서 그 의의가 있다. 여기서 부조의 원칙(Fürsorgeprinzip[독])은 빈곤문제를 해결하여 국민의 생존권을 보장하기 위한 수단으로 활용되고 있다.

일반적으로 빈곤문제는 다양한 원인으로 발생하는 특성이 있다. 예를 들면, 개인이 제반의 사회적 위험요인에 대하여 스스로의 대처능력을 제대로 갖추고 있지 못할 경우 빈곤문제가 발생하게 된다. 즉, 빈곤문제는 그에 대한 개인의 대처능력과 밀접한 관련이 있다. 이러한 차원에서 부조의 원칙은 빈곤문제에 대한 개인의 능력과 사회적 보호기능을 적절하게 조화하는 개념이 된다. 즉, 부조의 원칙은 일차적으로 자유주의의 관점에서 개인이 스스로 문제를 해결할 수 있도록 하고, 그러한 능력이 부족하여 빈곤문제에 처하게 될 경우 이차적으로 사회적 지원이 이루어질 수 있도록 하는 것이다.

일반적으로 부조의 원칙은 생계유지 능력이 없거나 생활이 특히 어려운 극빈계층을 대상으로 그들의 생계보호 및 자활지원을 목표로 하는 공적연금제도에서 적용되고 있다. 여기서 사회적 보호의 수준으로서 생존권 범위는 '육체적 생존을 위해 반드시 필요로 하는 최저수준(physisches Existenzminimum[독])'에서 점차 '건강하고 사회문화적인 최저수준(gesundes und soziokulturelles Existenzminimum[독])'으로 확대되고 있다(Gebel, 2000). 한국의 경우 대표적으로 국민기초생활보장제도와 기초연금제도가 부조의 원칙에 입각하여 운영되고 있다. 이 외에도 외국의 경우에는 저소득계층의 주거권을 보장하기 위한 주택부조제도 그리고 저소득 실업계층의 생계와 자활을 보장하기 위한 실업부조제도 등을 실시하고 있다.

2) 부조의 원칙의 특징

부조의 원칙을 바탕으로 하는 공적연금제도는 대체로 다음과 같은 공통적인 특징을 가지고 있다.

첫째, 부조의 원칙은 급여제공 시 '상호성의 원칙'이 적용되지 않는다는 점에서 공급의 원칙과 유사한 특성이 있다. 다만, 부조의 원칙에서는 대상자의 사전적 비용부담은 물론, 사회적 기여나 피해의 원인에 상관없이 빈곤현상 그 자체를 대상으로 급여가 제공된다는 점에서 공급의 원칙과 차별성을 보이고 있다. 바로 이러한 특성에 따라 부조의 원칙은 빈곤문제에 대한 개인적 사유(예: 부주의, 태만 등)나 자립능력의 유무에 상관없이 사회적 차원의 보호를 제공해 줄 수 있다.

둘째, 사회적 차원의 보호 및 지원의 경우 '후순위의 원칙(Nachrangprinzip[독])'이 적용된다. 이에 따라 개인은 앞서 원조성의 원칙에서 언급한 '사회원조의 절차'에 의거하여 먼저 자신의 자산 · 소득 · 일반공적연금제도의 급여 등을 우선적으로 활용하여야 하며, 다음으로 부양 의무자(예: 가족, 친지)로부터 지원을 받은 이후에도 계속하여 생활의 어려움을 겪게 될 경우 비로소 사회적 차원의 지원을 받을 수 있는 자격을 가지게 된다.

이러한 사회원조의 절차에 따라 부조의 원칙은 흔히 '최후의 안전망(last safety net)'으로 불리고 있다.[12)]

셋째, 급여수준과 관련하여 부조의 원칙에서는 '보충성의 원칙(Ergänzungsprinzip[독])'이 적용된다. 예를 들면, 특정 개인의 소득이 빈곤선 이하로 떨어져 생계의 유지에 위험을 겪게 될 경우 그 부족분(즉, 빈곤선과 개인 소득의 차액분)에 대해 보충적으로 급여가 제공된다. 이러한 소득의 부족분을 산출하기 위해서는 사전적으로 대상자와 그 가족에 대한 소득 및 재산의 조사(즉, 자산조사, means test)가 필요하다.

넷째, 부조의 원칙에 입각한 사회적 보호는 '개별성의 원칙(Individualitätsprinzip[독])'을 바탕으로 이루어지고 있다. 이에 따라 급여 내용과 수준은 빈곤 상태에 노출된 개인의 상황과 생활여건을 감안하여 차별적으로 이루어지게 된다. 여기서 부조의 원칙이 중요한 가치로 추구하고 있는 사회적 형평(social equity)은 현실적으로 다음과 같은 기능을 하게 된다(김기원, 2000). 부조의 원칙은 대상자 모두에게 사회적 최저수준까지 동등한 보호를 제공하게 되는 수평적 형평(horizontal equity)을 기하고, 동시에 보호대상자 가운데 서로 다른 처지에 있는 사람들을 각각 다르게 대우해 줌으로써 수직적 형평(vertical equity)을 도모하게 된다. 종합하면, 수직적 형평에 입각한 대상자별 구분처우는 결과적으로 모든 대상자를 사회적 최저수준까지 동등하게 하는 수평적 형평을 가져다주게 된다.

다섯째, 급여의 종류는 크게 일반생계보호와 특별보호(Leistungen für besondere Lebenslagen[독])로 구분해 볼 수 있다. 먼저, 일반생계보호는 빈곤가계의 생계를 보장해 주기 위한 목적의 급여로서, 주로 현금급여의 형태로 운영된다. 다음으로, 특별보호는 법으로 정한 별도의 위험요인(예: 장애, 질병, 임신 및 출산, 주거, 수발 등)이 존재하게 될 경우 가계의 과

12) '최후의 안전망'의 내용과 기능에 대해서는 제5장에서 자세히 다루고 있음.

도한 경제적 부담을 경감해 주기 위한 목적의 급여로서, 사안별 특성에 따라 현물의 서비스 또는 현금 형태로 운영된다. 여기서 후자와 같은 특별보호가 필요하게 되는 이유는 암과 같은 중증질환이나 치매, 중풍, 장애 등으로 고가의 치료비용이 요구될 경우 일반 가계에서도 그것을 부담할 경제적 능력이 부족하게 되는 문제가 발생할 수 있기 때문이다. 따라서 특별보호는 개별 위험요인의 특성을 감안하여 수급자격의 인정기준(주로 소득 및 자산기준)을 각각 달리 적용하여야 할 필요가 있다.

여섯째, 급여는 대개의 경우 한시적으로 지급된다. 왜냐하면 부조의 원칙은 근본 취지에 따라 빈곤현상이나 과도한 경제적 부담의 요인이 발생한 기간 동안에 한해서만 보호를 해 줄 수 있도록 하고 있기 때문이다.

일곱째, 대상자는 원칙적으로 제도적 보호를 요구할 수 있는 법적 권리를 가지게 된다. 그러나 구체적으로 급여의 내용이나 수준은 대상자의 경제적 · 사회적 여건에 대한 관할 자치단체의 조사와 판단에 의해 결정되도록 하고 있다. 특히 부조의 원칙에서 중요시하는 자활지원은 관할 자치단체의 재량적 판단을 요하는 특성을 보이고 있다.

여덟째, 부조의 원칙에 입각한 공적연금제도의 재원은 국가의 일반재정에서 충당된다. 해당 제도의 관리운영은 보호의 내용과 수준이 개개인의 경제적 · 사회적 욕구나 지역별 상황에 따라 신축성 있게 결정되어야 하는 제도적 특성을 감안하여 통상적으로 개별 자치단체의 주도로 이루어지게 된다. 이에 따라 제도의 운영재원은 대개의 경우 중앙정부와 자치단체의 공동재정으로 충당된다.

부조의 원칙에 입각하여 운영되는 공적연금제도의 특징은 다음과 같이 요약할 수 있다. 해당 제도의 경우 급여는 보충성의 원칙에 따라 개인의 자구력이 부족한 부분만 보완해 주게 되므로 가장 적절한 수준의 지원을 통한 사회적 보호의 목표 효율성을 실현할 수 있다는 장점이 있다. 그러나 부조의 원칙은 대상자의 수치심을 유발하는 낙인효과, 그리고 자산조사에 따른 본인 및 가족의 사생활 침해의 문제를 초래할 수 있다. 이러한 문제점 때문에 대상자의 신청 기피 현상이 발생할 수 있으며, 사회 전체적으로는 빈곤문제의 은폐 또는 축소문제가 나타나게 될 수도 있다(Kortmann, 1978). 나아가 부조의 원칙에서 보충성의 원리는 개인적 차원의 자구노력이 증가할수록 그에 비례하여 빈곤한 당사자의 급여수준을 떨어뜨리거나, 심지어 경우에 따라서는 수급자격을 상실하게 하므로 사회복지에 대한 의존심리를 고착화시키게 되는 부작용을 초래할 수도 있다.

3) 부조의 원칙의 역할 재정립

서구 복지선진국의 공통적 특징은 한편으로 급속한 산업화의 진전은 국민소득의 양적 팽창을 가져왔으며, 다른 한편으로 공적연금제도의 성숙은 분배적 불평등 문제의 완화에 기여해 오고 있다는 것이다. 그리고 근대화 초기와는 달리 대량 빈곤의 문제는 상당 부분 해소되었으며, 이에 따라 전체 사회복지재정 가운데 부조의 원칙을 바탕으로 운영되는 제도들이 차지하는 비중도 점차적으로 낮아지고 있다.

현대사회에 들어와 공공부조의 역할 재정립 문제가 지속적으로 제기되고 있다(Brück, 1976). 공공부조는 일반 공적연금제도의 보호망에서 탈락하거나 소득수준이 미미한 계층의 최저생계를 보장해 줄 수 있는 최후의 안전망으로서 본연의 의미를 찾아볼 수 있다. 그러나 공공부조는 종래의 빈곤계층에 대한 생계보호 차원에서 이루어지고 있는 현금급여의 비중을 축소하고, 점차 현물급여나 사회복지서비스 급여로 전환해 나가는 방안을 모색할 필요가 있다. 이러한 방안은 궁극적으로 개별 공적연금제도 기능의 유기적 연계를 강조하고 있다. 먼저, 공공부조는 빈곤의 예방 또는 극복 등 자활과 관련한 사업들을 중점적으로 개발하여 실시하도록 하여야 한다. 다음으로, 사회보험제도는 이를 바탕으로 적용 대상을 확대하고 급여수준을 현실화함으로써 국민 개인이 빈곤문제에 대해 자립적으로 대처할 수 있는 여건을 조성해 나아갈 필요가 있다.

제5절 세 가지 기본원칙의 비교 및 종합 평가

1. 세 가지 원칙의 비교: 노후소득보장의 해결방안을 중심으로

보험의 원칙, 공급의 원칙 그리고 부조의 원칙은 모두 제반의 사회적 위험요인을 해결하기 위한 방안으로 활용될 수 있다. 〈표 6-2〉는 각각의 원칙이 가지고 있는 특징을 요약하여 보여 주고 있다.

여기서는 예를 들어, '노후소득보장'의 문제를 선정하여 보험의 원칙, 공급의 원칙 그리고 부조의 원칙이 각각 어떠한 방식으로 문제를 해결하게 되는지를 살펴보고, 개별 원칙의 장단점을 비교·평가해 보고자 한다.

1) 개별 원칙의 일반적 기능

현대사회에서 개인이나 가계의 생계 문제는 대개 근로활동을 통해 얻게 되는 소득으로 해결하게 된다. 이러한 점에서 노령인구의 소득활동의 중단은 당사자나 그 가족의 생계유지에 중대한 위협요인으로 작용할 수 있다. 따라서 노후소득보장 문제에 대한 사회적 차원의 개입은 퇴직에 따른 근로소득의 상실문제에 대처하여 소득원을 어떠한 방법으로 마련할 것인가 하는 과제로 요약해 볼 수 있다. 여기서는 노후소득보장이라는 사회적 과제를 해결하는 방안으로서 세 가지 기본원칙의 기능을 비교우위성의 관점에서 살펴보고자 한다.

<표 6-2> 사회보장정책 기본원칙의 특징 비교

구분	보험의 원칙	부양의 원칙		부조의 원칙
		사회보상의 원칙	보편성의 원칙	
대표 제도	연금보험제도, 의료보험제도, 고용보험제도, 장기요양보험제도(그 밖에 한국에 없는 부모사회보험제도 등)	국가유공자보훈제도, 의사상자보호제도, 북한이탈주민보호제도, 범죄피해자구조제도	무상급식, 무상보육, 무상교육(그 밖에 현재 한국에 없는 아동수당, NHS 등)	국민기초생활보장제도(그 밖에 한국에 없는 주택부조제도, 산업부조제도 등)
급여의 지급 사유	특정한 사회적 위험으로 인한 피해의 발생	개인의 사회적 기여나 그에 의한 피해에 대한 보상, 대량재난 또는 사회적 부조리에 의한 개인적 피해의 보상	특정한 전제조건 없이 모두에게 일괄적 보장	빈곤(이 경우 빈곤현상에 대한 개인의 귀책사유나 근로능력의 유무를 불문하고 보편적인 보호)
급여 수준	개인의 경제적 기여의 수준(예: 보험료의 수준)이나 별도의 급여산정방식에 의해 결정	사회적 기여도 또는 피해 정도에 따라 별도로 결정	정치적 의사결정에 따라 별도로 책정	개인의 경제적 · 사회적 사정에 대한 평가와 자산조사에 따라 구분처우
급여 종류	현금급여+현물 및 사회서비스급여	현금급여+현물 및 사회서비스급여	현금급여+현물 및 사회서비스급여	현금급여+현물 및 사회서비스급여
재원 조달 방법	노사 반반 부담의 보험료와 일정한 수준의 국가보조	조세	조세	조세
행정 관리	공익적 범인으로서 독립기구(각종 사회보험관리공단)	국가(중앙정부)	국가(중앙정부)	국가(지방정부)

출처: 이정우(2017).

(1) 부조의 원칙

여기서 노후소득보장 문제의 해결방안은 자유로운 시장경제의 원리에서 출발한다. 이에 따르면, 개인은 원칙적으로 자신의 노후대책을 스스로 마련하여야 하는 책임이 있다. 따라서 개인은 사전적으로 합리적인 안목을 바탕으로 자신의 평생소득을 시기적으로 적절히 배분하여야만 한다. 그리고 국가의 책임은 사후적으로 단지 경쟁사회의 피해자인 저소득 노령계층에 국한되고, 이 경우 국가는 노후의 최저생계 유지를 위해 필요한 소득만을 지원한다.

부조의 원칙에 입각한 노후소득보장제도는 과거 중세봉건사회의 구빈제도에서 그 전형을 찾아볼 수 있으며, 이는 산업화 초기의 야경국가[13]에서도 비슷한 방법으로 적용되어 왔다. 이후 산업화의 진전과 함께 보험의 원칙이나 공급의 원칙에 바탕을 둔 노후소득보장제도가 도입됨에 따라 부조의 원칙은 점차 그 기능이 위축되어 오고 있다. 그러나 오늘날에 와서도 대다수 복지선진국에서는 연금 수급권이 없거나 그 수준이 극히 낮은 빈곤노인 가구를 대상으로 별도의 부조방식 기초연금제도를 운영해 오고 있다.

일반적으로 부조의 원칙은 보험의 원칙이나 공급의 원칙을 기능적으로 보완하는 역할을 하게 된다. 왜냐하면 보험의 원칙과 공급의 원칙은 급여의 산정방식이나 급여수준이 정형화 · 표준화되어 개인별로 다양한 욕구를 유연하게 반영해 줄 수 있는 능력이 부족하기 때문이다.

참고로, 한국 기초연금제도는 소득 하위 70%의 노인계층을 대상으로

13) 야경국가(Nachtwächterstaat[독])란 근대화 초기의 자유방임주의 국가관으로서 국가는 시장에 대한 개입을 최소화하고 국방, 외교, 치안 등과 같은 질서유지의 역할만을 수행하는 체제를 일컬음. 이러한 야경국가의 유래는 독일의 사회주의자 페르디난트 라셀레(Ferdinand Lassele)가 이와 같은 자유방임적 국가관이 노동자의 착취를 정당화하고 부르주아지(bourgeoisie)와 같은 소수의 특권집단에 대한 계급이익만을 위해 봉사한다고 비판하면서 사용한 데서 비롯되었음.

각자의 소득 · 자산 · 연금급여 수준을 감안하여 차등적으로 소득을 지원해 주고 있다는 점에서 부조방식의 제도로 평가해 볼 수 있다. 그리고 해외 사례로서 호주나 뉴질랜드 등의 국가에서는 국민연금제도 자체가 부조의 원리를 바탕으로 운영되고 있다. 이에 따라 일정 소득 이상의 고소득 노인계층의 경우 국민연금의 수급자격이 인정되지 않으며, 그 이하의 노인계층에 대해서는 각자의 소득 및 자산 수준에 따라 연금급여를 차등 지급하고 있다.

(2) 보험의 원칙

보험의 원칙에 입각한 노후소득보장의 방안으로는 국가의 책임으로 실시되는 공적연금제도가 있다. 이러한 공적연금제도는 사전적으로 제도의 가입과 보험료 납부를 토대로 하여 사후에 노후소득의 보장이 이루어질 수 있도록 하고 있다. 여기에서 제도의 가입과 보험료 납부의 의무규정은 '강제적 자구책'의 일환으로서 노후에 안정적인 소득원을 확보하기 위한 전제조건이 된다. 이러한 공적연금제도의 노후소득보장 기능은 무엇보다도 가입계층의 범위, 보험료 및 급여의 수준, 소득의 시기적 그리고 개인 간 재분배의 수준 등에 의해 영향을 받게 된다.

(3) 공급의 원칙

앞서 살펴보았듯이, 공급의 원칙은 그 기능별 특성에 따라 사회보상의 원칙과 보편성의 원칙으로 구분된다. 공급의 원칙 가운데 보편성의 원칙에 입각한 노후소득보장제도에는 국가의 일반재정으로 운영되는 기초연금제도가 있다. 이러한 기초연금제도는 일정한 연령 이상의 모든 노인계층에게 개개인의 경제적 수준에 상관없이 정액의 연금급여를 제공함으로써 노후빈곤 문제가 해결될 수 있도록 하고 있다.

2) 개별 원칙의 기능 비교

국민의 노후소득보장을 목적으로 국가가 구체적인 제도를 마련하고자 할 경우, 앞서 살펴본 세 가지 기본원칙 중 하나를 선택해야 하는 문제가 발생하게 된다. 여기서는 이러한 정책적 의사결정 시 중요한 판단기준이 되는 내용들을 살펴보고자 한다.

대표적으로 크게 사회보장정책적 차원의 효과성(effectivity)과 경제적 차원의 효율성(efficiency)으로 구분하여 비교해 볼 수 있다. 즉, 국민의 노후소득보장과 관련한 합리적인 제도 설계의 문제는 항상 최소한의 비용(효율성)으로 최대한의 사회보장효과(효과성)를 달성하는 과제로 요약할 수 있다. 따라서 경제적 목표와 사회보장정책적 목표 간의 적절한 조화가 필요하며, 이는 제도에 대한 국민의 신뢰도 제고와 정책적 실현 가능성의 확보에도 상당한 영향을 미칠 수 있다.[14)]

(1) 사회보장정책적 효과성 비교

보험의 원칙, 공급의 원칙 및 부조의 원칙이 가지는 사회보장정책적 효과성은 다시 적용범위의 포괄성, 소득의 재분배 효과 그리고 급여의 수준으로 나누어 비교해 볼 수 있다.

① 적용범위의 포괄성

사회보장정책은 되도록 많은 수의 국민에게 제도적 혜택을 보장하기 위해 노력해야 하는 과제를 가지고 있다. 같은 맥락으로 노후소득보장제도를 도입하고자 할 경우, 국가는 사전적으로 어떠한 기본원칙이 이러한 과제의 달성에 비교우위를 가지고 있는지에 대해 다음과 같은 정

14) 사회보장정책적 효과성과 효율성에 대해 설명한 논문으로는 Kirsch(1993) 그리고 Baltensperger(1976)를 참조하기 바란다.

책적 판단을 하여야만 한다.

첫째, 공급의 원칙을 바탕으로 하는 기초연금제도의 경우 전체 국민을 대상으로 하기 때문에 적용범위가 가장 넓다는 장점이 있다. 둘째, 보험의 원칙에 입각한 연금보험제도의 경우 보험료의 부담능력이 전제되어야 하므로 적용범위가 공급의 원칙에 비해 상대적으로 낮게 나타난다. 셋째, 부조의 원칙에 의한 기초연금제도는 빈곤 노인계층만을 대상으로 하게 되므로 적용범위가 가장 협소하다.

종합하면, 공급의 원칙을 바탕으로 하는 기초연금제도는 노후빈곤 문제의 보편적 해결을 위한 가장 효과적인 방안이 될 수 있다.

한국의 경우, 노후소득보장 문제는 기본적으로 보험의 원칙을 바탕으로 해결하고자 하는 정책적 의지를 찾아볼 수 있다. 그 일환으로서 국민연금제도의 급속한 적용 확대가 이루어져 오고 있다. 그러나 국민연금제도는 그 역사가 짧아 1988년 최초 도입 당시 이미 일정 연령을 초과한 노령계층은 제도의 적용에서 제외되었으며, 장년 및 고령의 경제활동계층의 경우 제도의 가입 기간이 부족하여 노후 소득원의 확보에 중대한 결함문제가 발생하고 있다. 나아가 제도의 성숙 이후에도 근로조건이 불안정한 상당수 주변부 경제활동계층의 경우 제도의 중도 탈락이나 낮은 수준의 소득에 의해 여전히 노후빈곤의 문제에 직면하게 될 것으로 예상된다.[15] 이러한 문제에 적절하게 대처하기 위해서는 국민연금제도

15) 공적연금제도의 역사가 100년이 지난 독일의 경우에도 노후빈곤의 문제는 여전히 상당한 규모로 존재하고 있는 것으로 알려져 있음. 이와 관련하여 배커(Bäcker, 1988)는 독일의 2/3 정도가 완전한 노후소득보장에 따른 경제적 안정을 향유하고 있는 반면, 그 외 계층의 경우 빈곤선 주변의 소득으로 어려운 생활을 해 오고 있다고 언급한 바 있음. 이러한 문제는 상당 부분 공적연금제도, 특히 공적연금보험제도의 역기능에서 비롯되는 것으로, 보험제도는 개별 가입자들이 노동시장에서 차지하고 있던 상대적 지위를 퇴직 이후 연금수급 시에도 수평적으로 이전(transfer)하는 기능을 하게 됨. 다시 말하면, 사회보장제도로서 공적연금제도의 역기능은 제도의 적용과 사회정책적 기능을 확충하기 위해서

의 기능 확충은 물론, 빈곤 노인계층을 대상으로 하는 부조제도(한국의 경우 기초연금제도)의 보완적 역할이 필요하다.

② 소득의 재분배 효과

사회보장제도의 핵심적 과제가 되는 국민의 생존권 보장은 궁극적으로 사회구성원 간의 물질적 나눔을 통해 실현될 수 있다. 노후소득보장제도가 수행하는 재분배의 기능은 세 가지 기본원칙의 선택에 따라 차이를 보인다.

먼저, 일반적으로 소득의 재분배 효과는 공급의 원칙에서 가장 높게 나타난다. 왜냐하면 여기서는 모든 노령계층에 대하여 동일한 수준의 소득을 보장해 주고, 소요 재원은 조세를 통하여 개개인의 부담능력에 따라 조달되기 때문이다. 그러나 공급의 원칙에 의한 기초연금제도는 별도의 소득지원을 필요로 하지 않는 고소득 노령계층에게도 연금을 지급하게 되어 목표 효율성 차원의 문제가 제기될 수 있다.

다음으로, 부조의 원칙에 입각한 기초연금제도는 국가의 일반재정으로 저소득 노령계층의 최저생계를 보장하기 위한 목적으로 운영되고 있다. 이 경우 급여는 개인의 사전적 기여 없이 빈곤현상 그 자체를 대상으로 제공되므로 상당한 수준의 소득재분배 효과가 발생할 수 있다. 그러나 기초연금제도의 경우 자산조사에 따른 대상 범위의 협소와 낙인효과에 따른 신청 기피 현상 등으로 재분배 효과가 공급의 원칙에 비해 월등하게 낮게 나타난다.

마지막으로, 보험의 원칙을 바탕으로 하는 연금보험제도의 경우 연금급여의 수준은 종전 소득과 보험료의 납부기간에 비례하여 개인별로 상

는 실업자, 시간제 근로자, 계절 근로자 등 비정규적인 부문에서 종사하고 있는 경제활동인구에 대한 제도 적용방안과 소득의 재분배 기능을 강화하는 방안이 적극적으로 모색되어야 할 필요가 있음(Landenberg, 1987).

당한 차이를 보인다. 이러한 소득비례형 연금보험제도(income-related pension system)는 개인별로 경제활동시기에서의 경제적 지위가 향후 연금의 수급시기에도 그대로 이어지게 되는 문제가 있다. 따라서 연금보험제도의 경우 조세재원으로 운영되는 보편적 기초연금제도와 부조 방식의 기초연금제도에 비해 재분배의 효과가 낮게 나타난다.

③ 급여수준

노후소득보장제도는 안정된 노후생활의 보장을 궁극적인 목표로 하고 있다. 이러한 정책적 목표는 노후소득보장제도가 어느 정도의 수준으로 급여를 제공할 수 있는가에 의해 영향을 받게 되며, 노후소득보장제도의 급여수준은 세 가지 기본원칙 가운데 어떠한 것을 선택하는가에 따라 차이를 보일 수 있다.

일반적으로 보험의 원칙을 바탕으로 하는 소득비례형 연금보험제도의 경우 가입자에게 상대적으로 높은 수준의 연금급여를 보장해 줄 수 있는 장점을 가지고 있다. 이러한 형태의 연금보험제도는 가입자 개개인의 '종전 생활수준의 보장'을 주된 목표로 하게 될 뿐만 아니라, 급여수준의 상향 조정을 위해 보험료를 인상하여야 할 경우에도 가입자의 반발을 용이하게 해소할 수 있다. 왜냐하면 보험료 부담의 증가에 따라 향후 개인의 연금급여 또한 상향 조정될 수 있을 것으로 기대되기 때문이다. 반면, 공급의 원칙이나 부조의 원칙에 입각한 기초연금제도는 제도의 기본정신이나 예산의 제약 등에 의해 급여의 수준이 통상적으로 최저소득의 보장으로 제한을 받게 된다.

(2) 경제적 효율성 비교

모든 사회보장제도는 본연의 기능은 물론, 해당 제도가 국민경제에 미치게 될 파급효과를 동시에 감안하여 운영되어야 할 당위성을 가진다. 이러한 차원에서 세 가지의 기본원칙은 노후소득보장제도의 운영 시 경제적 파급효과를 달리할 수 있다.

먼저, 공급의 원칙은 경제에 부정적인 영향을 미치게 될 확률이 가장 높다는 점에서 문제가 있다. 왜냐하면 기초연금제도는 개개인의 소득 수준에 상관없이 전체 국민에게 동일한 수준의 노후소득을 보장해 주게 되므로 사회적 자원의 낭비를 초래하게 될 우려가 높기 때문이다. 나아가 기초연금제도는 소요 재원의 규모를 감안해 볼 때 국민경제의 차원에서도 상당한 부담요인으로 작용하게 될 가능성이 있다.

다음으로, 경제에 대한 부정적 문제는 부조의 원칙에서도 나타날 가능성이 있다. 그러나 여기서는 제도의 대상은 빈곤계층으로 엄격하게 제한하게 되고, 급여의 수준 또한 자산조사와 보충성의 원리에 입각하여 결정된다. 따라서 국민경제의 부담은 보편적 기초연금제도와 비교해 볼 때 상대적으로 낮게 나타나게 될 것으로 판단된다. 그리고 개인은 급여의 신청 시 각종 낙인효과의 불이익을 겪게 될 수 있으므로 근로동기의 약화 문제는 일부 사회계층에게서만 발생할 것으로 예상된다.

마지막으로, 연금보험제도의 경우 연금급여는 원칙적으로 개인의 종전 소득수준과 제도 가입기간에 비례하여 결정되므로 노후소득보장에 대한 개인의 책임의식이 비교적 강하게 유지될 수 있을 것으로 기대된다. 나아가 노후여가의 연장을 위하여 조기퇴직을 하고자 할 경우 당사자는 대개 연금급여의 삭감 등 상당한 불이익을 감수하여야만 하므로 근로 기피의 문제가 가장 미약하게 나타나게 된다. 이러한 의미에서 보험의 원칙에 입각한 연금보험제도는 개개인의 행위에 따른 이익 또는 불이익이 당사자 본인에게 귀착되기 때문에 시장경제 원리에 가장 부합할 수 있는 장점이 있다.

(3) 세 가지 기본원칙의 기능에 대한 종합 평가

지금까지 살펴본 노후소득보장의 문제와 관련한 보험의 원칙, 공급의 원칙 그리고 부조의 원칙의 기능적 특성은 〈표 6-3〉과 같이 정리해 볼 수 있다.

국민이 일상생활 과정에서 겪게 되는 제반의 사회적 위험요인에 대처하여 오늘날 실로 다양한 형태의 공적연금제도가 운영되고 있다. 이러한 개별 공적연금제도의 경우, 순수하게 한 가지의 기본원칙을 토대로 하여 이루어지는 사례는 극히 드물며, 대개의 경우 세 가지 기본원칙이 상호 혼합되어 운영된다. 왜냐하면 개개의 공적연금제도가 추구하는 다양한 사회보장정책의 목표는 어느 한 가지의 기본원칙만으로는 달성할 수 없기 때문이다.

<표 6-3> 노후소득보장에서의 보험의 원칙, 공급의 원칙 및 부조의 원칙 기능 비교

구분		보험의 원칙	공급의 원칙	부조의 원칙
사회복지 정책적 효과성	적용범위의 포괄성	△	○	×
	소득의 재분배 효과	×[1)]	○	△
	급여의 수준	○	×	×
경제적 효율성		○	×	△

참고: ○-가장 우수, △-보통, ×-가장 나쁨
주: 1) 소득비례형 연금보험제도에 한하여 적용됨.
출처: 이정우(2017).

예를 들면, 오늘날 상당수의 서구 복지국가에서는 실업자, 출산 및 육아휴직 여성, 군인, 저소득계층, 학생 등의 사회보험제도 가입을 유도하기 위하여 보험료의 경감 또는 면제제도를 마련해 두고 있다.[16)] 그러나 이러한 종류의 제도적 규정은 순수한 보험의 원칙에는 생소한 개념으로

16) 한국의 경우에도 10인 미만 영세사업장 저임금근로자와 사업주의 국민연금 및 고용보험 보험료를 감면해 주는 '두루누리 사업' 그리고 출산, 군복무자, 실업자를 위해 국가가 국민연금보험료를 대납해 주는 다양한 종류의 '연금크레딧제도'가 운영되고 있음.

서 오히려 공급의 원칙이나 부조의 원칙에 바탕을 두고 있다.

종합하면, 사회보험제도는 비록 보험의 원칙을 기본정신으로 하여 운영하고 있으나, 순수한 보험의 원칙이 가져다줄 수 있는 기능적 결함을 보완하기 위하여 별도로 부조의 원칙이나 공급의 원칙을 가미하여 운영하는 경우가 있다.

제6절 공적연금제도의 운영원리: 세대 간 계약

1. 세대 간 계약

세대 간 계약(generational contract,[영] Generationenvertrag[독])은 주로 공적연금제도를 대상으로 기본적 운영원리를 일컫는 용어다. 구체적으로 세대 간 계약이란 매년 생산세대는 노인세대를 부양하고, 향후 생산세대가 늙게 되면 자녀세대가 부양의 책임을 지게 하는 방식을 의미한다.

이상의 세대 간 계약은 1957년 독일의 연금대개혁 과정에서 경제학자 빌프리드 슈라이버(Wilfried Schreiber)에 의해 개발된 개념이다. 하지만 이미 19세기 초반 이와 같은 운영원리를 현실사회의 사회문제(주로, 빈곤문제와 불평등의 문제)를 해결하기 위한 목적으로 활용하여야 한다는 것을 주장하였던 사회사상가들이 상당수 존재하였다. 이들은 주로 프랑스를 활동무대로 하였던 학자들로서, 루소의 사회사상을 토대로 세대 간 계약의 이론을 사회개혁의 수단으로 적극 활용하고자 했다.

세대 간 계약은 법률적 차원의 계약이 아니라, 가상적 계약에 불과하다. 따라서 이는 노후소득보장제도의 작동원리를 규정한 일종의 '정치적 개념'을 의미한다. 종합해 보면, 세대 간 계약이란 국민의 노후소득보장에 대한 사회적 합의 또는 묵시적 약속의 산물로서, 이는 결코 법률적 구속력을 갖춘 명문화된 규정을 의미하는 것이 아니라는 사실을 유의해야 한다. 그러므로 세대 간 계약의 내용은 정치적 과정을 통하여 수정 및 보완이 비교적 용이한 특성을 가지고 있다.

세대 간 계약은 일부 세대에게 과중한 부담을 지우지 않고도 특정한 시대의 사회적 과제를 극복할 수 있는 유효한 수단으로 활용할 수 있다. 일례로 세대 간 계약에 따라 개인들 각자는 임금의 일부를 보험료로 납부하여 자신의 노후를 스스로 대비하도록 한다. 이 경우 국가는 국민의 노후자산에 대한 선의의 관리자이자 감독자로서 그리고 제도의 공정한 운영자로서의 역할을 충실하게 수행해야만 한다. 따라서 국가는 공적연금제도 도입의 지체 또는 대규모적 사건이나 사고(일례로 전쟁 또는 통일 등)로 인해 제도적 사각지대에 있는 특정한 노인세대의 노후소득보장을 위해 기금의 일부 또는 전부를 세대 간 공정성의 차원에서 활용할 수 있다. 그리고 이 경우 국가는 활용한 기금에 대하여 지급보증을 할 수도 있으나, 이는 단순히 형식적 차원에서 국민들에게 심리적 안정을 주는 것 이외에는 아무런 의미가 없음을 유의할 필요가 있다. 왜냐하면 유사시 국가가 빌린 기금을 변제해야 할 때, 그 돈 역시 국민의 호주머니로부터 나올 수밖에 없을 것이기 때문이다.

그러면 과연 특정한 사유로 인해 공적연금제도로부터 소외된 노인세대에게 국가가 무상으로 연금을 지급하는 것이 공정한 것인지를 살펴볼 필요가 있다. 먼저 제도의 최초 도입 당시 노인세대의 제도적 배제와 관련한 문제다. 이러한 소위 '초기 노인세대'의 제도적 배제와 그에 따른 사각지대의 문제는 그 책임이 상당부분 제도 도입의 지체와 같은 외부적 요인에 있으므로, 국가가 해당 시기의 노인계층을 대상으로 연금을 지급하는 것이 마땅할 것으로 판단된다. 특히 국가가 제도의 최초 도입 당시 생산세대에게는 낮은 보험료와 높은 급여수준 또는 기타의 제도적 혜택을 제공했다면, 초기 노인세대의 제도적 배제는 세대 간 공정성을 훼손하는 일이 될 수 있다. 이와 같은 공정성 문제에 대처하여 스위스,

네덜란드 등 다수의 유럽 국가에서는 초기 노인세대들에게 무상의 연금이 지급되었다. 참고로 스위스는 1948년 자신의 국민연금(AHV)를 도입하였을 당시 노인세대에게는 '공짜연금(Gratis-Pension)'을 지급하고, 당시의 중고령 가입자들에게는 완전노령연금을 받을 수 있는 가입기간을 연령별로 차등 적용하는 방법으로 세대 간 공정성이 유지될 수 있도록 하였다.

참고문헌

김기원(2000). Welfare to Work 정책과 생산적 복지에 관한 고찰. 사회복지정책, 6, 239-259.

김태성, 성경륭(1994). 복지국가론(2판). 경기: 나남.

이정우(2017). 사회복지정책(3판). 서울: 학지사.

전광석(2000). 한국사회보장법론. 서울: 집현재.

이정우, 김형수(1996). 노령근로자 조기퇴직의 폐해와 개선방향. 한국노년학, 16(1), 83-95.

최성은(2011). 보건복지재정의 현황과 과제. 보건복지포럼, 178, 28-36.

Baltensperger, E. (1976). Effizienz-und Verteilungsaspekte der sozialen Sicherung, in: *Schwezerische Zeitschrift fÜr Volkswirtschaft und Statistik, 112 Jg., S.* 427-455.

Beck, U. (1991). *Politik in der Risikogesellschaft-Essays und Analysen*, Suhrkamp Velag.

BlÜm, N. (1974). Selbstverwaltung und Politik. *Deusche Renten Verscherung*. 650-656.

BrÜck, G. W. (1976). Allgemeine Sozialpolitik, Köln.

Frerich, J. (1990). *Sozialpolitik: Das Sozialleistungssytem der Bundersrepublik Deutchland, 2*. Auflage, Oldenberg.

Gebel, R. (2000). *Das letze Netz Bundesarbeitblatt, 1*. pp. 5-10

Kirsch, G. (1993). Effizienz und EffektivitÄt: Zielbestimmung in der Sozialpolitik, Plaff, M. (Ed.) *Effizirnz und EffektivitÄt staatlicher Transferpolitik in der Wirtschaftskrise*, Berlin. pp. 10-26.

Kreikebohm, R. (2010). SolidariÄt und SubsidisritÄt als AisprÄgung des "Sozoalen" in den Zeiten der Finanz und Wirtschaftskrtse, TU Braunschweig-InstitutfÜr Rechtswissenschaften, RATUBS Nr. 6.

Kolb, R. (1984). Die Bedeutung des Versicherungsprinzips FÜr die gesetzliche Rentenversicherung, *Deusche Rentenversicherungs, Hf. 4*, pp. 177–187.

Kortmann, K. (1978). Problem der Armut im Sozialstaat, in: Pfaff, M. und VoigtÄnder, H. (Hrsg.), *Sozialpolitik im Wandel*, Bonn, S. 127–144.

Lampert, H., & Althammer, J. (2007). *Lehrbuch der Sozialpolitik*. Springer.

Landenberg, M. (1987). Das Alterssicherungssystem: Barriere fÜr eine Arleitsmarkt-flexibilisierung?, Zeitschrift fÜr Sozialreform Jg. 33.

Meier, R. (1999). SilidaritÄt in der sozialen Sicherung, BSV, (Ed.). *Soziale Scherbeit, 2*. pp. 60–62.

Molitor, B. (1987). Soziale Sicherung, Verlag Franz Vahlen.

MÜller, W. (1988). Das Versicherungsprinzip-Zum Gefahrengemeinschaftsmytos in Versicherungstheorie und-praxis, Rolf, G., et al. (Ed.). *Sozialverung- und Umverteilungssysteme*, Frankfurt/Main; New York. pp. 129–146.

Ruland, F. (1986). Notwendigkeit und verfassungsrechtliche Grenzen einer Reform der Finazierung der Sozialversicherung, in: Bieback, K. J. (Hrsg.), *Die Sozalversicheung und ihre Finanzierung-Bestandsaufnahme und Perspektinen*. Frankfurt/New York.S. 141–181.

Ruland, F. (2000). SubsidiartÄtsprinzip und gese Retenversicherung, *Deutche Rentenversicberung, Hf. 7*. pp. 395–404.

Winterstein, H. (1976). Prinzipien der Sozialen Sicherung, WiSt, Hf. 9. pp. 33–37.

제3부
공적연금제도의 구성요소

제7장 공적연금제도의 적용

제8장 연금제도의 재원조달

제9장 한국의 공적연금제도 재정관리방식의 문제점과 개선방안

제10장 공적연금제도의 행정관리

제7장

공적연금제도의 적용

제1절 적용의 의의와 내용

1. 적용의 의의

사회보험 방식의 공적연금제도에 있어서 '적용(coverage)'은 다음의 세 가지 차원에서 중요한 의미를 가지게 된다(ILO, 2000: 193ff.).

이 세 가지 차원은 보장의 범위, 보장의 수준, 제도적 보호의 대상인데 구체적인 내용은 다음과 같다.

첫째, 보장의 범위(range of protection provided)로서 적용은 제반의 사회적 위험요인들(social risks) 가운데 실제로 어떠한 것들에 대하여 제도적 보호의 혜택을 제공해 줄 것인가 하는 문제와 관련이 있다.

둘째, 보장의 수준(level of protection provided)으로서 적용은 당면한 위기상황에 대응하여 대상자들에게 적정 수준의 보호 혜택을 제공하는 것이다. 이는 '물질적 궁핍으로 인한 사각지대의 문제'를 방지한다는 의미를 가지고 있다.

셋째, 제도적 보호의 대상(categories of people covered)으로서 적용은 전체 국민 가운데 실제로 어떤 사회계층을 우선적인 제도 가입의 대상으로 채택할 것인가 하는 문제와 관련이 있다.

2. 적용의 사회정책적 내용

공적연금제도의 적용대상이 되면 당사자인 개인은 제도의 보호를 받을 수 있는 권리를 가지게 되며, 동시에 해당 제도에서 요구하는 각종 조건들을 이행하여야 하는 의무(예: 제도 가입 및 보험료의 성실 납부 등)를 가지게 된다. 따라서 국가는 이와 같은 공적연금제도의 권리와 의무가 가급적 모든 국민에게 공정하게 적용될 수 있도록 노력하여야 할 책임이 있다.

그러나 만약 공적연금제도의 적용이 충분하지 못하게 될 경우 다음과 같은 종류의 사각지대(Sicherungslücke^{독}) 문제가 발생하게 될 우려가 높다.[1] 이러한 사각지대의 문제는 다시 인적 사각지대(personelle Sicherugnslücke^{독})의 문제와 물질적 사각지대(materielle Sicherungslücke^{독})의 문제로 구분하여 살펴볼 수 있다.

먼저, 인적 사각지대의 문제는 가능한 한 많은 국민들을 제도에 가입시키고, 그 과정에서 특히 저소득의 한계계층이 우선적으로 제도의 적용을 받을 수 있도록 지원하는 정책의 개발이 필요하다. 다음으로, 물질적 사각지대의 문제는 가급적 모든 가입자가 노후에 적절한 수준의 소득을 보장받을 수 있도록 지원해 주는 방식으로 해결할 수 있다.

마지막으로는, 제도적 미성숙 또는 미발달 등으로 인하여 특정한 위험에 대하여 국가적 차원의 보호장치가 미비할 경우에도 이러한 사각지대의 문제가 발생할 수 있다. 따라서 이 경우 제도의 조기성숙을 위한 조치들(일례로, 급여의 수급요건으로서 ① 최소 가입기간을 한시적으로 낮게 적용, ② 보험료의 추후납부제도 확대적용, ③ 제도 도입 당시 기노인세대에 대한

1) 공적연금제도를 포함한 모든 사회보장제도들의 기능적 효율성을 측정하기 위한 지표체계로서, 사각지대에 대한 이론적 연구는 1981년 독일의 'Transfer-Enquete-Kommission'에서 최초로 시도되었음.

보험료 납부 인정 등)이 대표적으로 언급될 수 있다.

3. 공적연금제도의 적용수준에 영향을 미칠 수 있는 요인

국가별로 공적연금제도의 적용수준은 다양한 차이를 보인다. 이러한 차이를 야기하는 요인은 다음과 같다(ILO, 2000: 195).

첫째, 제도의 운영을 위해 필요한 재원의 조달방식은 제도별 차이가 적용수준의 격차를 결정하는 가장 핵심적인 요인이 될 수 있다. 일반적으로 보편적 제도나 부조성 제도의 경우 조세수입이 주된 운영재원이 된다. 만약 조세의 부과기준이 보험료의 경우보다 넓어 자원의 동원능력이 높다면, 제도의 적용은 조세방식의 제도에서 보다 광범위하게 나타날 가능성이 높다.

둘째, 일반적인 특성으로서 사회보장제도의 확장성을 감안해 볼 때, 제도의 역사가 오래될수록 제도의 적용범위가 넓게 나타날 가능성이 높다.

셋째, 경제발전 또는 산업화 수준에 따라 공적연금제도의 적용수준은 차이를 보인다. 일반적으로 공적연금제도의 적용수준과 사회보장 재원의 동원능력은 상호 밀접한 상관관계가 있다. 따라서 산업화의 진전에 따라 경제적으로 보다 발전된 국가가 될수록 제도의 적용수준은 높게 나타날 가능성이 높다.

넷째, 개별 국가의 산업동향에 있어서 '공식적 부문(formal sector)'이 차지하는 비중이다. 왜냐하면 일반적으로 공식적 부문의 노동력으로부터 보험료나 조세를 부과하는 것이 비공식적 부문의 경우에서보다 훨씬 용이하기 때문이다.

다섯째, 국가별 사회보장 행정능력(capacity of social security administration)의 차이 또한 적용수준의 차이를 결정하는 요인이 될 수 있다. 구체적으로 이러한 행정적 능력은 공적연금제도의 운영에 있어서 신뢰성과 활성도를 제고하게 되고, 나아가 제도의 적용확대와 관련한 해외의 경험사례를 발굴하여 이를 제도개선에 반영할 수 있는 역량으로 작용할 수 있다.

여섯째, 정부의 정책적 자세이다. 국가가 공적연금제도의 적용 확대에 대하여 얼마나 높은 우선순위를 부여하는가에 따라 실제로 그 실제적인 적용수준은 달라질 수 있다.

제2절 적용의 기준과 종류

1. 적용대상의 판단기준

오늘날 대다수 국가에서는 다양한 방식의 공적연금제도를 운영해 오고 있으며, 이들 가운데 상당수는 보험료를 주된 운영재원으로 하고 있다. 일반적으로 보험방식의 공적연금제도에 있어서 적용은 다음과 같은 양면성을 가지고 있다. 즉, 한편으로는 가입계층에게 특정한 사회적 위험이 발생할 경우 적절한 제도적 보호를 제공해 준다는 측면이 있으며, 다른 한편으로는 제도의 적용에 따라 해당 계층은 가입 및 보험료 납부 의무를 지게 된다는 측면이 있다. 따라서 개인은 사회보험 방식의 공적연금제도로부터 보호를 받을 수 있는 권리를 확보하기 위하여 사전적으로 제도가입과 보험료의 납부의무를 이행하여야 함을 알 수 있다.

사회보험 방식의 공적연금제도에서 어떠한 계층을 적용대상으로 할 것인가의 문제는 국가별로 상당한 차이를 보이고 있다. 하지만 적용대상의 설정과 관련한 정책적 의사결정에 있어서 일반적인 판단기준은 대체로 보호의 긴급성 · 보험료의 부담능력 · 행정적 관리능력 등이 있으며, 국가는 이러한 사항들을 종합적으로 고려하여 결정하여야 할 책임이 있다([그림 7-1] 참조).

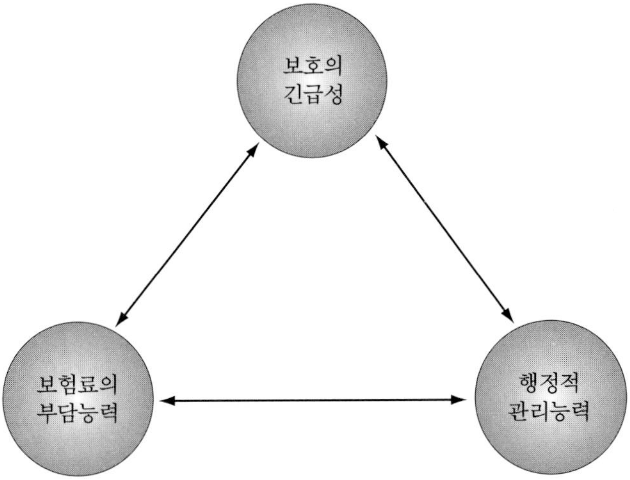

[그림 7-1] 사회보험제도 적용대상의 판단기준

출처: 이정우(2017).

첫째, 보호의 긴급성 차원에서 공적연금제도는 사회적 위험에 노출될 확률이 높고, 동시에 이에 대한 대처능력이 상대적으로 취약한 계층을 우선적인 적용대상으로 하여야 한다. 이러한 측면에서 볼 때 저임금 근로계층이나 근로환경이 열악한 집단이 공적연금제도의 일차적 적용대상이 되어야 할 당위성이 있다.

둘째, 사회보험 방식의 공적연금제도는 보험료 수입을 주된 재원으로 하여 운영되기 때문에 개인의 보험료 부담에 대한 경제적 능력이 반드시 요구된다. 이러한 측면에서 볼 때 공적연금제도는 불가피하게 보험료의 부담능력이 있는 계층을 위주로 실시하여야 한다.

셋째, 사회보험방식의 공적연금제도는 보험료의 부담과 급여의 제공에 있어서 가입자 간 형평성을 필수적으로 요구하기 때문에 개개인의 경제적 · 사회적 상황에 대한 행정적 관리능력을 고려하여 적용대상을 설정하여야 한다. 이러한 측면에서 볼 때 일반 근로자와는 달리 자영업자나 비정규직 취업자(예: 임시 · 일용 근로자, 영세사업장 근로자, 계절 근로자 등)의 경우 사회보험제도의 적용이 현실적으로 힘든 과제로 대두될 수 있다. 왜냐하면 이와 같은 계층은 일반적으로 소득 파악이 어려울 뿐만 아니라 잦은 이직으로 가입경력의 관리에 과도한 행정적 부담을 안기는 문제가 발생할 수도 있기 때문이다.

이와 같이 공적연금제도의 적용기준에 대한 설정문제는 현실적으로 상당한 어려움이 뒤따르게 된다. 적용대상의 판단기준으로서 보호의 긴급성은 일반적으로 보험료의 부담능력 및 행정적 관리능력과 상반된 관계에 있다. 바로 이러한 문제는 사회보험 방식 공적연금제도의 사회적 위험 해결의 기능에 있어서의 한계를 시사하고 있다.

이상을 종합해 보면, 보험 방식의 공적연금제도는 '기여와 혜택의 연계성'으로 인해 주로 기여의 능력이 취약한 집단을 중심으로 사각지대의 문제를 초래하게 될 위험이 높다. 이에 따라 공적연금제도는 부조의 원리를 바탕으로 하는 공적연금제도를 수반하는 것이 일반적이다. 가령, 국민연금-기초연금, 국민건강보험 및 노인장기요양보험-의료급여, 고용보험-실업부조[2)]가 있을 수 있다.

2. 적용대상의 종류

공적연금제도의 적용은 다양한 형태로 이루어지고 있다. 적용대상을 종류별로 구분하게 될 경우 가입계층의 관리가 용이할 뿐 아니라, 계층별 특성에 따라 보험료의 부과 방법과 급여의 내용 및 수준 등을 효율적으로 운영할 수 있는 장점도 있다. 다음에서 공적연금제도의 적용의 종류를 살펴보고자 한다.

2) 실업부조제도는 서구 복지국가에서 청소년 및 저소득 장기실업자의 소득보장과 취업지원을 목표로 운영되는 제도로서, 한국은 아직 미도입 상태에 있는 제도임.

1) 당연적용

법에서 정한 일정한 요건에 해당하는 계층을 대상으로 본인의 의사와는 상관없이 강제적으로 제도에 가입하도록 하는 규정이다. 그리고 이러한 당연적용의 대상은 때로는 경제적 · 사회적 특성에 따라 세분화하여 관리하는 경우가 있다. 예를 들면, 한국의 국민연금제도와 국민건강보험제도에서는 당연적용 대상자의 종사상 형태에 따라 근로자의 경우 사업장 가입자로, 자영업자와 농어민의 경우 지역가입자로 구분하여 관리해 오고 있다. 또한 독일의 경우, 일반 직장가입자로서 법에 의한 당연적용에 해당하지 않는 노동자를 위해 신청에 의한 당연적용(Versicherungspflicht auf Antrag[독])을 함께 운영해 오고 있다.[3]

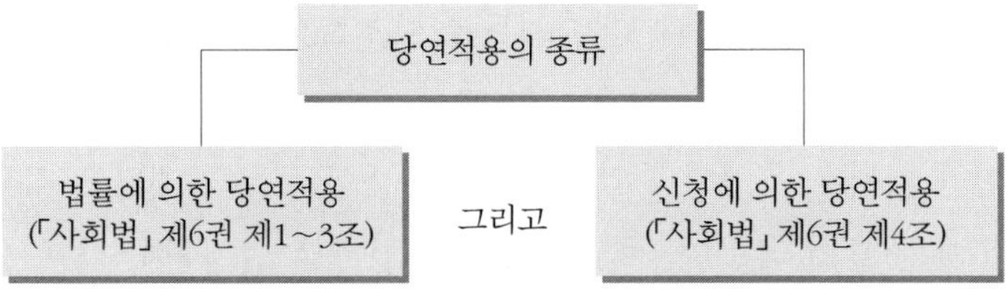

[그림 7-2] 독일 국민연금의 당연적용 종류

출처: Deutsche Rentenversicherung (2021).

2) 적용 제외

법에서 정한 특정한 계층을 대상으로 공적연금제도의 강제적 적용을 면제해 주기 위해 마련한 규정이다. 이러한 적용 제외는 대상 계층의 특

3) 대표적으로 해외에서 근무하는 근로자(Personen mit zeitlich begrgnzter Beschäftigung im Ausland[독]), 해외에서 공무를 수행하는 주재관(Beschäftigte bei einer amtlichen Vertretung im Ausland[독]), 상병급여 신청예외자(Personen ohne Krankengeldanspruch[독]) 등이 여기에 해당함.

성에 따라 크게 다음의 세 가지 방법으로 구분하여 활용하고 있다.

첫째, 제도의 적용이 원천적으로 불가능하게 되는 경우다. 한국 국민연금제도의 경우 공무원, 군인 그리고 사립학교교직원은 각각 공무원연금제도, 군인연금제도 그리고 사립학교교직원연금제도를 제외한 여타의 국민연금제도, 산재보험제도 그리고 고용보험제도의 가입이 법으로 금지되고 있다.[4)]

둘째, 개인의 경제적 능력이나 사회적 상황을 감안하여 사회보험제도의 당연적용으로부터 제외시켜 주는 경우가 있다. 한국 국민연금제도의 경우 보험료의 부담능력이 취약한 빈곤계층이나 전업주부 그리고 18세 미만의 근로청소년 등에 대하여 제도의 강제적 적용이 면제될 수 있도록 하고 있다. 한편, 국민연금제도에서 납부 예외의 규정은 법률에 따라 당연적용의 대상이 되어야 하는 국민이 실직, 휴업·폐업, 학업, 군복무, 질병·사고, 재해 등과 같은 사유로 보험료의 부담능력을 일시적으로 상실하게 되었을 경우 해당 기간 동안 보험료의 납부 의무를 면제해 주기 위한 취지로 운영되고 있다. 이 경우 납부 예외의 기간은 적용제외의 경우와는 달리 국민연금제도의 가입기간으로 인정되어 향후 보험료의 추후 납부가 허용되며, 장애연금이나 유족연금의 수급권 확보 면에서 상대적으로 유리하게 작용을 할 수 있다.

셋째, 공적연금제도에서 부과하는 요건을 다른 방법으로 충족할 수 있는 계층을 대상으로 조건부로 제도의 적용을 면제해 주는 방법이 있다. '조건부 적용 제외(opt-out 또는 contracting-out)'의 사례는 영국의 소득비례연금제도(supplementary earnings-related pension system)에서 찾아

4) 한국의 경우 공무원연금제도, 군인연금제도 그리고 사립학교교직원연금제도는 특수직역(特殊職域)연금제도로도 불리며, 이들은 각각 연금제도의 기능뿐 아니라 산재보험제도와 기업복지제도의 기능도 동시에 수행하고 있음. 그리고 공무원, 군인 또는 교직원 등 특수직 종사자의 경우 민간부문의 근로자와는 달리 비교적 고용관계가 안정되어 고용보험제도의 적용대상에서는 제외되고 있음.

볼 수 있다. 영국은 근로자가 법에서 정해진 수준 이상으로 기업연금이나 개인연금에 가입하고 있을 경우 공적 소득비례연금제도의 강제적용이 면제될 수 있도록 하고 있다.

3) 임의적용

공적연금제도의 당연적용에서 제외되는 계층을 대상으로 본인이 희망할 경우 제도가입을 허용해 주기 위하여 마련된 규정이다. 이에 따라 공무원, 직업군인, 사립학교교직원 등 특수직역의 종사자가 아닌 사람으로서 국민연금제도의 당연적용이 이루어지지 않는 계층의 경우 본인의 신청에 따라 제도의 임의가입을 할 수 있도록 하고 있다.

이와 같은 임의가입의 대상은 한국 국민연금제도의 전업주부, 고용보험이나 산재보험의 경우 자영업자가 대표적이다. 그리고 국민연금의 경우 제도의 의무적용 연령이 18세 이상 60세 미만에 해당되므로, 60세를 초과한 근로자나 자영업자에 대해서는 본인의 희망에 따라 제도의 임의계속가입이 가능하다. 하지만 이 경우 당사자는 연금보험료를 전액 본인이 부담해야 한다.

2. 적용대상의 판단기준

1) 전체 근로활동인구

사회보험제도 적용대상의 범위를 어느 수준까지로 할 것인가 하는 문제는 사회복지의 측면에서 중요한 의미를 지닌다. 일반적으로 적용대상의 범위가 크면 클수록 해당 국민연금제도가 수행하는 국민복지 및 사회통합의 기능은 그에 상응하는 만큼 커질 것으로 기대해 볼 수 있다. 이처럼 보편적인 제도 적용의 필요성에도 불구하고 실제로 적용대상의 범위는 사회보험제도별로 그리고 국가별로 상당한 차이를 보이고 있다.

사회보험제도의 적용대상을 설정하는 기준으로는 경제적 · 사회적 특성별 구분에 따라 크게 근로활동, 직종 또는 종사상의 형태, 소득수준 그리고 전체 국민 등이 있을 수 있다(Schäfer, 1983). 이러한 적용대상의 설정기준을 살펴보면 다음과 같다.

(1) 근로활동 참가

일반적으로 근로활동이란 민간부문의 노동시장에서 개인이 임금의 획득을 목적으로 수행하게 되는 모든 형태의 육체적 · 정신적 노동을 의미한다. 이와 같은 기준으로 국민연금제도가 적용될 경우, 노동력의 사용종속 관계에 있는 근로계층을 제외한 나머지의 자영업자, 농어민, 자유예술가, 공무원 등은 제도의 가입대상에서 배제된다. 그리고 이 경우 보험료는 원칙적으로 근로활동을 통하여 획득하게 되는 임금소득을 대상으로 부과된다.

공적연금제도의 적용대상을 결정하는 기준으로서 근로활동은, 첫째, 실제로 보험료를 부담할 수 있는 능력을 갖춘 계층을 위주로 제도에 가입시킬 수 있다. 둘째, 근로자와 소득의 형태 · 수준 · 발생주기 등이 서로 상이한 자영업계층과 분리 운영함으로써 제도 운영의 편의성을 유지할 수 있다.

(2) 직종 또는 종사상의 형태

국민연금제도의 적용이 종종 특정한 직종 또는 특정한 종사상의 신분을 갖추고 있는 근로계층을 대상으로 선별적으로 이루어지는 경우가 있다. 국민연금제도의 적용기준으로서 직종이나 종사상의 형태는 제도의 도입 초기에 특정한 집단에 대한 우선적 보호의 차원에서 활용하기도 하였다. 실제로 독일 · 오스트리아 · 프랑스 등 서구 복지국가의 경우, 산업화 초기 근로조건이 열악하고 각종의 사회적 위험에 대해 무방비 상태로 있었던 저임금의 사무직 근로자와 공장 근로자가 사회보험제도의 일차적 적용대상이 되었다. 이후 경제발전과 사회적 위험요인에 대한 국민의 인식이 변화함에 따라 적용대상이 점차 확대되어, 오늘날에 와서는 일반 사무직 근로자, 농어민 및 자영업자, 자유직업 종사자 그리고 전업주부 및 학생 등 비경제활동 인구에 대해서도 국민연금제도가 적용되고 있다. 하지만 이 경우에도 국가에 따라서는 제도의 적용이 다수의 운영주체에 의해 각각 다르게 이루어지는 경우가 있다.

대표적인 사례로, 독일의 공적연금제도, 산재보험제도, 의료보험제도는 가입자의 직역 · 직종 · 지역별로 구분하여 다수의 조합 형태로 운영되고 있다. 한국의 경우, 1964년 산재보험제도가 최초로 실시된 이래 건강보험제도, 연금보험제도, 고용보험제도 그리고 노인장기요양보험제도가 속속 도입되어 서구의 복지국가에 버금가는 사회복지체계가 마련되었다. 그리고 개별 사회보험제도는 전 국민 보호의 목적으로 적용범위를 지속적으로 확대해 오고 있다. 하지만 한국의 사회보험제도는 독일 · 오스트리아 · 프랑스 등의 국가들과는 달리 단일 제도를 중심으로 적용 확대가 이루어지는 특징을 보이고 있다.

서구의 복지국가와 비교해 볼 때 한국의 국민연금제도는 적용 확대과정의 측면에서 중대한 차이점을 보이고 있다. 다음 〈표 7-1〉에서 보여주듯이, 한국의 사회보험제도는 경제적 부담능력이 있고 행정적 관리가 상대적으로 용이한 대기업의 근로자를 우선적인 적용대상으로 해 왔다. 그 결과, 국민연금제도의 실질적인 적용대상이 되어야 할 영세사업장 근로자, 비정규 취업자, 자영업자 등이 제도의 보호로부터 제외되는 문제가 나타났다. 이러한 문제에 대한 반성으로서 1980년대 이후 빠른 속도로 이루어져 왔던 국민연금제도의 적용 확대는 사회복지 기능 확충의 측면에서뿐 아니라 국민 간 내적 통합의 측면에서도 상당한 기여를 할 수 있을 것으로 판단된다.

<표 7-1> 한국 5대 사회보험제도의 적용대상 확대과정

산재보험제도	• 1964년 최초 도입: 광업 · 제조업으로서 500인 이상 규모의 사업장 • 1967년 100인 이상 사업상으로 확대적용 • 1969년 50인 이상 사업장으로 확대적용 및 건설업 · 서비스업 · 통신업종 확대 • 1992년 5인 이상 사업장 확대적용, 단 금융 · 보험업 등은 적용제외 • 2000년 1인 이상의 모든 사업장과 모든 업종으로 확대적용 • 2008년 유사 자영업에 해당되는 특수형태 근로종사자 중 골프장 캐디, 학습지 교사, 보험 모집인 등에 대한 제도 적용 확대
국민건강보험제도	• 1977년 최초 도입: 500인 이상의 사업장 강제적용 • 1979년 300인 이상 사업장으로 확대적용 • 1981년 100인 이상 사업장으로 확대적용 • 1988년 5인 이상 사업장 그리고 농어촌 지역 확대적용 • 1989년 도시 직역 자영자의 확대적용으로 전 국민 의료보험시대 출범 • 2001년 5인 미만 사업장 근로자 직장가입자 편입
국민연금제도	• 1998년 최초 도입: 10인 이상 규모의 사업장 강제적용 • 1992년 5인 이상 사업장으로 확대적용 • 1995년 농어촌 지역으로 확대적용 • 1999년 도시 지역 자영자의 확대적용으로 전 국민 연금시대 출범 • 향후 과제: 전체 지역가입자의 50%를 능가하는 납부 예외자에 대한 사각지대의 문제해결 방안 마련 • 2003년 사업장 적용범위 1단계 확대(근로자 1인 이상 법인 · 전문직종 사업장) • 2006년 사업장 적용범위 확대 완료(근로자 1인 이상 사업장 전체) • 2016년 경력단절여성 대상 추후 납부 확대 • 1국민 1연금 시대 개막
고용보험제도	• 1995년 최초 도입 –실업급여사업: 50인 이상 사업장 –고용안전 및 직업능력사업: 70인 이상 사업장 강제적용 • 1998년 1월 –실업급여사업: 10인 이상 사업장 확대적용

	–고용안정 및 직업능력사업: 50인 이상 사업장 확대적용 • 1998년 10월 –실업급여사업 · 고용안정사업 · 직업능력사업 모두 1인 이상 사업장으로 확대적용 • 2002년 일용근로자 적용 • 2003년 시간제 근로자 적용 • 2011년 자활사업자 적용 • 2012년 자영업자 임의가입 적용
노인 장기요양 보험제도	• 2008년 7월 1일 최초 도입 –적용대상: 국민건강보험제도와 같이 전체 국민 –보험료의 부담자: 국민건강보험제도의 가입자로서 자신의 건강보험료액×장기요양보험료율(2022년 12.27%) –급여 혜택 대상자: 65세 이상 노인 또는 노인성 질환을 가진 65세 미만의 국민으로서 장기요양등급(1~5등급, 인지지원등급) 5등급, 인지지원등급 → 치매환자 –향후 과제: ① 등급 미해당자로까지 급여 확대, ② 노인장기요양보험제도 → 장기요양보험제도로 확대, ③ 65세 미만의 중증자애인에 대해서도 제도 확대

출처: 이정우(2017), 법령정보센터(2022).

(3) 소득수준: 소득상한선과 소득하한선

① 적용기준으로서의 의의

국민연금제도의 당연적용 여부에 대한 정책적 판단이 국민 개개인의 소득수준을 기준으로 이루어지는 경우가 있다. 사회복지정책 차원에서 볼 때 국민연금제도의 보편적 적용은 당위성을 가지고 있으나, 이는 현실적으로 다음과 같은 한계를 보이게 된다. 먼저, 보험료의 부담능력이 없는 저소득계층의 경우 제도의 적용이 사실상 불가능할 수 있다는 점이다. 다음으로, 고소득계층의 경우 국민연금제도의 적용을 통한 제도적 보호가 별다른 의미를 가질 수 없다는 점이다. 왜냐하면 해당 계층의 소득수준을 감안해 볼 때 국민연금제도에서 제공하게 되는 급여가 그 내용이나 수준 측면에서 미흡하게 될 가능성이 높기 때문이다.

이와 같은 문제에 대처하여 상당수의 국민연금제도는 적용의 기준으로서 소득하한선과 소득상한선을 운영하고 있다. [그림 7-3]은 국민의 소득수준을 기준으로 하여 국민연금제도의 적용계층을 설정하는 방법을 보여 주고 있다.

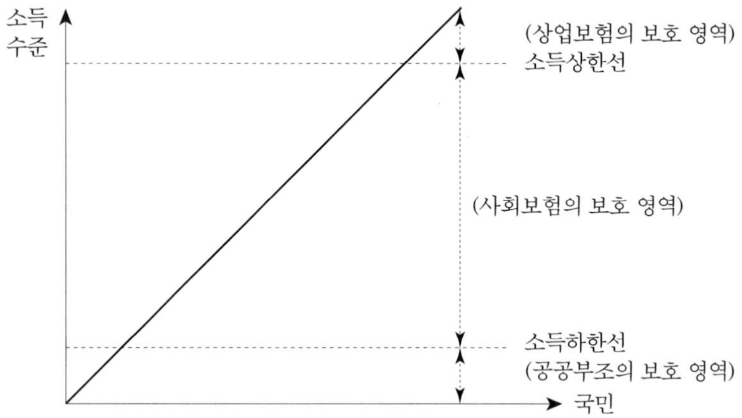

[그림 7-3] 사회보험제도의 적용기준으로서 소득하한선과 소득상한선

출처: 이정우(2017).

먼저, 소득하한선은 일정한 수준의 최저소득을 기준으로 그 이하의 소득계층에 대하여 제도의 당연적용을 면제해 주기 위한 목적으로 적용하고 있다. 예를 들면, 한국의 국민연금제도와 국민건강보험제도는 각각의 법으로 정한 소득수준 이하의 저소득계층에 대하여 제도의 강제적용에서 제외하고 있다. 그리고 이러한 소득계층을 위한 사회적 보호는 일반적으로 '부조의 원칙'을 바탕으로 하고 있는 공적연금제도(예: 기초연금제도)에서 이루어질 수 있도록 하고 있다.

다음으로, 소득상한선은 법으로 정한 수준의 최고소득을 기준으로 초과하는 소득에 대하여 보험료의 부담을 면제해 주거나, 고소득계층에 대해서는 국민연금제도의 적용 자체를 면제해 주는 방법으로 운영하고 있다. 전자와 관련한 사례로는 한국의 국민연금제도와 국민건강보험제도가 있다. 국민연금제도와 국민건강보험제도는 가입자의 실제 소득이 소득상한선을 초과하게 될 경우에도 그 이하의 소득에 대해서만 보험료를 부과해 오고 있다. 그리고 후자와 관련한 사례로는 대표적으로 독일의 의료보험제도가 있다. 독일은 소득상한선 이상의 고소득계층에서 본인의 희망에 따라 상업의료보험이나 공적의료보험 가운데 임의로 선택할 수 있는 권리를 부여하고 있다.

② 소득하한선과 소득상한선의 기능

국민연금제도 적용 범위의 설정기준으로서 소득하한선과 소득상한선은 각각 다음과 같은 기능을 하고 있다.

첫째, 소득하한선은 저소득계층이 제도에 가입함으로써 발생할 수 있는 보험공동체의 과도한 분배적 부담을 억제함으로써 '보험의 원리'에 충실한 제도의 운영이 가능하도록 하는 기능이다. 보험료를 주된 수입원으로 하는 국민연금제도의 경우 과도한 소득재분배의 기능은 자칫 제도에 대한 가입자의 신뢰를 저하시킬 위험성을 가지고 있다. 이러한 신뢰감의 저하는 제도 가입의 기피나 보험료의 납부 저항을 초래하는 위험도 있다.

둘째, 소득상한선은 국민연금제도 가입계층 간 급여수준의 편차를 적절한 수준에서 억제하는 기능을 하고 있다. 이러한 내용은 특히 현금급여의 경우에 해당될 수 있다. 일반적으로 국민연금제도에서 제공하는 현금급여의 수준은 가입기간 중 개인의 소득수준과 일정한 비례관계를 가지게 된다. 따라서 국민연금제도의 소득상한선은 고소득계층에게 과다한 현금급여가 제공되는 문제를 방지하는 기능을 하게 된다. 또한 소득상한선은 사회적 위험요인의 해결과 관련하여 강제성을 바탕으로 하는 국민연금제도와 자율성을 바탕으로 하는 상업보험 간 합리적 역할분담을 도모하는 기능을 한다. 이에 따라 고소득계층은 소득상한선 이상의 소득에 대하여 별도의 상업보험에 가입함으로써, 사회적 위험요인이 발생하게 될 경우에도 자신의 종전 소득수준에 상응하는 생활을 영위할 수 있게 된다.

③ 문제점

국민연금제도 적용대상의 설정기준으로서 소득하한신과 소득상한선은 다음과 같은 이유로 많은 비판을 받고 있다(Meinhold, 1966).

첫째, 소득하한선과 소득상한선의 설정이 객관적 기준 없이 국가의 자의적 판단에 의해 이루어지고 있다는 것이다.

둘째, 소득하한선은 이를 경계로 하여 자력에 의한 문제해결이 가능한 계층과 만성적인 사회의 의존계층으로 국민을 이분화하게 된다. 따라서 이러한 적용기준은 사회적 편견과 갈등을 초래할 위험성이 있다.

셋째, 소득상한선 이상의 소득에 대하여 보험료의 부과를 면제해 주거나 제도의 적용 자체를 면제해 주게 될 경우, 국민연금제도의 분배 기능에 따른 경제적 부담이 중산층에게서 과도하게 발생하게 되는 논리적 모순을 초래하게 된다.

(4) 전체 국민

국민연금제도의 적용이 보편주의(universalism)의 관점에서 이루어지게 되는 경우가 있다. 이 경우 개인의 경제적 · 사회적 상황을 불문하고 전체 국민이 적용대상이며, 때로는 국내에 합법적으로 거주 중인 외국인도 포함될 수 있다. 이처럼 보편주의 차원에서 국민연금제도의 적용이 이루어지는 국가로는 대표적으로 영국 · 스웨덴 · 네덜란드 · 스위스 등이 있다.

'보험의 원리'를 바탕으로 하는 국민연금제도의 경우 제도의 적용대상은 보험료의 부담능력을 감안하여 결정하여야만 하는 한계가 있다. 따라서 국민연금제도의 보편적 적용이 이루어지기 위해서는 경제적 능력이 부족한 저소득계층의 보험료 부담문제가 반드시 해결되어야만 한다. 달리 표현하면, 국민연금제도의 적용이 보편성을 가지기 위해서는 선행적으로 '보험료 부담의 사회화'가 전제되어야만 한다. 이와 관련한 사례로서 영국이나 스위스의 국민연금제도는 영세자영업자, 저소득계층, 비경제활동계층(예: 전업주부, 학생) 등을 대상으로 보험료의 경감 또는 면제제도를 실시해 오고 있다.

그러나 국민연금제도에서 이러한 '보험료 부담의 사회화'는 제한적으로만 가능하게 되므로 전체 국민을 적용대상으로 하는 제도의 경우 대체로 다음과 같은 공통적인 특징이 있다. 첫째, 사회보험 공동체의 분배적 부담을 완화하기 위하여 상당한 수준의 국가보조가 이루어지고 있다. 둘째, 국민연금제도의 분배기능으로 인한 국가재정의 부담을 제한하기 위하여 급여의 수준이나 내용은 통상적으로 최소한의 생계유지에 필요한 범위에서 머무르고 있다.

① 전(全) 국민보험(Bürgerversicherung[독])

2004년, 당시 독일의 집권당이었던 독일 사회민주당은 전 국민을 대상으로 한 '연대적 전국민보험(Die solidarische Bürgerversicherung[독])'을 발표하였다.

이는 당시 제1야당이었던 기독교민주연합(CDU)에서 주장한 인두적 보험료(Kopfprämie[독])를 정면으로 반박한 것으로서 그 내용은 다음과 같다(SPD, 2004).

- 연대적 전 국민보험 제정의 목적
  - 연대성의 강화(Solidarität stärken[독]): 경제력이 좋은 사람이거나 그렇지 않은 사람 모두 최고의 의료서비스를 받아야 한다. 이를 위해 소

득이 높은 사람들이 납부하여야 하는 보험료를 소득이 낮아 보험료 수준이 낮거나 납부할 여력이 되지 않는 이들에게 재분배함으로써 전 의료 사각지대를 근본적으로 해소해 나가겠다는 것이다.

- 보험료 부과에 있어 근로소득뿐이 아닌 타 재산의 포함(mit dem Einzug anderer Einkünfte): 이는 기본적으로 노동(및 산업)과 자영업 활동에서 오는 자본을 포함함으로써 연대성을 강화하기 위한 목적을 가지고 있다. 왜냐하면 현행 건강보험료 부과체계는 (혼자서 의료보험을 부담하기 어려운) 근로소득(Löhne und Gehälter[독])만을 대상으로 해 왔기 때문이다. 만약, 현행 근로소득에 대해서만 부과하던 건강보험 부과의 대상을 전체 자산으로 확대하게 될 경우, 전체 보험료 수입의 이자와 분자(Dividend[독])의 확대로 총 수입이 확대되어 전 국민 보장의 의미를 가지게 된다는 것이다.
- 근로소득과 불로소득(재산) 전체에 대해 건강보험료를 부과함으로써 장기적으로 인구성장 등의 사회적 위험요인에 적절히 대응할 수 있다. 또한 이렇게 될 경우 이는 노동자와 고용주 모두에게 보험료 부담을 낮추어 주는 효과를 가져오게 되어, 장기적으로 고용정책적 효과 역시 기대할 수 있게 된다는 장점이 있다.

이러한 사회적 연대를 담보한 국민보험제도는 반드시 지불 가능성을 담보해야만 한다. 이런 의미에서 전국민보험은 경쟁을 통한 효과를 추구하고자 한다. 여기서 경쟁이란 조직의 태만을 방지하고, 나아가 이를 바탕으로 저렴한 보험료로 최고의 의료서비스를 제공하기 위한 전제조건이 부여된 경쟁으로서, 장기적으로 지속가능하고 실질적인 보험의 질을 향상하고자 하기 위함이다.

(5) 욕구수준

개인은 장기간 동안의 실업이나 질병 또는 비공식적 부문의 취업활동 등으로 인해 공적연금제도의 가입경력을 제대로 확보하지 못할 경우, 노후빈곤의 문제를 겪게 될 가능성이 높다. 국가는 이러한 사람들에 대해서 공적연금제도를 대신하여 별도로 공공부조제도(public assistance scheme)를 운영한다(실시한다).

일반적으로 공공부조제도의 적용대상은 국가에서 정한 최저생계비(=빈곤선) 이하의 수준으로 생활하는 사람들이다. 이들은 자신의 경제적 욕구를 자력으로 충족할 수 없는 사람이라고 볼 수 있다. 공공부조제도의 적용대상은 장애인, 노인, 아동 등 사회적 약자 또는 소수자로 광범위한 사회계층이다.

공공부조제도의 장점은 적용대상이 되는 빈곤계층을 대상으로 스스로 미충족한 부분에 대해서만 지원이 이루어지게 된다는 점을 대표적이다. 하지만 이와 같은 목표효율성(target efficiency)을 달성하기 위해서는 대상자와 그 가족에 대한 각종 정보가 필요하게 될 뿐만 아니라, 동시에 과중한 행정적 부담이 소요된다는 점이 문제로 지적된다. 반면에 이러한 행정적 절차가 엄격하지 않을 경우 급여의 유출문제(leakage)나 부정의 문제 등이 발생할 수 있다.

일반 공공부조제도의 효율성과 지속가능성은 재원동원능력, 행정적 능력 그리고 정책적 우선순위에 의해 영향을 받게 될 확률이 높다. 일례로 만약 한 국가 내에 빈곤계층의 비중이 높을수록 '비범주별(non-categorial) 공공부조제도'는 빈곤정책의 수단으로서 적절하지 않을 뿐만 아니라, 재정적으로도 실용적이지 않을 수 있다. 따라서 이러한 문제의 대안으로서 노인, 중증장애인 등과 같은 사회계층만을 대상으로 하는 소위 '범주별(categorial) 부조제도'가 있을 수 있다. 하지만 이와 같은 범주별 또는 비범주별 공공부조제도에는 자산조사로 인한 낙인효과의 문제 그리고 잠재적 한계세율의 적용으로 인한 자립동기의 약화와 같은 부정적 효과를 초래할 수 있다는 문제도 존재하게 된다.

이상과 같은 부조방식 연금제도의 문제점에 대처하여 특정한 자격요건을 충족한 사람들을 대상으로 보편적인 기초연금제도를 도입하는 방안이 있을 수 있다. 여기에 해당될 수 있는 자격요건으로는 개인별로 아무런 기여조사나 욕구조사 없이 단순히 일정한 거주요건의 충족만을 요구하는 경우다. 이 경우 조세를 운영재원으로 하는 국가로는 캐나다, 덴마크 등이 있으며, 반대로 보험료 수입을 운영재원으로 하는 국가로는 영국, 네덜란드, 스위스 등이 해당된다.

제3절 공무원, 농민, 자영업계층의 적용방안

1. 공무원 및 군인(이하: 공무원 등)

1) 공무원의 신분적 특성

공무원이나 일반 국민은 「헌법」에서 정의한 바와 같이 존엄한 인격을 가진 인간으로서, 마땅히 사회보장에 있어서도 동등한 처우를 받을 권리를 가지고 있다. 그러나 이러한 법적인 권리와 달리 공무원의 노동시장은 일반 국민의 경우와 다른 특성을 가지고 있다. 일례로, 일반 국민에게 있어서 노동시장은 경쟁원리를 바탕으로 이윤추구의 극대화를 기본적 행동원칙으로 하고 있다. 만약 별도의 외부효과가 존재하지 않는다고 가정을 하면, 각 개인의 이윤추구 행위는 사회 전체적 차원에서도 유익한 행위가 될 수 있다. 반면, 공무원의 노동시장은 이러한 경쟁과 이윤추구 행위가 공정하고 적법하게 유지될 수 있도록 법과 제도를 생산하고 행정적으로 관리 · 감독하는 역할을 하게 된다. 그리고 공무원이 공공재(예: 질서, 규제, 공정성, 치안, 국방, 안전 등)의 생산 행위를 원활하게 수행하기 위해서는 공무원 자신이 당사자가 되어 이해에 개입해서는 안 되며, 오히려 이해의 중재자 · 조정자 · 감독자로서 역할을 수행하여야만 한다.

이러한 차원에서 볼 때 공무원의 법률상 의무사항으로 요구되는 고도의 청렴의무, 복종의무, 성실의무 등은 공공재의 품질을 좌우하는 일종의 생산요소로 간주해 볼 수도 있다. 왜냐하면 공공재의 생산과정에서 공무원 개인의 비리나 부정 또는 사리사욕이 개입될 경우 해당 공공재(특히, 안전이나 질서)의 성능은 나빠지게 되고, 그로 인한 피해는 고스란히 국민에게 돌아가게 되기 때문이다. 종합해 보면, 이와 같은 공직의 속성으로 인해 정작 공무원은 다양한 측면에서 경제적 이익추구나 단체행동의 권리 그리고 정치적 표현의 자유를 제약받게 되고, 따라서 이는 별도의 방법으로 보상이 이루어져야만 한다(Ruland, 1988).[5)]

2) 공무원연금제도의 특성

국민연금제도의 경우와는 달리 공무원연금제도는 「공무원법」의 적용을 받는 공무원들만을 대상으로 운영되는 사회보장제도로서 단순히 노후소득보장의 기능뿐만 아니라, 산재보상 및 공무원부조제도(예: 사망조위금, 재해부조금 등)의 기능도 동시에 수행하고 있다.[6)]

5) 참고로, 독일의 경우 공무원에 대해서는 '평생공무원'의 신분을 보장해 주고, 나아가 「공무원법」에 의거하여 국가는 공무원이 자신의 직위 또는 직급에 상당하는 생활수준을 보장해 주어야 할 의무를 가지고 있음. 나아가 국가는 공무원이 어떠한 경우에도 기본적 생활수준 이상을 영위할 수 있도록 하기 위한 「연방공무원법」 제78조 및 각 연방주 별 「주(州)공무원법」 등에 따른 '배려의 의무(Fürsorgepflicht des Dienstherrn[독])'도 가지고 있음.

6) 한국의 공무원은 법적 신분보장에 따라 고용보험의 적용에서 제외되고 있음. 국민연금제도와의 차이점으로서 공무원에게는 공무상 재해가 아닌 일반 사고나 중증질환으로 인한 장애에 대해서는 장애연금의 수급권이 원칙적으로는 인정되지 않고 있음.

일반적으로 사회보장정책과 인사정책은 각자 서로 동전의 양면으로서, 양자를 기능적으로 연계하게 될 경우 다양한 정책효과를 기대해 볼 수 있다(ILO, 1998). 노동시장에서 이동성이 비교적 빈번한 일반 근로자의 경우와는 달리, 공무원의 경우 일생 동안 공직의 종사를 전제로 임용되는 평생공무원으로서의 신분을 가지고 있다. 이에 따라 공무원의 경우 비리나 기타 중대한 결격사유가 없는 한 공무원으로서의 신분을 보장받게 된다. 이러한 공무원의 신분적 특성을 바탕으로 국가는 국정 운영의 안정성과 효율성을 위한 기반을 확보할 수 있게 된다. 나아가 국가는 공무원의 업무 태도와 실적을 인사제도는 물론 사회보장제도에도 반영함으로써 조직에 대한 충성심을 이끌어 낼 수 있고, 스스로 부정이나 부패의 유인을 억제하려는 동기를 활성화할 수 있다. 특히 무엇보다도 국가는 공무원의 근무(인사정책) 또는 퇴직(사회보장정책)의 연령이나 형태를 적절하게 조절함으로써 향후 (초)고령사회의 노인부양비 문제와 인력 부족 사태에 유연하게 대처할 수 있는 능력을 갖출 수 있다. 이러한 제반의 장점은 인사 · 보수 · 복리후생의 측면에서 비교적 유사한 규정을 적용받는 공무원조직 내에서만 가능한 사안이 될 수 있다.

공무원연금제도는 노후소득보장기능 외에도 다양한 정책적 기능(policy-mix)을 수행하고, 동시에 제도적 체계(국민연금+퇴직금의 기능)나 운영방식 또한 국민연금과 현저한 차이를 보이고 있다. 나아가 공무원에게 주어진 노동시장의 환경이나 운영원리가 일반 국민의 경우와 상이하며, 국가나 사회가 각각의 제도에 요구하는 과제와 이에 대한 보상체계 또한 상이하다는 것을 인정하여야 할 필요가 있다.

종합하면, 공무원연금은 공무원 노동시장의 특수성을 반영한 특수한 성격의 제도로서, 이는 특별한 제도라서 특별한 혜택을 받아야 하는 제도는 결코 아니라는 것이다. 여기서 특수하다는 것은 공무원으로서 역할과 책임이 일반국민의 경우와 다르다는 것을 의미한다. 따라서 특수직역연금제도로서 공무원연금 또한 국민연금과는 기능적으로 달라야 할 필요가 있다.

3) 공무원연금제도의 개선방안

공무원연금과 국민연금의 급여수준 격차는 오랜 기간 동안 논란의 대상이 되어 왔으며, 최근에는 정치적 · 사회적 갈등 양상으로까지 전개되고 있다. 하지만 양자 간 같음과 다름을 구분할 수 있는 지혜 그리고 제도적 역할이나 기능의 다름에 따른 보상의 차이 또한 수용할 수 있는 포용적인 자세가 국민에게 요구된다. 동시에 공무원의 노동시장과 일반국민의 노동시장을 구분하고 있는 경계선의 높이가 점차 낮아지고 있다는 점을 감안해 볼 때, 공무원 또한 제도 개혁의 논의에 있어서 적극적 자세를 보여야만 할 것이다.

이 경우 공적연금 개혁방안의 마련에 있어서 기본원칙은 차별성, 형평성 그리고 이동성이 되어야만 할 것이다. 먼저, 차별성과 형평성은 공무원연금과 국민연금의 같음과 다름을 개혁방안에 충실하게 반영해야 한다는 것을 목표로 하고 있다. 다음으로, 이동성은 공직과 민간 노동시장 상호 간 이동이 유연하게 이루어질 수 있고, 동시에 이로 인한 연금가입 경력의 상실이나 경제적 불리의 문제가 발생하지 않도록 해야 할 것이다.

2. 농민

1) 농촌의 환경적 특성과 일반사회보장제도의 기능적 한계점

근대적 형태의 사회보장제도는 산업화 과정에서 농촌지역을 이탈하여 도시지역으로 유입된 산업노동자를 보호하기 위한 목적으로 최초로 도입되었다. 하지만 오늘날, 도농 간 소득 및 생활수준의 격차 등으로 인하여 오히려 농촌 지역이 도시 지역에 비해 보다 특별한 사회보장 혜택이나 경제적 지원을 필요로 하고 있다(ILO, 1998).

그러나 이러한 일반적 요구사항에도 불구하고 현행의 일반사회보장제도로는 농촌의 지역적 특성이나 농민의 욕구를 적절하게 수용할 수 없다는 한계가 있다. 왜냐하면 농촌지역 농민의 경우 도시지역 일반 근로자와는 달리 작업조건 및 근로환경 그리고 사회적 위험이 본질적으로 다를 뿐만 아니라, 같은 농민들 간에도 종사상 신분(예: 자영농, 소작농, 가족 종사자, 근로자 등), 업종 및 규모 등 영농의 형태(agricultural pattern)가 현서하게 상이하기 때문이다. 따라서 이와 같은 농업의 다양성과 이질성을 감안해 볼 때 일반 국민을 대상으로 하는 사회보장제도로는 농민의 다양한 욕구를 적절하게 반영한다는 것이 현실적으로 불가능할 수 있다.

이와 같은 농업의 특성에도 불구하고, 한국은 일반사회보장제도에서 농민을 일반 국민과 같이 적용해 오고 있다. 따라서 이와 같은 제도적 적용체계에서는 적용-징수-급여-행정관리 등 제반의 측면에서 욕구의 불일치 문제가 대대적으로 발생하게 되어, 궁극적으로는 제도 불신과 광범위한 사각지대 발생의 원인으로 작용하게 될 가능성이 높다. 참고로, 한국 국민연금제도에서 도시 지역 자영업자와 농어촌 지역 농어민 등 지역가입자의 경우 2014년 현재 약 844만 명 가운데 54%인 약 457만 명이 보험료의 납부를 기피하고 있는 것으로 파악되고 있다(국민연금공단, 2015).

2) 농민사회보장제도의 필요성

지금까지 살펴본 문제점을 해결하기 위한 방안으로서 독일, 오스트리아, 프랑스 등의 국가에서와 같이 농민만을 대상으로 하는 별도의 독립적 제도를 운영하는 방안을 생각해 볼 수 있다. 나아가 이와 같은 독립적 농민사회보장제도는 다음과 같은 차원에서 장점이 있다.

첫째, 산업화 이후 오늘날에 이르기까지 농촌 지역은 젊은 생산인력의 지속적 유출로 인하여 인구감소의 문제와 함께 초고령사회의 문제를 겪고 있다. 이러한 상황에서 도농 간 소득 및 생활수준 격차는 점차 심화되어 한국 농업은 생존 기반을 상실해 가고 있다. 따라서 농민만을 대상으로 하는 농민사회보장제도가 도입될 경우 농촌의 지역적·경제적·사회적 환경에 적합한 제도를 마련하여 운영할 수 있는 장점이 있다.

둘째, 자유무역협정(FTA) 체결 국가의 확대와 농산물 시장의 개방화에 따라 한국 농가의 피해가 점차 증가하고 있다. 하지만 그럼에도 불구하고 '국가 간 공정 경쟁의 원칙'으로 인해 피해 농가에 대한 국가의 지원은 엄격한 제약을 받고 있는 것이 현실이다. 따라서 농민사회보장제도는 국가가 별도의 우회적 방법으로 피해농가에게 보상을 해 줄 수 있는 제도적 통로로서 활용될 수 있다.

셋째, 농업소득은 임금소득과 본질적인 차이를 보이고 있다는 점이다. 일반적으로 농업소득의 경우 소득의 발생 주기가 불규칙적이고 소득수준이 비교적 낮을 뿐만 아니라, 소득의 형태 또한 자연소득으로서 임금소득과 차이를 보이고 있다. 나아가 농업 부문에서 소득의 결정 방식도 역시 임금소득의 경우와 차이가 있다. 이러한 제반의 문제점을 감안해 볼 때 농민사회보장제도가 별도로 도입될 경우 보험료의 부과 및 급여 산정에 있어서 공정성과 적절성을 유지할 수 있는 기준을 마련할 수 있다.

넷째, 농촌지역 노인계층에 대한 노후생계대책의 미비로 인하여 영농의 세대 간 교체가 제때에 이루어지 못하고 있으며, 이는 농업 경영의 선진화와 합리화를 저해하는 중대한 요인으로 작용하고 있다. 따라서 국가는 농업 분야의 구조조정과 생산성 향상을 위한 대책을 마련하여야 할 필요가 있다. 이러한 차원의 정책대안으로서 '영농이양연금'은 고령의 농민이 자신의 경작지를 젊은 농민에게 판매 또는 위임하게 될 경우

기존의 노령연금에 추가하여 제공되는 일종의 가산연금을 의미한다.[7)8)]

3. 자유직업 종사자

자유직업 종사자(freelancer)란 예술가, 문인, 작가 등을 지칭하는 용어로서, 이들의 창작활동은 문화적 · 예술적 다양성과 함께, 국가의 위상 및 이미지 제고에도 큰 기여를 할 수 있다. 하지만 이러한 직업에 종사하는 사람들은 대개 소득이 절대적으로 낮을 뿐만 아니라, 소득흐름 또한 매우 불규칙하여 일반사회보장제도에서의 적용이 현실적으로 불가능할 수 있다. 나아가 이들을 일반사회보장제도에 가입시키고자 할 경우에도 이들은 지역가입자로 분류되어 사회보험료를 전액 본인이 부담해야 하는 문제가 있다.

자유직업 종사자를 위한 별도의 사회보장제도가 도입될 경우 이들의 직업적 특성과 소득 상황을 감안한 제도 운영이 가능할 수 있다는 장점이 있다. 일례로, 독일에서는 예술가사회보험제도(Künstlersozialversicherung, KSVG[독])를 통하여 예술가, 문인, 작가의 노후소득보장과 의료보장의 문

7) 영농이양연금과 관련한 국내 연구자료로는 심완보, 엄대호, 황재현, 이충선, 고성보(2004)를 참조하기 바람.

8) 유럽연합(EU)의 경우, 농민소득보장을 위한 노력은 지속적으로 하고 있는데, 그 이유로서 크게 네 가지 이유를 들었음. ① 농민들에 대한 안전망의 제공과 농업 종사의 이윤 강화, ② 유럽의 식량안보 보장, ③ 농민들을 통한 안전하고 건강하며 필요 시 조달 가능한 식량자원의 생산과 보호 ④ 이를테면, 국토와 환경에 대한 보호 등 시장가격에 연동되지 않는 공공재에 대한 대비가 그것임. 또한 모든 유럽연합의 농민들은 농지의 크기(헥타르 단위)에 비례하여 기본지원을 받을 수 있음. 또한 모든 유럽연합 소속 국가들은 지속가능한 농업방법과 젊은 농민에 대한 (현금성) 지원을 유럽연합 국가들의 의무로서 지원하도록 하고 있음. 더 나아가 청년 농업 종사자 및 어려운 농업분야에 종사하는 경우, 유럽연합 회원국들을 추가적인 지원을 개별적으로 결정할 수 있음(Europäische Kommission, 2022).

제를 해결해 주고 있다. 이 경우 예술가는 다른 자영업자의 경우와는 달리 연금보험료와 건강보험료의 절반만 부담하게 된다. 그리고 나머지 절반은 예술가의 창작물을 영리 목적으로 판매 · 공연 · 전시하는 예술회관, 갤러리, 출판사, 방송사 등으로부터 징수하는 분담금과 일정한 수준의 국고보조금을 통하여 충당하고 있다.

4. 자영업 종사자

1) 자영업의 특성

한국 「헌법」 제34조 제2항은 '국민의 사회보장과 사회복지 증진을 위한 국가의 노력 의무'를 명시하고 있다. 따라서 이는 국민의 권리로서 마땅히 모든 국민에게 동등하게 적용되어야 한다. 하지만 현실적으로 한국의 사회보장제도는 상당한 사각지대의 문제를 가지고 있으며, 이는 상당 부분 도시 지역과 농어촌 지역에 광범위하게 분포해 있는 자영업자에게서 주로 발생하고 있다.

자영업자란 비임금근로자로서 주로 판매서비스업이나 영세가내공업 등의 업종에서 타인에게 소속되지 않고 자신 또는 소규모 인력으로 독자적 사업을 운영하는 사람을 의미한다. 통상적으로 자영자의 교육수준은 다수의 저학력자 그리고 소수의 고학력자(예: 의사, 변호사, 약사 등)로 구성되어 있다. 반면, 중간 정도의 교육수준을 가진 자영자는 상대적으로 낮은 비중을 차지하고 있다(ILO, 1998).

경제활동 과정에서 자영업계층은 일반 근로자와 유사한 종류 및 수준의 소득단절 위험(예: 노령, 실업, 장애, 질병, 양육 등)을 가지게 된다. 하지만 자영업계층은 이러한 '생활형 위험' 외에도 추가적으로 '사업상 위험'에 노출되어 생계유지에 있어서 불확실성의 문제를 이중적으로 겪게 된다. 특히 자영업에 있어서 양자는 서로 높은 상관관계를 가지게 되므로,

자영업자는 임금근로자에 비해 상대적으로 높은 위험을 감수하여야만 한다(Traub & Finkler, 2013). 일례로, 자영업자에게 중병이 발생하게 될 경우 당사자는 사업의 위기와 소득단절문제를 동시에 겪게 되고, 이러한 문제는 건강의 회복 이후에도 그대로 지속될 수 있다. 나아가 자영업의 일반적 특성으로서 잦은 업종 전환 또는 휴 · 폐업의 경우 사업주가 그동안 경제적 · 시간적 투자를 통해 축적하였던 기업의 자산 가치를 상실하게 되는 소위 매몰비용(sunk-costs)의 비중이 매우 커 사업의 파산 시 자영업자가 겪게 될 경제적 피해는 막대할 수 있다.

2) 자영업자의 사회보장을 위한 방안

지금까지 살펴보았듯이, 자영업은 생활형 위험, 사업상 위험 그리고 양자의 중첩성과 같은 특성으로 인해 매우 불확실하고 불안정한 사업영역이 될 수 있다. 하지만 그럼에도 불구하고 자영업은 노동시장의 인력 수용 능력이 제한적인 상황에서 일자리의 창출 및 유지를 위한 현실적 창구가 될 수 있다는 점에서 매우 중요한 의미를 가지고 있다. 따라서 국가는 자영업의 활성화를 위한 정책적 지원방안을 마련하여야 할 책임이 있다.

자영업의 활성화 전략의 일환으로서 사회보장제도를 활용하는 방안을 생각해 볼 수 있다. 구체적으로 이는 자영업의 불확실성과 불안정성의 문제를 사회보장제도를 통해 해소함으로써 일자리로서의 가치와 수용능력을 제고하는 방안으로서, 개략적으로 다음과 같은 것이 있다.

첫째, 일반 근로자의 경우와는 달리 자영업자는 사회보험료를 전액 자신이 부담하여야 한다. 하지만 이러한 기본원칙에도 불구하고 생산 또는 판매 등의 과정에서 사실상 대기업과 종속적 관계를 가지고 있는 영세기업의 사업주 및 대기업이 근로자의 보험료 가운데 절반을 부담하도록 하는 방안을 생각해 볼 수 있다.

둘째, 현재 10인 미만 영세사업장의 저임금 근로계층에 대한 국민연금 보험료와 고용보험료의 일정 비율을 국가가 지원해 주는 두루누리사업을 영세자영업자와 유사자영업자 등에 대해서도 확대 적용하는 방안을 생각해 볼 수 있다.

셋째, 자영업자에 대한 사회보험료 적용의 형평성 문제를 감안하여 자영업자의 소득 파악이 정확하고 공정하게 이루어져야 할 것이다.

참고문헌

심완보, 엄대호, 황재현, 이충선, 고성보(2004). 밭 경영이양직불제 및 경영이양을 연금연계 추진방안. 농림부 농업기반공사 농어촌연구원.

이정우(2017). 사회복지정책(3판). 서울: 학지사.

Deutsche Rentenversicherung (2021). studientext Nr. 2 (versicherungspflicht BeschÄftigter und sonstiger Versicherter). pp. 6–207.

ILO (1998). Social Security Financing. International Labour Office. Geneva.

ILO (2000). Social Security Financing. International Labour Office. Geneva.

Meinhold, H. (1966). Die ordungspolitische Bedeutung des Versicherungsprinzips in der deutschen Sozialpolitik, in SchmÄhl, W. (Hrsg.), *Versicherungsprinzip und soziale Sicherung*, TÜbingen, S. 13–26.

Ruland, F. (1988). Notwendigkeit und verfassungsrechtliche Grenzen einer Reform der Finaazierung der Sozialversicherung, in: Bieback, K. J. (Hrsg.), *Die Sozialversicherung und ihre Finanzierung-Bestandsaufnahme und Perspektinative*, Frankfurt/New York. S. 141–181.

SchÄfer, D. (1983). *Sozial Sicherung: Konstruktionselemente und Gestaltungsalternative*, in: WISU, Hf. 2–3, S. 75–79.

Traub, S., & Finkler, S. (2013). SozialeAbsicherung von SelbstÄndigen im internationalen Vergleich-Wissenschafliche Studie im Auftrag der Wirtschaftskammer Österreich und der Sozialverungsanstalt der gewerblichen Wirtschaft, Zes UniversitÄt Bremen.

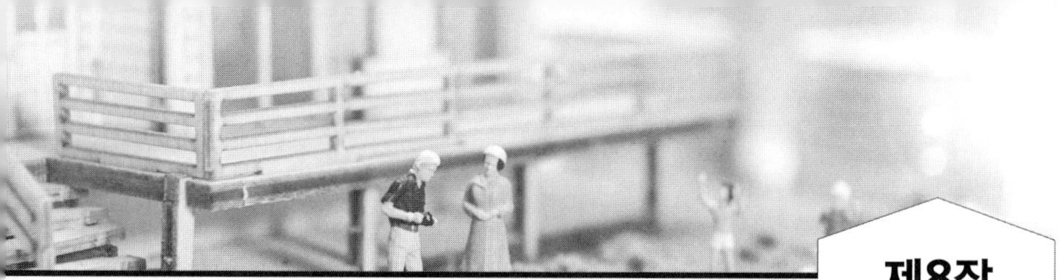

제8장

공적연금제도의 재원조달

국가는 국민의 노후소득보장을 목적으로 매년 막대한 규모의 재정을 지출하고 있다. 하지만 동시에 국가는 이러한 재정수요를 충당하기 위해 매년 그에 상당하는 재원을 조달해야만 한다. 따라서 필요한 재원은 어떻게 마련해야 하고, 재정의 수지균형은 어떠한 방식으로 맞추어 나갈 것인가 하는 문제는 매우 중요한 정책과제가 될 수 있다. 이 장에서는 공적연금제도 운영재원의 조달방안에 관하여 살펴보고자 한다.

제1절 공적연금제도의 재정

1. 경제적 · 사회적 의미

공적연금제도에서 재원이란 각종 급여의 제공, 행정관리기구의 유지 및 운영 그리고 기타 부수적 사업(예: 기금운용, 재활, 예방사업 등)을 수행하는 과정에서 소요되는 비용을 충당할 수 있는 복지예산을 의미한다. 공적연금제도의 운영재원을 어떠한 방법으로 조달하고, 누가 부담하도록 할 것인가 하는 문제는 단순히 재정적 관점으로만 국한하여 접근할 경우 중요한 관심의 대상이 되기는 어렵다. 왜냐하면 이 경우에는, 필요로 하는 복지예산의 확보 그 자체가 중요한 사안이 되기 때문이다. 그러나 사회복지재원의 규모 부담 주체의 결정 문제는 분배정책의 관점과 경제정책의 관점에서 살펴볼 경우 상당한 논란의 대상이 될 수 있다.

이와 관련한 내용은 [그림 8-1]을 토대로 설명해 볼 수 있다.

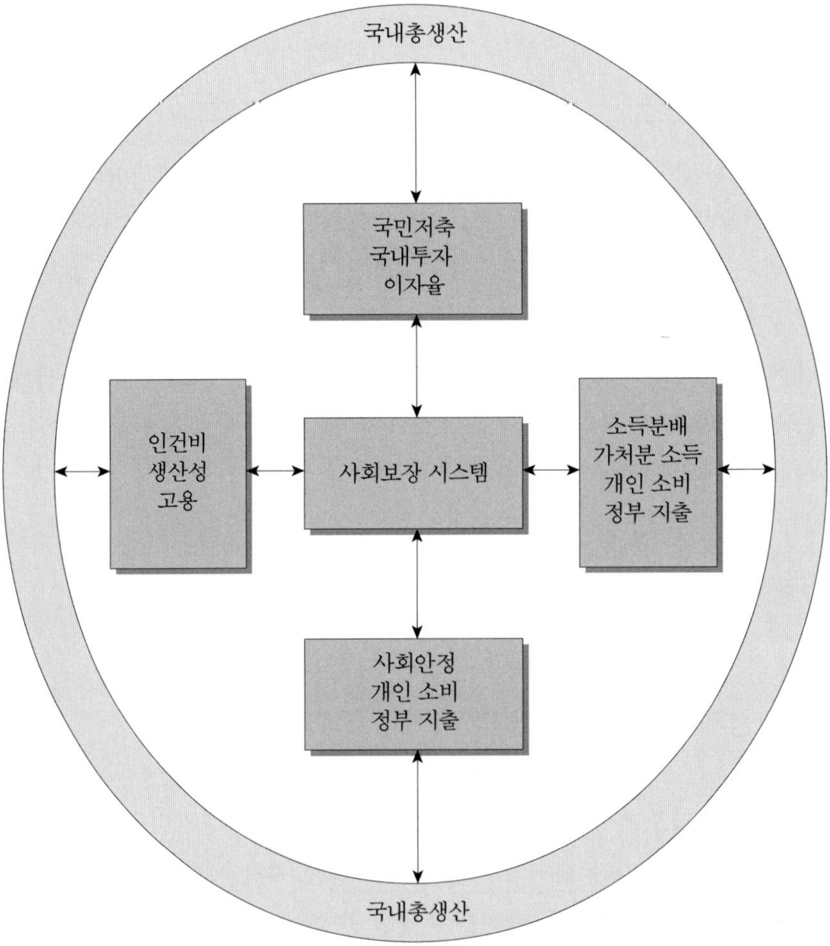

[그림 8-1] 사회복지정책과 경제정책의 상관관계

출처: ILO (1997).

첫째, 공적연금제도의 분배적 영향력과 관련한 내용이다. 공적연금제도는 그 자체로서 분배정책을 위한 목표이자 수단이 된다. 이러한 차원에서 볼 때 개별 공적연금제도는 급여 지출의 측면에서뿐만 아니라, 재원조달의 측면에서도 분배적 가치이념을 충실히 수행할 수 있도록 하여야 한다. 왜냐하면 가령 공적연금제도가 급여 측면에서 분배적 가치이념을 아무리 충실히 수행하고 있다 할지라도, 만약 그에 따른 재원의 조달방식이 분배적 역기능을 초래하게 될 경우, 해당 제도의 분배적 성과는 결코 좋은 평가를 받을 수 없을 것이기 때문이다. 따라서 국가는 분배정책을 통하여 개별 가계 간 소득의 이전(transfer)과 소비기회의 재분배가 실질적으로 이루어지고, 사회 전체적으로는 분배적 불평등이 개선될 수 있도록 하여야 한다. 나아가 분배정책은 개별 가계의 소득분포 상황에 영향을 미치게 되고, 이는 다시 유효수요 및 소비지출의 구성을 변화시켜 결과적으로 국내총생산의 규모나 경제성장률에까지 영향을 미치게 된다.

둘째, 공적연금제도의 경제적 영향력과 관련한 내용이다. 사회복지정책은 운영재원을 자체적으로 조달할 수 있는 능력을 갖추지 못하고 있으며, 대신 경제영역에서 생산된 자원 가운데 일정 부분을 동원하여 사업을 수행하여야 하는 한계를 가지고 있다. 이러한 점을 감안해 볼 때 사회복지정책은 경제적 부담요인으로 작용하여 경제성장에 부정적인 영향을 미치게 될 가능성이 높다. 그러나 반대로 사회복지정책은 건강증진, 직업교육, 재활 및 직업복귀 지원 등과 같은 능동적 · 적극적 사업 프로그램을 통하여 생산성 향상과 고용증진 그리고 경제성장에 기여를 할 수 있다. 나아가 사회복지정책은 노사갈등을 예방하여 산업평화와 사회안정을 유지함으로써 국민경제의 건전한 성장을 위한 기반을 조성해 주는 기능을 할 수도 있다.

셋째, 사회복지정책은 사회질서의 유지와 불확실성의 문제를 해소하는 데 기여할 수 있다. 그리고 이 경우 국민의 소비심리와 기업의 투자

심리가 활성화되어, 결과적으로 국내총생산의 증대 효과 또한 기대해 볼 수 있다.

넷째, 사회복지정책은 국민저축과 국내투자에 영향을 미칠 수 있다. 국민연금과 같은 장기성 사회보험제도는 재정관리 방식의 선택과 적립기금의 운용전략에 따라 국내저축과 투자 환경에 영향을 미치게 되고, 나아가 이는 경제성장에도 파급효과를 미칠 수 있다.

다섯째, 국내총생산의 규모 그리고 소득의 분배 상태는 역으로 국민경제의 복지자원 동원능력에도 영향을 줄 수 있다.

2. 공적연금제도의 재정균형

공적연금제도는 대표적인 장기성 사회보험제도다. 가입자인 개인은 근로활동주기의 상당 기간 동안 보험료를 납부해야 하며, 보험료 납부의 대가로서 노후생활주기의 기간 동안 연금을 지급받게 된다. 하지만 개인별로 공적연금제도의 가입기간과 연금의 수급기간은 전체적으로 50년 내외의 초장기적인 특성을 가지며, 그 자체로서 불확실성의 특징을 보이게 된다. 특히 공적연금제도에 있어서 이러한 성격의 불확실성은 소득 등 경제지표, 인구 그리고 연금법칙(pension rules)의 가변성 등으로 인해 두드러지게 나타날 수 있다. 따라서 이러한 불확실성은 연금재정의 장기적 전망을 불투명하게 하고 있다. 이러한 차원에서 ILO(2000)에서는 연금재정의 전망을 중요한 정책과제로 인식하고 있다. 왜냐하면, 연금재정은 장기적 차원의 미래 과제인 동시에, 현재적 차원의 영원한 관심사가 될 수도 있기 때문이다.

제2절 공적연금제도의 운영비용과 귀착의 문제

1. 귀착(attribution)의 정의

1) 귀착의 개요

국가는 국민들의 노후생활 안정을 위한 재원마련을 목적으로 기업과 가계에 조세와 보험료를 부과한다. 이 중에서 기업이 근로자를 위해 납부하는 보험료는 기업에게는 임금 이외에 추가적으로 부담해야 하는 부대적(附帶的) 인건비로서, 종종 고용불안의 원인으로 주목을 받고 있다. 이처럼 기업이 부담해야 하는 사회보험료의 규모는 인구구조의 고령화 및 저성장의 추세로 인해 앞으로도 지속적으로 증가하여 국민경제의 부담요인으로 작용하게 될 것으로 예상된다. 한국의 공적연금제도에서 사용자인 기업은 법률에서 정하는 바에 따라 근로자의 사회보험료 전부 또는 일부를 부담하여야 한다. 하지만 이와 같은 법률적 의무규정에도 불구하고 기업이 그에 상당하는 비용을 실제로 부담하고 있는가 하는 문제는 오래전부터 논란의 대상이 되어 오고 있다. 왜냐하면 기업은 생산 또는 판매의 과정에서 자신에게 할당된 비용 가운데 전부 또는 일부를 임금삭감이나 임금인상의 지연 등과 같은 방법을 통해 근로자에게 전가(backward shifting, 조세 또는 보험료 부담의 후전)하거나, 혹은 제품의 단가에 반영시켜 소비자에게 전가(forward shifting)할 수도 있기 때문이다. 여기서는 전자의 경우와 같은 사회보험료의 임금귀착(incidence) 문제를 중심으로 설명해 보고자 한다.

2) 사회보험료의 임금귀착문제

(1) 귀착이론의 의미

기업이 근로자를 위해 부담해야 하는 사회보험료의 비용을 우회적 방법으로 근로자에게 전가하게 된다면, 해당 근로자는 결과적으로 사회보험료의 대부분을 자신이 부담하게 된다. 즉, 이 경우 기업이 근로자를 위해 부담하고 있는 보험료는 원래 근로자에게 지불해야 하는 임금 가운데 일부를 유보하여 보험료의 명목으로 대신 납부해 주는 일종의 '이연임금(deferred wage)' 또는 '유보임금(reserved wage)'에 불과하다.

이상의 내용은 [그림 8-2]로 설명할 수 있다. 노동의 수요곡선 D_L과 노동의 공급곡선 S_L이 교차하는 점(E)에서 노동의 거래량(L_0)과 임금(w_0)이 결정되는 균형상태에 있다고 가정해 보자. 이러한 상태에서 만약 국가

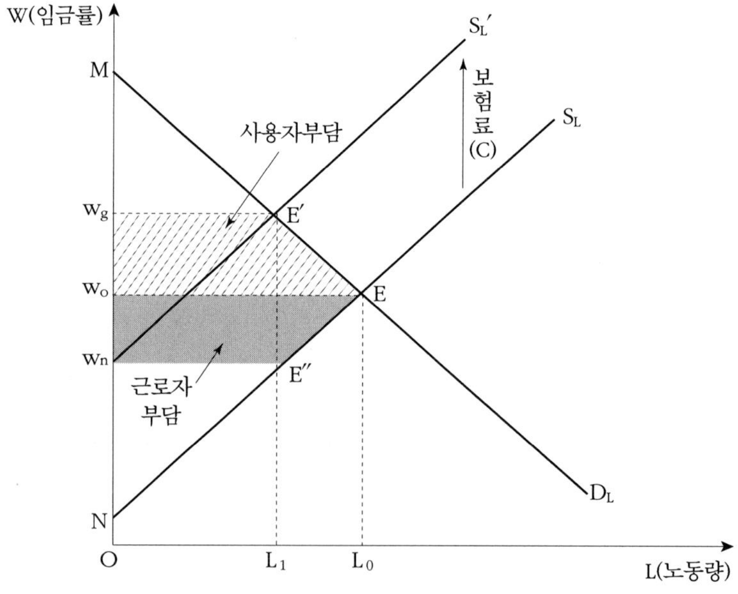

[그림 8-2] 사회보험료의 노동에 대한 귀착

출처: 이준구(2002)에서 응용하여 작성한 것임.

가 새로운 공적연금제도를 도입하여 보험료를 신설하거나 또는 기존 공적연금제도의 보험료를 인상하게 될 경우 기업의 보험료 부담이 추가적으로 증가하게 된다. 이러한 내용은 그림에서 노동의 공급곡선이 SL에서 SL′로 좌 상향이동하는 것으로 표시해 볼 수 있다.

[그림 8-2]에서 보면, 기업의 사회보험료 부담(C)으로 인해 기업의 인건비 부담은 w_0에서 w_g로 증가하는 반면에, 근로자의 순임금률은 w_0에서 w_n으로 하락하는 것으로 나타나고 있다. 그리고 이와 같은 임금률의 하락은 사회보험료의 인상에 따른 기업의 비용 중 일부가 근로자에게 귀착되고, 이는 그림에서 음영으로 처리된 사다리꼴(W_0-E-E″-W_n)로 표시해 볼 수 있다.[1] 즉, 이러한 사다리꼴 부분은 사회보험료의 증가로 인해 근로자가 추가로 부담해야 하는 비용(즉, 각주에서 근로자 잉여의 감소)으로서, 그에 상당하는 만큼 사용자로부터 근로자에게 비용이 전가되는 것을 의미한다. 반대로, 그림에서 빗금 친 사다리꼴(W_g-E′-E-W_0)은 법률에서 정한 바에 따라 사용자가 납부해야 하는 추가적 보험료 가운데 자신이 실제로 부담하고 있는 비용을 나타낸다.

이상을 종합해 보면, 사용자인 기업은 사회보험료의 신설 또는 인상 등으로 인해 기업에게 추가적으로 부과되는 비용 가운데 일정 부분을 근로자들에게 전가할 수 있음을 알 수 있다.

1) 그 이유는 자유로운 노동시장에서의 노동의 거래에 따른 사회적 잉여이론으로 설명해 볼 수 있음. 일반적으로 공급곡선은 생산비용을 그리고 수요곡선은 소비를 통한 한계효용을 나타냄. 따라서 노동의 수요곡선이 공급곡선을 상회하는 상태(즉, 한계효용이 한계비용을 능가하는 상태)에서 두 곡선이 교차하는 지점, 즉 E점에서 노동의 거래를 중단하게 되면, 그림에서 삼각형 N-E-M에 상당하는 사회적 잉여가 발생하게 됨. 이러한 상황에서 노동의 가격인 임금률이 W_0점이 되기 때문에 W_0-E-N은 근로자의 잉여로 각각 배분이 됨.

(2) 귀착효과의 사회계층별 차이

기업이 부담해야 하는 보험료를 근로자에게 전가할 수 있다고 하더라도, 실제적인 수준은 노동의 특성에 따라 차이를 보일 수 있다. [그림 8-3]에서는 이해의 편의를 위한 차원에서 이러한 사실을 노동의 공급곡선이 완전히 탄력적인 노동시장(a) 그리고 완전히 비탄력적인 노동시장(b)으로 구분하여 살펴보고자 한다.

먼저, [그림 8-3]의 (a)는 노동의 공급이 임금의 변화에 매우 민감하게 반응하는 소위 '중심부 노동시장(core labor market)'을 나타낸다. 이러한 노동시장에서 노동자는 대개의 경우 학력이나 전문성의 수준이 높고 자신의 노동력에 대한 수요의 폭 또한 넓어, 직장의 이동이 비교적 용이한 특성을 가지고 있다. 나아가 일반적으로 노동의 공급탄력성이 커질수록 노동시장에서 공급자인 근로자가 갖는 협상력(bargaing power)은 더욱 더 커지게 되는 효과를 가져다주게 된다. 따라서 이 경우 기업은 사회보험료의 인상에 따른 비용을 근로자에게 전가하는 것이 결코 용이하지 않게 된다. 이와 같은 상황으로 인하여 기업은 그림에서 사다리꼴(E−E′−W_g−W_0)에 해당되는 추가적 사회보험료 비용의 전부를 직접 부담하여야 한다. 그럼에도 불구하고 이 경우 근로자의 고용불안과 같은 부작용은 대체로 미미하게 나타나게 될 것으로 예상해 볼 수 있다.

다음으로, [그림 8-3]의 (b)는 노동의 공급이 임금의 변화에 민감하게 반응을 하지 않는 소위 '주변부 노동시장(peripheral labor market)'으로서, 비정규직 또는 여성 · 고령 근로자 등 인력수요가 제한적인 근로계층이 주로 해당될 수 있다. 이와 같은 특성을 가진 노동시장에서 기업은 법률에 따라 자신에게 부과된 추가적인 보험료의 대부분(그림에서 E−E′−L_0−L_1에 해당되는 부분)을 근로자들에게 용이하게 전가할 수 있다.

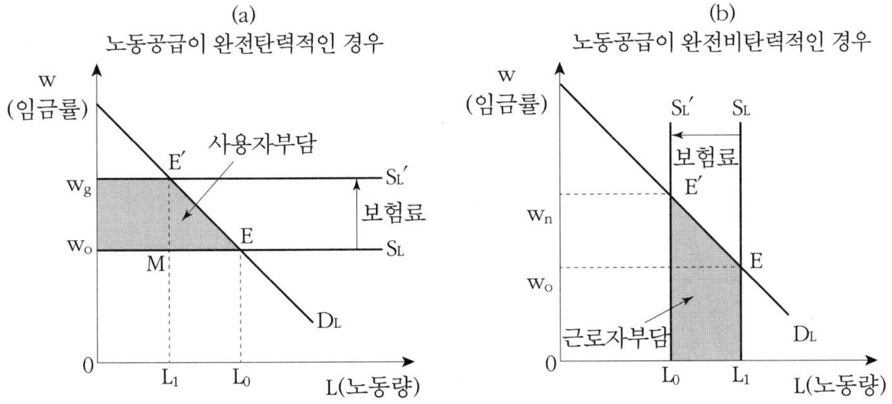

[그림 8-3] 노동시장의 특성별 기업의 사회보험 비용의 전가 수준

지금까지 살펴보았듯이, 국가가 근로자의 복지증진을 목적으로 새로운 공적연금제도를 도입하거나 보험료를 인상하게 될 경우, 그에 따른 혜택과 불이익은 근로자의 노동시장에서의 지위에 따라 차이를 보일 수 있다. 특히, 소수의 중심부 그리고 다수의 주변부 근로계층으로 구분되는 이중적 노동시장 구조하에서 공적연금제도의 혜택은 주로 전자에게, 반대로 불이익이나 부작용은 주로 후자에게 발생하게 되는 형평성의 문제가 존재하고 있다. 따라서 비용의 전가 및 귀착에 관한 논의는 이러한 형평성 문제의 발생원인과 해결방안의 모색에 있어서 중요한 이론적 토대를 제공해 줄 수 있을 것이다.

(3) 귀착이론의 함의

사회복지재원의 조달문제와 관련하여 다음과 같은 사항에 대해 유의하여야 한다. 먼저, 전체 사회복지재정의 규모는 국민경제의 부담능력을 감안하여 합리적인 수준에서 결정될 수 있도록 하여야 한다. 다음으로, 가급적이면 세부적인 차원에서 여러 가지의 재원조달 방안 중 경제적 충격이 최소화될 수 있고, 동시에 분배정책의 가치이념이 충실히 반영될 수 있는 방안이 선택되도록 하여야 한다.

제3절 공적연금제도의 재정체계와 재원의 종류

1. 공적연금제도의 재정체계

공적연금제도의 재정체계(financial organization)란 제도의 재정수입 및 급여지출, 기금의 관리운용 그리고 행정관리비용의 지출 등 재정 흐름의 전 과정을 의미한다(ILO, 1997). [그림 8-4]는 공적연금제도에 있어서 일반적인 재정체계를 단계별 재정 흐름(cash flow)의 방식으로 정리하여 나타내고 있다.

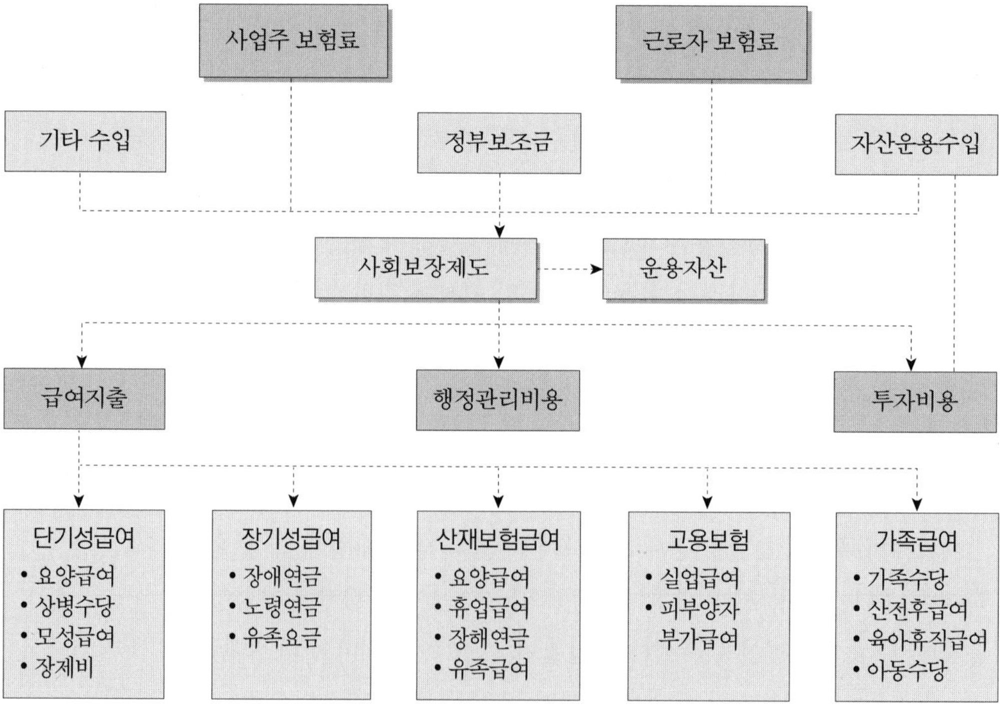

[그림 8-4] 사회보험제도의 재정흐름

출처: ILO (1997).

[그림 8-4]에서 보이는 바와 같이 각각의 공적연금제도는 운영재원을 조달하기 위하여 가입자인 근로자와 기업으로부터 보험료를 징수한다. 이에 더하여 국가 또한 필요에 따라 일정 부분의 재정을 지원하게 되는 경우가 있으며, 이 경우 지원방식은 국가나 제도에 따라 ① 사회복지를 위한 목적세, ② 가입자 또는 사용자의 보험료에 대한 보조금, ③ 관리운영비의 지원 또는 ④ 일반보조금(general subsidy) 등 매우 다양한 형태로 나타난다.

근로자의 보험료는 ① 정액의 형태, ② 근로자의 임금에 비례하거나, ③ 소득등급별로 누진적으로 부과하게 된다. 그리고 보험료의 수준은 단순히 재정적 측면에서뿐만 아니라, 공적연금제도 자체의 목표 및 특성 그리고 정치 · 경제 · 사회적 고려 등을 종합적으로 감안하여 결정된다.

일반적으로 부과방식 공적연금의 경우, 원칙적으로 일부의 지급준비금을 제외한 별도의 기금적립이 없는 상태로 운영되는 바, 여기서 기금적립의 관리 및 운용문제는 중요한 관심사가 되지 않을 수 있다. 반대로 적립방식의 경우, 연금급여는 개인별로 적립된 자산(asset)을 바탕으로 이루어지므로 적립방식 연금제도에 있어 기금의 운용 및 수익성 관리는 중요한 정책적 과제가 될 수 있다.

제반 공적연금제도에 있어 비용지출은 크게 급여지출, 투자비용 그리고 행정관리비용 세 가지로 구성된다. 여기서 급여지출은 법률에서 정한 바에 따라 의무적으로 발생하는 비용이 된다. 반면, 투자비용은 적립기금의 관리 및 운용과정에서 발생하게 되는 비용이 된다. 마지막으로, 행정관리비용은 공적연금제도 전반에 대한 관리 및 운영과정에서 발생하는 비용으로서, 이 중 행정인력에 대한 인건비가 상당한 부분을 차지하게 된다. 이러한 점을 감안해 볼 때 국가는 행정관리비용의 절감은 물론, 나아가 우수한 행정인력의 확충을 통해 행정서비스의 질적 우수성과 전문성을 동시에 강화하기 위한 노력을 경주하여야 할 책임이 있다.

1) 조세

국가는 다양한 목적의 국가사업에 소요되는 비용을 충당하기 위하여 국민으로부터 조세를 징수하고 있다. 이러한 조세는 해당 조세가 가지는 개별적 특성에 따라 크게 일반조세와 목적세로 구분할 수 있다.

(1) 일반조세

일반재정에 편입되어 국가의 일반회계에 의해 관리되는 세원(稅源)으로서 모든 종류의 국가사업에 공통적으로 활용되고 있다. 달리 표현하면, 일반조세(tax, general tax)란 소위 '목적구속 금지의 원칙(Non-Affection Principle)'에 입각하여 국가의 특정한 목적사업에 구속을 받지 않고 보편적으로 활용되는 세금을 의미한다. 일반조세는 각각의 징수방법에 따라 다시 직접세와 간접세로 구분된다.

먼저, 직접세는 국민 개개인이 경제활동 과정에서 획득하게 되는 모든 형태의 소득원이나 자산에 대하여 부과하는 세금을 의미한다. 이러한 직접세는 근로소득세, 법인소득세, 이자소득세, 부동산소득세, 재산세, 자동차세, 상속세, 증여세 등이 대표적이다. 일반적으로 직접세의 경우, 소득수준이나 자산의 가치에 따라 누진적 세율이 적용되고 있다. 즉, 직접세는 소득수준이나 자산의 가치가 클수록 점차 높은 세율이 적용되도록 하여 상당한 수준의 분배적 효과가 발생할 수 있다. 그러나 직접세는 소득원이나 자산에 대해 직접적으로 부과하게 되므로 국민들의 납세저항을 야기할 수 있는 위험성이 있다.

다음으로, 간접세는 국민이 소비활동을 하는 과정에서 부담하게 되는 세금을 의미한다. 이는 상품이나 서비스를 구입하는 가격에 부과되며, 다른 말로 소비세라고도 표현한다. 대표적으로 부가가치세, 유류세, 담배소비세, 주세 등이 여기에 해당된다. 간접세는 국민으로부터 큰 조세저항 없이 재원을 용이하게 조달할 수 있는 장점을 가지고 있다. 왜냐하면 다수의 국민은 상품의 가격에 부과된 세금의 수준을 제대로 인식할 수 없기 때문이다. 그러나 간접세는 직접세와는 달리 개인의 소득 수준과는 관계없이 동일한 상품이나 서비스에 대해서 동일한 금액의 세금을 부과한다는 점에서 저소득계층에게 있어 조세부담이 상대적으로 높아지게 되는 문제가 있다.

종합하면, 전체 국가예산 가운데 간접세가 차지하는 비중이 높은 국가의 경우 조세 정의(tax justice)가 훼손될 가능성이 있다. 따라서 이러한 상황에서는 국가가 아무리 공적연금제도를 확대하게 되더라도 분배적 기능의 제약 또는 왜곡문제가 발생하게 될 우려가 높다.

(2) 목적세

국가가 특정한 목적의 사업을 수행하기 위하여 조달하게 되는 세원으로서, 일반적으로 특정한 소득원이나 상품에 대하여 부과되고 있다. 그리고 목적세(earmarked tax)는 일반조세와는 달리 별도의 특별회계로 관리되며, 국가의 일반사업을 위해 사용될 수 없도록 하고 있다. 이러한 성격의 목적세는 한국의 경우 교육세,[2] 교통세 그리고 농어촌특별세 등이 있다. 그리고 목적세와 유사한 형태로서 '국민건강증진기금' 역시 존재한다. 여기서 국민건강증진기금은 국민건강을 위한 사업에 소요되는 비용을 충당하기 위한 목적으로 담배나 주류에 대하여 부과하고 있다.

목적세는 특정한 목적사업을 위하여 배타적으로 사용되도록 함으로써 사업수행의 안정성을 보장할 수 있는 장점이 있다. 반면, 특정한 상품이나 소득원에 대해서만 한정적으로 부과되도록 한다는 점에서 자칫 분배적 역기능을 초래하게 될 위험이 있다.[3]

---

2) 교육세는 직접세의 형태로서 예금자의 이자소득에 그리고 간접세의 형태로서 휘발유, 담배 등의 상품에 대하여 부과되고 있음.

3) 예를 들면, 담배나 주류에 부과되는 교육세나 국민건강증진기금의 경우 부과대상이 전적으로 흡연 또는 음주 인구에게만 한정되는 문제가 발생하게 됨.

2) 사회보험료

사회보험료는 공적연금제도의 주된 운영재원으로서 목적세와 유사한 기능을 하게 된다. 사회보험료는 특정한 목적의 사업(예: 노후소득보장, 의료보장, 실직 시 소득의 보장 등)을 수행하기 위하여 특정한 소득원(예: 근로계층의 경우 임금소득, 자영업계층의 경우 사업소득 등)에 대해 부과하고 있다. 따라서 사회보험료는 목적세의 경우와 같이 본연의 목적이 아닌 다른 사업에 사용될 수 없도록 하는 것을 원칙으로 하고 있다.

그러나 사회보험료는 다음과 같은 측면에서 목적세와는 다른 특성을 보이고 있다. 먼저, 목적세와 사회보험료는 모두 강제성을 바탕으로 부과되고 있으나, 징수 주체가 각기 다르다는 점이다. 목적세는 국가가 징수하는 반면, 사회보험료는 공적연금제도에 의해 징수된다.[4] 또한 사회보험료는 개인별로 부담과 혜택의 상관관계가 적용되는 반면, 목적세는 개인이 부담하는 비용이 모든 사람에게 공동으로 혜택이 돌아가게 된다. 달리 표현하면, 사회보험료의 경우 개인은 비용의 부담과 함께 적절한 보호를 받을 수 있는 권리를 확보하게 되는 반면, 목적세의 경우 사회보험료와는 달리 이러한 권리가 인정되지 않고 있다.

(1) 사회보험료의 부담 주체

공적연금제도에서 요구하고 있는 보험료를 누가 그리고 어느 정도의 수준으로 부담하도록 할 것인가 하는 문제가 제기될 수 있다. 이와 관련한 문제를 보험료의 부담 주체별로 구분하여 살펴보면 다음과 같다.

① 사용자와 근로자 공동 부담

근로자가 공적연금제도에 가입하게 될 경우, 일반적으로 보험료는 노

4) 한국의 4대 사회보험료의 경우, 국민건강보험공단이 통합징수함.

사 공동 부담의 원칙에 따라 징수되도록 하고 있다. 그러나 구체적인 보험료의 노사 간 분담비율은 제도 또는 국가별로 차이를 보일 수 있다.

먼저, 노사가 각각 반반(50:50)의 비율로 보험료를 부담하도록 하는 방식은 통상 대다수의 공적연금제도에서 적용되고 있다. 한국의 경우, 근로자의 신분으로 국민연금제도나 국민건강보험제도에 가입하는 계층(직장가입자)이 이러한 방식의 적용을 받고 있다.

다음으로, 근로자 또는 사용자 가운데 일방이 상대적으로 높은 비율의 보험료를 부담하도록 하는 방식은 그 분담비율에 따라 사용자가 근로자에 비해 보험료를 상대적으로 많이 부담하도록 하는 방식 그리고 그 반대의 방식이 있을 수 있다. 우선 전자의 방식은 보험료의 부담능력 면에서 일반적으로 사용자가 근로자에 비해 우월하다는 점을 감안한 조치다. 이러한 방식은 많은 국가들의 공적연금제도에서 적용되고 있으며, 프랑스, 이탈리아, 벨기에, 스페인 등의 공적연금제도와 의료보험제도가 대표적이다. 그리고 후자의 방식은 사용자의 보험료 부담이 높아질 경우 가입자의 고용기회가 제약될 수 있다는 점을 감안한 조치로서, 네덜란드의 의료보험제도에서 그 사례를 찾아볼 수 있다.

② 사용자 전액부담

사용자인 기업이 사회보험료를 전적으로 부담하게 되는 방식이다. 이러한 방식은 한국의 경우 대표적으로 산재보험제도와 고용보험제도의 일부 사업에서 적용되고 있다.

한국의 「근로기준법」에 따르면, 사용자는 근로자의 과실 여부와 상관없이 산재사고에 대하여 전적인 책임을 지게 되며, 산재보험제도는 사용자의 보상책임을 해결하기 위하여 도입된 제도다. 이러한 산재보험제도의 근본 취지에 비추어 볼 때 보험료는 마땅히 사용자가 단독으로 부

담하도록 하여야 할 당위성이 있다.[5)]

또한 한국의 고용보험제도는 사업 영역별로 크게 실업급여사업, 그리고 고용안정·직업능력개발사업으로 구분되고 있다. 이 중 후자의 사업을 위한 보험료는 사업의 규모에 따라 차등화하여 사용자가 단독으로 부담을 하도록 하고 있다.[6)] 그 주된 이유로서 사용자는 근로자의 고용안정을 위하여 노력하여야 할 의무가 있으며, 동시에 직업능력의 개발을 통하여 발생하게 되는 경제적 이익 가운데 상당 부분은 사용자에게 돌아가기 때문이다.

③ 가입자 전액부담

앞서와는 달리 가입자 본인이 사회보험료를 단독으로 부담하도록 하는 방식이 있을 수 있다. 이러한 방식은 한국의 경우 국민연금제도와 국민건강보험제도에서 일부의 계층을 대상으로 적용해 오고 있다. 예를 들면, 자영업자, 농어민 등에 대해서는 당사자가 자신의 보험료를 전액 부담하도록 하고 있다는 점을 들 수 있다. 그 밖에 예외적인 사례로서 네덜란드의 경우, 모든 국민이 신분의 구분 없이 공적연금제도의 보험료를 단독으로 부담하고 있는데, 그 배경으로는 기업의 고용비용을 경감시켜 궁극적으로 고용불안을 해소하고 고용확대를 도모하기 위한 정책적 의도로 파악해 볼 수 있다.

④ 평가 및 대안

이와 같이 사용자와 근로자 간 사회보험료의 분담방식은 제도별 또는 국가별로 상당한 차이를 보이고 있다. 여기서 사용자가 가입자인 근로자를 위하여 부담하게 되는 사회보험료는 사용자의 가부장적 역할에 근

---

5) 다만, 골프장 캐디, 학습지 교사, 레미콘 기사 등 특수형태 근로종사자(일종의 유사자영업자)에 대해서는 노사가 산재보험료를 절반씩 부담하도록 하고 있음.

6) 실업급여사업의 경우 보험료는 노사 반반의 부담의 원칙을 적용하고 있음.

거를 두고 있다(Kirchhof, 1993). 구체적으로 사용자는 종사 근로자가 안정적인 생활을 영위할 수 있도록 사회보험료의 일부를 부담하여야 하는 도덕적 책임을 가지고 있다.

그러나 근로자를 위하여 사용자가 부담하는 보험료는 단순히 외형적인 것으로서 실제로는 아무런 의미가 없다는 비판 역시 존재한다. 왜냐하면 사용자가 부담하는 사회보험료는 사전적으로 근로자에게 지급하여야 할 임금 가운데 일정 부분을 단순히 유보해 둔 금액(유보임금)에 불과할 수 있기 때문이다.

사용자 부담의 사회보험료는 다음과 같은 측면에서 문제점으로 지적되고 있다. 앞서 설명하였듯이, 사용자의 보험료는 단순히 외견상의 현상임에도 불구하고 그 혜택을 받게 되는 근로계층과 그렇지 못한 자영자와 농어민으로 이분화되어 각종 사회적 갈등의 원인으로 작용할 수 있다. 나아가 사용자가 근로자의 사회보험료를 공동으로 부담하게 될 경우 기업의 인사정책이나 경영활동에 있어 왜곡현상이 발생할 수도 있다. 예를 들면, 기업이 사회보험료의 부담을 회피하기 위하여 공적연금제도의 당연적용으로부터 제외되는 임시, 일용직 또는 유사자영업 등 비정규직의 일자리를 대거 양산하거나, 공적연금제도의 적용을 받지 않는 영세사업을 고집하게 되는 현상이 나타날 수 있다.

사용자와 근로자의 사회보험료 공동 부담으로 야기될 수 있는 일련의 문제를 해결하기 위해 일부 학자들은 근로자가 보험료를 단독으로 부담하도록 하는 방식으로 전환할 것을 주장하고 있다(Sachverständigenrat, 1996). 대신 이 경우 사용자는 종전 자신이 부담하였던 보험료를 근로자에게 임금인상의 형태로 보전해 주도록 해야만 한다는 전제가 필요로 한다.

(2) 사회보험료의 종류

공적연금제도의 주된 운영재원이 되는 보험료는 다양한 방법으로 조달할 수 있다. 그러나 보험료의 조달방식에 대한 선택은 공적연금제도의 재정, 소득의 분배 그리고 국민경제에 상당한 파급효과를 미칠 수 있다는 점에서 신중하게 이루어져야 할 필요가 있다.

① 소득비례보험료

가입자 개인별로 소득수준에 비례하여 보험료를 부과하는 방식으로서 대부분의 공적연금제도에서 적용되고 있다. 이러한 소득비례보험료의 정책적 기능은 다시 소득비례의 수준 또는 보험료의 부과대상이 되는 소득의 포괄 범위에 따라 중대한 차이를 보일 수 있다.

□ 소득비례의 수준

이는 [그림 8-5]와 같이 소득비례의 수준에 따라 완전한 소득비례보험료(ⓐ), 체증형 소득비례보험료(ⓑ) 그리고 체감형 소득비례보험료(ⓒ)로 구분해 볼 수 있다.

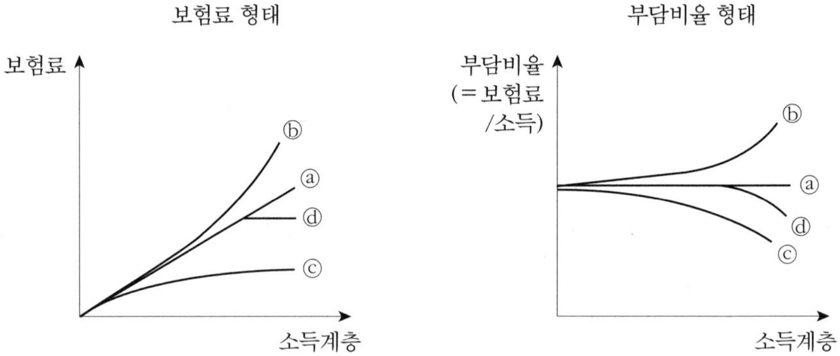

[그림 8-5] 소득비례보험료와 소득계층별 부담비율

출처: 이정우(2017).

첫째, 완전한 소득비례보험료란 소득수준에 상관없이 모든 가입자에게 동일한 보험료율(즉, 모두에게 x%)을 적용하는 방식으로서 많은 공적 연금제도에서 채택하고 있다. 이 경우 개인이 실제로 부담하게 되는 보험료는 당사자의 소득에 일정한 보험료율을 곱한 금액으로 결정된다. 따라서 [그림 8-5]의 ⓐ와 같이 개개인이 부담하는 보험료의 절대금액은 소득수준에 비례하여 증가하는 형태를 취하게 된다. 반면, 이 경우 개인별 소득 대비 보험료의 부담수준을 의미하는 부담비율은 모든 소득계층에 일정하게 유지된다.

둘째, 체증형 소득비례보험료는 소득이 증가하게 됨에 따라 점차 높은 수준의 보험료율($x_1 < x_2 < x_3 < x_n$……)을 적용하는 방식이다. 이 경우 개인이 부담하게 되는 보험료의 절대금액은 물론 부담비율(=보험료/소득) 또한 그림의 ⓑ와 같이 소득 수준에 대해 누진적으로 증가하게 된다. 일반적으로 체증형 소득비례보험료는 공적연금제도의 분배적 기능을 강화하기 위한 일환으로 활용되고 있다. 이와 관련한 제도적 사례는 대표적으로 영국의 국민보험제도(National Insurance System)에서 찾아볼 수 있다. 영국의 국민보험제도는 노령 · 장애 · 유족 · 실업 · 상병 · 모성 등과 같은 제반의 사회적 위험에 공동으로 대처하기 위한 목적으로 도입된 일종의 '종합사회보험제도'로서, 보험료 역시 '종합보험료' 형태로 징수된다. 이와 같은 보험료의 부과체계하에서 근로자계층(제1종 가입자)에 대한 보험료는 개인별로 소득을 4등급으로 분류하여 소득수준이 높을수록 점차 높은 수준의 보험료율을 적용하고 있다(Casmir, 1989).[7)]

셋째, 체감형 소득비례보험료란 소득수준에 반비례하여 점차 낮은 수준의 보험료율($x_1 < x_2 < x_3 <$……)을 적용하는 방식을 의미한다. 이 경우 소득수준에 따라 개인별로 부담하게 되는 보험료의 절대금액은 그림의

7) 영국의 경우, 전체 국민보험제도 적용대상을 개인별로 경제적 신분에 따라 근로자(제1종 가입자), 자영업자(제2종과 제4종 가입자) 그리고 비경제활동계층(제3종 가입자)으로 구분하여 관리해 오고 있으며, 각자에 대해서는 소득기준, 보험료의 산정방식 및 수준 그리고 급여의 종류나 수준 등을 달리 적용하고 있음.

ⓒ와 같이 증가하게 될지라도, 그 증가 속도는 점차 둔화하는 형태를 취하게 된다. 따라서 체감형 소득비례보험료의 경우 개인별로 소득이 증가하게 됨에 따라 느끼게 되는 보험료의 부담수준은 점차 낮아지게 된다. 이러한 방식의 보험료 부과체계는 일반적으로 공적연금제도의 필요성이 개인별 소득수준에 반비례하게 된다는 사실에 기초한다. 그러나 사회계층 간 소득의 재분배를 중요한 목표로 하는 공적연금제도의 경우 체감형 소득비례보험료는 현실적 적용에 한계를 가지고 있다. 여기서는 이와 유사한 기능을 수행하고 있는 소득상한선에 대하여 살펴볼 필요가 있다. 소득상한선은 그림의 ⓓ와 같이 일정 수준 이상의 소득에 대하여 보험료의 부담을 면제해 주는 역할을 하고 있다. 따라서 소득상한선 이상의 고소득계층은 자신의 소득이 증가하게 됨에 따라 보험료의 부담률이 점차 하락하게 되는 효과를 누릴 수 있다.

□ 보험료 부과 대상 소득의 포괄 범위

공적연금제도는 가입자의 소득에 대하여 보험료를 부과하는 것이 일반적이다. 그러나 이 경우에 있어서도 개인의 소득은 그 원천이 다양할 수 있으므로, 구체적으로 어떤 종류의 소득에 대하여 보험료를 부과할 것인가 하는 문제는 정책적 판단에 따라 결정하여야 할 사안이다.

먼저, 가입자인 근로자의 임금소득을 대상으로 보험료를 부과하는 방식으로서, 이는 노 · 사 양자에게 동일한 기준으로 동등한 수준의 보험료를 부과할 수 있다는 장점이 있다. 그러나 이러한 방식은 근로자와는 소득원을 달리하는 자영업자나 농어민 등에 대해서는 대등하고 공정한 부과기준이 될 수 없는 한계가 있다. 나아가 소득의 종류가 다양하게 존재함에도 불구하고, 단지 임금소득에 대해서만 보험료를 부과하는 것은 형평성의 관점에서도 문제를 초래하게 될 우려가 높다. 일례로, 한국 공적연금제도의 경우 가입자의 신분에 따라 보험료의 부과기준을 다르게 적용하여 각종 사회적 갈등의 원인으로 작용하고 있다. 구체적으로 근로자인 사업장가입자에 대해서는 임금소득에 대해서만 보험료가 부과되는 반면, 그 이외의 지역가입자에 대해서는 각종 소득은 물론 자산과 기타 인구학적 기준(연령, 성, 가구원수 등)을 반영하여 보험료가 결정되고 있다. 따라서 이와 같은 문제점으로 인한 부작용을 해소하기 위해서는 한국 건강보험제도의 보험료 부과체계가 근본적으로 개선되어야 할 것이다.

이러한 문제의 해결방안으로서 다음에서는 가입자의 신분 구분 없이 각자의 모든 소득원천(예: 임금, 이자, 임대료, 기타 각종 사업수익 등)에 대하여 보험료를 부과하는 방안을 생각해 볼 수 있다. 이는 앞서 지적한 공정성과 형평성 왜곡의 문제점들을 해결할 수 있는 효과적인 방안으로 간주된다. 왜냐하면 이 경우에 비로소 개인은 각자 자신의 실제적인 부담능력에 상응하는 보험료를 납부할 수 있기 때문이다. 나아가 만약 이 경우 더 이상 보험료가 부과되지 않는 소득상한선을 폐지하거나 아니면 매우 높은 수준에서 설정해 둔다면 제도의 분배적 기능과 사회통합적 기능은 더욱 강화될 수도 있다. 하지만 이와 같은 긍정적인 기능을 기대하기 위해서는 사전적으로 소득 파악을 위한 제도적 · 행정적 인프라가 획기적으로 개선되어야 한다. 특히 무엇보다도 근로자, 자영업자, 농어민 상호 간 소득의 종류, 형태, 발생주기의 이질성 그리고 개별 집단 간 소득수준의 격차 등을 반영한 공정한 기준에서 보험료를 부과할 수 있는 제도적 장치가 마련되어야 할 것이다.

② 인두적 보험료

개인별로 소득수준에 상관없이 모두에게 동일한 금액의 보험료를 부과하는 방법을 의미한다. 이러한 인두적 보험료는 국가별 시행 사례를 중심으로 볼 때 다음의 두 가지로 구분해 볼 수 있다. ① 영국의 베버리지형 공적연금제도에서 적용되었던 '인두적 사회보험료', 그리고 ② 스위스, 네덜란드, 독일 등의 국가에서 공적연금제도의 보험료 부과방식으로서 적용되고 있는 '인두적 건강보험료'가 그것이다. 각각의 배경 및 목적, 주요 특징 그리고 장단점에 대해 간략하게 살펴보면 다음과 같다.

□ 영국의 인두적 사회보험료

영국의 경제학자인 베버리지(William Henry Beveridge)는 1942년 자신의 보고서 「Social Insurance and Allied Services」에서 다음과 같은 세 가지 특징을 갖춘 사회보험제도의 도입을 주장하였다.

첫째, 모든 국민의 모든 사회적 욕구를 함께 포괄할 수 있는 보편적인 형태의 국민보험제도가 도입되어야 한다.

둘째, 국민은 자신의 경제적 · 사회적 상황 그리고 사회적 위험의 구분 없이 모두에게 동일하게 적용되는 단일의 보험료(인두적 보험료)를 스탬프 방식으로 납부하도록 하여야 한다.

셋째, 실업급여, 장애급여 그리고 연금급여 등과 같은 현금급여는 개인별로 종전 소득에 상관없이 동일한 정액 형태로 지급되어야 한다.

이와 같은 베버리지의 제도적 구상은 1946년 「국민보험법(National Insurance Act)」에서 구체적으로 반영되었으며, 이에 따라 정액부담-정액급여의 원리를 토대로 한 국민보험제도가 출범할 수 있게 되었다. 베버리지가 이러한 정액부담-정액급여의 원리를 주장하였던 배경을 살펴보면 다음과 같다(Barr, 2004).

첫째, 정액부담-정액급여의 원리를 이용하여 민간보험의 보험수리적(actuarial) 모형에 근접하는 국민보험제도의 운영을 희망하였기 때문이다. 이 경우 정액급여는 전체 위험들의 평균값에 근거하여 산출된 정액보험료와 보험수리적 균형관계를 유지할 수 있도록 함으로써 국민보험제도의 재정적 안정성이 장기적으로 유지될 수 있는 여건을 조성할 수 있다.

- 기본목표: 최저소득보장(MIG)의 수준에 대한 사회적 합의=정액급여
- 예상급여지출총액=MIG×위험발생 예상횟수
- 보험료 수입 예상총액=인두적 사회보험료(KP)×가입자 수
- 예상급여지출총액=보험료 수입 예상총액: 인두적 사회보험료 결정
- 정액부담-정액급여의 원리 실현

둘째, 정액부담-정액급여는 국민보험의 가입계층과 수급계층 모두에게 근로유인의 효과를 가져다줄 것으로 기대해 볼 수 있기 때문이다. 예를 들면, 정액부담하에서 개인이 근로활동을 연장하여 확보한 추가소득은 소득효과(income effect)에 따라 순수하게 자신의 가처분소득을 증가시켜 근로동기를 자극하는 효과가 발생할 수 있다. 또한, 정액 형태의 현금급여는 대체로 낮은 수준에서 유지되므로 수급계층이 제도의 보호혜택에 안주하고자 하는 경제적 유인을 억제할 수도 있다.

셋째, 정액부담-정액급여의 원리는 그 자체로서 적절한 수준의 분배적 기능을 발휘할 수 있을 것으로 기대되기 때문이다. 일반적으로 저소득계층은 실업이나 질병 등과 같은 사회적 위험에 상대적으로 빈번하게 노출되어 있으므로, 이들은 중산층 이상의 소득계층에 비해 급여의 수급 확률이 높게 나타나게 된다. 따라서 이러한 사실은 국민보험제도에서 소득계층 간 재분배 효과가 일정한 범위에서 이루어진다는 것을 알 수 있다.

정액부담 형태의 인두적 보험료는 그 긍정적인 기능에도 불구하고 [그림 8-7]에서 보는 바와 같이 소득수준이 낮은 계층일수록 보험료의 부담이 높아지게 되는 분배적 불균형을 초래할 수 있는 문제를 가지고 있다. 나아가 인두적 보험료는 급여수준의 확대를 위해 필요로 하는 재원의 조달에 상당한 지장을 초래할 수 있다. 왜냐하면 이 경우 저소득계층의 보험료 부담능력이 문제가 될 수 있기 때문이다.

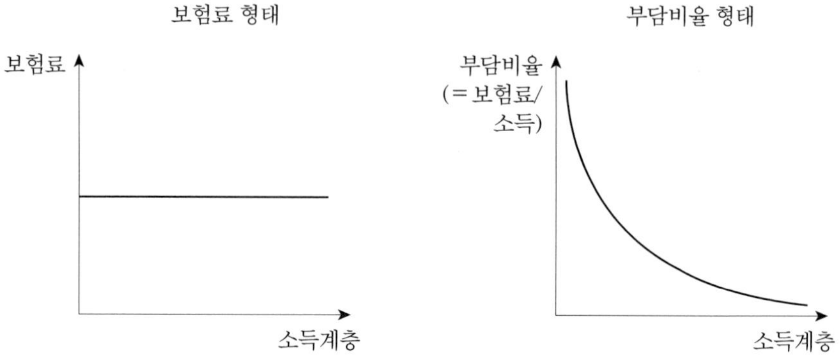

[그림 8-6] 인두적 보험료의 형태와 소득계층별 부담비율

출처: 이정우(2017).

인두적 보험료는 가입자의 소득을 파악할 필요가 없어 행정관리비용을 대폭 절감할 수 있는 장점을 가지고 있다. 그러나 이러한 방식의 보험료 부과체계는 분배적 기능의 제한이 있으므로 현실의 적용에 있어 상당한 제약을 받게 된다. 따라서 인두적 형태의 사회보험료는 오늘날 일부의 국가에서 특정한 계층에 대해서만 부분적으로 적용해 오고 있다. 예를 들면, 영국, 일본, 스위스 등의 공적연금제도에서는 소득 파악이 현실적으로 어려운 자영업자 그리고 소득이 없는 학생이나 전업주부 등에 대하여 정액 형태의 낮은 보험료를 부과하고 있다.

□ 인두적 건강보험료

인두적 건강보험료(Kopfprämie,[독] solidarische Gesundheitsprämie[독])란 개인별로 소득수준에 상관없이 모든 국민에게 동일한 금액의 건강보험료를 부과하는 방식을 의미한다. 이러한 인두적 건강보험료는 1996년 스위스 건강보험제도에서 최초로 도입되었으며, 이후 2006년에는 네덜란드가 시행해 오고 있다. 독일은 야당의 반대로 인해 2007년 4월부터 제한적으로 적용해 오고 있다.

인두적 건강보험료의 도입 배경을 살펴보면 다음과 같다.

첫째, 고령(화)사회에서 예상되는 의료비 지출의 증가문제에 대처하여 그 비용을 사회구성원들에게 공정하게 분담시킬 수 있는 방안이 강구되어야 한다.

둘째, 건강보험자(독일의 경우 다수의 공적의료보험조합과 민간의료보험) 상호 간 경쟁이 활성화될 수 있는 제도적 기반이 강구되어야 한다.

셋째, 무분별한 의료비 지출의 증가가 보험료 인상을 통하여 기업의 인건비 부담 증가로 이어지게 되는 문제를 억제하여야 한다.

넷째, 인구구조의 고령화에도 불구하고 건강보험제도의 재정적 지속 가능성이 보장될 수 있도록 하여야 한다.

이러한 목표를 실현하기 위한 일환으로서 인두적 건강보험료의 특징을 살펴보면 다음과 같다(Beck & Bochert, 2005; Sachverständigenrat, 1994).

첫째, 건강보험의 피부양자 적용 규정을 폐지하고, 대신 국민 모두가 각자 개별적으로 의무가입을 하여야 한다(가족부양의 원칙 폐지). 이에 따라 국민 각자는 소득수준에 상관없이 국가에서 정한 정액의 보험료(=인두적 보험료)를 납부하여야 한다(소득비례의 원칙 폐지). 그러나 이 경우에도 건강보험료는 '수지상등의 원칙(equivalence principle)'의 차원에서 개개인의 나이, 건강상태, 거주지역에 따라 일정한 차이를 보일 수 있다.

둘째, 건강보험료의 기업 부담분에 대해서는 단기적으로는 현행 수준에서 동결하여 운영하되, 중장기적으로는 전적으로 가입자 개인이 부담하는 보험료로만 건강보험재정을 유지해 나가는 것을 목표로 한다(보험료의 노사 반반부담의 원칙 폐지).

셋째, 적용-급여-재정 등 전반적 차원에서 동일한 기준과 조건을 적용받는 건강보험시장의 환경을 조성하여 각각 다수의 공적의료보험조합과 민간의료보험이 상호 경쟁하는 방식으로 운영하도록 한다.

넷째, 보험료의 부담능력이 부족한 저소득계층과 아동·청소년들에 대해서는 국가 또는 별도의 연대적 조정장치(예: 공동금고)를 통하여 비용의 전부 또는 일부를 지원해 주게 한다.

다섯째, 이러한 정액의 보험료 부과방식은 중장기적으로 노인장기요양보험제도에서도 적용하는 방안을 강구한다.

지금까지 살펴본 인두적 건강보험료의 장점을 살펴보면 다음과 같다.

첫째, 인두적 건강보험료는 정액의 보험료를 가입자 개인에게 부과함으로써 그 비용이 기업의 인건비로 전가되는 제도적 통로를 단절시켜 고용불안의 문제를 방지할 수 있다.

둘째, 인두적 건강보험료는 실업인구의 증가 그리고 시간제 근로 또는 각종 비정규적 형태의 저임금노동이 확대되어 보험료의 부과 기반이 불안정해지는 문제(기준소득월액의 하락)를 방지할 수 있다는 점이다. 왜냐하면 정액의 인두적 건강보험료는 노동시장의 환경 변화와 무관하게 운영될 수 있기 때문이다.

셋째, 건강보험료의 사회적 지원이 단순히 건강보험 가입자의 피부양자라는 사실 자체가 아니라, 아동이나 저소득계층을 대상으로만 이루어지므로 제도의 분배적 기능이 공정하고 또한 목표효율적(target efficiency)으로 작용할 수 있다는 점이다. 그리고 이는 보험사업이 아닌 순수한 분배적 목적의 사업이므로, 그 비용은 국가나 공동기금에서 부담하도록 함으로써 건강보험재정이 안정화될 수 있는 효과도 기대할 수 있다.

넷째, 영국의 국민보험제도의 경우에서처럼 인두적 건강보험료 부과체계에서도 총량적 차원에서 수지상등의 원리가 적용되어 건강보험재정의 안정성과 투명성이 강화될 수 있다.

- 총량적 수지상등의 원리: 매년도 지출총액 = 매년도 수입총액
- 매년도 예상 의료비 지출총액(Exp) = 매년도 인두적 건강보험료(Kp)×가입자 수(N)
- Kp = Exp/N

다섯째, 인두적 보험료는 개인별로 소득수준이나 가구규모에 상관없이 모두에게 정액의 형태로 부과되므로, 건강보험자의 입장에서는 재정수입의 극대화를 목적으로 가입자를 선별하고자 하는 유인(cherry-picking)이 그만큼 줄어들게 되는 효과가 있다.[8)]

이상에서 살펴본 인두적 건강보험료는 고용정책적 차원의 장점에도 불구하고, 개인별로 부담능력에 상관없이 동일한 금액의 보험료를 부과한다는 점에서 공적연금제도로서 본연의 기능을 도외시하고 있다는 비판을 받고 있다(Pfaff, 2005). 그리고 이와 같은 비판은 인두적 건강보험료의 도입이나 확산에 중대한 걸림돌로 작용하고 있다.

③ 위험별 차등보험료

보험공동체의 구성원 가운데 위험의 발생 확률이 높은 집단(예: 의료보험에 있어서 노인이나 만성질환자)의 경우 그렇지 않은 일반 집단에 비해 보험의 혜택을 상대적으로 많이 받게 되는 경우가 있다. 이 경우 보험가입자 간 보험혜택의 불평등 문제가 발생할 수 있는데, 이러한 문제는 개인별로 위험등급에 따라 보험료의 수준을 차등화하는 방법으로 해결할 수 있다. 위험별 차등보험료는 자동차보험, 생명보험 등 상업보험제도에서 널리 활용되고 있다.

공적연금제도의 경우 위험별 차등보험료는 산재보험제도에서 적용되고 있다. 예를 들면, 한국의 산재보험제도는 업종별 '차등보험료율제도(differential rating system)'와 '개별실적요율제도(merit or experience rating

8) 반대로 인두적 보험료 부과체계하에서 건강보험자는 보험지출을 최대한 통제하기 위한 일환으로 노인, 장애인, 만성질환자 등의 보험가입을 거부하고자 하는 유인(parking)을 가질 수 있다. 따라서 이러한 문제에 대한 대응방법으로는 ① 건강보험자의 가입자 선별 권한을 법률로서 금지(open-enrollment)하거나, ② 해당 대상자들에 대해서는 할증된 보험료를 적용하고, 이 경우 그 비용은 국가 또는 공동기금에서 충당하는 방법 등이 있을 수 있음.

system)'를 통하여 개별 기업의 산재보험료를 차등화하고 있다. 2015년, 산재보험제도는 일차적으로 전체 기업을 60개 업종으로 분류하여 업종별로 산재 발생의 위험도에 따라 보험료율을 달리 적용하고 있다. 그리고 산재보험제도는 이차적으로 기업의 실제 산재사고의 실적에 따라 재차 기업별로 보험료율을 차등화하고 있다.[9)]

업종별 차등보험료율제도와 개별실적요율제도는 개인 간 위험발생의 차이에 의해 발생하게 되는 보험혜택의 불평등 문제를 완화하고, 무엇보다도 사업주의 산재예방 동기를 강화할 수 있는 장점이 있다. 그러나 이러한 형식의 보험료 부과체계는 공적연금제도의 분배적 기능을 제약하게 되는 문제를 가지고 있다. 예를 들면, 한국의 산재보험제도에서 보험료율은 2015년의 경우 업종 구분에 따라 최저 0.7%에서 최고 34%로 큰 격차를 보이고 있다. 그리고 이러한 산재보험료는 또한 기업의 재정상황이나 부담능력에 상관없이 다시 기업별로 산재사고의 실적에 따라 재조정되도록 하고 있다. 만약 이와 같은 보험료의 차등화가 보다 강화될 경우 비록 부담과 혜택의 공정성 측면에서는 바람직하겠지만, 점차 사회보험으로서 '분배적 기능'이 약화될 가능성이 높다. 이에 따라 산재보험은 집단적 연대의 원리에 기반한 사회보험이 아니라, 일종의 민간보험 또는 저축의 기능을 하는 개인의 '자기보험(self-insurance)'으로 기능이 위축될 우려가 높다(ILO, 1997: 705). 결과적으로 산재보험제도는 점차 사회보험으로서의 위상을 상실하게 되어 지속적인 민영화의 논의에 휘말리게 될 가능성이 있다.

④ 기초소득공제 보험료

기초소득공제 보험료는 [그림 8-8]의 왼쪽에서 보는 것처럼 개인별로

---

9) 한국 산재보험제도의 운영 및 실적의 현황을 종합적으로 소개하고 있는 자료로는 한국노동연구원(1998) 그리고 고용노동부(2010)를 참조하기 바람.

각자의 소득에서 기초생활에 필요로 하는 기초소득을 공제한 나머지의 소득에 대하여 보험료를 부과하는 방식을 의미한다. 그리고 그림의 오른쪽은 이 경우 개인들 각자의 보험료 부담비율이 고소득층으로 갈수록 누진적으로 높아지는 것을 보여 주고 있다. 하지만 이 경우 보험급여(주로 현금급여)는 개인별로 기초소득을 공제한 순소득(Y_i-E)이 아니라, 단순히 종전소득(Y_i)의 수준에 비례하도록 하고 있다. 이러한 기초소득공제 보험료는 벨기에의 공적연금제도에서 일부 적용되고 있는 것으로 파악되고 있다(Schmähl, 1985).

기초소득공제 보험료는 크게 다음과 같은 두 가지 측면에서 긍정적인 효과를 가져다줄 수 있다(Commission of the European Communities, 1983). 먼저, 분배정책 차원에서 기초소득공제 보험료는 특히 저소득가입자의 보험료 부담을 경감하여 해당 가계의 실질소득을 증대시키는 효과를 가져다주게 된다. 왜냐하면 저소득계층의 경우 기초소득을 제외한 나머지 소득, 즉 보험료 부과대상의 소득이 낮은 수준에 머무르게 되어 보험료 부담이 낮아질 것으로 예상되기 때문이다. 다음으로, 고용정책적 차원에서 기초소득공제 보험료는 기업의 보험료 부담을 완화하여 저소득 계층의 고용증대효과를 가져다줄 수 있다.

그러나 기초소득공제 보험료는 다음과 같은 측면에서 문제점이 지적되고 있다(Schmähl, 1985). 첫째, 기초소득공제 보험료가 도입될 경우 보험료 수입의 누락에 의해 공적연금제도의 재정운영이 불안정해질 수 있다. 둘째, 기업의 인력 활용에 왜곡현상을 초래하여 소득공제선 이하의 근로계층이 양산될 위험성이 있다. 셋째, 기초소득공제 보험료는 가입자 개인별로 부담과 급여 간의 연계성을 약화시켜 공적연금제도로서의 기능을 제약하는 문제를 야기할 수 있다.

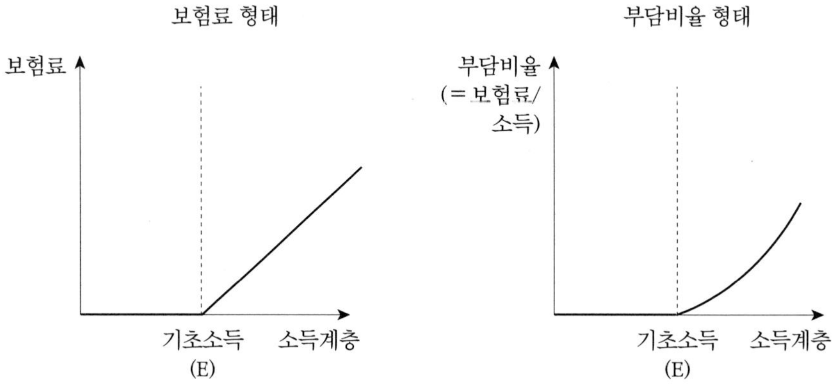

[그림 8-7] 기초소득공제 보험료의 형태와 소득계층별 부담비율

출처: 이정우(2017).

⑤ 기업의 부가가치에 연계한 보험료

부가가치 연계 보험료(Wertschöpfungsbeitrag독)란 사용자의 보험료를 현행과 같이 근로자 개개인의 임금을 대상으로 하지 않고, 대신 기업이 매년 창출하는 부가가치(생산)를 대상으로 결정하는 방식을 의미한다.[10] 비록 이러한 보험료의 부과방안은 현재까지 학문적 차원에서만 논의가 되고 있으나, 만약 그것이 실현될 경우 여러 가지 차원에서 긍정적 효과를 가져다줄 수 있을 것으로 기대된다(Schmähl et al., 1984).

기업의 부가가치 생산에 연계한 보험료의 부과방안은 현행 사용자 부담의 보험료에 대한 문제인식에서 출발하고 있으며, 구체적인 내용은 다음과 같다.

첫째, 기업 상황에 따라 보험료의 부담이 불평등하게 이루어지고 있다. 예를 들어, 노동집약적 사업을 수행하는 영세기업은 보험료의 부담이 과도하게 높게 나타나는 반면, 자본집약형의 사업을 주도하고 있는

10) 기업의 부가가치 연계 보험료는 '기계세(machine tax,영 Machinensteuer독)'으로도 불리고 있음.

대기업은 보험료의 부담이 오히려 줄어들게 되는 문제가 있다.

둘째, 인력절감형 산업이 발전함에 따라 만성적인 실업문제를 겪고 있는 현대사회에서 보험료를 부담하는 근로계층은 점차 축소되는 반면, 기업의 이윤은 점차 증대되는 분배의 불평등이 심화되는 문제가 있다.

셋째, 저출산-고령사회에서 생산인구의 절대적 부족은 늘어난 노령인구의 부양을 위해 필요로 하는 재원의 조달에 심각한 지장을 초래할 수 있다. 특히 인구의 고령화는, 근로자는 물론 사용자 부담의 보험료 수입을 위축시켜 궁극적으로 사회보험의 재정운영이 압박을 받게 될 위험이 있다.

한편, 사용자가 부담해야 하는 보험료가 기업이 생산한 부가가치, 즉 기업의 이윤을 대상으로 부과될 경우 다음과 같은 장점이 기대된다. 먼저, 이러한 방안은 부가가치가 낮은 영세기업의 보험료 부담을 경감해주는 분배정책의 효과는 물론, 영세기업의 인력수요를 지원하는 고용정책적 효과를 가져다줄 수도 있다. 다음으로, 기업의 부가가치 생산을 기준으로 보험료가 부과되므로 장차 자본집약형 산업구조로의 체질전환이나 고령사회의 도래에도 불구하고 공적연금제도는 안정적인 재정수입원을 확보할 수 있는 장점을 가지게 된다.

그러나 사용자의 부가가치 생산에 연계한 보험료의 부과방안은 경우에 따라서는 경영합리화나 신기술의 도입에 대한 동기를 위축시켜 중장기적으로 기업의 대외 경쟁력과 국민경제의 성장에 부정적인 영향을 초래할 수 있다는 문제가 있다. 그리고 기업이 생산한 부가가치에서 충당하게 되는 보험료 수입이 전체 보험재정에서 중대한 비중을 차지하게 될 경우 자칫 공적연금제도로서의 기본운영원리가 왜곡될 우려가 있다. 왜냐하면 여기서 기업의 부담분은 보험료가 아니라 일종의 조세(예: 부가가치세)가 될 수 있기 때문이다. 이에 따른 부정적 파급효과는 특히 부담과 급여의 상관관계를 유지하고 있는 현금급여에서 발생할 가능성이 높다.

3) 사회복지운영재원으로서 조세와 사회보험료의 장단점

한 나라에서 운영되는 전체 공적연금제도는 다양한 종류의 재원으로 재정을 충당하며, 이러한 운영재원으로는 크게 조세, 가입자나 사용자의 보험료 그리고 기타 운영수입이 있다. 사회복지운영재원의 구성은 [그림 8-8]과 같이 국가별로 상당한 차이가 있다.

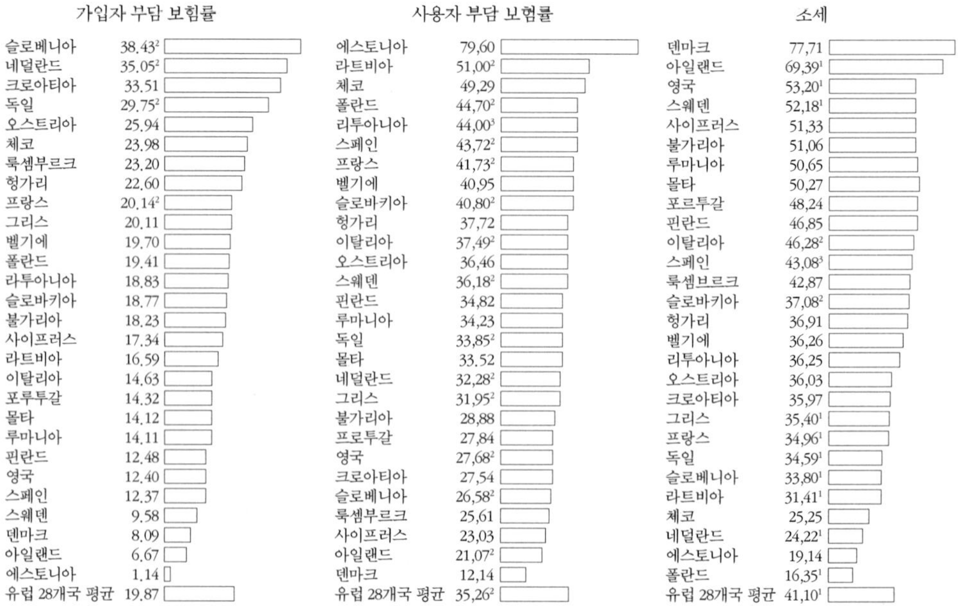

[그림 8-8] 유럽연합 회원국가의 사회복지 운영재원의 구성비(2012)

출처: Bundesministerium für Arbeit und Soziales (2015).

[그림 8-8]을 살펴보면, 비교 대상이 되는 28개국 가운데 가입자 직접 부담하는 사회보험료의 비중이 가장 높은 국가는 슬로베니아와 네덜란드로서 전체 사회복지재정의 약 1/3을 차지하고 있다. 이어서 크로아티아, 독일, 오스트리아 순으로 나타나고 있으며, 그 비중이 가장 낮은 국

가는 에스토니아로서 약 1%의 수준에 불과하다. 이와는 반대로, 기업이 사용자 보험료의 형태로 부담하는 총액의 비중이 가장 높은 국가는 에스토니아로, 전체 사회복지재정의 약 80%를 차지하고 있다. 다음으로 라트비아, 체코, 폴란드 순이며, 그 비중이 가장 낮은 국가는 덴마크로, 약 12%로 나타나고 있다. 끝으로, 국가의 조세수입에서 충당하는 총액의 비중이 가장 높은 국가는 덴마크로, 전체 사회복지재정의 77%를 국가가 직접 부담하고 있다. 이어서 아일랜드, 영국, 스웨덴 순으로 이루어지고 있으며, 그 비중이 가장 낮은 국가는 폴란드로, 약 16%를 기록하고 있다.

공적연금제도의 운영재원으로서 조세와 사회보험료는 장단점을 동시에 가지고 있다. 여기서는 이와 관련한 사항에 대해 개략적으로 살펴보고자 한다(Schäfer, 1983).

(1) 조세의 장단점

목적세를 제외한 일반조세의 경우 다양한 형태의 소득원, 재산, 상품 및 서비스 등에 대하여 부과되고 있다. 그리고 이러한 조세수입은 일반재정에 편입되어 특정한 목적사업에 구속을 받지 않고 국가의 모든 일반사업에 활용되고 있다.

사회복지운영재원으로서 조세는 다음과 같은 장점을 가지고 있다. 먼저, 조세는 사회복지 재원 확보의 측면에서 안정성을 도모할 수 있으며, 이에 따라 개별 공적연금제도는 새로운 사회환경의 변화에 유연하게 대처할 수 있는 능력을 갖출 수 있다. 다음으로, 조세는 재정수입 측면에서는 물론 재정지출 측면에서도 사회보험료보다 탁월한 분배적 효과를 가지고 있다. 이에 따라 조세로 운영되는 공적연금제도 또한 사회보험제도보다 상대적으로 높은 분배적 기능을 수행할 수 있다.

그러나 사회복지재원으로서 조세는 다음과 같은 문제가 있다.

첫째, 개별 공적연금제도들은 재정의 확보를 둘러싸고 국가의 다른 일반사업들과 경쟁하여야 한다. 이에 따라 조세재원에 기초한 공적연금제도들은 비록 이론적인 차원에서는 풍부한 일반재정을 바탕으로 안정적인 재정운영을 할 수 있는 장점을 가지고 있으나, 실제적인 차원에서는 국가의 다른 일반사업과 예산경쟁을 함으로써 재정운영의 불안정을 겪게 되는 문제가 있다.

둘째, 국가의 정치적 과정을 통하여 제반 사업 단위별로 예산배분이 결정되므로, 사회복지재정 운영의 불안정성은 물론 개별 제도 간 재정의 불균형 현상이 발생할 수 있다.

셋째, 사회복지재정에 있어 조세비율이 높아지게 될 경우 그에 상응하는 수준으로 국가의 개입이 증가하게 되어 제도운영의 경직성과 관료성이 심화될 가능성이 높다.

(2) 사회보험료의 장단점

일반적으로 사회보험료는 특정한 사회복지 분야에서 특정한 목표를 수행하기 위하여 필요로 하는 재원을 조달하기 위하여 징수된다. 나아가 공적연금제도는 원칙적으로 사전에 보험료를 부담한 계층에게만 혜택이 돌아갈 수 있도록 하고 있다.

이러한 사회보험료의 특성에 따라 사회복지운영재원으로서의 사회보험료는 다음과 같은 장점이 있다. 먼저, 사회보험료는 본연의 목표에 대해서만 배타적으로 활용되므로 재정운영의 안정성과 국민의 신뢰도가 높게 나타난다. 다음으로, 사회보험료의 부담과 급여의 연계성에 따라 수급계층은 급여의 청구에 대한 권리를 가지게 된다. 마지막으로, 국민 개인별로 종전 생활수준에 상응하는 급여는 사회보험료로 운영되는 사회보험제도에서만 가능할 수 있다. 왜냐하면 이 경우 개인은 사전에 자신의 소득수준에 따라 사회보험료를 부담하게 되고, 향후 자신의 종전 소득에 비례하는 수준의 급여를 받을 수 있기 때문이다. 달리 표현하면, 사회보험제도의 경우 개인별로 능력에 상응하는 부담과 혜택이 적용되므로 시장원리가 비교적 충실하게 반영될 수 있는 장점이 있다.

그러나 사회보험료를 재원으로 하는 공적연금제도는 다음과 같은 문제점이 있다.

첫째, 사회보험료의 경우 조세에 비해 분배적 기능이 취약하다.

둘째, 사회보험료로 운영되는 공적연금제도의 경우 제도별 독립채산의 원칙에 따라 경제적 · 사회적 환경변화에 유연하게 대처할 수 있는 능력이 미흡하다. 예를 들면, 공적연금제도의 하나인 고용보험제도는 호경기의 경우 실업률이 낮아 보험재정이 흑자를 기록하게 되는 반면, 불경기의 경우 실업자의 증가에 따른 사회보험료 수입의 감소와 급여지출의 증가로 인하여 사업의 수행에 상당한 차질을 겪게 될 가능성이 높다.

(3) 종합

지금까지 살펴본 조세 및 사회보험료의 장단점은 〈표 8-1〉로 요약하여 정리해 볼 수 있다.

<표 8-1> 조세와 사회보험료의 특징 및 장 · 단점 비교

비교 항목	조세	사회보험료
특징	• 일반재정에서 국가의 다른 사업과 공동으로 활용 • 부담과 혜택이 상호 독립적	• 별도의 독립회계로 특정한 사용 목적에 구축 • 부담과 혜택의 긴밀한 연계
장점	• 복지재원 확보의 용이성 • 환경변화에 대처한 대응능력 • 강한 분배적 기능 • 기초생활수준 보장	• 재정 운영의 독립성(안정성)과 국민의 신뢰 • 보험료 인상에 대한 국민의 수용성 • 청구권으로서 권리성 보장 • 생활수준 보장

단점	• 부처 간 예산확보 경쟁으로 인한 재정의 불안정성 • 예산 배정의 불균형성 • 경직성/관료성 • 조세저항	• 분배적 기능의 취약성 • 환경변화에 대처한 유연성의 부족

출처: 이정우(2017).

공적연금제도의 주된 운영재원으로서 조세와 사회보험료가 있다. 이러한 두 가지 종류의 운영재원은 비록 현상적으로는 상호 배타적인 관계를 가질 수 있으나, 실제에 있어서는 합리성의 관점에서 공정한 역할 분담과 상호 간 기능의 보완을 도모할 수 있도록 노력할 필요가 있다. 구체적으로 사회복지사업에 필요로 하는 재원을 무엇으로 충당할 것인가 하는 문제는 개별 사업의 목표와 기능 그리고 그 파급효과 등을 면밀히 검토하여 결정하여야 할 사안이다. 나아가 일부 사업의 경우 그 특성상 조세와 사회보험료의 공동재원으로 해결하는 것이 바람직할 수도 있다. 그러나 이 경우에도 각각의 분담비율은 단순히 정치적 타협이나 이념적 차원이 아니라 논리적이고 객관적인 차원에서 결정될 수 있도록 할 필요가 있다.

제4절 공적연금제도의 기능적 정상화 방안: 재원조달의 원칙

1. 논의의 배경

국가가 전액 조세재원으로 운영하고 있는 공적연금제도들(예: 국민기초생활보장제도, 기초연금제도, 국가보훈제도 등)과는 달리, 공적연금제도의 경우 보험료와 조세가 모두 운영재원으로 활용된다. 한국의 경우, 국가는 공무원이나 군인의 연금 적용을 위하여 사용자로서 보험료의 절반과 별도로 재정보조금을 일반재정에서 부담하고 있다. 그 밖에도 국가는 일반 국민을 적용 대상으로 하는 공적연금제도에 대하여 관리운영비의 전부 또는 일부를 지원해 주고 있다.

하지만 서구 선진국의 경우 공적연금제도, 특히 공적연금제도에 대한 국가의 재정적 지원은 그 규모나 내용적 측면에서 한국의 경우보다 월등한 것을 알 수 있다. 이와 관련, 독일과 스위스는 전체 연금재정의 약 1/3을 국가가 지원하며, 프랑스는 그 비중이 약 20% 수준에 이르고 있다. 그리고 독일 농민연금제도의 경우 국가에 의한 재정보조금의 규모는 연금재정의 3/4 이상을 넘어서고 있다. 그 밖에도 특정한 사안에 따라 개인이 부담하여야 하는 보험료의 전부 또는 일부를 국가가 대신 납부해 주는 경우도 있다. 일례로, 독일, 프랑스, 스웨덴 등에서 국가가 육아휴직 여성, 군인, 학생 등을 위하여 연금보험료를 납부해 주는 크레딧 제도가 여기에 해당된다.[11] 뿐만 아니라 고용보험제도나 의료보험제도의 경우에서도 상당수 국가에서는 재정보조 또는 결손보장 등의 방법으로 보험재정을 지원하고 있다.

2. 이론적 논의: 사회보험 재정에 있어서 보험료와 조세의 분담 기준

사회보험제도의 재정운영과 관련하여 국가는 왜 재정을 지원해야 하며, 이 경우 그 수준을 결정할 수 있는 기준은 무엇인가에 대한 문제를 제기할 수 있다. 일반적으로 공적연금제도는 순수한 의미의 보험사업은

11) 참고로, 현재 한국의 국민연금제도에서도 출산크레딧, 군복무크레딧 그리고 실업크레딧이 운영되고 있음.

물론 '보험 이외의 사업(versicherungsfremde Leistungen[독])' 또한 동시에 수행하게 된다.

이와 관련하여 먼저, 보험사업으로는 연대적 차원에서 위험의 분산 그리고 개인적 차원에서 저축적 기능이 해당될 수 있으며, 대표적으로 국민연금제도의 각종 연금, 고용보험제도의 실업급여사업 또는 산재보험제도의 각종 급여들(장해급여, 휴업급여 등)이 언급될 수 있다.

다음으로, 보험 이외의 사업은 사회정의의 차원에서 공적연금제도가 수행하고 있는 각종 분배적 사업과 기타 사회정책적 차원의 프로그램 등이 대표적이다. 가령 한국의 국민연금제도의 경우, 급여산식[12]에 내재되어 있는 소득재분배 기능 그리고 가족정책적 차원의 출산크레딧과 부양가족연금, 두루누리사업 등이 대표적인 사례가 될 수 있다. 이외에도 출산율의 감소 및 평균수명의 연장 등 인구사회학적 변화, 세계적 경기변동, 전쟁 또는 (한국의 경우) 통일 등 순수한 보험의 기능이 적용될 수 없는 위험들 역시 보험 이외의 사업범위(versicherungsfremde Leistungen[독])에 해당될 수 있다.

이상에서 국민연금제도의 보장기능과 분배적 기능이 이원화되어 있는 것처럼 운영 재원 역시 보험료와 조세로 이원화되어야 할 필요가 있다. 왜냐하면 국민연금제도의 급여체계에 있어서 보험의 원리에 의한 자구적 요소 그리고 부조의 원리에 입각한 이타적 요소가 종종 상호 배타적 작용을 하기 때문이다. 따라서 단지 사회보험이라는 이유만으로 더 이상 분배적 책임을 맹목적으로 수용하기만 할 것이 아니라, 그것이 전체 사회보험제도 체계 속에서 공정하게 수용될 수 있는지 여부를

12) 한국 국민연금 급여산식은 전체가입자 평균소득월액으로 결정되는 균등부분(A값) 그리고 개인별로 생애평균임금으로 결정되는 소득비례부분(B값)으로 구성되어 있음. 이 중 균등부분인 A값은 동일한 가입경력을 가진 모든 연금수급자에게 소득수준에 상관없이 동일한 금액의 연금을 지급하도록 설계되어 있어 매우 큰 소득재분배 기능을 담당하고 있음.

두고 합리적인 의사결정이 이루어져야 할 것이다(Wallrabenstein, 2009: 173ff.).

공적연금제도가 국가를 대신하여 수행하는 사업들은 한국의 경우에도 다양한 형태로 존재할 수 있다(Raffelhüschen et al., 2011). 예를 들면, 한국의 고용보험제도는 실업으로 인한 경제적 피해를 위험분산의 기능을 통해 해결하고자 하는 실업급여사업 외에도, 노동시장정책의 일환으로서 상당 부분 국가 책임의 사업에 해당하는 고용안정사업이나 직업능력개발사업 그리고 모성보호사업 또한 동시에 수행하고 있다.

사회보험의 재정에서 국가가 정부보조금의 형태로 지원해 주어야 하는 금액을 결정하기 위한 이론적 기준으로서 '수지상등의 원칙'을 제시해 볼 수 있다. 여기서 수지상등의 원칙이란 개인별로 납부하여야 하는 보험료와 기대급여가 보험수리(actuary) 또는 확률적으로 상호 일치해야 한다는 것을 의미한다. 따라서 사회보험의 역할들 가운데 순수한 보험사업은 반대급부가 보장되는 보험료재원으로 그리고 보험 목적 이외의 사업들은 반대급부가 인정되지 않는 조세재원으로 충당되어야 한다. 그리고 수지상등의 원칙에 따라 국가가 당연히 부담해야 하는 금액에서 실제로 국가가 납부한 정부보조금을 공제한 금액은 '잘못된 재정(Fehlfinanzierung[독])'으로서, 그에 상응하는 만큼 국가가 사회보험에 재정적 부담을 전가하는 것을 보여 준다.[13] 참고로 독일 국민연금을 대상으로 잘못된 재정의 규모를 추정한 연구(Schmähl, 2007)에 따르면 그 규모는 2007년 당시 연금재정지출의 40% 가량을 차지하고 있으며, 이를 다시 보험료로 환산하면 국민연금 보험료 19% 가운데 7~9%에 해당되는

13) 참고로, 독일의 사회보험에 대한 재정추계 연구자료에 따르면, '잘못된 재정'의 규모는 2007년 기준 약 60조 원으로, 이는 같은 해 전체 사회보험 재정지출 932조 원의 6.4%에 해당하는 금액임. 만약 이러한 금액을 국가가 일반재정에서 부담하게 된다면, 같은 해 총 사회보험료 가운데 7~9%가 인하되는 효과를 기대해 볼 수 있음(Schmähl, 2007).

것으로 나타났다.

3. 잘못된 재정으로 인한 부작용

사회보험에 대한 국가의 재정적 지원이 부족하게 될 경우, 즉 잘못된 재정의 문제가 존재할 경우 다음과 같은 세 가지의 영역에 걸쳐 부작용이 발생하게 될 가능성이 높다.

먼저, 분배적 측면에서 부정적 현상이 발생할 수 있다. 첫째, 정률의 보험료는 누진율이 적용되는 조세에 비해 분배적 기능이 제한적이라는 점을 감안해 볼 때, 보험료 재원으로 운영되는 국가 목적 사업은 그 자체로서 문제점을 가지고 있다. 둘째, 일반적으로 국가 목적 사업의 경우 그 혜택이 직간접적으로 전체 국민에게 돌아가게 되는 반면, 비용은 일부 사회계층(즉, 사회보험 가입계층)의 특정한 소득원(예: 근로자의 임금소득과 자영자의 사업소득)에 대해서만 부담을 지우게 되는 문제가 있다. 셋째, 공적연금제도에서 적용되는 소득상한선은 고소득계층을 국가 목적 사업(예: 분배정책이나 기타 사회정책 차원의 사업)에 필요한 비용부담으로부터 면제시켜 주는 문제점을 가지고 있다.

다음으로, 고용정책의 측면에서 부작용을 초래할 수 있다. 국가가 본연의 사업에 따른 비용을 보험료 재원으로 충당하여 '잘못된 재정'의 규모가 확대될 경우, 이는 보험료의 인상요인으로 작용하여 기업의 인건비 부담과 생산비용을 가중시킬 수 있다. 그 결과, 한편으로는 기업의 인력수요가 위축되어 실업이 증가하게 되고, 다른 한편으로는 제품의 가격인상으로 인해 기업의 대외경쟁력이 약화되는 문제가 발생할 수 있다. 그리고 보험료 부담의 증가는 근로자의 가처분소득을 떨어뜨려 근로의욕을 저하시키게 되는 문제도 가지고 있다.

마지막으로, 사회보험 운영원칙의 훼손문제를 야기할 수 있다. 만약 국가의 지속적인 비용전가 행위로 인하여 '잘못된 재정'의 규모가 점차 확대될 경우, 이는 '부담과 혜택의 상관관계'를 약화시켜 궁극적으로는 제도 불신의 요인으로 작용하게 될 위험이 높다. 이에 따라 사람들은 자신이 부담해야 하는 보험료를 점차 조세로 인식하게 되고, 이는 당사자들의 주관적 가처분소득을 하락시켜 노동공급에도 부정적 영향을 미치게 될 우려가 있다. 왜냐하면 조세는 보험료와는 달리 반대급부가 인정되지 않으므로, 만약 사람들이 조세로 인식하게 된다면 주관적 가처분소득은 더욱 더 떨어지게 될 가능성이 높기 때문이다. [그림 8-9]에서는 공적연금제도가 국가의 재정적 지원이 없이 거의 전적으로 보험료재원만으로 국가 목적 사업들을 수행하게 되었을 경우 예상해 볼 수 있는 제반 부작용들을 종합적으로 정리하여 보여 주고 있다.

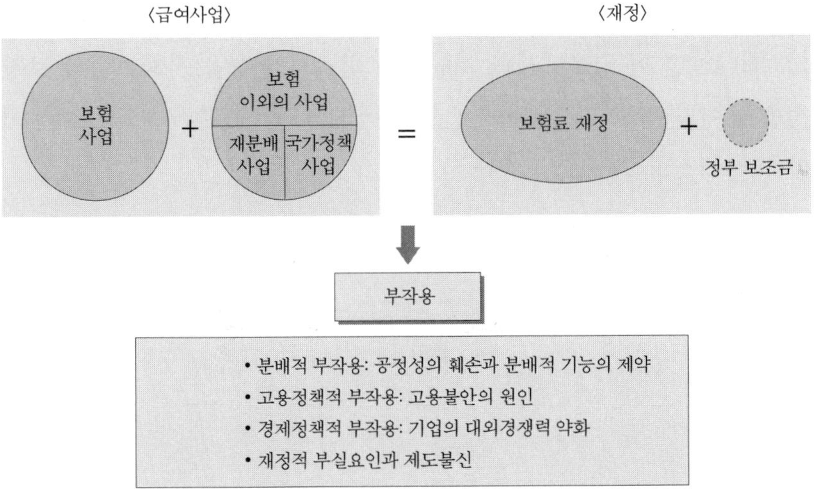

[그림 8-9] 사회보험에 대한 국가의 책임전가 행위로 인한 부작용[14)]

출처: 이정우(2017).

---

14) 이는 보험료 수입과 지출이 일치할 때를 전제로 하며, 사업별로 국가사업은 재정보조를 해 줘야만 분배적 · 경제적 측면에서도 바람직한 결과로 이어질 수 있다는 점을 시사함.

4. 사업목적에 상응하는 재정조달의 원칙이 지켜질 경우 예상되는 기대효과

이상에서 살펴본 문제점에 대한 개선방안으로서 개별 공적연금제도들이 수행하는 사업의 특성에 따라 활용 재원을 구분하는 '사업 목적에 상응하는 재원조달의 원칙'이 확립되어야 할 필요가 있다(Schmähl, 1988). 그리고 바로 이러한 경우에서만 비로소 공적연금제도에 대한 국가의 사의적 비용전가 행위가 차단되어, 분배정의는 물론 고용안정과 경제성장의 효과도 기대해 볼 수 있다. 나아가 이러한 원칙은 사회보험 재정운영의 안정성과 해당 제도에 대한 국민의 신뢰를 제고할 수 있는 장점도 있다. 그리고 국민의 신뢰는 국민이 제도의 보장성을 강화하기 위해 요구되는 보험료의 인상을 수용할 수 있게 하는 기반이 될 수 있다. 왜냐하면 이 경우에서만 개인은 보험료의 인상을 사회보험의 보장성을 높이기 위해 필요로 하는 가격인상으로 받아들일 수 있기 때문이다(Deutsche Bundesbank, 2008: 5).

참고문헌

고용노동부(2010). 2009년 산재보험 사업 연보.

이정우(2017). 사회복지정책(3판). 서울: 학지사.

이준구(2002). 재정학. 경기: 문우사.

한국노동연구원(1988). 산재보험 적용 및 징수체계의 효율화 방안.

Barr, N. (2007). *The Economics of the Welfare State*. (4th ed.) Oxford University Press.

Beck, E., & Bochert, J. (2005). Kopfpauschale-ein Anschlag auf die BÜrgerfreibert, HintergrÜnde und Meinungen zur Gesellschaft: Eine Schriften-rehedes Dgb-Bildungswerk Hessen e. V.

Bundesministerium fÜr Arbeit und Soziales (2015). Sozialkompass Europa: Soziale Sicherheit in Europa im Vergleich, 6. Auflage.

Casmir, B. (1989). Staarilic Rentenversicherungsysteme im internationalen Verleich: Eine Studis Über die Systeme in Grossbritannien, den Niederlanden, der Schwiez, den Vereingten von America, Österreich und der Bunderepulik Deusxhland. Peter lang Verlag, Dissertation.

Commission of the European Communities (1983). *Social Security Financing and Effects on Employment*. Bruxelles.

Deutsche Bundesbank (2008). *Entwicklung der Steuereinnahmen in Deutchland und aktuelle steuerpolitische Fragen*, Monatsbericht, Oktober. pp. 35–59.

ILO (1997). *Social Security Financing*. International Labour Office. Geneva.

ILO (2000). *Social Security Financing*. International Labour Office. Geneva.

Kirchnof, F. (1993). Die Verteilung der Finanzverantwortung fÜr die

Retenversicherung zwischen Solidargemeinschaft und staat. *Deutsche Retenversicherung, Nr. 7*. pp. 437–448.

Pfaff, M. (2005). Die BÜrgerpauschale-eine kritiche WÜrigung, Beck, E. und Bochert, J. (Ed.), *Kopfpauschale-ein Anschlag auf die BÜrgerfreheit*, pp. 31–54.

RaffelhÜschen, B., Moog, S., & Vatter, J. (2011). Forschungzierung in der deutchen Sozialversicherung-Studie des Forschungszentrums GenerationsvertÄge im Auftrage der Initiative Neue Soziale Marktwirtschaft.

SachverstÄndigenrat (1996). Jahresgutachten 1996/1997 des Sachverstandigenrates zur Begutachtung der gesamtwirtschafitlichen Entwicklung. Drucksache 13/6200.

SachverstÄndigenrat (2004). Enfolge im Ausland-Herausforderungen im Inland. Jahresgutachten.

SchÄfer, D. (1983). Sozial Sicherung: Konstruktionselemene und Gestaltungalternativen. WISU, Hf. 2–3. pp. 75–79, 119–128.

SchmÄhl, W. (1985). *Verscherungsprinzip und sozial Sicherung*, Mohr-Verlag TÜbibgen.

SchmÄhl, W. (1988). Die Finazierung in der Sozialversicherung-Lohnbezogene VersicherungsbeitrÄge, Wertschöpfungabgaben und Steuern aus Wirtschafts–, sozial-und ordnungspolitischer Sicht, Rolf, G., Spahn, P. W. und Wangerm G. (Ed.), *Sozialversicherung und Sicherung-Zur ökonomischen Thorie staatlicher Vweicherung und Umverteilungssysteme*, Capus Verlag, pp. 465–489.

SchmÄhl, W. (2007). Aufgabenadeguate Finanzierung der Sozialversicherung durch Beitrage und Steuern-BegrÜndung und Wirkungen eines Abbaus der Fehlfinanzierung in Deucgland, Blanke, H. J. (Ed.), *Die Reform des Sozialstaats zwischen Freiheitlichkeit und SolidaritÄt*, TÜbingen. pp. 57–82.

SchmÄhl, W., hrnke, K., & Schellhaab, H. M. (1984). Änderung der Beitragsfinazierung in der Renenverstickerung-ökonomiche Wirkungen des Maschinenbetragem Nomos-Verlagsgesellschaft, Baden-Baden.

Wallrabenstein, A. (2009). Versicherung im Sozialstaat, Mohr Siebeck, TÜbingen.

제9장

한국의 공적연금제도 재정관리방식의 문제점과 개선방안

제1절 문제의 제기

공적연금제도는 국민들의 노후소득보장을 목적으로 운영되는 사회제도로서, 그 기능이 세대를 이어서 상시적으로 유지될 수 있도록 하여야 한다. 국가는 이러한 공적연금제도가 운영 과정에서 발생하게 되는 부담과 혜택이 세대 내 또는 세대 간 공정하게 배분될 수 있도록 노력할 책임이 있다. 왜냐하면 공적연금제도의 핵심원리인 '세대 간 계약(generational contract)'은 일종의 묵시적 계약으로서, 자칫 특정 세대에게 부담 또는 혜택이 편중되는 문제가 발생하게 될 가능성이 있기 때문이다. 그리고 이로 인한 형평성의 왜곡문제는 자칫 세대 간 갈등을 초래하여 제도의 영속성을 위협하게 될 위험도 높다.

국민연금공단(2021)의 발표자료에 의하면 2020년 말, 한국의 국민연금 적립 기금은 약 884조원으로, 이는 같은 해 국가예산 513.5조 원의 1.7배에 상당하는 규모다. 하지만 이와 같은 규모의 적립기금이 과연 적정한 수준인지 여부를 판단할 수 있는 기준이 현행 국민연금 관리운영체계 상에서는 찾아보기 어렵다는 것이 문제로 제기될 수 있다. 이에 따라 비록 단순한 비교이지만, 관련 법률에 따라 대략 1개월분의 급여지출을 충당할 수 있는 소규모의 완충기금만을 가지고 있는 독일의 국민연금이 한국의 국민연금의 경우보다 재정상태가 상대적으로 더 열악하거나 위급한 것으로 평가를 할 수는 없을 것이다. 단순히 수익비 비교를 통해서 본 저부담-고급여, 잠재적 부채(implicit debt) 그리고 기금고갈 등의 논의는 국민들에게 막연한 제도불신의 심리를 가중시켜, 준비되지 않은 노후를 양산해 오고 있다.

본 연구는 국민연금제도를 포함한 모든 사회보장제도의 운영 과정에서 핵심적 역할을 수행할 수 있을 것으로 생각되는 재정관리 방식(financing system영; FInanzierungsverfahren독)에 대하여 살펴보고자 한다. 왜냐하면 재정관리방식은 제도의 운영과정에서 일종의 지불준비금으로서 적립기금 보유 수준의 적절성을 판정할 수 있는 기준으로서의 역할뿐만 아니라, 제도 설계의 기본방향, 운영 성과 그리고 제도의 재정 상황에 대한 평가 등을 위한 기본적 잣대가 될 수 있을 것으로 생각하기 때문이다. 나아가 재정관리방식은 제도 운영의 과정에서 다수의 지표를 상호 규율(일례로 급여 및 재정 관련 지표들 사이의 연계적 기능)하는 일종의 '자동제어장치(self-regulator)'로서, 제도에 대한 당리당략적 차원의 국가 개입이나 특정한 세대 또는 집단의 이해가 과도하게 반영되는 부작용을 통제하는 기능을 할 수 잇을 것으로 생각된다(BMAS, 2017).

일반적으로 국민연금제도는 세대를 이어서 모든 국민에게 영속적으로 적용되어야하므로, 재정관리방식의 선택이나 변경은 세대 간 이해갈등의 위험을 감안하여 매우 신중하게 이루어져야 할 필요가 있다. 본 연구는 국민연금제도애 대한 일반 운영원리 및 외국 제도와의 비교를 통하여 한국의 국민연금제도 재정관리방식의 현황 및 문제점 그리고 개선방안을 모색하고자 하는 데 그 목적이 있다.

제2절 재정관리방식의 개념 정의와 필요성

1. 재정관리방식의 개념 정의

재정관리방식이란 개별 사회보장제도들이 각자 사업의 운영 과정에서 요구되는 재정의 수지균형을 어떻게 맞추어 나가도록 할 것인가 하는 문제를 결정하는 방식, 즉 재정적 측면에서 일종의 '회계기준'을 설정하는 것과 같다. 여기서 핵심적 관심사는 [그림 9-1]에서 보는 바와 같이 제도별로 재정의 수지균형을 어떠한 시간적 기준으로 어떻게 맞추어 나갈 수 있도록 하여야 할 것인가에 따라서, ① 매년 사업의 운영에 필요한 재정의 동원규모, ② 장래의 전체 기대급여액을 충당하기 위해 필요한 적립기금의 규모 그리고 ③ 이와 같은 재원의 규모를 확보하기 위해 필요한 보험료의 수준이 서로 분명한 차이를 보일 수 있다(Schmähl, 1980). 이 이외에도 개별 사회보장제도들이 재정관리방식과 관련하여 어떠한 선택을 할 것인가에 따라 각자의 분배적 그리고 경제성장의 효과 또한 서로 상당한 차이를 보일 수 있다. 여기서 구체적으로 어떤 재정관리방식을 선택하고 동시에 이를 실행하는 방식은 그 특성상 '법률적 차원'이 아니라 '정치적 차원'에서 파악 및 판단하여야 할 과제로 생각된다(Barr, 2004). 그러나 일단 특정한 재정관리방식이 선택되면, 그 이후 제도의 운영 및 성과 평가 그리고 개선방안의 모색 등의 부분은 철저하게 과학적이고 객관적으로 이루어질 수 있도록 하여야 한다.

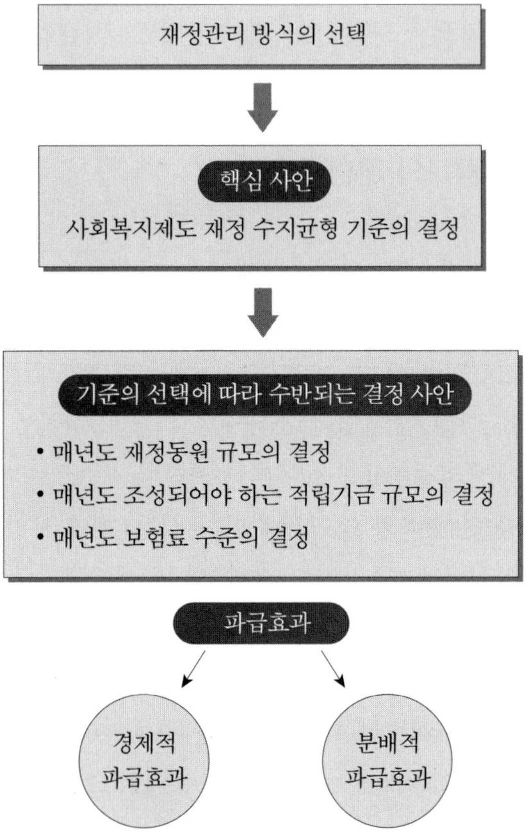

[그림 9-1] 공적연금제도별 재정관리방식의 선택에 따른 파급효과

출처: 이정우(2017).

2. 재정관리방식의 기능과 필요성

일반적인 위험 영역들(일례로, 실업, 질병, 산업재해 등 주로 단기성 위험)의 경우에서와는 달리, 노령, 장애 등과 같은 초장기성 위험을 담당하는 사회보장제도들(특히, 그중에서도 국민연금제도)에서는 [그림 9-2]에서 보는 바와 같이 개인별로 연금의 가입단계와 수급단계 사이에 상당한 시간적 격차(time-lag)가 존재하게 된다. 그리고 이러한 시간적 격차가 커질수록 개별 사회보장제도들에게는 그만큼 재정관리방식의 선택 범위가 넓어지게 되는 효과가 발생하게 되나, 동시에 그에 상응하는 만큼 불확실성 또한 확대되는 부작용이 존재하게 된다.

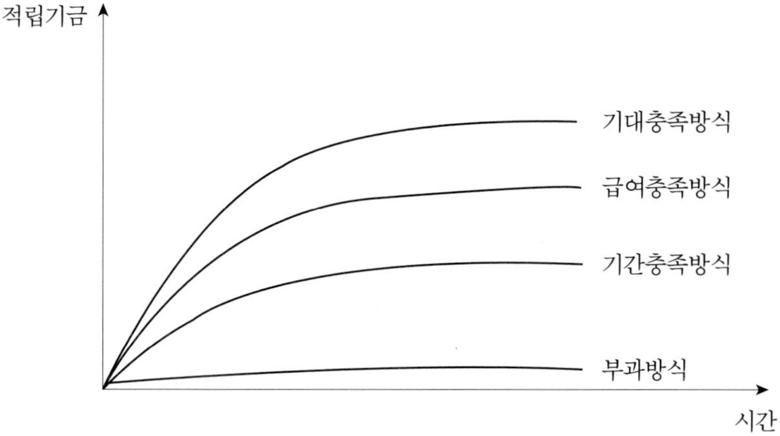

[그림 9-2] 공적연금제도의 재정관리방식별 수지균형의 유지방식

출처: 이정우(2017).

국민연금제도에 있어서 재정관리방식의 선택문제는 재정의 수지균형을 맞추어 나갈 수 있는 다양한 기술적 방법 가운데 어떤 것을 택할 것인가 하는 취사선택의 문제로 이해해 볼 수 있다.[1)] 하지만 만약 이러한 기술적 선택이 개별 사회적 위험들의 특성들을 면밀히 감안하여 이루어지지 않았을 경우, 그에 따른 피해는 당장은 물론 세대를 이어서 확장될 위험도 높다. 왜냐하면 일반적으로 국민연금제도를 포함한 모든 공적연금제도는 세대 간 계약(generationenvertrag[독])을 토대로 운영되기 때문이다. 이러한 차원에서 볼 때, 국민연금제도에 있어서 재정관리방식의 선

1) 여기에는 일례로 매년 단위의 수지균형을 도모하는 부과방식 그리고 개인의 생애주기별 단위에서 재정의 수지균형을 추구하는 적립방식으로 구분할 수 있음.

택은 세대 간 계약의 방향과 내용을 결정하는 작업으로서, 노후소득보장과 관련하여 노인세대-생산세대-미래세대의 이해관계를 조절하는 중대한 정치적 의사결정의 사안으로 볼 수 있다.

이러한 차원에서 볼 때, 특히 장기성 위험인 노령을 관리대상으로 하는 공적연금제도에 있어서 재정관리방식의 선택은 단순하게 재정 기술적 방식의 문제로서뿐만 아니라, 선택의 결과에 따른 정치적 · 경제적 · 사회적 파급효과가 막대한 정책적 의사결정의 사안이 될 수 있다(ILO, 1997). 나아가 재정관리방식은 연금제도의 특성을 결정하는 가장 기본적이고 핵심적인 것으로서, 일종의 연금제도라는 고층건물에서 마치 초석과 같은 기능을 하게 된다.

일반적으로 조세를 운영재원으로 하는 사회보장제도나 질병, 실업, 모성 등 주로 단기성 위험을 담당하는 사회보험제도의 경우 재정의 수지균형은 매년의 주기로 유지된다. 이에 따라 개별 제도가 매년도 국가나 사회보험 가입자 및 기업들로부터 조달하게 되는 재정수입의 규모는 같은 해의 재정지출을 충당하는 수준에서 결정된다. 따라서 이러한 방식으로 운영되는 공적연금제도의 경우 긴급한 상황에 대비한 최소한의 완충기금(buffer-fund)을 제외하고는 별도의 적립기금을 필요로 하지 않게 된다.

반면, 노령, 장애, 부양자의 사망 등 장기성 위험을 담당하고 있는 공적연금제도의 경우 다양한 종류의 재정관리방식을 선택적으로 적용할 수 있다. 이와 관련하여 대표적인 재정관리방식으로는 적립방식, 급여충족방식, 기간충족방식 그리고 부과방식이 있다. 여기서 각각의 재정관리방식에서 적립기금의 규모는 개략적으로 [그림 9-3]으로 나타낼 수 있다.

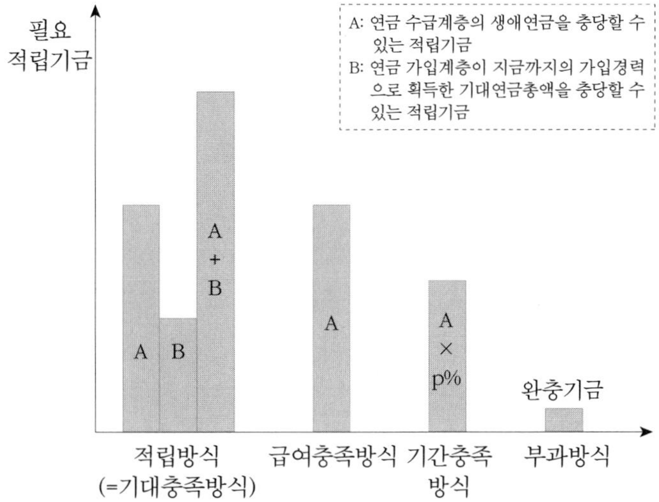

[그림 9-3] 공적연금제도의 재정관리방식과 적립기금의 규모

출처: 이정우(2017).

일반적으로 재정관리 방식(financing system[영], FInanzierungsverfahren[독])이란 국민연금제도를 포함한 모든 사회보장제도의 운영에 있어서 가장 핵심적인 지표로서의 역할을 수행하게 된다. 왜냐하면 재정관리방식은 제도의 운영과정에서 일종의 지불준비금으로서 적립기금 보유 수준의 적절성을 결정하는 기준으로서의 역할뿐만 아니라, 제도 설계의 기본방향, 운영 성과 그리고 제도의 재정 상황에 대한 평가 등을 위한 기본적 잣대가 될 수 있을 것으로 생각하기 때문이다. 나아가 재정관리방식은 제도 운영의 과정에서 다수의 지표들을 상호 규율(일례로 급여 및 재정 관련 지표들 사이의 연계적 기능)하는 이일종의 '자동제어장치(self-regulator)'로서, 제도에 대한 당리당략적 차원의 국가 개입이나 특정한 세대 또는 집단의 이해가 과도하게 반영되는 부작용을 통제하는 기능을 수행할 수 있을 것으로 생각된다(BMAS, 2017).

종종 우리는 국민연금을 포함한 제반의 사회보장제도들이 각자 상당한 규모의 적립기금 보유 여부를 기준으로 재정관리방식의 특성 및 명칭을 규정하는 경향을 보이고 있다.[2] 하지만 일례로 국민연금제도에 있어서 재정관리방식이란 본연의 설립 목적에 부합하는 사업들(일례로, 연금급여사업, 적용 및 징수사업, 기금운용사업 등)을 수행하기 위해 필요한 재원을 어떤 방식으로 동원하고, 동시에 가입자들의 장래 급여를 충당하기 위한 목적으로 조성한 적립기금을 어떤 방식으로 관리 및 운용하도록 할 것인가를 결정하는 일종의 기준 선택 문제와 관련을 가지고 있다.

제3절 공적연금 재정관리방식의 종별 분류에 따른 특성 비교

일반적으로 공적연금제도의 재정관리방식은 무수하게 많은 종류가 존재할 수 있다. 하지만 제도 설계에 있어서 기본적 구성요소를 중심으로 살펴볼 경우 재정관리 방식은 크게 다음의 네 가지 방식으로 축약해 볼 수 있다.[3] 이하에서는 공적연금제도에서 적용이 가능한 재정관리방식을 기급적립의 범위나 대상에 따라 기대충족방식, 급여충족방식, 기간충족방식 그리고 부과방식의 순으로 살펴보고자 한다. 그리고 각각의 재정관리방식별로 예상되는 적립기금의 규모 및 보험료의 수준 등에 대한 간략한 산출방식은 본 연구의 부록에 정리되어 있다.

2) 여기에는 ① 전체 가입자의 연금청구권을 완전하게 충당할 수 있는 수준의 적립기금이 요구되는 적립방식 그리고 ② 매년도 연금급여 및 기타 행정관리비용을 그 해의 보험료 수입과 정부보조금으로 충당해야 하는 부과방식이 있을 수 있음.

3) 공적연금제도에 있어서 재정관리방식의 기본원리와 기능을 상세하게 설명하고 있는 자료로는 대표적으로 Frerich(1990, 74ff.) 그리고 이정우(2017, 376ff.)를 참조하기 바람.

1. 기대충족방식

기대충족방식(순수 적립방식[4])은 다음에서 살펴보게 될 급여충족방식과 함께 공히 적립방식이 한 유형으로 불리고 있다. 그중에서도 기대충족방식은 달리 순수 적립방식으로도 불리고 있으며, 주로 민간의 연금보험상품에서 적용된다. 이러한 기대충족방식은 1889년 독일의 비스마르크가 국민연금제도를 최초로 도입한 이래, 1957년 연금 대개혁의 시기가지 적용되었던 재정관리방식이다. 일반적으로 기대충족방식을 토대로 운영되는 연금제도에서는 저축 기능과 위험분산의 기능(즉, 보험기능) 이외에는 원칙적으로 아무런 분배적 기능이 존재하지 않아야 한다. 왜냐하면 이 경우 연금은 민간에서 운영되는 것과 유사한 성격이나 기능의 보험 상품으로서, 극심한 경기침체나 대량실업 또는 통일 등과 같은 비상상황에서도 국가로부터 위임을 받은 본연의 역할을 수행해야만 하기 때문이다. 따라서 기대충족방식의 국민연금제도는 반드시 전체 가입자들의 예상 급여 총액을 충당할 수 있는 수준의 기금적립이 요구된다.

일반적으로 보험회사는 연금상품의 구입자들에게 장차 지급해야 될 보험급여의 기대총액을 '수지상등의 원리(equivalence principle)'에 기초하여 미리 산정하고,[5] 이에 상당하는 비용은 가입 기간 동안 적립한 보험료 및 이자 수입으로 충당하게 된다. 이와 관련하여 기대충족방식에 있어서 요구되는 적립기금의 규모는 매년도 신규가입자들을 대상으로 이들의 평균수명 그리고 장래의 경제적·사회적 지표들의 확률분포 등을 감안하여 산정하게 된다(Frerich, 1990). 종합해 보면 기대충족방식에 있

4) 일반적으로 공적연금제도에 있어서 적립방식은 기대충족방식은 물론 급여충족방식을 포함한 개념이 되나, 여기서는 논의의 편의상 기대충족방식만을 순수한 적립방식으로 간주하기로 한다.

5) 수지상등의 원리란 개인 또는 집단별로 위험의 발생확률을 반영한 값이 보험수리적으로 상호 일치하도록 운영하는 원리를 의미함.

어서 적립기금의 산정범위는 개인별로 연금의 가입단계와 수급단계를 모두 포함하게 되므로, 통상적으로 필요 적립기금의 규모는 다른 어떤 재정관리방식에서보다 가장 크게 나타날 수 있다.

이에 따라 기대충족방식이 국민연금제도에서 적용될 경우 갖추어야 할 적립기금의 규모(FD)는 다음과 같다. 첫째, 조사일 현재 이미 연금을 수급하고 있는 계층으로서 그들이 장차 사망할 때까지 받아가게 될 것으로 예상되는 급여의 총액이 적립기금(V)의 형태로 존재해야만 한다. 둘째, 연금제도의 가입자로 등록되어 있는 사람으로서 그들에게 적용되는 보험사고의 확률을 반영한 급여의 기대권(E) 또한 그에 상당하는 수준으로 적립기금이 축적되어 있어야만 한다.

기대충족방식 연금제도에서의 적립기금(FD)=V+E

2. 급여충족방식

급여충족방식이란 특정한 사회보장제도(일례로 공적연금제도, 산재보험제도 등)에 소속된 전체 연금수급자들의 수급권 총액(V)을 측정하고, 이에 기초하여 적립기금의 규모와 보험료 수준을 결정하는 방식을 의미한다. 이를 보다 상세하게 설명해 보면, 급여충족방식의 연금제도에서는 매년도 신규 보험사고로 인하여 피해를 입게 된 계층을 대상을 그들이 사망 시까지 받아가게 될 예상 급여총액(=V)을 미리 산출하여 이를 별도로 적립해 두는 방식을 의미한다. 그리고 이 경우 적립기금의 재원은 보험사고의 발생년도를 중심으로 그해 신규 사고로 인해 평생 받아가게 될 급여 총액을 역시 그해의 전체 가입자들이 납부한 보험료 수입으로 충당하여 별도로 적립하여야 한다. 따라서 급여충족방식은 달리 '연금채무 충당방식(Verbindlichkeit Deckungsverfahren[독])' 또는 '연금 청구권 충당방식(Anspruch Deckungsverfahren독)'으로도 불리며, 제도적 보호의 방식에 따라 현재의 신점에서 보험사고로 인한 피해 비용의 전체는 현재의 가입자들이 납부한 보험료 수입으로 충당하게 된다(Frerich, 1990: 74).

이상과는 달리, 연금제도에 가입하고 있는 계층이 현재까지의 가입경력을 바탕으로 확보한 연금급여의 기대권(E)에 대해서는 기금의 적립 의무가 적용되지 않게 된다. 이 경우 E에 상당하는 기대권은 향후 그들에게 실제로 보험사고과 발생하게 될 경우 전적으로 그 행의 보험료 수입으로 충당하게 된다.

이상의 급여충족방식은 스위스, 일본 등과 같은 국가에서 주로 산재보험제도의 운영 과정에서 발생할 수 있는 형평성 차원의 갈등에 대한 제도적 개선의 목적으로 활용해 오고 있다. 현재 한국의 산재보험제도는 전체 업종을 50개가량으로 분류를 하여, 업종별로 산재사고의 위험 정도에 따라 차등적인 보험료를 부과해 오고 있다. 하지만 이와 같은 보험료 부과체계는 업종별로 보험료 부담의 편차(일례로 2020년의 경우 0.7~18.63%)가 과도하여, 사회보장제도로서의 위상에 부합하지 않는 것으로 비판을 받고 있다. 뿐만 아니라 한국의 산재보험제도의 경우 이와 같은 업종간 보험료의 편차가 상당부분 과거 급속한 경제개발에 따른 산업구조의 변화와 노동력의 산업부문별 이동의 결과로 판단된다. 이와 같은 현상은 광산업이나 벌목업 등 소위 사양산업의 고위험 업종들에게 부과되는 높은 보험료율이 단순히 실제적 사고의 빈도뿐만 아니라, 과거 해당 사업이 번창하던 시기에 발생하였던 사고의 경제적 피해를 오늘날의 해당 산업 근로자들에게 전가시키게 되어 나타나게 된 결과로 파악해 볼 수 있다. 이러한 차원에서 볼 때 만약 한국의 산재보험제도에 대해서도 급여충족방식이 도입된다면, 광업은 물론 산재예방에 있어 상대적으로 불리한 영세 중화학공업 업종 등에 종사하는 사업주의 인건비 부담이 상당부분 경감될 수 있는 효과를 기대해 볼 수 있을 것이다.

급여충족방식은 기대충족방식의 경우에서와는 달리 상대적으로 적립기금의 규모가 작게 유지될 수 있다. 왜냐하면 이 경우 적립기금의 규모는 이미 수급권이 발생한 계층(V)을 대상으로만 해당되는 반면에, 단지 아직 보험에만 가입하고 있는 계층에 대해서는 별도의 기금적립(E) 의무가 적용되지 않고 있기 때문이다.

급여충족방식에서의 적립기금 규모(FD)＝V

3. 기간충족방식

1) 일반적 특징

기간충족방식은 앞서 살펴본 급여충족방식에서의 기금 적립요건(＝V)을 더욱 완화하여 운영하고 있는 재정관리방식이다. 이 경우 매년도 새롭게 연금을 수급하게 되는 계층을 대상으로 기금적립(＋V)의 의무가 적용된다는 점에서 급여충족방식과 유사한 특성을 보이게 된다. 하지만 기간충족방식은 법률에서 정한 별도의 기간 동안 해당 대상자들이 수급하게 될 급여 총액의 일부에 대해서만 기금의 사전적 적립 의무(V×p%)가 적용된다. 따라서 그 기간을 넘어서는 미충당 급여지출에 대해서는 매년도 전체 가입자가 부담하는 보험료 수입으로 충당하게 된다. 그리고 만약 이처럼 기금의 사전적 적립의무가 적용되는 기간이 계속적으로 줄어들게 되어 종국적으로 1년이 된다면, 국민연금의 재정관리방식은 부과방식이 된다. 이러한 차원에서 볼 때 기간충족방식은 최종적으로 부과방식으로 전환하기 위한 과도기적 이행단계로 이해해 볼 수 있을 것이다(Schmähl, 2008).

> 기간충족방식에서 적립기금의 규모(FD) $= V \times p\%$
> 단, $0\% < p < 100\%$

2) 독일의 기간충족방식 운영 사례

독일 국민연금제도에 있어서 재정관리방식의 역사를 살펴보면 다음과 같다. 독일은 1889년 노동자를 적용대상으로 하는 공장근로자 연금제도를 최초로 도입하였으며, 이어서 1911년에는 사무직 근로자 연금제도가 설립되었다. 제도의 도입 당시 공장 근로자 연금제도와 사무직 근로자 연금제도 공히 적립방식(엄밀히 말하면, 기대충족방식)으로 출발하였다. 이후 1957년 '연금 대개혁(Grosse Rentenreform)' 당시 양 제도는 부과방식 연금제도로의 전환을 염두에 두고, 단계적으로 적립기금을 축소해 나가는 전략을 채택하였다.

이처럼 당시 독일 정부가 적립방식연금제도를 포기하고, 부과방식 연금제도로 전화하고자 하였던 이유는 다음과 같다. 먼저, 1950년대 독일은 라인강의 기적이라는 압축적인 경제성장의 과정을 거치고 있었음에도 불구하고 그에 따른 성장의 과실은 주로 근로계층을 위주로 돌아가는 문제가 발생하였기 때문이다.[6] 반면에 연금 수급자들의 경우 근로자들과 대비한 상대적 소득수준은 시간이 갈수록 그 격차가 점차 심화되는 부작용이 발생하였던 것이다. 이와 같은 현상의 주된 원인은 당시 연금으로만 생활을 해 왔던 노인들의 경우 연금의 최초 산정이 적립방식의 원리에 따라 과거 제1차 및 제2차 세계대전 사이의 국난시기 당시의 자산 운용실적에 근거하여 연금급여가 산정되어 좀처럼 급여수준의 개

6) 왜냐하면 일반적으로 근로자들의 경우 매년도 임금 협상의 과정에서 물가인상에 대한 보전은 물론, 실질적인 경제성장의 과실 또한 기업과 함께 공유할 수 있었기 때문임.

선이 이루어질 수 없었기 때문이다. 한 걸음 더 나아가, 적립 방식의 연금제도는 물가 또는 임금의 인상에 따른 연금급여의 재조정이 규칙적으로 이루어질 수 없는 한계가 존재하였기 때문이다. 둘째로, 급여 산식의 구성으로서 연금 대개혁 이전의 경우 연금급여는 가입자 모두에게 해당되는 기본급여(Grundbetrag) 그리고 개인별로 소득수준에 연동되는 소득비례급여(Steigerungsbeitrag)로 구성되어 있었다. 이 중 기본급여는 정부보조금으로 충당되었으나, 연금급여에 대해서는 물가나 임금 인상이 전혀 반영되지 않아 시간이 지날수록 연금생활자들의 생활수준은 지속적으로 하락하게 되는 결과를 초래하였기 때문이다. 셋째로, 연금생활자들의 생활수준은 비정기적으로 주어지는 추가급여를 통하여 일정부분 보충될 수 있었으나, 전체적으로 보았을 때 근로계층의 임금 상승 추세를 따라잡을 수 없는 한계가 분명히 존재하였기 때문이다.

이러한 한계에 따라 독일 정부는 일차적으로 1957년 10년 주기의 기간충족방식 연금제도를 최초로 출범하였다. 여기서 보험료는 향후 10년 동안의 연금급여 지출을 총액적으로 충당하고, 추가적으로 마지막 해(즉, 1966년)의 연말에 가서 별도로 1년 치 상당의 적립기금이 유지될 수 있도록 보험료율을 적용하였다. 참고로 이 경우 연금보험료는 기간충족방식의 시행 주기(여기서는 10년) 전체 기간 동안 고정적 상태로 적용되어야만 했다. 이와 같은 재정관리방식에 대하여 사람들은 적립방식의 일환으로 받아들이기도 하였으나, 1966~1967년의 경기침체를 맞이하게 되면서 부작용들이 속속 드러나 보이기 시작했다. 특히 국민연금 적립기금의 부족현상은 경기상황에 상관없이 상시적으로 존재하였으며, 심지어 적립자산의 유동성 확보의 문제는 적립기금의 존재 여부와 상관없이 국민연금의 재정적 안정성을 상시적으로 위협하는 요인으로 작용하였다.

이상과 같은 문제에 대한 대응전략으로서 독일 정부는 이차적으로 4년 주기의 기간충족방식으로 전환을 하였으며. 앞서의 경우에서처럼 연금보험료는 4년 동안의 급여지출을 충당하고, 최종연도에 가서 추가적으로 1년 치의 기금이 적립될 수 있도록 운영하는 방식이다. 하지만 이와 같은 제도 역시 많은 모순점을 드러내 보이게 됨에 따라서, 마침내 독일 정부는 원래의 일정을 앞당겨서 1966년 완전한 부과 방식으로 전환을 단행하였다. 이 경우 독일에서 국민연금제도의 부과방식은 매년도 연금의 급여지출 총액과 재정수입 총액이 서로 일치할 수 있도록 보험료율을 운영하고, 별도로 3개월분의 완충기금이 조성되어 있어야 한다. 그러나 이와 같은 완충기금은 경기의 둔화 상황과 함께 국가의 재정우영 상의 미숙 등으로 인해 다시 1개월로 낮추어졌다. 이렇게 독일의 국민연금제도가 부과방식으로 전화하게 됨에 따라, 연금급여산식 또한 매년도의 물가 및 임금인상률에 연계되어 조정되는 소위 '동태적 연금(dynamische Rente)'로 발전할 수 있게 되었다. 그리고 이러한 동태적 연금의 도입에 따라 비로소 1950년대 이후부터 독일 연금수급자 가계의 생활수준 개선 속도가 근로자 가계와 함께 보조를 맞추어 나갈 수 있게 되었다.

4. 부과방식

부과방식의 연금제도에서 매년도 가입자들이 납부하게 되는 보험료와 정부의 보조금은 그 해의 연금수급자들에게 전액 지급하게 된다. 이에 다라서 부과방식의 연금제도에서는 원칙적으로 적립기금이 필요하지 않으나, 다만 매년도 급여총액의 과부족 현상으로 인해 보험료 수준이 상시적으로 변동하게 되는 행정적 부담문제를 완화하기 위한 목적의 소규모 '완충기금(buffer fund)'을 운영하고 있다. 따라서 부과방식의 연금제도는 사실상 기금의 적립이 없는 상태에서 제도를 운영하여야 하므로, 국가 주도의 공적연금제도에서만 적용될 수 있다.

부과방식 연금제도에서의 기금의 적립규모(FD)=
소규모의 완충기금

5. 전체 재정관리방식의 종합적 비교

공적연금제도의 재정관리방식은 재원동원의 기준 및 범위에 따라 크게 기대충족방식, 급여충족방식, 기간충족방식 그리고 부과방식으로 구분해 볼 수 있다. 이에 따라 먼저 [그림 9-4]에서는 전체 네 가지의 재정관리방식을 필요 적립기금의 수준별로 정리하여 제시해 주고 있으며, 그 순위는 그림에서 보는 바와 같다.

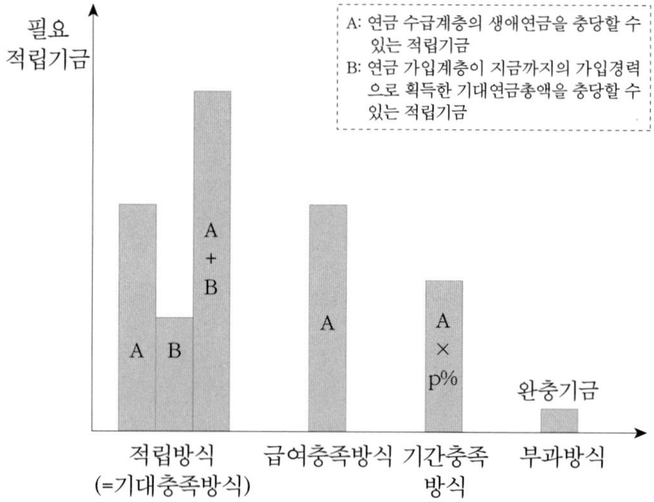

[그림 9-4] 공적연금의 재정관리방식별 필요 적립기금의 구성

출처: 이정우(2017).

마지막으로 [그림 9-5]에서는 재정관리방식별로 기금적립의 기준을 상대적으로 명화하게 제시할 수 있는 기대충족방식, 급여충족방식, 부과방식의 경우와는 달리, 기간충족방식의 경우 그 기준의 설정이 일정 부분 가변적일 수 있다. 왜냐하면 후자의 경우 기금의 적립이 요구되는 시간적 구간(일례로, 10년 또는 4년 기준의 기간충족방식 등)이 개인적 또는 정치적 판단에 따라 가변적일 수 있기 때문이다.

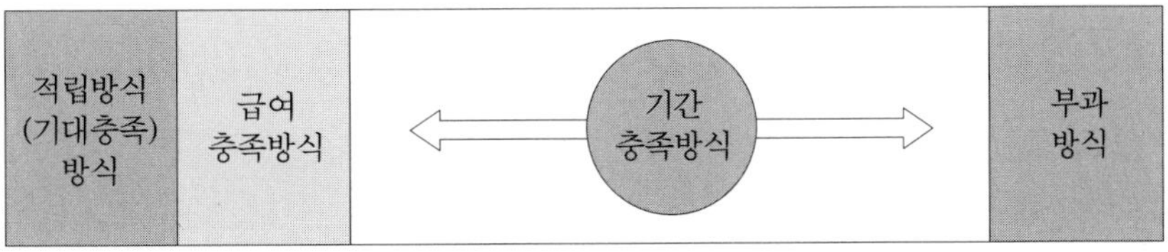

[그림 9-5] 국민연금 재정관리방식별 기금적립의 기준

출처: 이정우(2017).

한국의 경우 국민연금제도는 재정관리방식을 혼합방식으로 정의하고 있다. 하지만 이와 가은 재정관리방식은 법률적으로나 학술적으로도 근거가 불확실한 분류방식으로서. 막연히 적립방식과 부과방식의 양극단 사이에서 모호한 지위를 차지하고 있을 경우에 해당된다. 하지만 혼합방식은 적립기금의 규모, 보험료의 수준, 보험재정의 규모 등의 결정 과정에서 객관적 기준이나 판단근거를 제시할 수 없는 한계가 있다.

국민연금제도는 국가의 책임을 바탕으로 운영되는 노후소득보장 장치로서, 모든 세대에 걸쳐 공정하고 영속적으로 유지될 수 있도록 하여야 한다. 따라서 이를 위해 국민연금제도는 적용, 징수, 급여 등 전반적 측면에서 세대 간 공정성이 확보될 수 있도록 해야 한다. 왜냐하면 만약 제도의 운영 과정에서 자칫 특정한 세대 또는 정치집단의 이해가 과도하게 반영될 경우, 이는 세대 간 공정성을 훼손하여 제도불신의 요인으로 작용할 수도 있기 때문이다.

일반적으로 공적연금제도에 있어서 재정관리방식의 선택은 고도의 학문적 연구 노력은 물론 정치적 가치판단을 바탕으로 해결되어야 할 사안 또한 동시에 존재하게 된다. 따라서 후자의 경우 재정관리방식의 선택은 사회적 동의와 정치적 타협이 동시에 필요한 부분에 해당된다(Barr, 2004). 그러나 이 경우에 있어서도 특정한 재정관리방식에 대한 선입견이나 편견 그리고 정책적 효과에 대한 왜곡 또는 과장된 정보가 부당하게 개입되는 사례를 차단할 수 있도록 하여야 한다.

제4절 적립방식과 부과방식 공적연금제도의 비교: 기본원리와 기능적 특성

1. 재정관리방식의 기본원리 비교

1) 적립방식

적립방식의 연금제도에서 축적되는 적립기금은 개인이 기여한 보험료 총액과 투자를 통해 발생한 이자와 배당금으로 구성된다. 그리고 이렇게 적립된 자산은 미래에 생산될 재화와 교환할 수 있는 수단이 된다.

적립방식은 민간연금제도에서 주로 적용된다. 적립방식 연금제도의 형태는 크게 두 가지로 구분해 볼 수 있다. 첫째, 확정기여(Defined Contributiom: DC)제도다. 이 제도의 핵심적 특징은 보험료가 사전적으로 고정되기 때문에 개인의 연금은 단순히 근로기간에 기여한 보험료 총액에 의해 결정된다. 일반적으로 이 제도 하에서 개인 간 수명의 차이에 따른 필요 노후소득량의 편차는 위험분산의 기능에 의해 해결될 수 있지만, 다음의 문제는 연금자산의 실질수익률에 상당한 영향을 미칠 수 있다. ① 전반적인 경제적 위험과 자산관리의 부실문제, ② 과도한 인플레이션의 문제 등이다. 둘째, 확정급여(Defined Benefits: DB)제도다. 이 제도 하에서 연금은 미리 정해진 급여산식에 근거하여 산정되며, 기업은 최종 지급의무를 지게 된다. 이러한 확정급여형 제도에서 연금급여는 통상적으로 개인의 퇴직 전 최종소득 또는 생애 평균소득에 기초하여 계산된다. 그리고 이 제도에서 근로자는 자신의 임금 가운데 일정 비율을 보험료로 납부할 의무를 가지게 된다. 반면에 사용자는 제도 운영과정의 전반에서 발생할 수 있는 각종 위험과 그에 따른 자산운용의 불확실성에 대해 최종 책임을 지게 된다.

일반적으로 기업연금은 확정급여형 또는 확정기여형 두 가지 제도로 운영될 수 있으나, 개인연금은 모두 확정기여제도로 운영된다. 이처럼 제도 형태의 차이에도 불구하고 두 가지 모두 다음과 같은 적립방식의 특징을 가지고 있다. 첫째, 장래의 급여에 해당하는 잠재적 부채(implicit debt)를 충당할 수 있는 수준의 적립기금이 존재해야 한다. 둘째, 개인 또는 특정 세대의 연금은 원칙적으로 각자가 적립한 기금에서 지급되므로, 급여수준은 과거의 저축수준에 의해 제약을 받게 된다.

2) 부과방식

부과방식(pay-as-you-go)은 사회계약의 산물로서 통상적으로 국가의 책임으로 운영되는 공적연금제도에서만 적용될 수 있다. 왜냐하면, 이 경우 국가는 미래의 급여청구를 충당할 기금을 미리 축적해 두지 않고, 대신 매년 퇴직세대의 연금지급을 위하여 그 해의 근로세대에게 일종의 세금과 같은 보험료를 부과하기 때문이다. 그리고 실제로 거의 모든 공적연금제도는 이러한 부과방식을 토대로 운영되고 있다.

경제적 측면에서 볼 때 부과방식은 다음과 같은 특징이 있다. 첫째, 개인의 연금에 대한 청구권리는 국가에 의한 약속(promise, 만약 네가 지금 보험료를 납부하면, 그 대가로 장래에 연금을 받을 수 있다)에 근거한다. 그리고 모든 국가는 이러한 약속을 별도의 법률로 명시해 두고 있다. 둘째, 국민경제적 관점에서 볼 때 국가의 제반 활동은 어떤 한 집단으로부터 부과한 조세수입으로 다른 집단에게 소득을 이전하는 기능을 하게 된다. 이러한 차원에서 볼 때 국가의 책임으로 운영되는 부과방식은 명시적인 소득이전(income transfer)과 전혀 다를 바가 없다는 것을 알 수 있다. 셋째, 부과방식의 공적연금제도에서 한 세대가 받는 연금급여는 그들 자신이 종전 납부한 보험료로 충당해야 한다는 조건이 완화되어 적용된다. 이러한 관점에서 새뮤얼슨(Samuelson, 1958)은 만약 실질소득이 매년 꾸준히 증가한다면 모든 세대는 그들이 종전 납부했던 보험료보다 더 많은 연금을 받을 수 있다는 것을 이론적으로 증명했다. 그러나 이러한 현상은 기술 진보나 인구성장이 지속적으로 이루어지게 될 경우에만 실현될 수 있다.

3) 비교

연금제도의 재정관리방식으로서 부과방식은 다음과 같은 장점이 있다. 첫째, 개인별로 연금은 근로활동 당시 자신의 소득과 가입기간에 의해 결정되고, 반면에 개인의 직업이력에 의해서는 영향을 받지 않으므로 노동이동(labour mobility)의 장애요인이 최소화될 수 있다. 둘째, 부과방식에서 연금은 개인이 과거에 납부한 보험료가 아니라, 매년도 근로계층의 부담을 토대로 제공되므로 정책적 의지에 따라 연금제도의 성숙이 빠르게 이루어질 수 있다. 셋째, 일반적으로 부과방식은 인플레이션의 문제에 대처하여 연금의 실질가치를 효과적으로 보호해 줄 수 있다. 넷째, 부과방식은 경제성장에 따라 연금의 실질가치를 증가시킬 수 있다.

<표 9-1> 인플레이션과 경제성장에 대처한 부과방식 연금제도의 기능

소득, 보험료 및 실질연금	제1기(1)	제2기(2)	제3기(3)
1. 노동자의 총 소득	$1,000	$2,000	$2,000
2. 물가지수	100	200	100
3. 연금보험료율	10%	10%	10%
4. (명목)연금	$100	$200	$200
5. 연금의 실질가치[=(4열/2열) × 100]	$100	$100	$200

출처: 이정우, 이동수(2008).

〈표 9-1〉은 앞서 설명한 부과방식의 세 번째와 네 번째 장점을 도식적으로 설명하고 있다. 먼저 제1기에서 근로계층의 총 소득을 $1,000로, 보험료율을 10%로 가정할 경우 연금을 위한 가용재원은 $100가 된다. 그런데 제2기에서는 물가가 두 배로 인상되어 총소득이 100% 상승했다고 가정하자. 이 경우 연금 가용재원은 $200(보험료율 10%)가 되지만 제1기와 동일한 구매력($100)을 가지게 된다. 따라서 인플레이션의 문제에도 불구하고 연금의 실질가치는 종전과 같은 수준을 유지하게 된다. 이와는 달리 제2기에서 경제성장으로 총소득이 $2,000가 되고 물가수준은 예전과 동일하다고 가정해 보자. 이러한 경우에도 연금 가용재원은 $200(보험료율 10%)가 되나, 연금의 실질가치는 종전보다 두 배가 된다. 따라서 부과방식의 연금제도에서 연금의 실질가치는 경제성장에 따라 증가하게 된다.

그러나 부과방식의 연금제도는 다음과 같은 단점이 있다. 첫째, 부과방식은 인구구조의 변화에 민감하게 반응하게 된다. 이러한 현상을 초래하는 핵심적인 변수는 〈식 1〉의 노인부양비율(old-age dependancy ratio)이며, 여기에 영향을 미치는 요인들로는 평균수명의 연장에 따른 연금수급자의 증가, 교육기간의 연장과 퇴직연령의 단축에 따른 노동력의 감소 그리고 출산율의 감소 등이 있다.

$$\frac{P}{W}$$ [P: 연금수급자의 수, W: 노동자의 수] ....〈식 1〉

둘째, 부과방식에서 연금수급자들은 미래의 노동력에 의존해야 한다. 그러나 이러한 문제는 적립방식에서도 마찬가지로 해당된다. 왜냐하면, 어떠한 재정관리방식에서도 가입자는 장래를 위하여 현재의 생산물을 저장하기보다는, 미래의 생산물에 대한 청구권으로서 연금수급권을 확보하게 되기 때문이다.

다음과 같은 적립방식의 단점은 역으로 부과방식의 장점이 될 수 있다. 첫째, 적립방식으로 운영되는 확정급여형 기업연금은 장기 근속자에게 유리하게 설계되어 근로자의 애사심과 중도퇴직을 방지하기 위한 인사정책의 수단으로 활용될 수 있으나, 국민경제 전체적으로는 노동력의 이동성에 장애요소가 된다(Hannah, 1986). 둘째, 연금제도가 완전히 성숙할 때까지 상당히 오랜 시간이 필요하다. 셋째, 가장 심각한 결함으로서 적립방식은 인플레이션 문제에 취약하다는 점이다.

이러한 단점과는 달리 적립방식의 가장 큰 장점은 인구의 고령화에 상관없이 중장기적으로 안정된 재정을 유지할 수 있다는 점이다. 왜냐하면, 이 경우 개인별로 퇴직 당시 장래의 급여 청구권 그리고 과거 납부한 보험료와 이자가 상호 일치해야 하므로 국민경제적으로 볼 때 전체 국민들의 연금수급권을 충당할 수 있는 충분한 수준의 적립기금이 존재하기 때문이다. 그러나 이러한 주장에도 불구하고 적립방식은 인구구조의 변화에 대처하여 연금재정의 장기적 안정성을 담보해 줄 수 있는 재정적 장치가 될 수 없다고 할 수 있다. 왜냐하면, 적립방식의 제도 하에서 적어도 화폐경제의 차원에서는 미래의 연금지급을 충당할 수 있는 충분한 적립기금이 존재할지는 몰라도, 실물경제의 차원에서 볼 때 인구구조의 변화에 따라 화폐대비 생산물의 교환비율(실질구매력)이 달라

질 수 있기 때문이다.[7)]

2. 적립방식과 부과방식의 연금제도의 기능과 특징

재정관리방식과 관련한 학문적 논의에 있어서 중요하게 다루어지는 쟁점을 명화하게 하기 위한 차원에서 여기서는 종종 서로 대립되는 개념으로 간주되는 적립방식과 부과방식을 중심으로 살펴보고자 한다.

1) 적립방식 연금제도의 주요 기능과 특징

[그림 9-6]의 왼쪽은 적립방식의 연금제도에 있어서 노후소득보장의 기능을 시사적으로 보여 주고 있다. 이에 따르면, 모든 세대에 있어서 생산계층(A)은 자신의 노후소득보장을 위하여 보험료를 납부하여야 하고, 이렇게 해서 모인 돈은 이자와 함께 각자가 은퇴 이후 사망에 이르기까지 연금(R)의 형태로 당사자에게 전액 지급된다. 이 경우 개인들은 노후주기의 소득보장을 위하여 각자 자신들의 생산활동주기 동안 매년도 소득의 일정 부분을 저축해야 한다는 것이다.

이러한 내용은 [그림 9-7] 중첩세대모형에서 '소득의 시기적 재분배 기능'으로도 설명해 볼 수 있다. 이 경우 개인들은 노후주기의 소득보장을 위하여 각자 자신들의 생산활동주기 동안 매년도 소득의 일정부분을 저축해야 한다는 것이다.

7) 이와 유사한 내용을 설명한 국내문헌으로는 이정우(2000)를 참고할 수 있다.

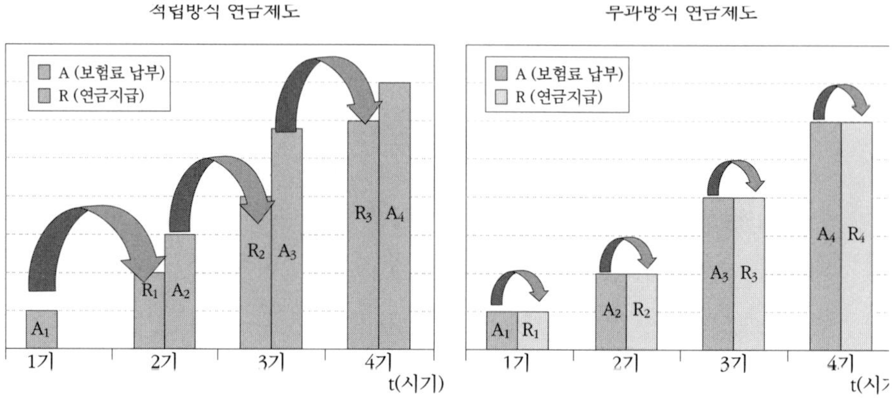

[그림 9-6] 적립방식과 부과방식의 연금제도에 있어서 노후소득보장기능 비교

출처: Fasshauer(2001)을 중심으로 임의 작성함.

생애주기 \ 시기	1기	2기	3기	4기	5기
전반부 근로주기	A_1	B_1	C_1	D_1	E_1
후반부 근로주기	Y_2	A_2	B_2	C_2	D_2
노후주기	X_3	Y_3	A_3	B_3	C_3

← 소득의 세대 간 재분배

소득의 시기적 재분배 →

[그림 9-7] 중첩세대모형을 통해서 본 소득의 시기적 재분배와 세대 간 재분배의 기능적 비교

출처: Ribhegge(2004)의 내용을 임의로 재구성함.

바(Barr, 2004)는 이상과 같은 적립방식 연금제도의 기능을 돼지저금통(piggy-bank)으로 비유하여 설명하고 있다. 그에 따르면, 만약 개인이 노후에 보다 많은 연금을 받고자 할 경우 높은 이자와 함께 가급적 저축(즉, 보험료의 납부)을 많이 하여야 한다. 즉, 노후시기 개인의 연금수준은 경제활동시기에 자신이 실제로 납부하였던 보험료 총액에 비례하게 되며, 이러한 현상은 '연금의 보험료 연계성(Beitragsbezogenheit der Rente[독])'으로도 불리고 있다(Fasshauer, 2001).

적립방식 연금제도에 있어서 수익률(profitability)은 자본의 생산성, 즉 적립자산의 운용수익 또는 이자율에 전적으로 영향을 받게 된다. 따라서 이를 위해서는 금융 및 자본시장이나 실물시장의 안정성이 필수적으로 뒷받침되어야만 한다.

적립방식 연금제도에서 개인은 각자가 스스로 자신의 노후를 준비해야 한다. 달리 표현하면, 여기서는 저축이나 보험의 기능을 제외하고는 아무런 분배적 기능이 존재할 수 없다. 이에 따라 적립방식 연금제도에서는 세대 내 그리고 세대 간 소득의 재분배나 부담의 전가문제가 원칙적으로 발생하지 않아야 한다. 이와 같은 제도적 특성을 감안해 볼 때 적립방식은 장차 고령사회에서 노인인구의 증가로 인한 미래세대의 과중한 노인부양비 부담의 문제를 효과적으로 차단해 줄 수 있다. 왜냐하면 적립방식 연금제도에 있어서 모든 세대의 개인은 자신의 노후대비를 각자가 스스로 해결해야만 하기 때문이다.

하지만 적립방식 연금제도는 '자구적 노후소득보장'이라는 특성으로 인하여 분배적 기능을 전적으로 배제하게 되어 사회보험으로서의 책임과 역할을 크게 위축시키게 될 것이라는 비판을 받고 있다. 특히, [그림 9-5]의 왼쪽에서 보는 바와 같이 적립방식 연금제도에서는 최초 도입 당시의 노인세대 대부분이 제도적 보호로부터 배제되는 문제뿐만 아니라, 이후에도 보험료의 부담능력이 부족한 저소득계층이나 비정규직 근로계층을 중심으로 광범위한 사각지대의 문제를 초래하게 될 가능성이 높다.

2) 부과방식 연금제도의 주요 기능과 특징

[그림 9-5]의 오른쪽은 부과방식의 연금제도에 있어서 노후소득보장의 기능을 시사적으로 보여 주고 있다. 이에 따르면, 매 시기의 생산세

대(At)는 법률로 정한 바에 따라 항상 같은 시기의 노인세대(Rt)를 부양해야 하는 의무를 가지게 된다. 이러한 내용은 [그림 9-6] 중첩세대모형에서 '소득의 세대 간 재분배 기능'에 해당할 수 있다.

이상의 내용을 종합해 볼 때, 생산세대는 자신이 납부한 보험료에 상당하는 반대급부로서 연금수급권을 확보하게 되는 것이 아니라, 노인세대의 부양을 위한 자신의 경제적 기여를 근거로 미래세대에게 급여를 청구할 수 있는 권리를 가질 수 있게 된다는 것이다. 하지만 이 경우 급여의 정구권은 구체적인 금액으로 확정되어 있는 것이 아니라, 오히려 그 수준은 가입기간 동안의 정치적 · 경제적 · 사회적 환경변화에 따라 가변적일 수 있다(Kolb, 1984). 이로 인하여 부과방식 연금제도의 경우 가입자인 개인이 향후 자신이 노인세대가 되었을 때 실제로 받게 될 연금급여를 사전에 미리 확정할 수 없는 불확실성의 문제가 존재한다.

부과방식의 연금제도는 세대 간 부양의 기능에 근거하여 운영되는 제도이다. 이에 따라 부과방식 연금제도에서는 매년도 보험재정의 수입과 지출이 상호 일치하여야 하며, 원칙적으로 적립기금이 필요하지 않게 된다. 부과방식의 연금제도에서 연금급여는 개인별로 각자의 가입경력, 즉 전체 가입기간 동안의 소득을 평균하여 산출된 금액(평균소득)을 기준으로 결정하게 된다. 여기서 특히 주목할 점은 연금급여는 개인이 가입기간 동안 실제로 납부하였던 보험료 총액의 크기가 아니라, 자신의 소득수준에 연계되어 결정된다는 것이다. 이는 '연금의 소득 연계성(Einkommensbezogenheit der Rente[독])'으로 인해 발생하는 현상으로서, 부과 방식 연금제도에 있어서 '연금의 소득대체적 기능(income replacement function of pension)은 바로 이러한 특성에서 연유하고 있다(Dinkel, 1985).

부과방식의 연금제도는 '연금의 소득 연계성'이란 기능적 특성으로 인하여 개인별로 '부담과 혜택의 동등성 원칙'을 유지할 수 없는 근본적 한계를 가지고 있다. 그리고 이와 같은 현상은 특히 고령사회에서 만성적인 재정 불균형과 세대 간 형평성 시비의 요인으로 작용하게 될 가능성이 높다. 가령, 인구구조의 고령화로 인한 노인부양비 부담을 충당하기 위하여 보험료율의 인상(예: 9% → 12%)을 단행하게 되면 근로세대는 실제적인 보험료 부담의 증가에도 불구하고 향후 자신의 연금급여에는 아무런 변화가 발생하지 않게 되는 문제가 발생할 수 있다. 왜냐하면 이러한 현상은 현행 부과방식의 연금제도에서 연금급여를 결정하는 핵심적 변수가 개인이 실제로 부담하여야 하는 보험료율이나 보험료의 수준이 아니라, 당사자의 소득이 되기 때문이다. 따라서 가령 고령화의 진행에 따라 시기별로 아무리 보험료율이 인상된다고 하더라도, 모두가 단순히 소득수준만 동일하다면 모두는 동일한 연금급여를 받게 된다는 것이다.

부과방식 연금제도에서 수익률은 적립방식의 이자율과는 달리, 임금상승률과 근로인구의 증가율에 의해 영향을 받게 된다(Dickel, 1984). 이러한 특성을 감안해 볼 때 부과방식 연금제도는 노동시장의 안정성에 의해 크게 영향을 받을 수 있다(Fasshauer, 2001).

인구구조의 고령화가 빠르게 진행되고 있음에도 불구하고 부과방식의 연금제도는 다음과 같은 장점을 가진다.

첫째, 부과방식의 연금제도는 정치 · 경제 · 사회적 주변 환경의 변화에 유연하게 적응하고 대처해 나갈 수 있는 능력을 갖추고 있다. 왜냐하면 부과방식 연금제도는 개인이 과거에 납부하였던 보험료가 아니라 매년도 근로계층의 부담을 토대로 제공되므로, 정치적 의지에 따라 제도의 정책적 대응을 신속하고 유연하게 할 수 있기 때문이다.

둘째, 부과방식 연금제도는 개인별로 보험료 부담과 급여 혜택의 상관관계가 완화되어 적용되므로 정치적 의사결정에 따라 소득재분배의 기능을 상당 부분 수용할 수 있다.

셋째, 부과방식 연금제도는 도입 초기의 노인세대 그리고 이후의 저소득계층이나 비정규직 근로계층에게도 일정한 오후소득보장의 혜택을 제공해 줄 수 있다. 먼저, 앞서 [그림 9-5]의 오른쪽 부과방식의 연금제도에서 보는 바와 같이, 최초 도입 당시의 생산세대가 납부한 보험료는 같은 시기의 노인세대를 부양하기 위한 재원으로 활용할 수 있다. 왜냐하면 여기서 노인세대를 위해 지출한 재원은 추후 공적연금제도가 폐지될 경우 당시 노인세대의 소득보장을 위해서만 필요로 하기 때문이다. 하지만 만약 공적연금제도가 영속적으로 존재하게 될 것이라고 가정할 경우 사실상 그 재원은 불필요한 것이 될 수 있다. 다음으로, 제도 도입 이후 운영과정에서도 부과방식 연금제도는 소득의 수직적·수평적 분배 기능을 가지고 있으므로 정치적 판단에 따라 저소득계층이나 비정규직 근로계층에게도 연금을 지급할 수 있다.

3) 적립방식과 부과방식 연금제도의 기능과 특징에 대한 종합 고찰

지금까지 살펴본 적립방식 그리고 부과방식 연금제도의 특징을 비교하여 정리하면 〈표 9-2〉과 같다.

<표 9-2> 적립방식과 부과방식 연금제도에 있어서 주요 특징의 비교

구분	적립방식	부과방식
재정관리	가입자 개인단위의 재정관리	전체 가입계층 공동재정의 운영
수지균형의 기준기간	개인별로 전체 생애기간 동안 납부한 총보험료=기대 총급여	전체 가입자를 대상으로 매년도 총수입=총지출
연금급여의 수준	개인별로 납부한 총보험료액 및 이자율에 연동: 연금의 보험료 연계성	개인별로 가입기간 동안 소득의 편균(평균소득월액)과 가입기간에 연동: 연금의 소득 연계성
부담과 급여의 연계성	매우 긴밀하게 연계	느슨한 연계

분배적 기능	원칙적으로 배제되어야 함	정책적 선택에 따라 폭넓게 반영될 수 있음
도입 초기 노인세대의 소득보장	원칙적으로 불가능	보장 가능
기금의 규모	현재와 미래의 잠재적 급여를 완전하게 충당할 수 있는 수준의 적립기금 유지	환경의 변화에 따른 제도적 충격을 완화해 줄 수 있는 소규모의 완충기금
노후소득보장의 원천	개인이 납부한 보험료 및 이자수입에 근거(즉, 적립기금)	세대 간 계약의 근거
관리운영	민간 상업보험	공적 연금제도

출처: 이정우(2017).

제5절 한국의 국민연금제도 재정관리 방식에 대한 비판적 평가

여기서는 재정관리방식과 관련한 문제인식을 명확하게 하기 위하여 먼저 적립방식(보다 정확하게는, 기대충족방식)과 부과방식의 기본운영원리를 기준으로 한국의 국민연금제도의 재정관리방식과 대비해 보고자 한다. 다음으로는 독일과 스위스의 국민연금 재정관리방식을 한국의 관련 제도와 비교를 통하여 시사점을 찾아보고자 한다.

1. 적립방식과 부과방식의 기능 비교를 통해서 본 한국의 국민연금제도의 평가

본격적이 논의에 앞서 여기서는 먼저 적립방식과 부과방식의 특성 구분을 명화하게 하기 위하여 사무엘슨(Samuelson, 1958)의 중첩세대모형(overlapping generation model)을 살펴보기로 한다.

1) 모형의 기본구조

세상에는 다양한 연령 계층의 사람이 각자의 역할을 하면서 함께 살아가고 있다. 중첩세대모형에서 모든 개인은 각자 일생동안 세 가지의 생애단계를 거치게 되고, 각각의 생애 단계는 20년에 달한다고 가정한다. 따라서 개인들의 삶은 갖자 총 3기로 구성된다. 이 중에서 앞의 두 단계는 각각 소득활동단계(20+20=40년) 그리고 마지막의 한 단계는 노후생활단계(20년)에 해당된다고 본다. 따라서 모든 개인은 각자 총 40년(전기 및 중기)의 소득활동단계를 거쳐서 퇴직을 하게 되고, 이후 20년 동안은 아무런 경제활동에 참여하지 않고 지난 시기에 축적해 둔 연금으로 나머지의 삶을 살아가게 되는 것으로 가정을 한다.

앞의 중첩세대모형 제1기에 국민연금제도가 최초로 도입되었고, 어떤 한 개인(가령, A1)은 제1기의 자격으로 최초로 가입을 하였다. 이후 그는 중단 없이 제2기까지 소등활동을 하여 보험료를 납부하고, 제3기에 이르러서는 은퇴 이후의 삶을 살아가게 된다고 가정한다.

2) 노후소득보장을 위한 두 가지 기본방향: 적립방식과 부과방식

중첩세대모형에서 국민들의 노후소득보장은 다음의 두 가지 방법으로 이루어질 수 있다. 먼저, 국가가 제1기에 국민연금제도를 신설하여 소득활동주기의 모든 사람이 자신의 소득 가운데 일부를 노후를 위해 의무적으로 저축을 하도록 하는 방안을 생각해 볼 수 있다. 이는 개인별로 자신들의 생애소득을 시기적으로 재분배(즉, A1과 A2의 소득 중 일부를 A3로 이전)하는 방안으로서, 이는 적립방식에 해당된다. 이러한 적립 방식은 개인별로 노후소득보장이 실제적인 적립기금의 형태로 뒷받침되어 가입자들로부터 신뢰를 받을 수 있으며. 나아가 그 기금은 고령화 사회에서 생산성 향상과 국민경제의 활성화를 위한 투자재원으로 활용할 수 있다는 측면에서 긍정적 효과를 기대해 볼 수 있다. 반면에 적립방식의 노후소득보장은 국내외 경기변동에 따른 적립자산의 가치변동 등 불확실성의 문제와 제도 도입에 따른 성과가 상당한 시차(A1 → A3)를 두고 발생하게 된다는 단점이 있다.[8)]

다음으로는 노후소득보장에 대한 세대 간 계약(Generationenvertrag)에 기반을 두고 있는 방안으로서, 이는 특정한 시기(일례로 제1기 또는 제3기)에 국가가 공권력을 배경으로 관련한 계약을 발효시키는 방식이다. 따라서 부과방식의 연금제도는 통상적으로 노인세대−생산세대−자녀세대를 아우르는 3세대 간 계약을 바탕으로 운영되며, 가장 중요한 특징은 국가의 정책적 의지에 따라 제도의 효력 발효시기나 성숙시기를 임의로 앞당길 수 있다는 점이다. 따라서 국가별로 제도의 활성화를 목적으로 ① 도입 당시의 노인세대에 대한 특례노령연금의 지급, ② 도입 당시의 중고령 근로세대에게는 연금의 수급요건을 완화하여 적용 또는 ③ 도입 초기의 일정기간 동안 낮은 수준의 보험료율 적용 등 다양한 종류의 지원 방안이 존재할 수 있다. 그러나 부과방식의 공적 연금제도는 인구구조의 고령화에 따른 부작용(특히 재정적 부실)을 더욱 심화시키게 될 우려가 높다는 단점이 있다.

(1) 중첩세대모형에서 적립방식과 부과방식 연금제도의 기능 비교

중첩세대모형의 제1기에 적립방식 연금제도가 도입된 것으로 가정해 보자. 그림에 따르면 이 시기 제1기와 제2기까지는 전적으로 제도의 가입자만 존재하므로 자산증식 시기로도 명명해 볼 수 있을 것이다. 하지

8) 일례로 앞서 그림에서 본 바와 같이 가령 개인이 A1 시기에 국민연금제도에 가입하였을 경우, 실제적인 제도의 혜택은 20년 또는 40년 이후에 가서야 비로소 발생하게 되는 시차의 문제가 적립방식의 연금제도에서 존재할 수 있음.

만 제3기에 이르게 되면 제1기의 세대는 은ㅌ뇌를 하여 최초로 연금을 수급하는 계층이 된다. 이 경우 적립방식의 연금제도에서는 급여지출에 소요되는 비용을 그림에서 A1, A2, B1의 보험료 그리고 적립자산의 이자수입으로 충당을 할 수 있다. 유사한 논리로서 만약 적립방식의 연금제도가 5기에 종료된다면, D1, D2, E1은 보험료를 납부하지 않게 될 것임에도 불구하고 공적연금은 앞의 두 시기에 가입하였던 사람들로부터 받은 보험료와 그 이자수입을 축적한 적립기금으로 C3의 연금수급권을 충당해 줄 수 있다.

그러나 부과방식의 연금제도에서는 이와 같은 적립기금이 존재하지 않으므로 제도의 종류시기에서 그 당시의 연금수급자 및 가입자들의 연금 청구권을 제대로 충족시켜 줄 수 없는 중대한 제도적 결함이 존재하게 된다. 하지만 국민연금 등 공적연금제도의 파산은 국가가 존재하는 한 발생할 수 없는 예외적인 비상상황으로서, 특히 이러한 상황에서는 부과방식 또는 적립방식의 구분에 상관없이 모든 공적연금제도들은 공히 연금의 지급에 어려움을 겪게 될 가능성이 높을 것이다. 만약 국가의 권능과 영속성을 믿는다면, 이와 같은 비상상황에서는 부과방식의 국민연금이 적립방식의 경우에서보다 위기대처능력이 상대적으로 우세할 수 도 있다. 왜냐하면, 부과방식의 연금제도는 적립방식의 경우에 비해 문제 상황에 상대적으로 유연하고 또한 신속하게 대처할 수 있는 능력을 갖추고 있기 때문이다.

연금급여의 산정에 있어서 적립방식 또는 부과방식 연금제도의 중대한 차이점은 다음과 같다. 먼저 적립방식의 연금제도에서 가입자 개인별로 납부한 보험료는 각자의 독립적 계정, 즉 Barr(2004)가 비유적으로 설명한 돼지저금통(piggy-bank)에서 별도로 관리하게 된다. 따라서 이 경우 개인들 각자가 향후 받게 되는 연금급여는 별도의 재분배적 기능이 없이 순수하게 각자가 납부한 보험료 및 이자수입의 수준에 따라 결정되는 특성을 보이게 되며, 이는 달리 '연금의 보험료 관련성(Beitragszogenheit der

Renten)'으로 표현해 볼 수 있다(Fasshauer, 2001). 이는 개인별로 장차 받게 될 연금급여의 수준이 전체 가입기간 동안 각자가 실제로 납부한 보험료의 수준에 비례하도록 설계되어 있다는 점을 의미한다.[9)]

반면에 부과방식의 연금제도에 있어서 가입자 개인들의 연금급여는 실제로 각자가 납부한 보험료 수준이 아니라, 각자의 전체 가입기간 동안의 소득이력에 연동하여 결정된다. 이는 달리 '연금의 소득 관련성(Einkommensbezogener der Rente)'으로도 불리고 있으며, 여기서 개인들 각자가 받게 되는 연금급여는 자신들이 실제로 납부한 보험료 수준이 아니라, 가입기간 중 자신들의 소득이력에 연동하여 결정된다. 따라서 이 경우 개인별로 보험료 부담과 연금 혜택의 상관관계를 보여 주는 수지상등의 원리가 엄격하게 적용되지 않는 것으로 파악해 볼 수 있다.

3) 연금제도의 재정관리방식과 수지상등의 원리

(1) 적립방식의 연금제도에 있어서 수지상등의 원리

적립방식은 개인별로 각자의 생애주기(life-cycle)를 기준으로 수지균형을 맞추어 나가는 방식으로서, 주로 일반 상업보험에서 적용된다. 이에 따라서 보험의 가입이나 탈퇴는 전적으로 개인적 판단에 의해 이루어질 수 있다. 여기서 개인의 보험료는 보험계약 체결 시점을 기준으로 장차 받게 될 기대급여의 총액과 앞으로 납부하여야 할 보험료 총액이 상호 보험수리적으로 일치하는 수준에서 결정된다. 그리고 적리방식 연금제도에서 각 개인별로 연금급여는 자신이 종전 납부하였던 보험료 총액(piggy-bank)에서 지급되므로, 국가 전체적으로는 막대한 적립기금의 동원이 가능할 수 있다.

---

9) 이러한 특성은 연금보험료가 전체 가입기간 동안 고정된 형태로 운영되는 확정기여형 연금제도에서 주로 발견할 수 있음.

일반적으로 적립방식의 연금제도에서는 보험료의 부담과 급여의 수급이 개별적 차원에서 이루어지게 된다. 이러한 원리에 따라서 여기서는 한 개인이 평생 동안 보험제도에 가입을 하여 예상하는 부담과 혜택이 총액적으로 동일하여 어느 누구에게라도 이익이나 손해가 발생하지 않는 '보험수리적 중립성(actuarually fair)'의 상태를 유지하게 된다. 이상과 같은 적립방식 연금제도의 특성에 따라 보험수리적 중립의 상태(즉, 수지상등의 원리)는 다음과 같은 두 가지 종류의 요건을 충족하여야 한다.

먼저, 개인별 수지상능의 원리(individual equivalence principle)는 가입자들 각자가 개별적으로 자신들의 가입경력을 관리하도록 하는 방식을 의미한다. 이에 따라서 가입자들은 각자의 '개인별 저축계정(Individual Savings Account: ISA)'에서 자신들의 가입경력을 관리하게 되고, 장차 개인들이 연금수급연령에 도달하게 되면, 자신들의 저축계정인 ISA에서 생존기간 동안 연금을 분할하여 받게 된다.

다음으로, '한계적 수지상등의 원리(marginal equivalence principle)'는 주로 개인들 각자가 자신들의 퇴직시점 선택 과정에서 사용되는 재정적 중립성의 문제와 관련이 있다. 여기서 연금제도의 가입자들이 [그림 9-7]의 생애예산선(D−C′)상의 한 점을 임의로 선택하여 퇴직을 하게 되더라도 동일한 수익비, 즉 재정적 중립의 상태(한계적 수지상등의 원리가 적용)를 유지하게 되는 것을 의미한다. 그러나 만약 개인이 국가의 특정한 정책적 목표(일례로, 고령자의 장기근로 유인)에 따라 그림에서 빗금 친 영역에 상당하는 보조금을 지급하게 될 경우 개인들은 퇴직연령의 선택 과정에서 일정한 영향을 받을 수 있다. 왜냐하면 이 경우 개인들이 자신의 퇴직시점을 연기(B′ → A′)하게 될 경우 그림에서 빗금 친 부분(B′ → N′ → A′)에 상당하는 추가적인 경제적 혜택이 발생하기 때문이다.

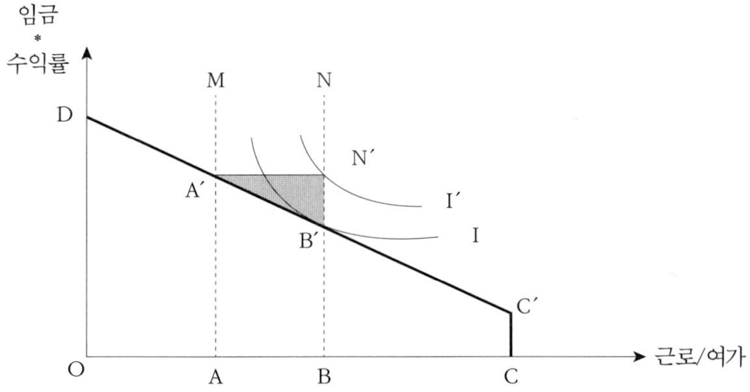

[그림 9-8] 한계적 수지상등의 원리와 합리적 퇴직의사결정

(2) 부과방식의 연금제도에 있어서 수지상등의 원리

부과방식의 경우 매년도 연금급여 지출총액은 같은 해 전체 가입자들이 납부한 보험료 및 이자수입 그리고 사안에 따라 제공되는 정부보조금으로 충당하게 되는 총량적 수지상당의 원리(global equivalence principle)가 적용된다. 이러한 부과방식 연금제도에서는 전체 보험재정의 수입과 지출이 매년 상호 일치하여야 하며, 따라서 여기서는 일정한 소규모의 완충기금을 제외할 경우 원칙적으로 아무런 적립기금이 존재하지 않게 된다. 부과방식의 이러한 특성으로 인하여 해당 연금제도는 제도의 적용과 보험료 납부의 강제원리가 적용될 경우에만 성립될 수 있다. 따라서 부과방식의 공적 연금제도에 있어서 이러한 법적 강제력은 마치 보험시장에서 양질의 위험집단들이 제도 가입 기피 또는 조기 이탈(보험제도에 있어서 역선택의 문제, adverse selection)을 방어하기 위한 목적의 예방적 조치로서 적립방식 연금제도의 적립기금에 대응하는 기능을 하게 된다.

부과방식을 이러한 기능적 특성에 따라 연금제도는 도입 초기 이미 나이가 들어 연금제도에 가입할 수 없거나 또는 상대적으로 짧은 기간 동안만 가입이 가능한 중고령계층에게도 '일정한 노후소득을 보장'해 줄 수 있다. 그리고 부과방식 연금제도의 분배적 기능 또한 상당부분 이와 같은 기능적 특성에서 연유하는 것으로 판단해 볼 수 있다. 부과방식 연금제도의 이와 같은 특징은 제도적 효력의 즉시성으로 정의해 볼 수 있다(Fasshaur, 2001). 따라서 앞의 그림에서 보았던 바와 같이 만약 제3기에 공적연금제도를 도입하게 되었을 경우 같은 시기의 노인세대인 A_3에게도 제도적 효력이 즉각적으로 돌아갈 수 있게 하는 장점을 가지고 있다. 반면에 적립방식 연금제도에서는 A_3에게 연금이 지급될 수 있기 위해서는 이미 제1기에서부터 해당제도가 도입되어 상당한 기간 동안 가입자들의 보험료 납부가 이루어지고 있어야만 한다.

부과방식 공적연금제도의 경우 개인별로 부담과 급여 상호 간 수지균형이 제대로 적용되지 않기 때문에 이는 종종 형평성 시비의 요인으로 작용할 수 있다. 따라서 이와 같은 성격의 부작용에 대처하여 부과방식 공적연금제도에서는 별도로 '참여적 수지상등의 원리(participational equivalence principle)' 또는 '구조적 수지상등의 원리(structural equivalence principle)'를 적용해 오고 있다(Kolb, 1984). 여기서 개인들 각자가 납부하게 되는 보험료는 그 해의 노인세대에게 전액 연금으로 지불하게 되고, 대신에 향후 자신들이 은퇴하게 될 경우 노후보장은 근로계층이 된 자녀세대가 생산한 국민소득의 분배과정에 노인들도 참여할 수 있는 권한(Teilhaberecht[독])을 허용해 주는 방법을 통해 이루어지게 된다. 그리고 이 경우 참여권은 수학적 차원에서 정확하게 산출되는 것이 아니라, 개인별로 종전 납부한 보험료의 수준이나 그 부과기준이 되는 소득수준에 따라 개략적으로 차등화된다(Wallrabenstein, 2009: 195). 구체적으로 여기서 개인들은 가입계층으로서 각자가 납부한 보험료의 순위(Rangordnung[독])에 비례하여, 향후 자신들이 노인세대가 되었을 경우 그 순위에 따라 차등적으로 연금을 받게 된다(Kinkel, 1985). 종합해 보면 이상과 같은 성격의 참여적 수지상등의 원리는 사회보장제도에 있어서도 개인별로 사전적 노력이나 능력이 향후 연금급여의 수준에 반영될 수 있도록 하고 있다는 점에서 긍정적인 평가를 받을 수 있다.

4) 재정관리방식의 종합

이상에서 살펴본 적립방식과 부과방식의 기능적 특성을 한국의 국민연금과 대비시켜 보면 다음의 〈표 9-3〉과 같이 정리해 볼 수 있다.

<표 9-3> 적립방식과 부과방식의 기준에서 본 한국의 국민연금 재정관리방식

		적립방식	부과방식	국민연금
수지균형 방식	대상	가입자 개인별 독립 재정(poggy bank=ISA)	전체 가입자 공동재정	전체 가입자 공동재정
	수지균형 기준기간	개인의 전체 생애기간 (individual equivalence)	매년 총지출=총수입 (global equivalence)	모호함(총수입과 총지출의 불일치)
	급여의 개인별 차이	개인별로 piggy-bank에 축적한 보험료 및 이자율	매년도 global equivalence의 상황에서 개인별로 소득이력의 차이 반영: 구조적 수지상등의 원리, 성장 과실 배분에 있어서 차이(참여적 수지상등의 원리)	모호함(=보험 재정의 수입 vs. 지출이 상호 개별적으로 결정)
	연금의 연기 또는 조기 수급	연금의 증액 또는 감액 (marginal equivalence)	연금의 증액 또는 감액 (marginal equivalence)	연금의 증액 또는 감액 (marginal equivalence)
급여수준		개인별로 납부한 총보험료액 및 이자율에 연동	개인별로 실제 납부한 보험료 금액과는 상관없이 가입기간 동안 소득의 평균과 가입기간에 연동	개인별로 가입기간 동안 소득의 평균(기준소득월액)과 가입기간에 연동: 전형적 부과방식의 속성

부담과 급여의 연계성	가입기간 동안 납부한 보험료 총액에 연계	가입기간 동안 개인의 소득에 연계(연금의 소득 관련성)	가입기간 동안 개인의 적용소득에 연계(연금의 소득 관련성). 부과방식의 특성
분배적 기능	원칙적으로 배제되어야 함.	정치적 선택에 따라 폭넓게 반영될 수 있음.	폭 넓게 반영(=부과방식의 특성)
재정관리	개인별 구분관리: individual savings account	공동재정	공동재정: 전형적 부과방식의 속성
현세대 노인의 소득보장	원칙적으로 불가능	보장 가능	보장의 대상에서 제외: 적립방식의 특징
적립기금의 규모	현재와 미래급여를 완전히 충당할 수 있는 수준의 적립기금	단지 주위환경의 변화에 따라 수시로 제도를 변경해야 하는 문제를 방지해 줄 수 있는 수준의 완충기금	2017년 말 현재 약 691조 원. 기금규모의 적절성 여부 판단기준 없음.

한국의 국민연금제도는 적립방식과 부과방식의 속성을 동시에 가지고 있는 혼합방식으로 정의해 볼 수 있으며, 이는 달리 '수정적립방식 또는 수정부과방식'으로도 불리고 있다. 일반적으로 적립방식과 부과방식은 연금제도의 설계에 있어서 기본이 되는 것으로서, 어떠한 재정관리방식을 선택하는가에 따라 연금제도는 기본원리, 제도적 구성, 작동방식 등에 있어서 서로 현저한 차이를 보일 수 있다. 이러한 차원에서 볼 때 적립방식과 부과방식의 연금제도는 양자 융합/조화의 대상이 아니라, 상호 배타적인 양자택일의 문제가 될 수 있다. 왜냐하면, 국민연금제도에 있어서 적립방식과 부과방식의 혼합은 자칫 무원칙성의 문제와 그로 인한 부정적 파급효과를 초래할 우려가 높기 때문이다.

전체적으로 보았을 때, 한국의 국민연금 재정관리방식은 비록 혼합방식으로 정의되고 있다고는 하나, 대체적으로는 부과방식의 특징을 상대적으로 많이 가지고 있는 것으로 파악해 볼 수 있다. 대표적인 사례로서, 한국의 국민연금은 급여산식의 구성원리 상 소득재분배적 기능이 비교적 강하게 적용되는 균등부분(A부분)을 가지고 있을 뿐만 아니라, 이 외에도 제도 운영의 전반에 걸쳐 각종의 사업들(일례로 연금크레딧제도, 두루누리 사업 등) 또한 국민연금의 분배적 기능을 확충하는 데 기여하고 있다. 그리고 역설적이게도 국민연금제도의 만성적 문제점으로 지적되고 있는 저부담-고급여의 수급구조 또한 제도의 분배적 기능을 강화하는 데 일조를 하고 있다. 이러한 점을 종합해 보면, 한국의 국민연금제도는 부과방식에 가까운 제도 설계 및 운영이 이루어지고 있음에도 불구하고, 실제적으로 제도에 대한 비판(주로, 미적립 연금 채무 또는 적립기금의 고갈 등)은 적립방식의 차원에서 이루어지고 있다. 하지만, 이러한 모순적 태도는 구민들의 제도에 대한 올바른 인식이나 대응 자세를 방해함으로써 궁극적으로는 제도불신과 준비되지 않은 노후의 양산에 대한 원인으로 작용하고 있다.

2. 국제비교를 통해서 본 한국의 국민연금 재정관리방식의 문제점

일반적으로 공적연금제도에 있어서 재정관리방식은 연금재정의 관리 및 운용 그 자체로서의 역할과 기능은 물론, 이를 토대로 제도의 다른 일반 영역들(일례로, 적립기금의 관리와 보험료의 조정, 제도의 적용 등)과도 상호 연계성을 가지게 된다. 그리고 이처럼 국민연금 사업부문 간의 연계성은 종국적으로는 제도 운영의 효율성을 목표로 추구하게 된다. 다음의 〈표 9-4〉에서는 국민연금의 핵심 목표영역에서 주요 변수들의 현황을 정리하여 보여 주고 있다.

<표 9-4> 재정관리방식 구성요소에 대한 국제비교

재정관리방식 구성요소		한국	독일	스위스
근거법률		국민연금법	『사회법전』 6권 일반연금보험	노령과 유족의 사회보장에 관한 연방법
보험료	보험료의 조정절차	매 5년마다 재정재계산-국무회의 심의-대통령 재가-국회 제출	1992년 연금개혁의 목표 중 하나인 보험료 자동조정의 일환: 1. 매년도 연말 이듬해의 보험료율을 결정. 2. 보험료율은 이듬해의 예상 지출액을 충당하고 동시에 연말에 목표적립금을 유지할 수 있는 범위에서 결정. 3. 보험료의 조정은 법률 개정 → 시행령 개정 사안 변경	-운영위원회(Verwalungs-rat): 기금의 관리 및 운용 책임 -연방국무위위원회(Bundesrat): 제도운영 및 개정의 책임 -보험료 조정 그리고 급여 조정의 자율성 보장
	보험료의 조정	장기적으로 균형을 유지할 수 있도록 조정해야 한다는 선언적 규정	매년도 적립기금이 법률에서 정한 목표구간을 벗어날 경우 조정	1년 지출총액(B)을 기준으로 1.0B를 초과 또는 미달할 경우 조정. 11차 연금개혁 이후 0.7B로 하향조정 예정
	보험료율의 결정방식	구체적 규정 없음	보험료 예상액+정부보조금+적립기금 대비 예상지출총액 등 재정상황 그리고 법정적립기금의 규모 등을 종합적으로 고려하여 결정	보험료 수입+국고보조금+조정기금+기타 사회보장제도 간 재정조정 대비 예상지출 총액 등 재정상황 그리고 법정적립기금 규모의 유지 등을 감안하여 자율 결정
재정관리방식		구체적 규정 없음	『사회법전』 제6권 제153조에 부과방식으로 명시	법률(AHV-Gesetz) 102조에 지출충당부과방식(Ausgaben0Umlagever-fahren)으로 명시

적립기금	법정 적립기금의 규모	구체적 규정 없음	Min. 0.2A~Max 1.5A	1년 지출 총액의 100%. 다만 11차 연금개혁 이후 0.7B로 하향조정(예상)
	적립기금의 운용 방식	적립기금의 운용 및 분야별 배분에 있어서 기본 원칙이나 실행규칙에 관한 법적 기준이 없음	유동성 확보가 최우선임. 유동성의 기준은 1년 이내에 현금화할 수 있는 금융 및 실물자산을 원칙으로 법률로 구체적 투자상품 및 투자방식 명시	「국민연금법」, 연금조정기금의 운영에 관한 시행령, 기금의 관리 투자 기금운용 조직에 관한 지침등에 준해 독립적으로 기금 관리운용
	기금의 관리 운용주체	보건복지부	기금은 원칙적으로 지사별로 분산관리, 다만 기금의 최대 50%까지는 본부 통합관리도 가능. 이 경우에도 유동성 확보가 가장 우선.	별도의 법률에 따라 독립적 통합기금관리기구 존재
	기금 운용의 원칙	수익성, 공공성, 안정성	유동성 확보	안정성, 수익성, 유동성
국민연금에 대한 국고보조금 규정		관리운영비의 전부 또는 일부	• 법으로 정한 과거 특정연도의 정부보조금을 기준으로 매년도 임금총액이나 모험요율의 변화율에 따라 조정 • 환경세 및 부가가치세 수입에서 정부보조금의 비율 • 이 이외에도 양육크레딧 등 순수 보험사업 이외의 사업 운영에 대한 비용의 전액 보전	• 연방정부: 연간 연금재정 지출총액(A)의 16.36%+조기노령연금제도에 따른 비용에 대한 연방정부 보전 • 주정부 및 기초자치단체: A의 3.64% • 전체 국고보조금은 2003년 이래 A의 29.6%

1) 국민연금제도의 재정관리방식에 대한 정의의 부재

국민연금제도에 있어서 재정관리방식이란 보험제도의 운영과 관련하여 일종의 지불 준비금과 유사한 성격의 적립기금을 어느 정도의 수준으로 어떻게 조성 및 관리하고, 동시에 사업의 운영 과정에서 재정의 수지균형을 유지하기 위한 회계기준을 정하는 작업을 의미한다. 이러한 차원에서 볼 때 재정관리방식의 선택은 국민연금제도의 설계 및 운영, 성과의 평가 그리고 대안 모색 등에 있어서 일종의 기본적 잣대로서의 역할을 할 수 있다. 구체적으로, ① 재정관리방식에 대한 선택이 전제되어야 ② 국민연금제도의 재정상태에 대한 판단과 평가가 이루어질 수 있으며, ③ 이에 따라서 비로소 국가 개입의 방향과 수준에 대한 의사결정이 이루어지게 되고 ④ 국가는 실제로 자신의 의도에 적합한 재정관리방식을 실현하기 위하여 적립재정의 규모 그리고 보험료의 수준을 결정할 수 있다. 종합해 보면, 재정관리방식이란 국민들의 노후소득보장을 목표로 하는 일종의 사회계약과도 유사한 것으로서, 그 내용적 구성 또는 변경은 가입자들 상호 간 이해관계에 큰 영향을 미칠 수 있다. 나아가 이러한 계약관계가 국민연금제도에서와 같이 오랜 시간에 걸쳐 서로 상이한 세대(일례로 생산세대와 노인세대 또는 생산세대−노인세대−자녀세대 등)들 사이에서 성립되어야 할 경우(세대 간) 합의와 공정성의 유지는 특별히 중요한 주제가 될 수 있다.

한국의 국민연금제도의 중대한 문제점들 가운데 하나로서 재정관리방식에 대한 개념규정이 모호하다는 점을 지적한 바 있다. 이로 인해 파생되는 문제점으로서 국민연금의 재정상태 및 보험료의 수준 등이 적절하게 유지되고 있는지 여부를 객관적으로 판단할 수 있는 기준이 제대로 갖추어져 있지 못한 상황이다. 반면에, 국민연금제도의 역사나 운영경험이 오래된 대다수의 서구 국가들(가령 독일, 스위스 등)에서는 자신들의 제도가 특정한 재정관리방식(주로, 부과방식)을 토대로 설계 및 운영되고 있다고 정의를 하고 있다.

2) 재정관리방식의 단계적 전환의 문제점

여러 학자의 견해에 따르면 한국의 국민연금제도는 재정관리방식을 단계적으로 전환(적립방식 → 수정적립방식 → 수정부과방식 → 부과방식) 하도록 함으로써 한국의 상황에 성공적으로 연착륙할 수 있도록 하여야 한다고 주장하고 있다. 하지만 이와 같은 재정관리방식의 단계적 전환 방안은 자칫 국민연금제도로 인해 한국의 분배적 불평등 구조가 오히려 심화될 수도 있다는 점을 유의하여야 할 필요가 있다. 왜냐하면 국민연금제도가 적립방식에서 순차적로 부과방식으로 전환하게 될 경우 그 과도기적 전환 과정에서 국민연금제도는 초기 가입 세대들을 대상으로 보험수리의 엄격한 적용을 유예함으로써 초기세대의 보험료 부담에 따른 불만을 완화하고 차츰 제도에 대한 순응성을 넓혀 가고자 하는 정치적 의도를 가질 수 있기 때문이다.

하지만 이로 인한 제도 도입 초기의 경제적 혜택(일례로, 비용 대비 높은 수익률)이 주로 누구에게 돌아가게 되었는지를 살펴보면, 그 우선적 대상이 되어야 할 사람들(비정규직, 영세사업장근로자, 영세자영업자, 실업자 등)은 고용불안 등의 이유로 인해 대부분 혜택의 배분에서 제외되었음을 알 수 있다. 따라서 추가적으로 별도의 자른 조치가 뒷받침되지 않는 한 결국 제도 초기 국민연금제도의 최대 혜택은 중심부 노동시장의 근로자들에게 주로 돌아가게 되는 분배적 역진성의 문제가 발생할 수 있다는 점이다. 이와 같은 부작용에 대비하여 독일에서는 국민연금제도 최초 도입 당시의 당연적용 대상을 일정한 소득 수준(1889년 당시 연간소득 2,000Mark) 이하의 저임금 근로계층으로 한정하여 적용하였다. 이와는 달리 스위스는 1948년 국민연금제도의 최초 도입 당시 이미 연금수급연령을 초과한 노령계층에 대해서는 보험료의 납부 경력과는 상관없이 모두에게 일정한 수준의 '무상연금(Gratis-Pension)'을 제공하였다.[10] 나아가 스위스 정부는 제도 도입 이전의 시기부터 이미 국민연금의 당연가입 연령에 속해 있었던 사람들에 대해서는 해당 미적용 기간을 제외한 나머지의 가입 가능한 기강에 대해서만 실제로 가입을 하였을 경우 그에 상당하는 완전연금을 지급하였다.

3) 제도불신과 준비되지 않은 노후의 양산 구조

국민연금 재정상태 그리고 적립기금 규모의 적절성 여부에 대한 평가기준이 결여된 상태에서 개인들은 각자의 주관적 판단기준을 근거로 국민연금의 재정상태를 평가하게 된다. 하지만 국민연금제도와 같이 추장기성 사회보험제도의 경우 규칙적인 제도 가입 그리고 보험료의 성실납부가 노후생활의 안정을 위해 매우 중요함에도 불구하고, 제도에 대한 신뢰의 부족문제는 국민들 스스로에게 제도의 중요성을 도외시하게 하고 있다. 나아가 다수의 국민연금 전문가에 의한 부정적인 장기재정전망은 현행 제도에 대한 불신을 심화시켜, 결과적으로 준비되지 않은 노후를 양산하는 또 다른 원인으로 작용해 오고 있다. 그리고 이로 인한 비용은 당사자 본인은 물론, 빈곤구제 비용으로 고스란히 선량한 납세자인 국민들의 부담으로 돌아오고 있다.

4) 세대 간 연대의 불공평성과 그로 인한 대량적 노후빈곤

한국의 경우 국민연금제도의 최초 도입 당시 노인계층에 대해서는 가

---

10) 스위스 국민연금제도(AHV+IV)의 경우 그 자체로서 기초연금제도와 같은 기능을 하고 있음. 대표적 사례로서 스위스의 경우 국민들이 최소한 1년 이상의 국민연금 가입경력을 확보하게 되면, 최고연금(Maximal-rente)의 절반 수준에 해당되는 최소연금(Minimal-rente)이 보편적으로 보장되고 있음.

입경력이 없거나 짧다는 이유로 연금제도의 혜택에서 사실상 배제되었다.[11] 그러나 이와 같은 조치는 세대 간 형평성을 저해하게 될 우려가 높다.

일반적으로 국민연금제도의 도입 초기 노인세대에게 연금의 혜택을 제공할 것인가 여부는 연금제도를 '적립방식 또는 부과방식'으로 운영할 것인가 하는 정치적 판단과 연결된 사안으로 파악해 볼 수 있다. 실제로 해외사례를 보면 국민연금 도입 당시부터 부과방식을 선택하여 기존의 노인세대에게도 연금의 혜택을 제공한 국가들이 상당수 존재하고 있다(예: 스위스, 네덜란드, 덴마크 등). 이렇게 보면, 현재 한국과 같이 노인 빈곤율이 OECD 회원국가 중 최고수준(2017년 기준 43.4%)을 기록하고 있는 것은 경제적 제약의 결과일 뿐만 아니라, 제도적 또는 정책적 인색함에도 기인하는 것으로 평가해 볼 수 있을 것이다. 특히 한국의 국민연금제도의 경우 제도 도입의 지체성으로 인해 많은 수의 사람이 고령으로 인해 제도의 적용으로부터 배제되었다.

제6절 국민연금 재정관리방식의 개선 및 제도 운영의 선진화 방안

여기서는 앞서 살펴보았던 내용을 바탕으로 한국의 국민연금 재정관리방식의 개선 및 제도 운영의 선진화 방안을 중심으로 살펴보고자 한다.

---

11) 이들 노인계층에게는 한시적 조치로서 5년 이상만 가입하여도 급여 혜택을 보장하는 '특례노령연금제도'가 운영되었음. 그러나 이러한 특례노령연금은 국민연금 도입 초기 최소가입기간이 20년이었던 점에 비해 단지 5년 이상만 가입하여도 급여를 지급하였다는 점에서 매우 제한적인 특혜였을 뿐이다. 왜냐하면 이들에게는 일반 수급자와 동일한 급여산식이 적용되어 정확히 5년 가입경력에 상당하는 mini-pension만이 지급되었기 때문임.

1. 국민연금제도 운영의 선진화 방안: 재정수지의 자동조절 장치

한국의 국민연금제도 보험료는 1988년 최초 도입 당시 3%에서 시작하여 1995년 농어촌 6% 그리고 1999년 전국민 확대 실시에 즈음하여 최초로 9%의 수준으로 상향 조정되었다. 하지만 이후 수차례에 걸친 보험료의 인상 요구에도 불구하고 대략 20년이 지난 현재까지 보험료의 조정은 별다른 성과를 이루지 못하고 있다. 이러한 현상은 경제 · 사회 · 인구 등 주위 환경의 급속한 변화에 따른 불확실성의 증가에도 불구하고 보험료 조정의 경직성을 초래하여 스스로 재정적 부실의 주된 원인으로 작용하고 있다.

독일은 제2차 세계대전 이후 물질적으로 절대적 궁핍의 시기를 거쳐, 마침내 1950년대 미국의 경제원조를 배경으로 라인강의 기적을 실현할 수 있게 되었다. 하지만 당시 경제성장의 과실이 적립방식의 적용을 받아 왔던 노인세대에게는 제대로 돌아가지 못하는 경제적 소외의 문제가 발생하였다. 왜냐하면, 적립방식의 연금제도에서 연금급여는 그 특성상 개인이 과거 제도의 가입 시기에 납부하였던 보험료와 이자율에 연동하여 산정하게 되므로, 당시 노인계층의 경우 경제개발 시기의 물질적 번영이 연금제도에 제대로 반영될 수 없는 제도적 한계가 존재하였기 때문이다.

따라서 독일 정부는 마침내 1957년 '단계적으로 부과방식으로 전환'하는 것을 주요 골자로 하는 연금대개혁을 단행하였다. 이에 따른 개혁의 성과로서 독일의 국민연금 제도는 매년도 물가와 임금의 인상을 국민연금에 동시에 반영해 주는 부과방식의 '동태적 연금(dynamische Rente)'으로 거듭날 수 있게 되었으며, 그 결과 주로 노령계층을 위주로 발생하였던 빈곤문제가 획기적으로 개선될 수 있게 되었다. 왜냐하면, 부과방식 연금제도의 경우 제도적 특성상 연금급여가 퇴직 당시의 소득수준(현재

소득) 그리고 퇴직 이후 장래 소득수준(=물가 또는 이금 인상 반영)에 연동하여 결정되기 때문이다.

하지만 이와 같은 급여수준의 개선은 역으로 연금재정의 지출규모를 확장시켜 중장기적으로 재정적 부실의 핵심적 원인으로 부각되기 시작하였다. 특히 당시 독일의 국민연금제도는 빠른 속도로 부과방식으로 전환하는 과정에 있었으므로, 주위 환경의 작은 변화에도 연금재정은 상대적으로 큰 영향을 받게 되는 문제가 종종 대두되었다. 왜냐하면 주기적으로 반복되는 불경기의 상황에서 고정자산의 유동성 확보의 문제는 자산가치의 하락 문제를 함께 동반하게 되는 경우가 많았기 때문이다. 특히 무엇보다도 경기침체기 적립자산의 유동성 확보의 어려움은 종종 연금자산의 적자매각을 불가피하게 하여 연금재정은 이중적으로 부실의 문제를 겪게 되었다.

부과방식의 국민연금제도와 동태적 연금의 도입 등 제도적 선진화가 이루어짐에 따라 제도 운영을 위한 경제적 비용이 빠른 속도로 확대되었다. 나아가 연금제도를 둘러싼 불확실성의 요인들(일례로, 인구고령화, 경기변동, 노동시장의 상황 등) 또한 점차 가시화됨에 따라서, 중장기적으로 재정불안에 대한 우려와 대책 마련의 필요성에 대한 논의가 폭넓게 이루어지게 되었다. 이러한 차원의 논의 과정에서 독일 정부는 문제의 발생원인이 복합적이라는 점을 파악하고, 따라서 집합적 차원에서 문제점에 대처할 수 있는 방안을 강구하여야 할 필요성을 인식하기 시작하였다.

이상과 같은 전략을 바탕으로 독일 정부는 마침내 1992년 연금개혁의 중요 목표들 가운데 하나로서 연금재정의 수지균형에 영향을 미칠 수 있는 지표들을 대상으로 '자동조절장치(Regelmechanismus)'를 구축하였으며, 여기에는 대표적으로 보험료율의 조정, 필요적립기금 및 보험재정의 규모, 정부보조금의 종류 및 수준 그리고 연금조정(Rentenanpassung) 등이 해당된다(BMAS, 2017). 그리고 이러한 변수들은 업무의 효율성 제고를 목표로 자율조정체계를 구축하여 상호 밀접하게 연계되어야 할 필요가 있다. 하지만 이러한 시스템의 작동을 위한 선행적 조치로서 국민연금제도의 재정관리방식에 대한 정의가 필요로 하게 된다. 왜냐하면, 이 경우에만 비로소 국민연금의 핵심적 구성요소들이 재정관리방식의 운영원리에 정합적으로 재구성될 수 있기 때문이다. 그리고 이에 대한 간략한 설명은 다음의 [그림 9-9]에서 보는 바와 같다.

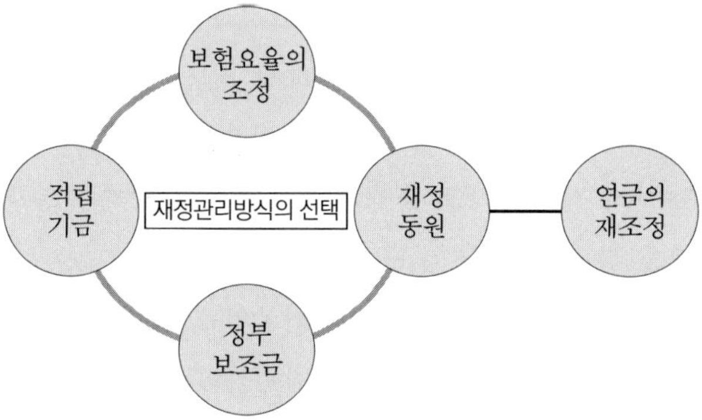

[그림 9-9] 국민연금의 수지균형을 위한 자동조절장치

먼저 독일 국민연금제도의 보험료율은 매년도 연말에 정하게 되는 보험료의 수준으로 이듬해의 총급여지출(A)을 충당하고, 별도로 A의 1개월치 총액을 기준으로 20~150% 수준의 기금(=지속성 기금, Nachhaltigkeitsrücklagen)을 유지할 수 있는 범위 내에서 정하게 된다. 이에 따라서 만약 국민연금제도의 운영과정에서 적립기금이 법정 허용 범위를 넘어서게 되면 이듬해에 가서 보험료율을 자동적으로 인하하게 되고, 반대의 경우에는 반드시 보험료율을 올려야 한다. 그리고 독일은 부과방식 국민연금 재정의 안정성 유지를 목표로 매년 향후 15년까지의 환경변화를 반영한 연금재정 추계를 의무화하고, 나아가 이를 토대로 매년 보험료의 재산정(Neufestsetzun des Beitragssatzes)이 이루어질 수 있도록 의무화하고 있다. 따라서 이 경우 독일은 한국의 경우와는 달리 보험료의 조정이 필요한 것으로 판단될 경우 별도의 정치적 타협의 절차 없이 자율적으로 이루어질 수 있는 장점이 있다.

다음으로 독일에서 국민연금제도는 순수한 보험사업 그리고 보험 이외의 국가 목적사업을 공동으로 운영하고 있으며, 이 경우 각각은 서로 재원을 분리하여 ① 가입자들이 납부하게 되는 보험료 수입 그리고 ② 정부보조금 수입으로 충당하게 된다. 그리고 국민연금에 대한 정부보조금은 일반보조금(allgemeiner bundeszuschuss)과 추가보조금(zusatzlicher bundeszuschuss)으로 구분하여 구성된다. 여기서 정부의 일반보조금은 양차 세계대전과 두 차례에 걸친 화폐개혁에 따른 민간부문의 피해보상의 차원에서 매년도 급여지출총액의 21.7% 그리고 각종 연금크레딧의 비용과 노인의 의료보험료 지원을 목적으로 약 15% 등으로 구성된다. 반면에 추가보조금은 출산 및 육아, 군복무, 노인의 건강보험료 등 제도의 운영과정에서 제기되는 추가적인 보험료 지원사업의 재원을 충당하기 위한 목적으로 사용되고 있다. 독일과는 달리, 한국의 경우 국민연금제도에 대한 정부보조금은 2017년 말 현재 6,400억 원으로 같은 해 급여지출 총액의 19.1억 원의 약 3.4% 수준에 불과한 것으로 나타나고 있다. 이와 같은 정부보조금의 수준은 한국의 경우 국가 목적 사업들의 상당부분이 국민연금 보험료의 재원으로 충당되고 있다는 것을 시사하고 있다.

마지막으로 소위 지속성 기금이라는 적립기금 역시 독일에서는 법률로 정한 기금의 최소범위와 최고범위의 사이를 유지하도록 하고 있다. 그리고 이 경우 기금이 허용 범위를 능가할 경우 법률의 규정에 따라 보험료율은 하향조정하게 되고, 그 반대 상황의 경우 보험료율은 자동적(=의무적)으로 인상하게 된다. 이와는 달리 한국의 경우 매년도 적립기금의 규모 그리고 보험재정의 동원 규모 등이 적정한 수준을 판단할 수 있는 아무런 기준이 없는 상태이다. 그리고 이러한 기준의 부재는 국민연금의 재정상태나 재정 운용상태의 적정성을 판단할 수 있는 근거가 없는 상태에서 운영되고 있다는 사실을 보여 주고 있다.

연금보험료의 자동조절장치는 다음과 같은 이익을 가져다줄 수 있다. 첫째, 국민연금 보험료의 자동조절을 통하여 해정관리비용이 상당부분 경감될 수 있다. 둘째, 이러한 자동조절장치는 보험료의 조정, 정부보조금의 수준, 적립기금의 규모 및 운용방안 등 각종의 갈등요인들을 완화하고 억제하는 데 상당한 기여를 할 수 있다. 셋째, 자동조절장치는 관련 사업영역이나 부문들 상호간 갈등들이 스스로 해소될 수 있도록 함으로써 제도 운영의 효율성이 크게 강화될 수 있다. 넷째, 이상과 같은 효과들은 제도의 운영이나 사업의 관리 등에 있어서 정치적 목적의 개입이나 간여를 최소화하고 자율적이고 독립적인 운영을 가능할 수 있게 한다는 점에서 장점을 보이고 있다.

이상의 내용을 토대로 여기서는 한국의 국민연금제도에서도 재정의 자동조절장치를 구축하는 방안을 다음과 같이 정리해 볼 수 있다. 첫째, 국민연금제도의 재정적 안정성을 목적으로 일정수준의 완충기금이 조성될 수 있도록 하고 그 규모는 법률에 명확하게 정의될 수 있게 함으로써, 연금재정 수지균형의 기준이 모두에게 공통적으로 적용될 수 있도록 한다.[12] 둘째, 국민연금제도의 재정적 안성을 목적으로 일정수준의 완충기금이 조성될 수 있도록 하고 그 규모는 법률에 명확하게 정의하도록 한다. 셋째, 국민연금재정에 대한 정부의 재정적 보조의무 등(=순수한 국민연금 보험사업이 아닌 국가 또는 정치적 목적의 사업들)을 구체적으로 정하고, 이를 규칙적으로 변제 및 재조정이 이루어지도록 한다. 여기

12) 여기서 부과방식을 연금재정의 기준으로 임의로 설정하고자 하는 이유는 ① 우리 사회의 현실(일례로, 높은 수준의 노인빈곤율, 현행 국민연금제도의 분배적 역진성 등)을 감안하고, ② 본 논문의 전반적 부분에서 언급하고 있는 적립방식의 공적연금제도로서 국민연금의 문제점(적립방식에 대한 인식의 과장 등)을 교정하기 위한 목적을 가지고 있다.

서 한국의 경우 정부보조금의 확충은 자칫 보험재정의 인건비 또는 물가 전가 등에 따른 경제적 부작용 그리고 조세재원이 아닌 보험재정의 경우 분배적 기능의 약화 등과 같은 부작용이 예상되기 때문이다. 넷째, 연금보험 재정의 균형이 유지될 수 있도록 국민연금 보험료율의 조정이 상시적으로 이루어질 수 있도록 한다. 그리고 보험료율의 유연한 재조정이 이루어질 수 있도록 하기 위한 목적으로, 법적 근거규정이 현행 「국민연금법」에서 「국민연금법 시행령」으로 이관하도록 한다.

2. 부과방식의 연금제도에 대한 인식적 오류의 개선

1) 부과방식의 연금제도는 고령화사회에 적합하지 않으므로, 적립방식을 강화하여야 한다

우리 사회는 급속한 고령화의 과정을 거치게 될 것으로 전망되고 있다. 한편으로는 노인인구의 가파른 증가 추세와 기대수명의 지속적 연장, 다른 한편으로는 세계에서 가장 낮은 출산률과 아동 및 청년 인구의 지속적인 감소 등으로 인하여 한국은 이중적 차원에서 고령화 사회의 충격을 경험하고 있다. 이러한 상황에서 한국 국민경제의 노인 부양비 부담은 빠르게 증가하고 있다.

일반적으로 부과방식의 연금제도는 소규모의 완충기금을 제외할 경우 별다른 기금의 적립이 없이 운영되므로, 적립방식의 연금제도보다 상대적으로 취약하다는 비판을 받고 있다. 왜냐하면 적립방식의 연금제도는 적립기금의 효율적인 운용을 통하여 노후대비를 위한 수익을 확보할 수 있을 뿐만 아니라, 저축 및 자산의 투자를 통해 경제성장에도 기여를 할 수 있기 때문이다(BMAS, 2017). 이 이외에도 적립방식은 자체적인 적립기금을 바탕으로 운영되므로, 고령화 사회문제로 인한 미래세대의 노인부양비 부담을 일정범위에서 통제해 줄 수 있다는 장점이 있다.

그리고 적립방식은 적립기금의 존재로 인해 가입자들로부터 신뢰를 얻고 있으며, 동시에 제도의 운영에 있어서 상대적으로 독립성을 폭넓게 보장을 받을 수 있다.

이와는 달리 일부 학자들은 적립방식 또한 부과방식의 경우에서와 마찬가지로 고령화 사회문제 등과 같은 부작용을 겪게 될 것이라고 역설하고 있다. 대표적으로 Bäcker&Kistler(2020)에 따르면 고령화 사회문제와 재정관리방식은 서로 무관한 영역의 문제로서 각각 별개의 주제로서 다루어져야 한다고 주장하고 있다. 이와 같은 주장의 근거로시 먼저 독일의 학자 '마켄로트의 정의(Mackenroth-Theorem)'을 언급할 필요가 있다. 그의 주장에 따르면 "세상에서 가장 단순하고 또한 명확한 명제로서 매년도의 국민총생산(Sozialaufwand)은 항상 그해의 국민총소득(Volkseinkommen)으로 충당된다." 따라서 매년도 생산계층과 함께 모든 국민의 소비수요는 국민총소득에 상당하는 국민총생산과 일치하게 된다. 또한 Mackenroth(1952)에 따르면 폐쇄적인 국민경제를 가정할 경우 "매 연도별로 한 해의 국민총생산을 별도로 추가할 수 있는 자원 및 수단 또는 방법이 사실상 존재할 수 없다. 따라서 국민경제 전체적으로 볼 때, 장래의 노후대비 또는 긴급 상황을 대비한 기금의 사전적 축적, 소득의 시기적 이전 또는 개인적 저축이 존재할 수 없다."

마켄로트의 명제는 매년도의 국민총소득은 항상 그 해의 국내총생산으로 서로 충당되어야 하고, 이러한 사실은 거스를 수 없는 진실이라고 주장하고 있다. 이러한 상황에서 개별적으로 익숙한 경제행위들, 일례로 노후를 대비한 저축이나 보험가입 등이 거시경제적으로나 국민경제 전체적으로는 성립될 수 없는 문제가 발생하게 된다. 달리 설명해 보면, 전체적으로 볼 때 장래의 소비지출을 충당하기 위하여 개인들이 개별적으로 저축을 하거나 또는 비용을 사전에 지불하는 등 비용부담의 시기

적 이전은 불가능할 수 있다.[13)14)]

이해의 편의를 위하여 이상의 내용은 다시 [그림 9-10]으로 설명해 볼 수 있다. 그림은 폐쇄경제체제 하에서 국민경제의 경제순환모형을 보여주고 있다. 여기서 시장은 생산요소시장과 생산물시장으로 구분되며, 각각의 시장에서 생산요소와 생산물이 거래가 된다. 이러한 상황에서 가계는 자신의 노후대비를 위해 현재소득 가운데 일부를 저축하게 되고, 기업은 다시 그 돈을 빌려서 투자재원으로 활용하게 된다고 가정을 한다. 이 경우 만약 이자율과 자본의 수익률이 서로 같은 것으로 가정을 하면 국민경제 전체적으로 보았을 때 저축과 투자는 상호 상쇄되는 효과가 발생하게 된다. 이러한 내용을 경제순환의 관점으로 보았을 때, 매년도의 저축은 그 해의 국민 총생산 가운데 소비되지 않은 부분으로서, 이는 전액 같은 해 '투자의 형식으로 소비된 부분'과 동일한 것이 된다. 종합해 보면, 항상 한 해의 국민총생산은 같은 해의 소비지출을 위해 전액 활용하게 되고, 따라서 국민경제 전체적으로는 저축이나 투자가 존재할 수 없다.

13) N. Barr(2004)에 의하면 연금제도의 경제학적 기능은 개인별로 자신의 소득을 시기적으로 재분배하는 역할을 하게 된다. 그러나 이러한 연금제도의 기능은 국민경제 전체적인 차원에서 보면 성립될 수 없는 한계가 있다. 왜나하면, 매년도 전체 연금생활자의 소비는 그 해의 근로계층이 생산한 생산물을 토대로만 이루어질 수 있기 때문이다. 이러한 내용을 달리 표현하면, 연금제도의 경제학적 긴응은 매년도 생산된 총생산물을 그해의 근로계층과 연금수급계층 사이에 나누는 것으로서, 이 경우 재정관리방식의 선택은 세대 간 배분의 방식에 대한 기술적 차이를 의미한다. 이러한 차원에서 볼 때 인구의 고령화 추세에 대처하여 적립방식이 부과방식보다 재정적 안정성의 측면에서 비교우위성을 가지고 있다는 주장은 구성의 모순(Fallacy of composition)을 나타내는 대표적인 잘못된 견해다.

14) 각주 12의 내용은 이정우, 이동수가 완역한『복지국가와 경제이론』(2008)를 참조하기 바람.

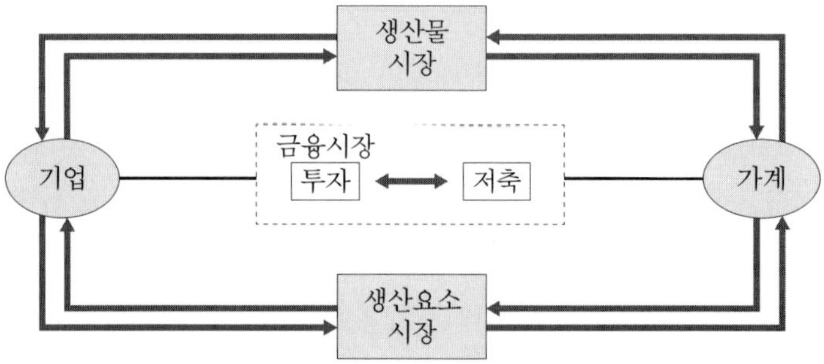

[그림 9-10] 경제순환의 관점에서 본 마켄로트 명제

이상에서 보았을 때 국민연금제도를 포함한 모든 사회보장제도의 재정관리방식은 항상 부과방식이어야만 된다. 다만 형식적 차원에서 적립방식과 부과방식의 차이는 단순히 국내총생산의 배분에 있어서 생산세대와 노인세대 상호간의 정치적 협상능력의 차이를 반영할 뿐이라는 점이다. 종합해 보면, 고령화 사회의 문제와 재정관리방식의 문제는 상호 별개의 영역으로서, 서로 구분하여 다루어야 할 당위성이 있다. 그리고 고령화 사회의 연금재정 불안 문제의 본질은 사람들이 예전보다 오랫동안 살게 되었음에도 불구하고, 개인별로 늘어난 기간이 거의 전적으로 사회적 부양을 필요로 하는 비경제활동기간으로만 편입되고 있는 사실 그 자체가 문제의 본질인 것이다. 다라서 이와 같은 고령화 사회문제에 대한 근본적 해결방안은 국민경제의 생산능력을 활성화하는 전략으로서, 대표적으로 노인이나 여성의 경제활동참가율 제고, 저축 및 투자의 활성화를 통한 경제성장 전략 등이 해당될 수 있다.

2) 부과방식의 연금제도는 경제성장에 유해하다

적립방식은 개인들 각자의 연금수급권이 지불준비금의 형태로 사전 적립된 상태에서 운영된다. 이에 따라서 적립방식은 미래세대의 노인부양비 부담을 경감시켜 주고, 국내저축 및 투자 활성화를 통해 자본축적에 기여하여, 결과적으로 경제성장을 촉진시켜 줄 수 있을 것으로 기대해 볼 수 있다. 반면에 부과방식 연금제도의 경우 생산세대의 보험료는 노인세대의 소득보장을 위해 전액 지급(즉, 소비)되므로, 그로 인한 국내저축과 자본축적의 하락은 경제성장에 부정적 영향을 줄 수 있다. M. Feldstein(1974)에 의하면 미국의 사회보장제도들은 부과방식을 채택함으로 인해 국내저축을 50% 그리고 자본축적을 38% 감소시켜 미국경제의 성장잠재력을 현저하게 약화시키고 있다고 주장하고 있다. 다음에서는 이러한 Feldstein의 주장을 세부적으로 분리하여 그 내용들을 간략하게 분석해 보고자 한다.

3) 부과방식 연금제도는 국내저축을 떨어뜨리는 작용을 한다

부과방식의 연금제도가 국내저축률을 떨어뜨리게 될 것이라는 주장은 다음과 같은 논리들의 조합에 근거를 두고 있다. 가령 국민연금제도를 포함한 부과방식의 사회보장제도가 최초로 도입될 경우, 종전 개인이 자발적으로 담당해 왔던 적립방식의 저축 동기와 상호 상쇄되어 그에 상응하는 수준의 국내저축이 감소하는 효과가 발생할 수 있다.

다음으로는 설령 부과방식의 공적연금제도가 도입된다고 하더라도, 이에 반응하는 경제활동주체의 시간선호와 경제적 의사결정에 있어서 시야(planning horizon)에 따라서 국내저축에 미치는 효과는 각자 다른 결과를 가져다줄 수 있다(Aaron, 1982: 10ff.). 가령, 첫째로 단기안목적 시야를 가진 사람들의 경우 그들은 자신에게 부과되는 연금보험료를 일종의 세금으로 간주하게 될 가능성이 높다. 따라서 이 경우 그들은 부과방식의 연금제도가 도입된다고 하더라도 저축을 줄이고자 하는 경제적 유인이 작용하게 될 가능성이 희박하다. 왜냐하면, 이 경우 그들은 제도 도입에 따른 보험료의 의무적 납부 자체를 저축이 아닌, 세금 납부로 간주하게 될 가능성이 높기 때문이다. 둘째로는 경제적 시야가 가장 넓은 다세대모형(Multi-generational Model)의 경우 개인은 경제적 의사결정의 기준이 자신은 물론 자녀세대(또는 경우에 따라서 손자녀 세대)로까지 이어지게 될 가능성이 있다. 따라서 이들은 유증동기(bequest motive)를 가지게 되고, 이는 부과방식의 연금제도가 도입되더라도 저축 동기가 상당부분 작동하게 될 가능성이 높다. 셋째로 개인적 시야가 본인 자신의 생애(life-cycle)까지만 해당되는 사람들이다. 이들의 경우 만약 부과방식의 연금제도 도입된다면, 예상하지 않은 급여혜택(wind-fall benefit)을 누리게 되므로 그에 상응하는 수준의 저축 감소효과가 발생하게 된다.

마지막으로, 부과방식의 공적연금제도가 도입될 경우, 노후대비에 대한 중요성이 주변사람들에게 인식되어 오히려 국내저축이 증가하는 효과가 발생할 수도 있다. 특히 Eisner(1983)와 같은 사람은 케인즈의 유효수요함수를 토대로 만약에 부과방식의 사회보장제도가 새로 도입된다면, 이는 국내소비를 진작시키게 되어, 오히려 국민소득의 증대와 함께 국내저축이 증가하는 효과를 기대해 볼 수 있을 것이라는 주장을 하는 연구결과를 발표한 바 있다.

이상을 종합하면, 공적연금제도의 재정관리방식과 국내저축 및 경제성장의 효과는 연구자의 연구설계나 구성에 따라 차이를 보일 수 있다. 따라서 변수들 상호간 인과관계가 일관적이고 보편타당하게 검증되지 못하고 있다.

4) 적립방식의 연금제도는 경제성장의 효과를 가져다줄 수 있다

공적연금 재정관리방식의 선택이 국내저축에 미치는 파급효과는 매우 다양한 요인이 상호 복합적으로 작용하게 되어 명확한 답변이 불가능한 것으로 판단된다. 왜냐하면, 국내저축의 증가가 경제성장으로까지 이어질 수 있기 위해서는 그 사이에 있는 정책변수들이 경제성장을 위한 요건들(저축의 증대 → 국내투자 → 자본축적 → 경제성장)을 공히 충족해야만 하기 때문이다. 개인별로 적립방식을 선택하였을 때 경제성장의 효과를 실현하기 위해서 가져야 할 조건은 다음과 같다.

① 부과방식의 경우에서보다 국내저축 증가에 상대적으로 높은 기여
② 저축의 증가분은 항상 가장 적절한 곳에 투자: 투기나 소비 목적으로 활용될 수도 있기 때문임
③ 투자의 증가가 생산의 증가로 이어져야 함: 신규투자로서 가장 생산적 분야에 투자되어야 함

종합해 보면, 적립방식의 연금제도가 국내저축의 증대 → 경제성장의 효과를 가져다줄 수 있다는 논리는 매우 허약한 가정에 기반을 둔 것으로 현실적 판단과 평가에 유의하여야 할 필요가 있다.

3. 재정관리방식과 통일의 문제

다수의 학자에 따르면 한국의 공적연금제도의 재정관리방식은 장차 남북하의 통일을 대비하는 차원에서도 적립방식으로 전환하거나, 아니면 적어도 적립성 요소가 강화된 형태로 운영되어야 한다는 것을 강조해 오고 있다. 다음에서는 이와 같은 주장의 문제점에 대하여 살펴보고자 한다.

먼저, 2017년 말 현재 약 691조 원에 달하는 국민연금 적립기금은 남북한의 통일 과정에서 북한지역 거주 노인계층을 위한 노후소득보장과 북한지역의 낙후된 사회 간접자본 건립 등 경제 개발을 위한 재원으로 활용할 수 있다는 주장이다. 그러나 이와 같은 주장은, 첫째, Mackenroth의 명제에 따르면 통일 이전 축적한 국민연금 적립기금이나 통일기금 공히 통일 과정이나 통일 이후 북한지역의 사회발전이나 경제개발을 위

해 활용할 수 없다는 점이다. 왜냐하면 이 경우 적립기금들은 공히 통일 이전 축적한 국민연금 적립기금이나 통일기금 공히 통일 과정이나 통일 이후 북한지역의 사회발선이나 경세개발을 위해 활용할 수 없다는 점이다. 왜냐하면 이 경우 적립기금들은 공히 통일 이전 남한지역의 실물자본에 대한 투자의 형태로 이미 '소비'되었을 확률이 높기 때문이다(이정우, 1997). 둘째, 이에 따라서 만약 그럼에도 불구하고 북한지역의 발전과 개발을 위한 자본이 필요하다면, 그 재원은 원칙적으로 같은 해 남한지역에서 생산된 부가가치를 기반으로 충당해야 할 것이다.

다음으로 독일의 통일 사례에서 다수의 독일 학자가 주장하였던 바와 같이 통일과 동서화합의 차원에서 보았을 때 동서독의 공적연금제도들 공히 부과방식을 채택하고 있었고, 따라서 공히 별다른 적립기금을 보유하고 있지 않았다는 사실은 매우 다행하였던 것으로 파악해 볼 수 있다(Ritter, 2006). 그 이유로서, 첫째, 만약 통일 과도기 동서독 공히 또는 서독이 상당한 수준의 적립기금을 보유하고 있었더라면, 그 돈은 소유권이 상대적으로 분명한 현금성 자산이기 때문에 원래 목적(=서독 노인의 노후소득보장)에 반하여 활용지역을 임의로 변경할 수 없는 제약을 받을 수 있다. 둘째, 적립방식의 공적연금제도는 적립기금의 소유주체가 명확하므로, 이는 남북한 사회통합을 위한 재원으로 활용할 수 없을 뿐만 아니라, 적립기금의 지역 간 편차는 그자체로서 남북갈등의 직접적인 요인으로 작용하게 될 우려도 높다.

마지막으로, 남북한의 통일 시 공히 적립방식을 적용하게 될 경우, 북한지역 일반 가입자들은 최소한 10년 이상을 가입해야만 연금수급권을 확보할 수 있게 된다. 하지만 일반적으로 적립방식의 연금제도에 있어서 연금급여는 과거 분단시절 북한지역의 경제실적(대표적으로, 임금수준이나 이자율 등)을 반영하여 결정하게 된다. 이에 따라서 북한지역 가입자들이 남한지역의 수준에 준하는 연금급여를 받을 수 있을 때까지는 최소한 한 세대(약 30년) 이상이 소요될 것으로 전망된다.

참고문헌

이정우(1995). 탈북이주자 사회정착지원 개선방안. 서울: 한국보건사회연구원.

이정우(2017). 사회복지정책(3판). 서울: 학지사.

Aaron, H. (1982). Economic Effects of Social Security. Studies of Government Finance. The Booking Intstitution. Washington. D.C.

BÄcker, G., & Kistler, E. (2020). *Umlage-versus Kapitaldeckungsverfahren*. bpb.

Barr, N. (2007). *The Economics of the Welfare State*. (4th ed.) Oxford University Press.

Bethod, N. (1990). Sozialpoltik, zwischen ökonomischer und politischer RationalitÄt, in: *Hamburger Jahrbuch fÜr Wirtschafts und Gesellschaftspolitik, 35 Jg*. pp. 171–185.

BMAS (2017). Übersicht Über das Sozialrecht.

BSV (2018). Schweizerische Sozialversicherungsstatistik 2017.

Dinkel, R. (1985). Das Äquivalenzprinzp in Privat und Sozialversicherung-eine kritische Auseinandersetzung mit der herrschenden Drthodoxie, in: *Zeitschrift fÜr die gesamte Versicherungswissenschaft, vil. 74*, pp. 345–369.

Ewert, T. (2018). Die Zukunft des Generationenvertrags. bpb. FES, Bonn.

Feldstein, M. (1974). Social Security, Induced Retirement, and Qggregte Capital Accumlation, in: *Journal of Political Economy, Vol. 82*, pp. 305–326.

Frerich, J. (2000). Sozialpolitik: Das Sozialleistungssystem der Bundesrepublik Deutschland, 2. Auflage, Oldnbourg Verlag, MÜnchen und Wien.

Markenroth, G. (1952). Die Reform der Sozialpolitik durch einen deutschen Sozialplan, Albrecht, G. (Hrsg.), *Die Berliner Wirtschaft zwischen Ost und West*, Schriften des Vereins fÜr Sozialpolitik, N. F. Bd. 14, Berlin, pp. 39–76.

Ribhegge, H. (2004). Sozialpolitik, Verlag Vahlen, MÜnchen.

Ritterm G,. (2006). Der preis der deutschen Einheit: Die Widervereinigung und die Krise des Sozialstaates, CH. Beck.

Samuelson, P. A. (1958). An Exact Consumption-Loan Model of Interest without the Social Contrivance of Money. *Journal do Polital Economy, Vol. 66*, pp. 467–482.

SchmÄhl, W. (1980). Verteilungswikungen des Rentenversicherungssystems, in: WISU Hf. 1, 2 und 3, S. 43–47. 93–91 und 145–148.

Wallrabenstein, A. (2009). *Versicherung im Sozalstaat*, Mohr Siebeck, TÜbingen.

제10장

공적연금제도의 행정관리

제1절 행정관리의 정의와 의미

1. 행정관리의 정의

공적연금제도에서의 행정관리란 개별 연금제도가 국가로부터 부여받은 과제를 행정적으로 실천에 옮기는 작업을 의미한다. 이를 위해서는 개별 연금제도에 맞는 적절하고 적법한 관리체계 및 조직을 필요로 하게 된다. 여기서 행정관리란 대상자에게 있어 적절한 급여와 서비스 등을 신속하게 전달하여야 한다는 효과성(effectivity) 측면뿐 아니라, 제도운영의 효율성(efficiency) 측면에서도 중요한 의미를 지니고 있다. 가령, 비효율적인 제도운영을 통해 행정관리비용이 과도하게 발생하게 될 경우, 개별 연금제도의 대상자에게 돌아가야 할 재원이 그만큼 줄어드는 등의 문제가 발생할 수 있기 때문이다. 1절에서는 공적연금제도에서의 행정관리의 개념, 사회보험의 관리운영방식으로서 단일보험자 방식과 다보험자 방식을, 2절을 통해서는 독일에서 채택하고 있는 자치운영의 원리까지를 중심으로 살펴보고자 한다.

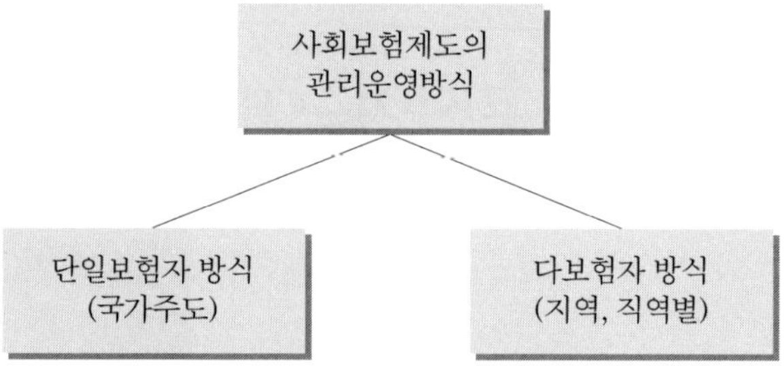

[그림 10-1] 사회보험제도의 관리운영방식: 국가주도의 단일보험자 방식과 다보험자 방식

2. 공적연금 관리운영방식

사회보험의 관리운영방식은 크게 개별 공단 등을 통한 국가주도의 단일보험자방식 그리고 개별 지역 혹은 직역별로 나뉘어진 조합주도의 다보험자방식으로 구분된다. 여기서는 이러한 단일보험자방식과 다보험자 방식이 가진 특징과 장단점에 대해 알아보고자 한다.

1) 단일보험자방식(국가주도의 통합운영체계)

단일보험자방식이란 국가주도의 사회보험 조직을 별도로 구성하여 통합/관리하는 방식을 의미한다. 공적연금제도 종류별로 각각의 연금공단을 국가주도로 설립하고 해당 공단을 통해 징수부터 연금급여의 집행까지 모든 것이 한 기관을 통해 이루어지게 되는 것이다.[1] 이러한 국가주도의 통합운영체계인 단일보험자방식은 하나의 중앙기관을 통해서 운영되기에 조직의 규모가 크고, 다른 한편으로 조직 운영의 신뢰성을 담보할 수 있다는 차원에서 그 장점이 있을 수 있다. 반면에 단일보험자로 거대조직의 탄생은 자칫 조직구성원 상호 간 이질성의 심화 및 의사

1) 한국의 경우, 보험료의 징수업무는 국민건강보험공단에서 통합하여 운영됨.

결정과정에서 의견조절기능의 약화 등으로 인한 내적갈등이 빈번하게 발생할 우려가 높다.

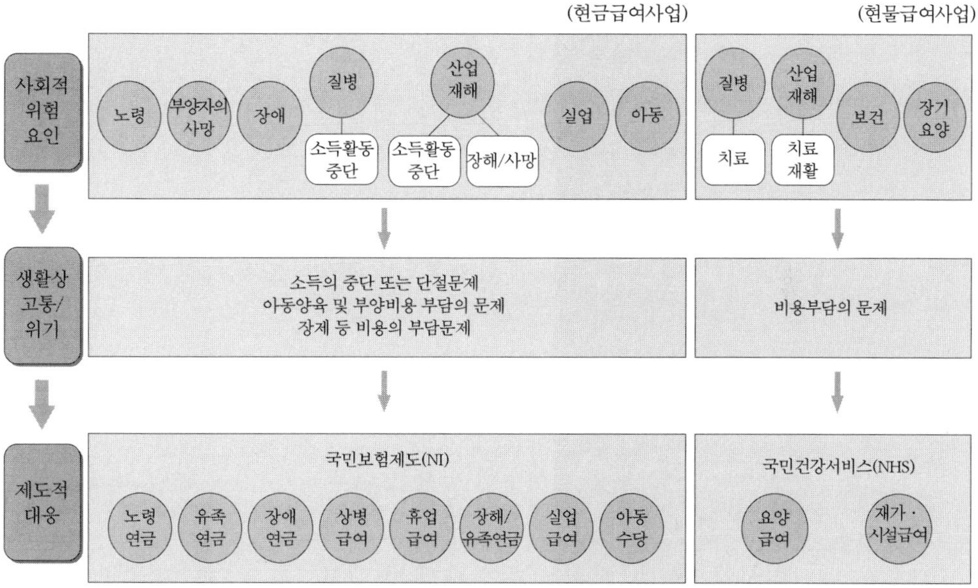

[그림 10-2] 사회보험 행정관리의 통합운영체계: 베버리지 모형

출처: 이정우(2017).

통합운영체계는 사회적 위험요인의 종류 구분 없이 통합적 형태로 운영하되, 다만 급여의 특성에 따라 현금급여를 위주로 하는 국민보험(National Insurance: NI) 그리고 현물급여를 위주로 하는 국민건강서비스(National Health Service: NHS)로 구분하고 있다. 이와 같은 사회보험의 통합운영체계는 이를 최초로 창안한 영국 학자의 이름에 따라 '베버리지 모형(Beveridge-Model)'으로도 불린다. 영국 사회보험제도의 운영과정에서 발견되는 주요 특징을 정리해 보면 다음과 같다.

첫째, 영국은 노령, 장애, 부양자의 사망, 상병, 유족, 모성, 장제 등과 같은 사회적 위험요인들을 대상으로 단일의 통합형 제도인 국민보험을 운영하고 있다. 이러한 통합적 사회보험모형은 사람이 동일한 문제상황(예: 소득의 단절)에 놓이게 될 경우, 그 문제의 발생원인이 무엇이건 결과에 따라 단일의 제도체계 내에서 보호를 받을 수 있도록 하는 결과주의 원칙(Finalprinzip[獨])의 특성을 보이고 있다.

둘째, NHS는 비록 국가의 일반재정을 그 재원으로 하여 운영되나, 국민보험의 경우에서와 같이 여기서도 의료, 보건, 재활 등 의료 관련 서비스들이 포괄적으로 관리되고 있다.

셋째, 국민보험(NI)과 국민건강서비스(NHS)의 적용대상은 원칙적으로 전(全) 국민이 되며, 국내에 합법적으로 거주하는 외국인 역시 이러한 제도적 보호의 대상이 될 수 있다.

넷째, 국민보험의 현금급여(예: 연금, 실업급여, 상병급여)는 주로 빈곤문제의 해소를 목표로 하고 있다. 따라서 개인별로 부담하는 보험료의 수준과 급여는 상호 연계성이 미약한 편으로서, 이는 달리 말하면 제도의 높은 분배적 기능을 시사한다 할 수 있다.

다섯째, 국민보험은 국가의 관리 및 책임으로 운영되며, 따라서 제도의 관리운영에 있어 국가의 영향력이 상대적으로 높게 나타나고 있다.

2) 다보험자방식(조합주도의 분산운영체계)

다보험자방식은 단일보험자방식과는 달리 국가주도의 통합운영체계가 아닌 전체 사회보험제도를 사회적 위험요인이나 위험별로 구분하여 각각 별도의 독립적 제도의 형태로 운영하는 방식을 의미한다. 이러한 분산운영체계는 달리 [그림 10-3]과 같이 '비스마르크 모형(Bismarck-Modell)'이라고도 불린다. 비스마르크형 복지국가의 대표적 국가인 독일 사회보험제도의 운영과정에서 발견되는 중요한 특징들을 정리해 보면 다음과 같다.

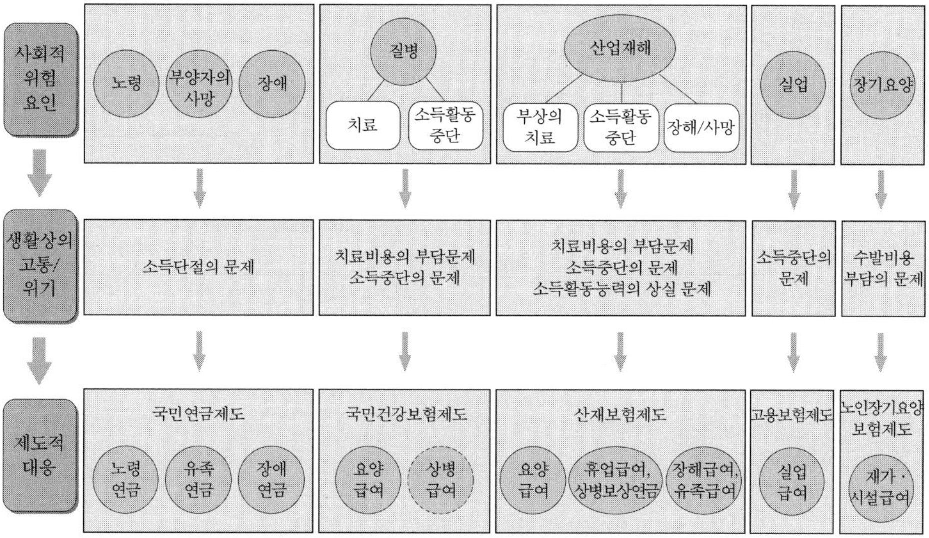

[그림 10-3] 사회보험 행정관리의 분산운영체계: 비스마르크 모형

출처: 이정우(2017).

첫째, 독일의 사회보험제도들은 위험별로 구분하여 각각 독립적으로 운영된다. 이에 따라 일례로 '소득의 단절'이라는 동일한 위기상황에도 불구하고 만약 그 원인(노령, 질병 혹은 실업 등)이 상이하다면 해당 제도, 급여의 종류 및 수준 그리고 재원이 각각 상이해지는 엄격한 원인주의(Kausalprinzip[독])의 원칙이 적용되게 된다.

둘째, 동일한 위험의 경우에 있어서도 독일의 사회보험체계는 소위 '조합주의' 정신에 따라 가입자의 직영, 직종, 지역별로 각각 관리운영의 주체를 달리하게 된다. 예를 들면, 2010년 기준 독일의 의료보험제도는 165개의 질병금고(Krankenkasse[독]), 공적연금제도는 4개의 공단과 89개의 특수직종 공제조합, 그리고 산재보험제도는 20개의 동업조합과 다수의 공공산재금고에 의해 운영되고 있다(Bundesministerium für Arbeit und Soziales, 2010).

셋째, 사회보험제도의 적용대상은 임금근로자를 원칙으로 하되, 자영자의 경우 사회정책적 차원에서 특별한 보호가 필요로 하다고 판단되는 집단(예: 농민, 자유직업종사자, 가내수공업자 등)에 한하여 별도의 방법으로 제도적 보호를 해 주도록 하고 있다.[2)]

넷째, 사회보험제도의 현금급여는 수급자의 생활수준보장을 목표로 하고 있으며, 이를 위해 개인별로 소득, 보험료 및 급여가 상호 긴밀한 연계체계를 갖추고 있다. 이러한 특징으로 인하여 독일의 사회보험제도는 분배적 기능이 상대적으로 낮게 발생하고 있다.

다섯째, 운영재원은 주로 보험료 수입으로 충당되며, 이 경우 보험료는 제도별로 구분하여 부과된다.[3)] 그리고 각 사회보험제도는 재정적으로 독립채산의 원칙을 적용받고 있다. 하지만 동일한 사회보험제도의 경우 소속 조합 간 재정수지의 격차를 완화하기 위한 목적으로 조합들 상호 간 재정조정사업(Finanzausgleichverfahren[독])이 별도로 운영되고 있다.

여섯째, 각 사회보험제도는 조합주의의 원칙에 따라 조합 단위의 노사자치운영기구에 의해 독자적으로 관리, 운영되고 있다.

3) 분산운영체계와 통합운영체계의 특징 비교

지금까지 살펴본 사회보험의 운영방식으로서 분산운영체계와 통합운영체계의 특징들은 〈표 10-1〉와 같이 정리해 볼 수 있다.

---

2) 예를 들면, 독일은 농민이나 자유직업종사자의 노후소득보장을 위하여 별개의 독립된 제도를 운영하고 있음.

3) 하지만 독일의 경우 산재보험제도를 제외한 나머지 사회보험제도들의 보험료는 의료보험제도에서 일괄적으로 징수하고 있음.

<표 10-1> 사회보험의 분산운영체계와 통합운영체계의 특징 비교

구분	분산운영체계	통합운영체계
모형의 명칭	비스마르크 모형	베버리지 모형
제도적 구성	위험별 · 직종별 · 지역별 분산운영: 조합주의형	모든 사회적 위험의 통합 관리: 국민보험형
적용대상	임금근로자가 핵심 대상 단, 자영업자는 예외적 가입 인정	모든 국민
재정	권리적 성격의 보험료(contribution)와 정부보조금	조세적 성격의 보험료(pay-roll tax)와 정부보조금
급여의 목표	생활수준보장	최저생계보장
현금급여의 특징	종전임금에 연계된 급여	정액형의 급여
분배적 기능	낮음	비교적 낮음
행정관리	노 · 사 주도의 자치운영	국가 관리

출처: Bundeszentrale für politische Bildung(www.bpb.de)에서 인용.

4) 분산운영체계와 통합운영체계의 장단점 비교와 시사점

(1) 분산운영체계의 장단점

사회보험의 분산운영체계는 다음과 같은 장점을 지닌다.

첫째, 사회보험의 분산운영체계는 해당 체계가 가지는 제도적 다양성에 따라 국민의 다양한 욕구를 수렴할 수 있는 복지다원주의(welfare pluralism)의 기반이 될 수 있다.

둘째, 사회보험의 분산운영체계는 사회적 위험요인별로 고유하게 발생하는 피해현상에 대하여 가장 적정하고 전문적인 급여나 서비스를 제공할 수 있다. 예를 들어, 산재보험제도는 단순히 건강보험제도와 같은 의료서비스 관련 요양급여뿐만 아니라, 산재환자의 경제적 피해보상과 직업 및 사회재활 그리고 재해예방 등과 같은 사업들을 포괄적으로 시행할 수 있다.

셋째, 국민의 직업적 신분 구분에 따라 운영주체를 달리하는 조합방식의 분산운영체계는 직종 또는 지역별로 나타나는 특수한 수요를 적절하게 반영해 줄 수 있다. 따라서 동일 직종 · 직역 내 가입자 간의 유대감 역시 높아질 수 있다.

넷째, 사회보험의 분산운영체계는 위험별, 직역별로 구분하여 각각 별도로 보험료의 부과와 급여의 지급이 이루어지게 되므로 형평성 시비로 인한 가입자의 반발을 최소화할 수 있다. 왜냐하면 이 경우 보험료는 직업적 신분별(예: 근로자, 자영자, 농어민 등)로 각자의 특성을 반영하여 부과할 수 있을 뿐만 아니라, 이와 같은 방법으로 조성된 재정은 특정한 위험의 가입계층을 위해서만 사용할 수 있기 때문이다.

반면, 사회보험의 분산운영체계의 단점으로는 다음과 같은 사안들이 지적되고 있다.

첫째, 동일한 위험에 대해서도 직역, 직종, 지역별로 담당 제도와 보험료 및 급여수준을 달리하게 됨에 따라, 형평성 문제가 발생할 수 있고, 심각한 사회적 갈등의 요인으로 작용하게 된다. 뿐만 아니라, 이와 같은 제도적 격차는 노동력의 이동성(mobility)을 제약하여 개인적으로나 국가적으로 상당한 비용을 초래할 수 있다.

둘째, 제도의 다양성과 복잡성으로 인해 발생할 수 있는 과도한 행정관리비용의 문제와 함께 이에 따른 국민의 불편을 초래할 수 있다.

셋째, 분산운영방식의 사회보험제도는 (통합운영방식에 비해) 상대적으로 작은 공동체의 규모로 인해 제도 내 위험분산 및 분배적 기능이 취약할 수 있다.

(2) 통합운영체계의 장단점

사회보험의 통합운영체계는 다음과 같은 측면에서 긍정적인 효과를 가져다줄 수 있을 것으로 기대된다.

첫째, 단일의 통합형 사회보험제도의 도입에 따라 종전 분산운영방식의 제도체계로 인해 노동력의 이동성을 제약하였던 문제들이 근본적으로 해결될 수 있게 되었다.

둘째, 나아가 종전 분산운영방식에서 가입자들의 직종, 직역, 지역 이동이 발생하게 될 경우, 기존의 가입경력을 새로운 직장을 관할하는 다른 제도에 연계시키는 문제, 즉 매우 복잡하고 불편한 휴대성(portability)의 문제가 자동적으로 해소될 수 있다.

셋째, 사회보험의 통합에 따른 행정관리비용의 대폭적인 절감효과를 기대해 볼 수 있다.

넷째, 사회보험의 통합운영체계는 제반 행정업무를 단일 기관에서 일괄적으로 처리할 수 있도록 하여 국민의 편의를 제고할 수 있다.

다섯째, 사회보험제도의 통합에 따라 통일된 기준으로 급여나 서비스가 제공될 경우 분산운영체계에서 발생하는 형평성의 시비가 상당 부분 해소될 수 있을 것으로 기대된다.

반면, 사회보험의 통합운영체계는 다음과 같은 부작용을 초래할 수 있다.

첫째, 통합에 따른 거대 기구의 탄생은 행정적 측면에서 행정관리의 경직성이나 관료성의 문제를 야기할 수 있다. 또한, 경제적 측면에서 독점의 폐해(예: 각종의 비효율적 제도 운영)를 초래하게 될 우려가 있다. 이에 따라 종종 행정관리기구의 크기에 비례하여 행정관리비용이 오히려 증가하게 되는 소위 '규모의 불경제(diseconomy of scale)' 현상이 발생할 수도 있다.

둘째, 통합운영체계는 국민의 다양한 복지욕구를 제대로 반영해 줄 수 없는 한계를 보인다.

셋째, 통합운영체계의 도입에 따라, 가령 위험별 구분 없이 재원의 조달과 관리가 이루어지게 되고 통합재정에서 제반의 급여가 일괄적으로 제공될 경우, 자칫 무원칙성에 따른 각종의 갈등과 제도의 불신이 발생하게 될 위험이 있다.

(3) 한국에 주는 시사점

한국의 사회보장제도들은 개개의 사회적 위험요인별로 구분하여 운영되고 있으며, 이에 따라 행정관리기구 또한 다양하게 존재하고 있다. 나아가 일부의 경우, 동일한 성격의 위험임에도 불구하고 각각 별개의 제도와 행정관리기구를 운영하게 되는 사례도 있다. 대표적으로, 한국의 공적연금제도는 국민의 직업적 신분에 따라 각각 국민연금제도, 공무원연금제도, 사립학교교직원연금제도, 군인연금제도 등으로 구분하여 운영되고 있다. 이와 같은 차원에서 볼 때 한국의 사회보험체계는 독일식 비스마르크 모형의 특징을 비교적 강하게 가지고 있는 것으로 파악할 수 있다.

하지만 종종 정치권이나 학계를 중심으로 베버리지 모형의 특징에 바탕을 둔 제도개혁의 시도를 발견하게 된다. 이와 관련한 대표적인 사례로서 1998년부터 단계적으로 단행되었던 의료보험의 통합을 지적할 수 있다. 그 결과, 종전 367개의 조합으로 운영되어 오던 의료보험제도는 2000년부터 단일의 국민건강보험제도로 통합될 수 있게 되었다. 그리고 1998년에는 한국 4대 사회보험제도의 통합 가능성을 진단하기 위한 목적의 '사회보험 통합추진 기획단'이 출범하기도 하였다.

분산운영체계와 통합운영체계에 대한 논의는 한국 사회보험 관리운영체계의 개혁방안과 관련하여 학문적 · 정치적으로 매우 중요한 주제가 될 수 있다. 따라서 개별 대안의 장단점을 면밀히 비교 · 분석하여 한국에 가장 적합한 모형을 개발할 필요가 있다.

제2절 행정관리와 자치운영의 원리

공적연금제도의 행정관리란 개별 제도가 국가로부터 부여받은 과제를 행정적으로 실천하는 작업을 의미하며, 이를 위해서는 적절한 관리체계 및 조직을 필요로 하게 된다. 여기서 행정관리는 한편으로는 대상자에게 적절한 사회복지급여와 서비스를 신속하게 전달하여야 한다는 효과성의 측면에서뿐만 아니라, 제도운영의 효율성 측면에서도 중요한 의미를 지니고 있다. 가령, 비효율적인 제도운영으로 행정관리비용이 과도하게 발생할 경우, 사회복지대상자에게 돌아가야 할 재원이 그만큼 줄어드는 문제가 발생할 수 있기 때문이다. 여기서는 연금과 노후소득보장에 있어 자치운영의 원리를 중심으로 행정관리체계를 살펴보고자 한다.

1. 자치운영이란 무엇인가

독일의 경우 사회보험제도와 자치운영의 원칙(Selbstverwaltungsprinzip[독])은 상호 불가분의 관계에 있다. 이러한 자치운영의 원칙은 근대적 형태의 사회보험제도가 도입되기 이전부터 이어져 오던 전통으로서, 1880년대 국가적 차원의 사회보험제도가 실시되던 당시에도 핵심적인 제도운영원리로 작용하였다. 오늘날 독일 사회보험제도의 자치운영에 대한 법적 근거는 『사회법전』 제4권 제29조 3항에 두고 있다. 이에 따르면 사회보험제도의 보험자는 독립적인 공공법인(Körperschaft des öffentlichen Rechts[독])으로서 가입자의 대표에 의해 운영되는 기구가 된다. 다음에서는 자치운영과 관련한 주요내용을 살펴보고자 한다.

자치운영의 원리란 한국과 같이 모든 업종을 단일의 제도에서 관리하는 통합방식이 아닌 직종, 직렬, 지역별로 분리하여 운영되는 다보험자

방식의 행정관리방식으로, 대표적인 예시로는 독일이 있다.

(1) 독일 자치운영의 개념, 현황, 운영방식

① 법률적 근거

독일『사회법전』제4권 제29조 등은 대표적인 사회보장제도인 국민연금, 건강보험, 산재 및 노인장기요양보험의 보험자(Versicherungsträger[독])에 대하여 "모든 사회보장제도 보험자는 자치운영을 원칙으로 하는 공공기관이다."라고 규정하고 있다.

② 자치운영의 역사와 현황: 독일의 예시를 중심으로

독일 자치운영의 역사는 건강보험제도의 도입과 병행하여 발전했다. 이러한 자치운영의 뿌리는 19세기 초 독일의회(Reichsfreiherr Karl vom Stein[독])로 거슬러 올라간다. 당시 자치운영제도 도입의 목표는 절대주의적 성격을 가진 프로이센왕국의 권력에 대응할 수 있는 균형주(Begengewicht[독])를 만드는 것이었다. 제도의 도입과 함께 시민들이 국가, 특히 지역사회 행정 제반에 직접 참여할 수 있는 기회를 제공하여 자치운영을 달성하고자 했다. 이윽고 19세기 중후반에 이르러 행정분야 영역은 중앙행정과 지방자치로 분리되었다. 당시 지역 자치운영의 이념은 법인연합행정에 있었는데, 즉 공공의 임무는 공법상 법인이 국가에 통합되어 자체 기관을 운영하게 되나, 관리 · 감독권은 국가에 있었던 것이다.

사회보장제도에서 자치운영(Selbstverwaltung[독])이란 사회복지 대상자가 제도의 운영 전반에 직접적으로 참여할 수 있도록 하는 방식을 의미한다. 이러한 자치운영은 역사적으로 볼 때 중세시대의 길드, 춘프트, 동업조합의 회원이나 종사자들을 중심으로 '공동의 사회보장'을 목적으로 형성된 조직, 즉 각종 조합의 운영방식에서 유래하는 것으로 알려지고 있다. 그러나 오늘날에 와서 자치운영에 대한 대상자의 참여는 독일에서 대개의 경우 6년을 주기로 이루어지는 사회보장선거(Sozialwahl독)를 통하여 선출된 대의원들에 의해 이루어지는 간접적인 방식을 채택해 오고 있다.

자치운영이란 각자 공동의 관심사나 문제점을 함께 해결하기 위하여 자력으로 조직을 형성하고, 이러한 독립적인 조직을 조합원들이 공동의 책임으로 운영하는 방식을 의미한다(Rische, 2011). 이 경우 조직의 설립 목적, 운영규칙 등은 정관으로 규정하게 된다. 전체 공적연금제도들 가운데 자치운영의 원리는 주로 사회보험제도에서 적용되고 있다. 왜냐하면 사회보험제도는 조세를 그 운영재원으로 하는 일반공적연금제도들과는 달리, 가입자와 사용자가 부담하는 보험료를 재원으로 운영되기 때문이다. 따라서 사회보험제도의 경우 자치운영은 제도의 운영과정에서 개인의 이해를 반영할 수 있고, 동시에 개인 간 이해관계를 조정할 수 있는 하나의 제도적 장치가 된다.

그러나 사회보험제도는 국가의 최종적인 책임 하에 있게 되므로 불가피하게 국가가 제도운영에 관여를 하게 되는 문제가 발생할 수 있다. 따라서 사회보험제도의 자치운영은 국가책임의 원리에 의해 일정한 제한을 받게 된다. 일반적으로 사회보험제도의 자치운영은 가입자와 사용자를 대표하는 대의원(Vertreter*Innen독)과 그들에 의해 선출된 최고경영진이 각자의 판단과 책임을 바탕으로 자율적으로 제도를 운영하는 방식으로 이루어진다. 이 경우 국가는 자치운영기구가 법률로서 위임한 사안을 적절하게 잘 이행하고 있는지 여부에 대해서만 법률에서 정한 절차에 따라 '법적 감독권(Rechtsaufsicht독)'을 행사하는 방식을 채택하고 있다. 이러한 차원에서 볼 때 자치운영기구는 자유와 책임을 동시에 가진 '간접적인 국가기구'로서, 국가의 책임과 정치적 권력을 분산하는 기능을 수행하게 된다(Rische, 2011). 이를 설명하는 자치운영 체계도는 다음 [그림 10-3]과 같다.

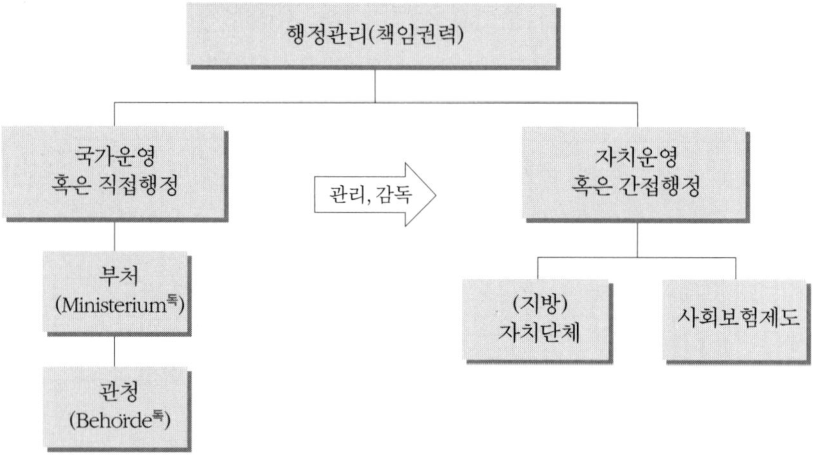

[그림 10-4] 독일 사회보험제도 자치운영 체계도

출처: Deutsche Rentenversicherung (2021)을 중심으로 저자 작성.

[그림 10-4]에서 볼 수 있듯, 독일의 자치운영은 국가와 자치운영 두 주체가 분리되어 있으며, 국가는 국가책임의 원리에 입각하여 법률로서 규정된 관리·감독 업무만을 제한적으로 수행하고 있음을 알 수 있다. 다만, 여기서 주지해야 할 점은 사회보장제도가 자치운영을 토대로 운영된다고는 하지만, 이러한 자치주의는 모든 행정 전반의 기능을 흡수하는 것이 아닌 행정 가운데 한 부분을 설명하는 것이라는 점이다. 즉, 기관별 자치운영의 범위 역시 제한적이라는 것이다. (독일『사회법전』제4권 제30조 참고) 또한 국가의 일반조세재원을 바탕으로 운영되는 공무원연금제도의 경우, 제도운영의 특성상 자치운영의 원리에서는 배제된다.

③ 자치운영의 기본원칙

이러한 자치운영의 원리는 다음과 같은 기본정신을 바탕으로 한다(Blüm, 1993).

첫째, 분산운영(Subsidiarität[독])의 원칙이다. 개별 사회보험제도는 보험운영의 주체가 되는 다수의 조합에 의해 운영되고 있다. 이러한 분산운영방식은 동질성을 토대로 가입자 간의 연대의식을 용이하게 동원할 수 있고, 나아가 이는 제도의 사회보장기능을 강화할 수 있는 기반으로 작용하게 된다. 왜냐하면 사회적 위험을 공동의 노력으로 극복하고자 하는 의지는 가입자 간의 연대의식이 전제될 경우에 비로소 강화될 수 있기 때문이다.

둘째, 참여민주주의(Partizipation[독])의 원칙이다. 자치운영의 원리는 개별 조합의 경영이나 중요한 정책사안과 관련한 의사결정의 과정에 가입자 및 사용자의 대표를 참여하도록 함으로써 제도운영의 민주성을 확보할 수 있다.

셋째, 권력분산(vartikale Gewaltenteilung[독])의 원칙이다. 자치운영의 원리는 조합운영과 재정운용 시 독립성을 확보함으로써 관료화의 문제와 정치적 목적의 제도개입을 방지할 수 있다.

넷째, 다원주의(Pluralismus[독])의 원칙이다. 자치운영의 원리는 다양한 사회계층에게 제도참여의 기회를 제공함으로써 다양한 사회적 욕구가 민주적인 절차와 방법에 의해 수렴될 수 있도록 하고 있다. 나아가 자치운영의 원리는 내부적인 이해조정의 과정을 통하여 각종의 이해갈등을 자체적으로 해결할 수 있다.

④ 독일 자치운영의 원리와 방식: 사회보험선거

독일 자치운영의 구성은 '사회보험선거(Sozialwahl[독])'라고 불리는 6년 주기의 선거를 통해 이루어진다(Deutsche Rentenversicherung, 2021). 또한 이는 독일「사회보장에 관한 선거법(Wahlordnung für die Sozialversicherung[독])」 제45조 및「사회법」제4권 제45~57조에 규정된 바에 따른 것이다. 여기서 사회보험선거는 크게 사회보험 분야별로 국민연금, 건강보험, 산재보험 등 세 가지로 구분되어 치러진다.

독일 국민연금을 예로 들었을 때, 노사가 반씩 부담하는 원칙에 따라 사회보험선거에서도 같은 원칙을 적용, 노사가 각각 절반의 대의원(Vertreter*Innen[독])을 선출하고, 이 가운데 12명의 대표를 선출하는 방식이 적용된다. 다만, 앞서 언급한 국민연금과 달리 산재보험의 경우 노사 반반이 아닌 고용주 측이 전액 부담하는 구조를 가지고 있음에도 불구하고 산재보험 사회보험선거 역시 같은 방식으로 이루어진다는 점은 괄목할 만한 점이라고 할 수 있다.

여기서 주지해야 할 점은 자치운영의 원리가 사회보험제도 관리운영 방식 전체를 말하는 것이 아닌, 단순히 관리운영방식 가운데 한 부분을 설명하는 것에 불과하다는 것이다.

2. 자치운영의 기능과 평가

사회보험제도에 있어서 자치운영은 다음과 같은 기능을 가지고 있다(Rische, 2011).

첫째, 사회보험 운영의 대상자(예: 공적연금제도의 경우, 가입자와 연금수급자 그리고 기업주)가 제도의 운영과정에 함께 참여하고 또한 관여할 수 있는 기능을 하게 된다는 것이다. 이러한 운영방식을 통하여 해당 제도는 국민의 실제 생활실태와 욕구를 반영한 전문적인 서비스를 제공할 수 있다.

둘째, 자치운영은 소속 대의원의 전문성과 경험을 연계하고 집중함으로써 제도의 운영과정에서 발생하게 되는 문제의 해결을 위한 자원으로 활용할 수 있다는 것이다.

셋째, 자치운영은 제도에 대한 문제인식-문제의 진단-해결방안의 모식 및 선택-운영평가 등과 같은 일련의 작업을 자치운영기구의 주도로 이루어질 수 있도록 하고 있다. 이에 따라 제반의 논의와 정책적 의사결정이 공개적으로 진행되어 책임성이나 전문성을 제도할 수 있고, 나아가 불필요한 국가의 제도적 간섭을 미연에 방지할 수도 있다.

사회보험제도의 자치운영은 외견상으로는 행정관리기구의 다원화로 인해 낭비적 요인으로 비칠 수 있다. 그러나 실제로는 자치운영이 오히려 과도한 행정관리비용의 통제기능을 수행하고 있다. 일반적으로 사회보험의 관료조직은 다른 일반 조직들과 마찬가지로 기구를 확대하려는 욕구를 가지게 된다. 이러한 사회보험기구의 확대본능에 대처하여 자치운영의 원리는 견제와 자동조절의 기능을 수행할 수 있다. 왜냐하면 대의원들로 구성된 자치운영기구는 인적 구성의 특성상 가입자와 사용자의 이해를 대변하게 되고, 그 과정에서 사회보험제도의 조직 규모가 합리적인 수준을 초과할 수 없도록 견제하는 기능을 수행하게 될 것이기 때문이다.

참고문헌

BlÜm, N. (1993). Selbstverwaltung und Politik. Deusche Renten Verscicherung. 650-656.

제4부
연금과 보험의 이론

제11장

노후소득보장에 있어서 국가 개입의 당위성과 한계

제1절 시장의 실패문제와 국가 개입의 당위성

1. 논의의 배경

오늘날 세계적으로 다양한 종류의 연금제도가 운영되고 있다. 이들은 국민의 노후소득보장을 목적으로 하고 있고, 일부는 국가의 책임으로 운영되는 공적연금이고 다른 일부는 시장의 원리에 따라 자율적으로 생산 및 거래되는 사적연금으로 구성되어 있다. 비록 국가들에 따라 다소간의 차이가 있겠지만, 노후소득보장을 위한 보험시장이나 저축시장이 비교적 원활하게 작동하고 있음에도 불구하고, 왜 굳이 국가는 별도로 공적연금제도를 운영해야만 하는 것일까?

자본주의 시장경제는 개별 경제주체들의 자율적 경제행위가 '보이지 않는 손'이라는 가격기구의 자동조절기능을 통해 가장 최적의 결과를 가져다주게 된다는 믿음을 바탕으로 하는 사회체제다. 따라서 이러한 사회체제하에서 민간의 자율성을 제약하는 국가 개입과 같은 행위는 엄격한 논리적 근거와 합리적 정당성을 요구하게 된다.

종합해 보면, 자본주의 사회에서 국가의 개입이 시장에 의한 자율적 조절의 경우에서보다 상대적으로 더 양호한 결과를 가져다주게 되는 경우가 있을 수 있다. 국가에 의한 적절한 대응조치를 통하여 상황의 개선이 가능할 것으로 판단되는 영역에 있어서 국가 개입은 정당성을 확보할 수 있다(Külp et al., 1984).

2. 노후소득보장을 위한 시장의 기능과 국가의 역할

여기서는 국민의 노후소득보장을 목적으로 국가가 개입하여야 하는 당위성과 그 논리적 근거를 정리해 보고자 한다. 인간은 스스로 합리적인 경제활동을 통하여 높은 수준의 소득을 확보하려고 노력하게 되고, 이러한 소득 가운데 일부를 자신과 가족의 현재 복지를 위해 지출하게 된다. 그리고 나머지 소득은 저축 또는 보험의 형태로 투자를 함으로써 자신의 미래복지를 보장할 수 있다. 따라서 개인은 시장에서 각자의 자율적 판단에 따라 경제행위를 함으로써 일생 동안 자신의 복지를 높은 수준으로 유지할 수 있다.

시장기능을 통한 개인의 자율적 복지행위는 경우에 따라서 불합리한 결과를 초래하는 '시장의 실패(market failure,[영] Marktversagen[독])'를 가져다줄 수 있다. 왜냐하면 일부 복지시장의 경우 '완전한 시장(perfact market[영])'의 전제조건이 될 수 있는 완전한 정보, 합리적 행동, 확실성 그리고 완전경쟁시장 등과 같은 가정이 성립될 수 없는 문제가 존재하기 때문이다. 따라서 이러한 문제가 있는 복지상품의 영역에 국가가 적극적으로 개입하여 시장보다 우월한 결과를 확보하게 될 경우, 국가의 시장개입은 그 정당성을 가지게 된다. 달리 표현하면, 시장의 자율적 기능을 통한 복지효과보다 국가 주도에 의한 복지효과가 크게 나타나게 될 것으로 판단되는 영역의 경우 국가는 국민복지의 증대를 목적으로 당연히 시장에 개입하여야 할 책임이 있다.

시장의 실패이론은 해당되는 시장 영역에 대한 국가개입의 당위성을 논리적으로 뒷받침해 주는 역할을 한다. 그 일환으로써 복지 부문에서 시장의 불합리한 기능, 즉 시장의 실패문제는 크게 '보장기능의 결함' 그리고 '소득의 결함'으로 구분해서 살펴볼 수 있다. 여기에서는 각각 그 원인과 내용에 대해 상세히 살펴보고자 한다.

자본주의 사회에 있어서 시장기구는 생산-분배-지출의 모든 분야에 걸쳐 가장 효율적인 결과를 가져다줄 수 있는 제도적 장치다. 따라서 만약 시장기구가 효율적으로 작동할 수 있는 기본적 전제조건인 '표준가정(standard assumption[영])'이 제대로 유지될 수 있다면, 효율성을 근거로 하는 국가의 개입은 불필요할 수 있다.

먼저 효율성 차원에서 시장이 실패하게 되는 경우로서, 이는 국민의 노후소득을 보장해 줄 수 있는 금융 및 보험상품의 생산이나 소비가 어떤 특정한 이유로 인하여 제대로 이루어지지 않게 되는 경우를 의미한다. 이러한 상황은 개인별로 생애소득의 시기적 배분이 합리적 수준으로 이루어지지 못해 발생하게 되는 시장의 실패현상으로서, 달리 보장기능의 결함으로도 표현된다. 따라서 국가는 이러한 보장기능의 결함을 야기하게 되는 요인들(여기서는, 유익재의 문제와 세대 간 계약의 불완전성 등)에 대하여 적절한 대응책을 마련하여 국민들이 안정적인 노후생계를 유지할 수 있도록 지원해야 하는 책임을 가지고 있다.

다음으로, 분배적 차원에서 국가개입의 근거와 관련한 사항이다. 일반적으로 자본주의 사회에서 시장은 스스로 분배문제를 해결하거나 개선할 수 있는 능력을 제대로 갖추고 있지 못한 것이 사실이다. 이에 따라 소득의 분배과정에서 불리한 위치에 있는 사람들의 다수는 분배적 결과를 부정(market refusal[영])하게 되고, 이는 다시 사회적 갈등을 초래하는 결과를 가져올 수도 있다. 나아가 소득의 분배과정에서 불리의 문제는 저소득계층이 자신들의 노후대비를 위한 재정적 부담능력을 제약하게 되는 소득의 결함문제를 야기하게 된다. 따라서 국가는 시장기능으로 인해 야기된 분배적 측면에서의 부정적 결과를 개선하기 위해 개입을 하여야 할 책임이 있다.

원칙적으로 자본주의 사회에서 개인들은 자신의 노후소득보장을 포함한 제반의 사안을 스스로 해결해야만 한다. 하지만 여기서는 국민의 노후소득보장과 관련하여 시장이 본연의 기능을 제대로 수행할 수 없는 상태, 즉 시장의 실패문제를 보장기능의 결함과 소득의 결함으로 구분하여 살펴보고자 한다(Berthold, 1988).

제2절 노후소득보장에 있어서 시장의 실패요인

1. 보장기능의 결함

경제활동기간 동안 개인이 시장에서 거래되는 보험상품이나 저축상품 등을 구입하여 적절한 수준의 노후대비를 하게 될 경우 생애기간 동안 노후생계의 문제는 자동적으로 해결될 수 있다. 그러나 시장은 종종 이러한 유형의 노후소득보장상품을 제대로 생산 또는 구매할 수 없는 '보장기능의 결함(Marktmängel[독])'을 초래할 수 있으며, 그 대안으로서 국가 주도의 공적연금제도가 필요하게 된다. 노후소득보장 영역에서 보장기능의 결함은 유익재의 문제 그리고 세대 간 계약의 불가능성 문제로 구분하여 살펴볼 수 있다.

1) 유익재의 문제

(1) 정의

유익재(merit good)란 인간의 생명, 존엄, 건강, 복지 등을 위해 반드시 필요한 재화나 서비스를 지칭하는 용어로서, 경제학자 머스그레이브(R. Musgrave)가 1957년 발간된 자신의 논문 「A multiple Theory of Budget

Determination」에서 최초로 사용하였다. 일반적으로 유익재는 공공재(public good)의 특성인 비배타성과 비경쟁성의 원리가 적용되지 않아 일반적인 개인재(private good)와 유사한 성격을 가지고 있다. 이에 따라 유익재는 시장의 기능을 통하여 정상적으로 거래가 될 수 있으며, 이를 구입한 개인은 소유와 사용에 있어서 독점적 권한을 행사할 수도 있다. 그러나 유익재는 인간의 생존과 존엄성 유지를 위해 반드시 필요한 것으로서, 그 소비를 전적으로 개인의 자율에 일임하게 될 경우 상당한 위험이 뒤따를 수 있다. 그러므로 유익재의 특성을 가지고 있는 재화의 경우 국가는 개인의 소비 결정권에 대한 자율권을 제한할 수 있는 정당성을 가질 수 있게 된다(Brümmerhoff, 1987).

머스그레이브에 따르면 유익재는 정상적인 시장의 기능에 맡겨 두면 사회 전체적으로 필요한 수준 이하로 소비되는 문제를 초래하게 된다는 것이다.[1] 따라서 이 경우 국가의 개입은 유익재의 소비를 증가시켜 사회 전체적인 효용의 수준이 증대되는 효과를 가져다 줄 수 있다. 유익재의 특성을 갖춘 재화나 서비스의 경우 비록 생산이 민간 차원에서 이루어지게 된다고 하더라도, 국가는 적절한 방법이나 수준의 개입을 통하여 유익재의 소비가 진작될 수 있도록 노력하여야 할 책임이 있다.

자본주의 시장경제의 사회에 있어서 개인은 외부의 간섭이 없이 스스로 자아를 실현할 수 있는 자유권을 가지고 있으며, 동시에 자신의 행동과 그 결과에 대해서는 엄격한 자기책임의 원칙을 적용받고 있다. 하지만 이와 같은 자율권이 무제한적으로 보장을 받을 수 있기 위해서 개인은 사전적으로 합리적 판단능력과 완전한 정보를 갖추어야만 하고, 동

---

1) 반대로, 머스그레이브에 의하면 비유익재(demerit good)는 인간의 생명, 존엄, 건강, 복지 등에 유해한 재화나 서비스를 의미함. 따라서 이러한 비유익재는 국가 개입을 통하여 그 소비를 제한 또는 억제하여야 할 필요가 있음. 일례로 흡연은 인간의 건강에 유해한 비유익재가 될 수 있으며, 반대로 금연은 유익재가 될 수 있음.

시에 외부효과(external effects)의 문제가 발생하지 않아야만 한다.

(2) 노후소득보장의 영역에 있어서 유익재의 문제

어떤 재화나 서비스의 소비를 유익재로 간주하고, 나아가 이에 대한 국가의 개입수준이나 방향은 어떻게 할 것인가 하는 문제의 답은 다분히 주관적인 가치판단의 영역에 해당될 수 있다. 따라서 개별 사안들에 대한 유익재적 차원의 판단이나 평가는 정치적 의사결정의 과정을 통하여 결정되어야 하는 특성을 가지고 있다.

일반적으로 노후대비는 노년기 인간의 생존과 생활안정을 위하여 반드시 필요한 사안이다. 하지만 그럼에도 불구하고 합리적인 수준의 노후대비가 개인적 차원에서는 제대로 이루어지지 못하는 경우가 종종 발생하고 있다. 그 주된 이유로는 개인의 합리적 의사결정 능력의 부족, 정보의 부족, 불합리한 시간선호, 외부효과, 초장기적 기간으로 인한 불확실성의 문제 등이 있다.

① 합리적 의사결정 능력의 부족

가령 개인이 미성년 또는 정신적 장애 등의 이유로 합리적 의사결정 능력을 가지고 있지 못하거나, 정보의 부족 또는 거짓된 정보를 바탕으로 의사결정을 하게 될 경우 필연적으로 불합리한 결과가 발생하게 될 것으로 예상되기 때문이다. 노후소득보장의 경우 이는 준비되지 않은 노후를 양산하여 궁극적으로는 노후빈곤의 대량화 문제를 초래할 수 있다.

② 정보의 부족

정보의 부족문제는 무지의 문제와 불확실성의 문제로 구분된다. 일반적으로 무지의 문제는 교육이나 홍보 등을 통하여 부작용을 일정 수준으로 억제할 수 있으나, 불확실성의 경우 개인적 차원의 노력만으로 해결이 불가능한 측면을 보이고 있다.

일반적으로 개인들 각자는 노후대비의 수준 및 방법의 선택에 있어서 합리적인 의사결정을 내릴 수 있는 능력을 가지지 못하고 있다. 왜냐하면 이를 위해서는 수명, 건강, 각종 경제지표 등에 대한 정확한 예측이 필요하나, 각각의 지표들은 개인적 차원에서 볼 때 불확실성의 특성을 보이고 있기 때문이다. 따라서 이러한 문제에 대한 대응책으로서 노후소득보장의 경우 국가는 공적연금보험과 같이 보험의 기능을 통하여 미래의 불확실성 문제에 대응하고 있다.

③ 불합리한 시간선호

인간은 심리적 속성상 현재의 소비를 선호하고 미래에 대한 대비책을 등한시하는 왜곡된 소비성향을 가지고 있기 때문이다. 인간은 현재소비를 선호하고 미래 소비의 중요성을 과소평가하는 근시안적(myopic) 성향을 가지고 있다. 그러나 이러한 불합리한 소비행위는 노후빈곤을 초래할 수 있으며, 특히 노령기의 빈곤문제는 대개의 경우 자력으로 극복하기 어렵다는 점에서 문제의 심각성이 크다. 따라서 국가는 개인의 왜곡된 소비성향을 교정하여 합리적인 수준의 노후대비를 할 수 있도록 유도하기 위하여 공적연금제도를 운영해 오고 있다.

④ 외부효과

일부 국민의 경우 국가가 무상으로 제공하는 노후소득보장(예: 국민기초생활보장제도의 생계급여 또는 기초연금 등)의 혜택을 기대하고 노후대비를 등한시하는 경우가 있을 수 있다. 따라서 국가는 개인의 도덕적 해이를 통제하고 사회적 부담을 억제하기 위하여 모든 국민이 공적연금제도에 의무적으로 가입하도록 해야 할 필요가 있다.

⑤ 제도가입부터 연금수급까지의 초장기적 기간으로 인한 불확실성

개인은 안정되고 여유로운 노후생활을 위하여 자신의 생애소득을 시기적으로 적절하게 배분할 수 있는 장기적인 안목을 갖추어야만 한다. 하지만 지속적으로 변화하고 또한 제반 정보가 불확실한 세계에서 어떠한 제도나 방식도 안정적인 노후생활을 영원히 보장해 줄 수 없는 한계를 보이고 있다. 그 핵심적인 이유는 개인이 장래의 노후를 대비하는 과정에서 다음과 같은 잠재적 위험요인이 존재하고 있기 때문이다(Gillion et al., 2000).

첫째, 인구학적 위험(demographic risk)이다. 일반적인 현상으로서 국민의 평균수명은 꾸준히 증가하고 있는 반면, 개인적 차원에서 볼 때 각자의 기대수명은 불확실한 문제가 있다. 노후소득보장과 관련하여 후자의 문제는 보험의 기능을 통하여 극복할 수 있으나, 전자와 같은 문제(공통적 위험)는 위험의 분산 자체가 불가능하여 정상적인 시장의 기능으로는 해결할 수 없는 한계가 있다.

둘째, 경제적 위험(economic risk)이다. 근로주기 동안 노동시장 환경(특히 실업률의 변화), 임금, 물가상승률 그리고 자본수익률 등은 개인별로 노후대비 자산의 형성과 증식과정에 상당한 영향을 미치게 된다. 하지만 이와 같은 경제적 변수들은 그 변화가 불확실하고 또한 예측이 불가능하여 개인이나 시장의 기능으로는 적절하게 대처할 수 없는 한계가 있다.

셋째, 정치적 위험(political risk)이다. 노후대비의 방안으로서 공적연금이나 사적연금 또는 기타 자산 형성 등은 국가의 법적 · 제도적 규제와 보호를 받게 되므로 정치적 의사결정의 방향에 따라 노후자산의 규모와 개인별 분배 그리고 개별 금융상품들의 기대수익률 등이 상당한 차이를 보일 수 있다. 하지만 이와 관련한 정치적 행위와 그 파급효과는 개인이나 시장의 차원에서 제대로 예측하고 대처할 수 없는 불확실성의 문제가 존재하게 된다.

넷째, 제도적 위험(institutional risk)은 종종 노후보장 상품이나 자산운용에 대한 관리운영체계(governance)의 결함으로 인해 발생할 수 있다. 예를 들면, 이러한 성격의 위험은 국가의 법률적 규제장치의 미비나 개별 연금제도의 운영에 대한 관리 · 감독체계의 부실 등으로 연금자산의 불법 또는 부실운용과 같은 형태로 발생할 수 있다.

다섯째, 개인적 위험(individual risk)이다. 일반적으로 공적연금이나 사적연금은 모두 개인별로 자신의 가입이력에 의해 중대한 영향을 받게 된다. 이러한 차원에서 볼 때 개인이 근로주기 동안 직면할 수 있는 실업, 질병, 재해, 비정규직 근로, 조기퇴직 등과 같은 위험들은 노후준비에 부정적인 영향을 미칠 수 있다.

이와 같은 종류의 위험에 대한 정보는 개인이나 개별 집단의 차원에서 사전에 제대로 예측할 수 없는 불확실성(uncertainty)의 문제가 존재하기 때문에 어떠한 방안도 노후대비를 위한 완벽한 수단이 될 수 없다. 따라서 이러한 사실을 감안해 볼 때, 세대 내 그리고 세대 간 연대적 기능을 바탕으로 운영되는 공적연금제도는 불확실성의 사회에서 국민이 자신의 노후대비를 위한 가장 기초적인 사회안전망이 될 수 있다.

종합하면, 노후소득보장 영역에서 유익재의 문제는 국가개입의 정당성을 제공하고 있다. 그럼에도 현행과 같은 국가개입의 방법이나 수준에 대해서는 비판의 여지가 있다. 왜냐하면 왜곡된 소비성향과 도덕적 해이는 강제가입을 바탕으로 하는 공적연금제도가 아니라, 가입 강제의 방법으로도 해결할 수 있기 때문이다. 달리 표현하면, 국가가 국민에게 노후소득보장의 기능을 수행하는 보험상품이나 저축상품을 일정 수준 이상으로 구입하도록 의무화하게 될 경우에도, 유익재의 문제는 상대적으로 용이하게 극복할 수 있을 것으로 판단된다.

하지만 이러한 상황은 불확실성의 문제가 존재하지 않는 가상적인 사회에서만 해당될 수 있다. 그러나 현실적으로 발생하게 되는 인플레이션이나 이자율의 하락, 평균수명의 연장 등은 위험의 분산이 불가능한

'공통적 위험(common risk)[2]'으로서, 이에 따른 연금자산의 실질가치 하락이나 재정불안의 문제는 전적으로 국가만이 해결능력을 갖추고 있다. 따라서 불확실성의 사회에서 민영의 저축 또는 보험상품은 본연의 기능을 제대로 수행할 수 없는 한계를 가지게 되므로 국가의 책임으로 운영되는 공적연금제도는 효율성 차원에서 일정 부분 정당성을 가질 수 있을 것이다.

(3) 유익재적 차원의 국가 개입에 대한 비판적 평가

소득보장과 관련하여 국가는 각종 사회보험제도를 도입하여 모든 국민이 의무적으로 보험상품을 구입하도록 함으로써 과소비의 문제를 통제하고, 동시에 개인적 차원에서 미래에 대한 불확실성의 문제를 국민적 차원의 연대원리에 기초하여 공동으로 대처할 수 있다.

유익재 영역에서 국가의 개입을 통한 복지의 효과는 개인의 자율적인 소비행위를 통한 복지의 결과보다 높게 나타날 수 있다. 따라서 개인의 자율적 의사결정에 대한 국가의 규제는 그 정당성을 확보할 수 있게 된다.

하지만 그럼에도 불구하고 국가가 유익재를 생산하기 위한 목적으로 개인의 자율권을 제한하거나 시장에 개입하는 행위는 합리적인 수준에서 제한하도록 할 필요가 있다. 왜냐하면 지나친 국가개입은 자칫 시장기능의 교란은 물론 경제체제적 모순(즉, 사회주의적 편향성 또는 독재정치)을 초래할 수도 있기 때문이다. 나아가 국가의 개입방법이나 수준 또한 합리적으로 결정되어야 할 필요가 있다. 구체적으로, 개별 유익재의 특성을 면밀히 고려하여 공공생산, 강제 또는 금지 등 높은 수준의 국가

2) 공통적 위험이란 일례로, 코로나19 사태와 같은 전 세계적 규모의 전염병 또는 금융위기나 전쟁 등과 같이 그 피해가 직접적 또는 간접적으로 대다수 국민들에게까지 영향을 미치게 되는 위험을 의미함.

개입 또는 홍보, 계몽 등의 방법으로 합리적인 소비행위를 유도하는 낮은 수준의 국가개입 가운데 사안별로 유연한 정책수단의 선택이 필요하게 된다.

일반적으로 어떠한 상품이나 서비스가 유익재적 성격을 가지고 있는가 하는 문제는 개인의 관점에 따라 다를 수 있다. 자본주의 사회에서 국가의 개입이 초래할 수 있는 역기능을 감안하여 유익재의 차원에서 국가의 규제는 다음과 같은 요건을 충족할 경우에만 이루어질 수 있도록 할 필요가 있다(Berthold, 1988).

첫째, 특정한 상품이나 서비스가 인간의 생존과 존엄성 유지에 필수적인 것으로 보편 타당하게 인정될 수 있어야 한다.

둘째, 불합리한 행위나 의사결정으로 인한 결과(예: 노후빈곤 또는 불치병 등)가 '되돌이킬 수 없는 것(irreversibility)'으로 판단될 수 있어야 한다.

셋째, 개인의 행위에 따른 결과가 국가나 사회의 비용으로 전가될 위험성이 있는 경우다. 가령 개인이 노후대비를 위한 노력을 등한시한 결과로 노후빈곤문제에 직면하게 되었을 경우 국가는 공공부조제도를 통하여 이들의 생존권을 보장하여야만 한다. 왜냐하면 현대사회에 들어와 국민의 생존권 보장문제는 국가의 책임으로 인정되고 있기 때문이다. 그러나 공공부조제도는 전적으로 조세재원을 바탕으로 이루어지므로 개인의 불합리한 행위에 의한 비용이 당사자 자신이 아닌 사회가 부담하게 된다는 점에서 문제가 있다.

2) 노후소득보장을 위한 세대 간 계약

(1) 정의

오늘날 대다수 국가는 국민의 노후소득보장을 목적으로 공적연금제도를 운영하고 있다. 이에 따라 국가별로 특정한 가입요건을 갖춘 국민의 상당수는 공적연금제도에 의무적으로 가입하고 보험료를 정기적으로 납부하고 있다. 따라서 그에 상응하는 대가로서 가입자들은 노후에 일정한 수준의 연금을 받을 수 있는 권한을 확보하게 된다.

자본주의 사회는 시장에 의한 보이지 않는 손의 자율적 조절기능이 국가에 의한 계획 및 통제기능보다 문제의 해결에 있어서 효율적이라는 것을 믿고 있다. 따라서 국가의 시장개입은 반드시 정당한 근거를 갖추어야만 한다.

예를 들어, 시중에 국민들의 노후보장을 위한 연금상품이나 저축상품이 넘쳐남에도 불구하고 국가는 왜 굳이 국민연금 등과 같은 공적연금제도를 운영해야만 하는가? 그 핵심적 이유로는 노후소득보장의 기능을 전적으로 시장에 일임하게 될 경우, ① 소비자의 욕구에 적합한 연금 및 저축상품이 제대로 생산 또는 소비되지 못하는 '효율성의 측면'에서의 부작용, ② 저소득계층의 경우 상품의 소비기회로부터 배제를 받게 되는 '분배적 또는 형평성 측면'에서의 부작용이 예상되기 때문이다. 종합해 보면, 국민의 노후소득보장을 위한 국가의 개입은 한편으로는 단순히 시장의 기능만으로는 생산할 수 없는 특별한 공적연금상품(예: 물가연동형 연금상품)을 만들어 낼 수 있고, 다른 한편으로는 분배적 기능의 강화를 통해 보다 형평적인 연금제도를 운영할 수 있다는 장점이 있다.

(2) 세대 간 계약의 불가능성 문제

전체 국민을 대상으로 하는 노후소득보장의 문제는 '소득의 세대 간 재분배(intergenerational redistribution of income)'를 통하여 해결할 수 있다. 그리고 이 경우 노후소득보장의 과제는 자신의 소득으로 노령세대를 부양하고자 하는 근로세대의 의사가 전제될 경우에만 실현 가능하다(Berthold, 1988). 왜냐하면 인간의 생존을 위해 필요한 (실물) 자원은 근로세대가 생산활동을 통해서 획득할 수 있는 특성을 가지고 있기 때문이다. 그러나 새뮤얼슨(Samuelson, 1958)에 따르면, 세대 간 계약(generational contract)에 바탕을 둔 노후소득보장은 다음과 같은 이유로

자율적인 차원에서는 성립될 수 없는 한계가 있다.

첫째, 근로세대가 자신의 노후소득보장을 목적으로 미래세대와 계약을 체결하고, 소득의 일정 부분을 미래세대를 위하여 지출하게 된다고 가정해 보자(Engels, 1984). 그러나 이 경우, 근로세대는 향후 노후시기에 가서 소득보장을 제대로 받지 못하게 될 가능성이 있다. 왜냐하면 세대 간 계약체결 당시 미래세대는 미성년 또는 심지어 미출생으로 인해 계약과정에서 아무런 영향력을 행사할 수 없었을 뿐만 아니라, 계약의 내용에 있어서도 본인의 의사가 전혀 반영되지 않아, 향후 변제 시점에 가서 계약 자체를 부정할 수 있기 때문이다. 나아가 이러한 세대 간 계약은 근로세대가 자신의 노후소득보장을 목적으로 미래세대와 체결한 일종의 '묵시적 계약(implicit contract)'이기 때문에 자신들이 과거 자녀세대에게 제공하였던 혜택을 되돌려 받을 수 있는 강제적 수단이 될 수 없는 한계를 보이게 된다.

둘째, 근로세대가 역시 자신의 노후소득보장을 위하여 노령세대와 계약을 체결하고, 자신의 소득 가운데 일정 부분을 노령세대로 이전하게 된다고 가정해 보자. 그러나 정작 이 경우에도 근로세대가 노령세대로 진입하게 되는 시점에 가서 당사자는 아무런 노후소득보장도 받지 못하게 되는 문제에 직면할 수 있다. 왜냐하면 이 시점에서 계약 상대방은 이미 사망했을 확률이 높기 때문이다.

종합하면, 노후소득보장에 대한 국민의 관심과 욕구가 폭넓게 존재하고 있음에도, 세대 간 계약에 바탕을 둔 상품의 경우 계약 자체의 불완전성 때문에 시장이 제대로 역할을 할 수 없는 한계를 보이게 된다. 달리 표현하면, 비록 노후소득보장의 필요성에 대해서는 모든 국민이 공감할 수 있지만, 세대 간 계약에서 권리청구의 보증장치가 부재하여 거래의 성립이 불가능하게 되는 문제가 있다.

따라서 국가는 국민의 노후소득보장을 위하여 적절한 방법으로 개입해야 하는 과제를 가지게 된다. 구체적으로, 국가는 세대 간 계약의 이행을 법률적으로 강제화하여 근로세대가 자신의 소득으로 노령세대를 부양하도록 하고, 향후 자신의 노후소득보장은 현재의 자녀세대가 책임을 지도록 하는 방법으로 국민의 노후소득보장을 실현할 수 있다.

세대 간 계약의 불가능성은 국가의 책임으로 운영되는 공적연금제도의 필요성을 설명하기 위한 이론적 근거로 활용되고 있다. 그러나 이와 같은 '불가능성의 정의(Unmöglichkeitstheorem[독])'는 실물경제에 바탕을 둔 물물교환의 사회(eine naturale Tauschwirtschaft[독])에서만 해당될 수 있는 성격을 가지고 있다. 예를 들면, 화폐가 존재하고 동시에 소유권의 보호 및 거래질서가 정상적으로 유지되는 사회의 경우 노후소득보장은 국가의 개입 없이 정상적인 시장의 기능만으로도 성립될 수 있다. 가령 세대 간 소득의 이전이 별도의 담보장치를 매개로 하여 이루어지게 될 경우, 노후소득보장의 문제는 개인적 차원에서도 해결이 가능하게 된다(Berthold, 1988). 구체적으로 근로세대가 자신의 소득으로 노령세대를 부양해 주는 대가로 금융 또는 실물 자산을 획득하게 될 경우, 당사자는 향후 이를 미래세대에게 매각하여 자신의 노후소득보장을 위한 재원으로 활용할 수 있다. 이러한 상황을 가정해 볼 때 모든 국민이 강제적으로 가입하여야 하는 공적연금제도는 논리적 설득력을 상당 부분 상실하게 된다. 하지만 이 경우 노후대비를 위해 개인이 축적한 자산의 실질가치는 정치 · 경제 · 사회적 불확실성에 의해 변동될 수 있는 불안정성을 가지고 있다.

2. 소득의 결함

시장의 기능적 결함에 의해 초래될 수 있는 분배적 불평등의 문제는 국가의 개입을 통한 해결을 필요로 하게 된다. 노후소득보장 영역에서 이러한 문제는 노령세대 간 소득의 편차가 심각하여 일부 계층의 경우 노후 소득원의 결함으로 인해 생존을 위협받게 될 경우에 발생하게 된다. 일반적으로 분배적 불평등은 '소득의 개인 간 재분배(interpersonal redistribution of income)'를 통하여 해결할 수 있지만, 시장에서 거래되는 보험상품이나 저축상품의 경우 이러한 기능을 제대로 수행할 수 있는 능력을 결여하고 있다. 따라서 노후소득보장 영역에서 분배적 과제는 국가의 개입이 전제될 경우에만 합리적인 수준으로 수행될 수 있다.

사회적 취약계층의 노후소득보장을 위하여 국가는 별도의 제도적 체계를 마련하여야 할 책임이 있다. 이와 관련한 제도로는 대표적으로 부조의 원칙에 입각한 기초연금과 국민기초생활보장제도 그리고 보험의 원칙을 바탕으로 운영되는 공적연금제도가 있을 수 있다. 여기서 해당 제도들이 수행하는 분배적 목적의 모든 사업은 국가의 조세로 운영되도록 해야 할 필요가 있다. 왜냐하면 공적연금제도가 담당하는 분배적 사업의 경우, 순수한 보험사업이 아닌 국가 책임의 과제로서 당연히 국가의 일반재정으로 충당되어야 할 당위성이 있기 때문이다.

종합하면, 국민의 노후소득보장을 목표로 하는 분배적 사업은 국가개입의 정당성을 제공하고 있다. 이 경우, 국가는 관련 제도의 운영에 대한 책임은 물론 비용부담의 책임까지 동시에 가지게 된다.

3. 종합: 노후소득보장에 있어서 국가의 실패

국민의 노후소득보장과 관련하여 시장이 초래할 수 있는 보장기능의 결함문제와 소득의 결함문제는 모두 국가의 개입에 대한 이론적 근거를 제공해 주고 있다. 따라서 국가는 이러한 제반의 문제들을 해결하기 위한 일환으로 공적연금제도를 도입하여 운영하고 있다. 여기서는 공적연금제도의 운영에 대한 근거가 되는 두 가지 문제에 대해 비판적 관점에서 살펴보고자 한다.

첫째, 보장기능의 결함에 대한 원인이 되는 유익재의 문제(왜곡된 소비선호와 도덕적 해이)와 세대 간 계약의 불가능성 문제는 앞서 살펴보았듯이 시장의 기능으로도 상당 부분 극복이 가능한 사안이다. 그럼에도 현행 공적연금제도는 노후소득보장 상품의 생산이나 공급 면에서 독점적인 지위를 차지하고 있으며, 민영보험의 시장진입이나 활동영역을 제한하고 있다. 그에 따른 부정적 결과로서 국민은 노후설계에 대한 자율권을 침해받고 있으며, 나아가 공적연금제도의 운영과정에서 경쟁원리의 부재는 각종 경제적 비효율성 문제를 야기할 우려가 높다.

둘째, 공적연금제도의 또 다른 정당성을 제공하는 소득의 결함문제는 다음과 같은 측면에서 비판의 여지를 보이고 있다. 구체적으로, 국가는 분배적 과제에 대한 자신의 책임을 회피하고, 그 비용을 공적연금제도에 전가하는 경우가 빈번하게 발생하고 있다. 그러나 이러한 국가의 행위는 공적연금제도의 분배적 기능을 왜곡할 위험이 있을 뿐만 아니라, 경제적 차원에서도 각종 부작용을 초래할 가능성이 높다. 나아가 공적연금제도가 국가의 재정적 지원 없이 분배적 목적의 사업을 과도하게 수행하게 될 경우, 이는 제도 불신의 문제는 물론 제도의 보장기능을 제약하게 되는 불합리한 결과를 초래할 수도 있다.

오늘날 범세계적인 현상으로서 고령화의 추세는 미래세대의 노인부양비 부담을 가중시켜, 세대 간 계약을 바탕으로 하는 공적연금제도의 지속가능성(sustainability)에 대한 의문이 제기되고 있다. 따라서 이론적 차원에서나 현실적 차원에서 공적연금제도의 역할 재조정은 그 당위성에도 불구하고 다음과 같은 이유로 실현이 어렵게 될 확률이 높다.

첫째, 대의민주주의의 정치적 메커니즘과 관련한 사항이다. 일반적으로 공적연금제도의 체질개혁은 젊은 연령 이하의 세대에게 유리하게 작용하게 되는 반면, 중년 이상의 사회계층의 경우 상당한 경제적 손실을 초래하게 될 가능성이 높다. 그러나 장차 고령화 사회에서 후자와 같은 사회계층이 유권자의 과반수 이상을 차지하게 되는 상황을 예상해 볼 때, 미래세대의 부담경감을 목표로 하는 어떠한 제도개혁도 정치적으로 받아들여질 수 없는 한계가 존재하게 된다.

둘째, 공적연금제도를 관장하는 정부부처 또한 부처의 정치적 영향력 위축을 우려하여 제도의 개혁에 반대할 확률이 높다.

셋째, 공적연금제도를 직접적으로 운영하고 있는 기관(국민연금관리공단 등)의 경우 제도의 개혁은 기존의 독점적 영향력을 상실하게 되는 결과를 가져다줄 수 있다. 따라서 이들 기관 역시 제도의 개혁을 반대하는 세력으로 작용하게 될 가능성이 높다.

제3절 노후소득보장체계의 개혁과 관련한 논의

1. 기본방향

오늘날 세계 대다수 국가에서 공적연금제도는 해당 국가의 사회복지 지출에서 가장 높은 비중을 차지하고 있으며, 이러한 현상은 고령화 추세에 따라 모든 국가에서 지속적으로 증가하게 될 것으로 예견되고 있다. 이에 대처하여 각국은 공적연금제도의 대대적인 체질개혁을 추진 중에 있다. 주요 선진국에서 추진하는 노후소득보장체계의 개혁방안에서 기초가 되는 국가의 정책목표는 크게 다음의 세 가지로 요약해 볼 수 있다.

첫째, 평등 차원에서 모든 국민이 노후에 인간으로서의 존엄성을 유지하기 위해 요구되는 기초적 수준 이상의 소득을 보장받을 수 있도록 하는 제도적 체계가 마련되어야 한다. 이러한 차원에서 볼 때, 연금재정의 안정성 확보를 목표로 하는 제반의 개혁정책들은 사전적으로 별도의 사회정책적 또는 분배정책적 목표를 위한 보완조치가 강구될 경우에만 비로소 수용성과 정당성을 확보할 수 있을 것이다.

둘째, 자유 차원에서 국민이 각자의 상황이나 선호에 적합한 노후설계를 할 수 있는 기회가 최대한 보장되어야 하고, 동시에 노후대비에 대한 개인의 책임이 강화될 수 있어야 한다. 이러한 목표를 달성하기 위한 일환으로서 국민의 노후소득보장에 기여할 수 있는 다양한 사회제도 간 기능적 연계성과 역할분담의 효율성을 개선할 수 있는 방안이 마련되어야 할 것이다.

셋째, 효율성 차원에서 노후소득보장을 위한 비용이 개인적 차원에서나 국민경제의 차원에서 부담 가능하고, 장기적으로 인구구조의 고령화에도 불구하고 연금재정의 안정성이 확보될 수 있어야 한다. 이러한 차원에서 볼 때, 노후소득보장제도의 개혁방안은 국가의 다른 정책영역인 경제정책, 노동시장정책 그리고 기타 사회보장정책과의 연계성을 감안하여 마련되어야 할 것이다.

2. 노후소득보장에 있어서 국가개입의 수준과 형태: '시장의 실패'와 '국가의 실패'의 비교

인간은 욕구를 충족할 수 있는 다양한 종류의 상품이나 서비스를 충분히 소비하게 될 경우 자신의 복지수준을 극대화할 수 있다. 또한 인간은 일상생활에서 직면하게 되는 다양한 위험요인에 대비하여 사전에 적절한 대책을 마련하게 될 경우 복지수준의 하락을 방지할 수도 있다. 여기서 이러한 복지과제가 모두 시장의 기능이나 국가의 역할을 통하여 달성될 수 있다는 사실에 주목할 필요가 있다. 구체적으로 먼저, 개인은 각자의 능력으로 소득을 확보하게 되고, 이를 수단으로 하여 자신의 복지에 적합한 상품이나 서비스를 구입할 수 있다. 다음으로, 국가가 국민의 복지를 위해 조세재원으로 상품이나 서비스를 직접 생산하고, 이를 필요로 하는 개인에게 나누어 주는 방법이 있을 수 있다.

복지의 영역에서 국가 또는 시장 중에 누가 주도하여야 할 것인가 하는 정책적 의사결정은 시장의 실패이론과 국가의 실패이론으로 설명해 볼 수 있다. 이 경우 각각의 이론은 다음과 같은 의미를 가지고 있다.

1) 시장의 실패문제에 대응한 국가 개입의 수준 및 방식 강화

시장의 실패(market failure,[영] Marktversagen[독])는 시장이 제반의 기능적 결함에 의해 인간의 복지수준을 저하시키게 되는 상황을 설명하고 있다. 구체적으로, 시장은 종종 개인이 욕구 충족을 위해 필요로 하는 복지상품들이 제대로 생산 또는 거래될 수 없게 되는 '보장기능의 결함'을 초래하게 되거나, 분배적 역기능에 의해 일부 사회계층의 경우 복지상품을 구입할 수 있는 수단이 부족하게 되는 '소득의 결함'을 야기할 수 있다. 따라서 국가는 이러한 시장기능의 결함을 보완하기 위하여 사회복지정책을 실시하여야 하는 책임이 있다. 그 일환으로서 국가는 사회복지정책을 통하여 복지상품을 직접 생산하거나, 사회의 주변계층을 대상으로 복지상품의 구입에 필요한 소득을 지원해 주고 있다.

2) 국가의 실패문제에 대응한 시장 기능의 활성화

다음으로, 국가의 실패(state failure,[영] Staatsversagen[독])는 국가가 복지시장에 지나치게 개입함으로써 오히려 국민의 복지수준을 저하시키게 되는 부작용을 설명하고 있다(이정우, 이동수, 2008: 152). 구체적으로, 국가의 실패문제는 정치집단, 사회복지 관료집단 그리고 이익집단 간의 이해관계에 의해 공적연금제도가 과도하게 확장되고, 대신 시장의 기능이 제약을 받게 될 경우 발생할 수 있는 각종 폐해를 의미한다. 특히 이와 같은 모순적 현상은 유권자들의 투표제휴(coalitions of voters) 또는 이익집단의 정치적 압력행사에 대한 정부의 반응이나 사회복지 관료들의 자세 등으로 인해 더욱 심화될 우려가 높다. 그리고 이러한 이론의 핵심은 국가의 행위가 사회복지의 극대화가 아니라, 특정한 집단의 자기이해의 추구를 지원하기 위한 목적으로 이루어지기 때문에 왜곡된 결과를 조장하게 된다는 것이다. 니스카넨(Niskannen, 1971)에 의하면 사회복지 관료집단 등 공공기관들은 국민들보다는 오히려 관련 기관이나 조직들 상호 간 협력이나 이해의 공유 등을 우선적 목표로 기능하게 되는 경우를 종종 발견하게 된다. 이러한 '조직의 태만(organization slack)' 현상은 정치집단이 관료집단들의 자기이윤추구 행위를 적절하게 통제할 수 없을 경우에 발생할 수 있다. 따라서 복지문제와 관련된 국가의 실패문제에 대해서는 궁극적으로 시장기능을 활성화하는 방법으로 해결할 수 있다.

3) 국가와 시장의 역할 분담 방안

시장의 실패는 국가 주도의 사회복지정책에 대한 논리적 정당성을 제공하고 있으며, 동시에 국민복지의 증진을 목표로 다양한 형태의 규제(regulation) 수단을 동원하여 시장의 기능을 제한할 수 있도록 하고 있다. 반면, 국가의 실패는 복지상품의 생산에 있어서 시장기능의 활성화가 가져다줄 수 있는 장점을 이론적으로 설명하고, 그 일환으로서 각종 규제장치의 철폐 또는 완화(deregulation) 그리고 사회복지의 대대적인 민영화(구체적으로 국가복지 → 시장복지)를 지지하고 있다. 종합하면, 시장의 실패문제는 국가의 역할을 통하여, 반대로 국가의 실패문제는 시장의 기능을 통하여 극복할 수 있는 사안이 된다(Fisch, 1996).

개인의 복지문제는 모두 시장의 기능이나 국가의 역할을 통하여 해결할 수 있다. 그러나 시장과 국가는 〈표 11-1〉과 같이 복지문제의 해결기능을 달리하고 있을 뿐 아니라, 사회적 과제의 수행과정에서 각각 장점과 단점을 동시에 보이고 있다.

<표 11-1> 복지문제의 해결에 있어서 국가와 시장의 기능과 장단점 비교

구분	국가 주도의 사회복지정책	시장 주도의 복지생산
기능	• 사회 연대성의 원리를 바탕으로 복지문제의 공동체적 해결	• 자기책임의 원리와 경쟁의 원리를 바탕으로 개별적 차원에서 복지문제의 해결
장점	• 복지상품의 생산과 소비에서 시장의 기능 결함을 교정하여 안정적인 시장경제 질서의 유지 • 사회복지정책적 효과성 –시장의 기능을 제한함으로써 평등이념의 실현과 보장의 결함문제 최소화 –사회안정의 실현 • 경제정책적 효율성 –규모의 경제를 통하여 복지상품 생산비용의 절감 –유효수요의 증대를 통한 경제성장의 효과: 수요 측면의 경제학 이론(demand-side economic theory)	• 복지문제에 대한 국가의 과도한 개입에 의해 발생하는 부작용을 제거함으로써 시장의 자율적 복지기능 활성화 • 사회복지정책적 효과성 –경쟁기능을 통하여 저렴한 가격으로 다양한 복지상품의 생산과 소비에서 낭비요인 제거 –복지비용 절감을 통한 경쟁력 강화와 경제성장의 효과: 공급 측면의 경제학 이론(supply-side economic theory)
단점	• 복지의존심리, 근로동기의 저하 등 도덕적 해이의 현상 심화 • 복지비용 부담의 증가 및 저축률 저하에 의한 경쟁력의 약화와 경제성장의 둔화 • 비용의 분담과 관련한 국민 상호 간 내적 갈등과 제도운영의 획일성 및 관료성	• 자기책임의 원리에 따라 저소득계층의 복지문제 등한시 • 경제환경의 가변성에 의해 복지욕구 충족의 불확실성 • 분배적 불균형과 사회적 갈등의 심화

출처: 이정우(2013).

첫째, 복지문제의 해결기능과 관련한 사항이다. 국가의 사회복지정책은 사회의 연대적 기능을 바탕으로 복지문제의 공동체적 해결방식을 채택하고 있다. 반면, 시장은 복지상품의 생산과 소비에서 경쟁의 원리와 자기책임의 원리를 적용하고 있으며, 복지문제의 해결은 개별적 차원에서 이루어지도록 하고 있다.

둘째, 복지문제의 해결 주체로서 국가 또는 시장이 가지고 있는 장점과 관련한 사항이다. 국가의 사회복지정책은 그 특성상 시장의 원리를 배제 또는 제한하게 됨으로써 높은 수준의 평등이념과 사회안정을 실현할 수 있다. 동시에 사회복지정책은 복지문제의 집단적 해결방식을 채택함으로써 복지상품 생산비용의 절감효과는 물론 국내 총유효수요의 증대를 통한 경제성장의 효과를 도모할 수 있다. 이와 같은 정책방향은 케인스 학파의 이론을 토대로 하고 있으며, 수요 측면의 국가개입(demand-side economy)을 지지하고 있다. 반면, 시장은 복지상품의 생산이 경쟁의 원리를 통하여 이루어지도록 함으로써 수요자인 국민은 다양한 복지상품을 저렴한 가격으로 소비할 수 있는 이점을 누릴 수 있다. 나아가 시장은 복지문제의 해결이 자기책임의 원리에 입각하여 이루어지도록 함으로써 복지의존심리 등에 의한 낭비요인을 최소화할 수 있으며, 복지비용의 절감을 통하여 경쟁력 제고와 경제성장의 효과를 기대할 수 있다. 이와 같은 정책방향은 신고전학파의 경제이론을 토대로 하고 있으며, 주로 공급 측면에서의 시장 활성화(supply-side economy)를 주장하고 있다.

셋째, 복지문제의 해결에서 국가나 시장이 초래할 수 있는 문제점과 관련한 사항이다. 국가의 사회복지정책은 한편으로는 근로동기의 약화 등 각종 도덕적 해이 현상을 초래할 수 있으며, 다른 한편으로는 획일적이고 관료적인 제도운영에 의해 비효율성의 문제를 야기할 수 있다. 나아가 사회복지의 비대화에 따른 비용지출의 증가는 비용의 부담문제와 관련한 내적 갈등은 물론, 경제성장에도 부정적인 영향을 미칠 수 있다. 반면, 시장은 자기책임의 원리를 적용하게 됨으로써 저소득계층의 복지문제가 등한시되고, 시장경제의 불확실성과 사회적 신분의 가변성에 의해 국민 개개인의 복지가 안정적으로 보장될 수 없는 문제가 발생하게 된다. 그리고 복지상품의 공급과 소비에서 시장기능의 강화는 무엇보다도 분배적 불균형을 심화시켜 사회적 갈등을 초래할 수 있다는 점에서 우려가 제기되고 있다. 여기서 발생하는 이러한 사회적 갈등은 국민경제의 건전한 성장에 지장을 초래하게 되는 문제가 있다.

참고문헌

Berthold, N. (1988). Marktversagen, staatliche Intervention und Organisationsformen soziar Sicherung, in: WISU, Jg. 16. Hf. 9, S. 435-440.

BrÜmmerhoff, D. (1987). *Finanzwissenschaft*, Munchen.

Engels, F. (1984). Brauchen wir ein neues System der sozialen Sicherung?, in: Fels, G. und Seffen, A. und Vogel, O. (Hrgs.), *Soziale Sicherung-von der Finazkrise zur Strukturreform, 1984*, S. 12-34.

Gillion, C., Turner, J., Bailey, C., & Latulippe, D. (2000). *Social Security Person: Development and reform*. International Labour Office. Geneva.

Kaufmann, F-X. (1960). Zur Problematik der Effektivitat und ihrer Erfassung im Bereich der sozoalen Sicherung, in: Kulp, B. und Hass, H-D. (Hrsg.), *Soziale Probleme der modernen Industriegesellschaft*, Schriften des Vereins fur Socialpolitik, N. F. Bd. 92/2, S. 489-517.

Kulp, B. (1984). Der Einflub der Sozialpolitik auf die Anpassungsfashigkeit marktwirtschaftlicher System: Theoretische Grundlage, in: *Jahrbuch fur Neue Politistiche Okonomic, 4*. Bd. 1984, S. 60-77.

Samuelson, P. A. (1958). An exact Consumption-Loan Model of Interest with or without the Social Contrivance of Money, in: *The Journal of Political Economy, Vol. 66, Nr. 6*, S. 467-482.

제12장

공적연금제도와 고령자의 퇴직의사결정

제1절 논의의 배경

생애주기의 후반부에 위치한 고령 근로계층에게 있어서 퇴직은 제2의 인생을 시작하는 출발점으로서뿐만 아니라, 노후의 물질적 · 정신적 '삶의 질'이 퇴직의사결정의 합리성 여부에 의해 영향을 받게 된다는 점에서도 중요한 의미를 가진다. 일반적으로 퇴직형태란 근로생활의 중단과 퇴직으로의 이행이 언제 그리고 어떠한 방법으로 이루어지게 되는가 하는 것을 의미한다. 퇴직의 형태들 가운데 실제적인 퇴직 대안의 선택은 개인별로 다양한 요인들의 상호작용을 통하여 이루어지게 되는 특성을 가지고 있다. 일반적으로 고령근로계층의 퇴직의사결정에 영향을 미칠 수 있는 변수들은 다양하게 존재할 수 있으며, 이는 다음의 [그림 12-1]에서 보는 바와 같이 크게 근로자 개인적 차원의 변수, 기업 차원의 변수 그리고 외부적 차원의 법, 제도, 환경 변수로 구분하여 다음과 같이 정리해 볼 수 있다(이정우, 1997).

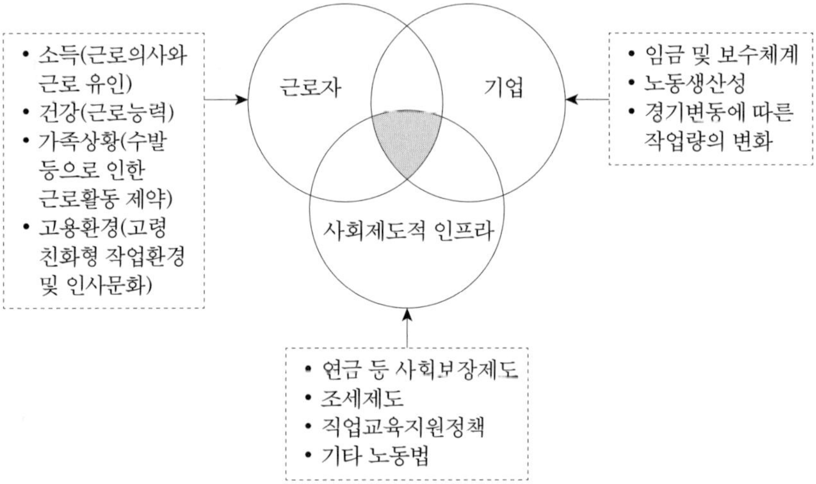

[그림 12-1] 고령자의 고용안정과 고용연장을 위한 노사정 상호 연계체계

출처: 이정우(2006).

먼저, 개인적 차원의 퇴직결정변수들로는 소득, 건강, 가족상황, 노동시장의 환경 등이 있을 수 있으며, 개략적으로 다음과 같이 설명해 볼 수 있다. 첫째, 소득변수로서 노후생계의 유지를 위한 소득수준의 확보 여부 그리고 퇴직시점별로 기대수익률의 변동추이 등이 퇴직시점의 선택에 영향을 미칠 수 있다. 둘째, 건강변수로서 개인의 건강상태 그리고 신체적 여건에 적합한 근로조건과 환경의 구비 여부에 따라 퇴직시점의 선택이나 퇴직방법이 영향을 받을 수 있다. 셋째, 배우자 등 가족에게 중대질환이나 치매 등이 발생하게 될 경우 그 상대방(대개의 경우 여성)은 간병이나 수발의 부담으로 인하여 근로활동을 중단하여야만 하는 상황에 직면하게 될 수 있다. 그러나 이 경우 간병이나 수발을 위한 사회적 인프라의 구축과 비용의 사회화 수준에 따라 근로자의 퇴직형태가 다르게 나타날 수 있다. 넷째, 고령근로계층의 퇴직시점이나 퇴직방법의 선택은 직접적 또는 간접적으로 노동시장의 환경에 의해 영향을 받을 수 있다. 구체적으로 고용 친화적인 작업환경, 직업교육 기회의 보편성과 평등성, 노령근로계층에게 우호적인 노동 관련 법률체계 등은 개인별로 퇴직시점이나 방법의 선택에 있어서 중요한 의사결정의 기준으로 작용하게 된다.

다음으로 기업의 차원에서 노령근로자의 계속고용 또는 중도해고에 대한 의사결정은 연령의 증가에 따른 노동생산성의 변화, 기업별 임금의 결정방식(예: 생산성 임금 또는 연공서열형 임금) 그리고 인사전략의 방향(일례로, 세대교체와 조직의 활력 제고) 등을 토대로 하여 이루어지게 된다.

마지막으로 제도적 측면의 변수들로는 연금수급제도의 종류, 각 제도별 수급개시연령과 수급요건, 연금의 조기수급 또는 수급의 연기 시 적용되는 감액율과 가산율의 수준, 타 사회제도와의 관계(일례로, 근로소득과 연금소득에 대한 세제 적용상의 차이, 타 사회보장급여와의 병급허용 또는 조정의 수준, 고령자고용촉진제도 등) 등이 있을 수 있으며, 이러한 제도들의 설계와 운영방식에 따라 노령근로자의 퇴직의사결정은 상당한 영향을 받을 수 있다.

제2절 고령근로자 개인적 차원의 퇴직의사결정변수

1. 생애소득의 흐름과 퇴직의사결정

일반적으로 고령근로자의 퇴직의사결정은 소득, 건강, 가족상황 그리고 노동시장의 환경 등 다양한 변수들의 상호작용에 의해 이루어지게 되는 특성을 보이고 있다. 다음에서는 이 중 특히 중요한 결정변수가 될 수 있다고 판단되는 소득변수를 중심으로 살펴보고자 한다.

퇴직시점의 선택에 따라 당사자의 생애소득에 차이가 발생하게 될 경우, 개인은 가능한 한 자신의 경제적 이익이 극대화되는 점에서 퇴직을 하고자 할 것이다. 생애주기모델(life-cycle model)에 따르면 개별 경제주체는 일생 동안 자신의 총 효용이 극대화될 수 있도록 하기 위한 방향으로 경제행위를 하게 된다. 따라서 개인은 사전적으로 평생소득의 흐름, 소유재산의 증감 및 수익률의 변화, 미래의 경제상황, 기대수명 등을 정확히 예측하고 이를 토대로 하여 자신의 소비와 노동공급량을 시기적으로 적절하게 배분하게 된다(Munnell, 1986). 또한 개별 근로자의 퇴직시점도 이러한 제반의 제약조건하에서 합리적으로 선택된다고 가정을 한다. 〈식 1〉에서 개인의 총효용(U_i)은 평생소비(C_i) 그리고 퇴직 이후 여가(RET_i)와 정의 함수관계에 있으며, 두 변수는 상호 대체관계에 있다고 가정을 한다.

$$U_i = U(C_i, RET_i);\ U(\ )\text{는 상호대체관계} \qquad \cdots\cdots\cdots\text{〈식 1〉}$$

개별 경제주체의 평생소득은 노동시장 최초 진입시점(O)부터 퇴직시점(R)까지의 근로소득(E) 그리고 퇴직시점부터 사망시점(T)까지의 공적연금(PP)과 퇴직금(SS)으로 구성된다고 가정한다. 시간선호율(time preference rate: ∂_t)을 고려한 개인의 평생소득의 현재가치($PDVY$)는 다음의 〈식 2〉로 계산된다.

$$PDVY = \int_O^R Et \cdot \partial t \cdot dt + \int_R^T (PPt + SSt)\partial t \cdot dt \qquad \cdots\cdots\cdots\text{〈식 2〉}$$

(단, $PDVY$는 현재가치)

퇴직시점의 선택에 대한 당사자의 경제적 판단기준은 다음의 〈식 3〉으로 설명할 수 있다. 퇴직시점의 연기와 추가적인 근로에 따른 경제적 득실은 각각 (a) 근로소득의 증가분, (b) 기대연금액과 퇴직금의 증가분[1] 그리고 (c) 소득활동의 연장으로 인한 해당기간 동안의 연금 미수급액과 퇴직금 이자의 상실분으로 구성된다. 〈식 3〉에서 개별 근로자는 $\partial PDVY/\partial R$이 zero가 되는 시점에서 퇴직을 하게 될 경우 자신의 경제적 이익을 극대화하게 된다.

$$\frac{\partial PDVY}{\partial R} = \underset{\text{(a)}}{E_R \cdot \partial R} + \underset{\text{(b)}}{\partial \int_{R+1}^{T} (PP_t + SS_t)\partial t \cdot dt} - \underset{\text{(c)}}{(PP_R + SS_R)\partial R} \quad \cdots\cdots \langle 식\ 3 \rangle$$

이상에서 개별 근로자의 합리적인 퇴직시점은 소득의 증가에 따른 효용의 증가분과 노후 여가기간의 단축으로 인한 효용의 감소분이 서로 일치하게 되는 점에서 이루어지게 된다. 이러한 관계는 〈식 4〉와 같이 표시될 수 있다.

$$\frac{\partial U}{\partial C}\frac{\partial PDVY_i}{\partial R_i} = \frac{\partial U_i}{\partial RET_i} \quad \cdots\cdots\cdots\cdots \langle 식\ 4 \rangle$$

생애주기모델에 따라 개별 경제주체는 자신의 평생소득과 보유자산(W_o)을 시기적으로 적절하게 재분배하여 소비함으로써 총효용의 극대화를 도모하게 된다. 이러한 사항은 다음의 〈식 5〉로 나타낼 수 있다.

$$C = PDVY = W_O \quad \cdots\cdots\cdots\cdots \langle 식\ 5 \rangle$$

〈식 4〉와 〈식 5〉의 관계는 다음의 [그림 12-2]와 같이 표시될 수 있다. 여기서 종축은 특정 근로자의 평생소비 또는 소득을 나타내고 있다. 그리고 횡축은 근로(E) 또는 노후여가(R)의 시간적 구분을 보여 주

1) 퇴직금은「근로기준법」에 의거하여 퇴직 전 최종 3개월간 임금의 평균을 기준으로 당사 근로자의 근속년수에 비례하여 결정이 됨. 이에 따라 퇴직시점이 연장될 경우 그에 상응하는 만큼 퇴직금은 증가하게 됨.

며 양자의 합계는 개인의 생애시간(T)이 된다. 구체적으로 횡축의 오른쪽 끝은 아무런 근로활동을 하지 않는 것을 의미하며, 여기서 R_t점은 설명의 편의상 근로 또는 퇴직의 경제적 의사결정이 시작될 수 있는 연령(가령 45세)으로 정의를 한다. 그리고 이 점에서 좌측으로 이동할 경우 그에 상당하는 만큼 생애 노동공급량($E=T-R$)이 증가하는 것을 나타내고 있다. 따라서 R_o점은 해당 근로자가 퇴직을 하지 않고 평생 동안 소득활동에 종사하게 되는 것을 보여 주고 있다. 그리고 개인의 생애예산선은 FD가 되며, 이 경우 예산선의 기울기는 임금률(단위 시간당 임금), 이자율, 사회보험료율 그리고 세율의 크기 등에 의해 결정이 된다. 이러한 상황하에서 개별 경제주체의 합리적인 퇴직시점은 도표에서 예산선(FD)과 효용무차별곡선(U)이 상호 접하는 A점에서 결정이 된다. 따라서 개인은 일생동안 $T-R_1$에 상당하는 만큼 근로활동에 종사하게 되고, R_1의 시점에서 퇴직을 하여 사망의 시점이 되는 R_o까지 노후여가를 누리게 된다.

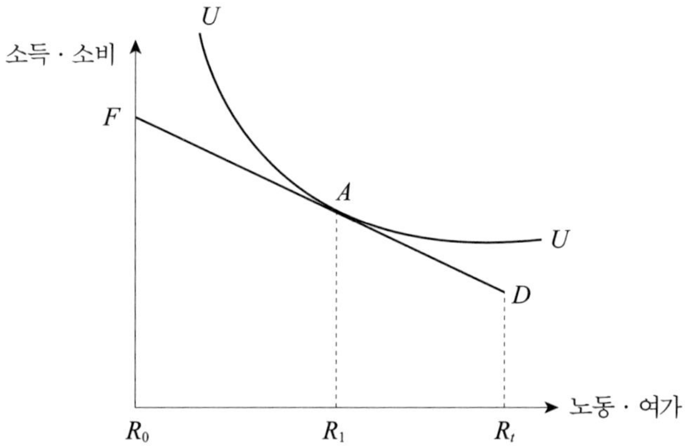

[그림 12-2] 합리적 퇴직의사결정의 기준

출처: Berthold(1987)에서 재정리.

일반적으로 공적연금제도와 퇴직금제도는 각각 국가적 차원의 분배정책적 목표 그리고 기업 차원의 인사정책적 목표에 따라 다양한 분배적 기능을 수행하게 된다. 그리고 이러한 정책의 실행과정에서 근로자의 퇴직의사결정 또한 직접적 또는 간접적으로 영향을 받게 될 가능성이 높다. 다음에서는 이와 관련한 내용에 대해 개략적으로 살펴보고자 한다.

2. 공적연금제도의 분배적 기능이 퇴직의사결정에 미치는 영향

1) 수지상등의 원리에 대한 기본개념 및 정의

생애주기모델의 이론에 따르면, 완전한 시장정보와 자본시장의 기능[2]이 보장되고 연금 및 퇴직금은 개인의 소득 및 가입기간(또는 근속기간)에 비례하여 지급된다고 가정할 경우, 공적연금제도와 퇴직금제도는 개인별로 퇴직시점의 선택에 중립적이 된다. 그러나 이러한 전제조건이 충족되는 상태에서도 공적연금제도의 분배적 기능으로 인해 개인별로 생애소득에 변화가 발생하게 될 경우 당사자의 퇴직의사결정은 영향을 받을 수 있다.

일반적으로 공적연금제도는 보험의 원리를 바탕으로 하는 위험분산

2) 개별 경제주체가 희망하는 저축률과 공적연금제도의 보험료율(강제저축) 간에 차이가 발생할 경우 시기별 소득흐름의 변화로 인해 퇴직시점의 선택에 영향을 미치게 될 가능성이 있음. 그러나 완전한 자본시장을 가정할 경우 공적연금의 보험료율이 개인이 희망하는 저축률보다 높을 때 개인은 추후에 받게 될 연금액을 담보로 자본시장에서 대출을 받아 부족한 현재 소비분을 충당할 수 있게 됨. 따라서 강제저축과 개인저축 간의 괴리는 해당 근로자 퇴직시점의 선택에 아무런 영향을 미치지 않게 됨.

(Risikoausgleich[독])의 기능 그리고 사회적 조정(sozialer Ausgleich[독])을 위한 분배적 기능을 동시에 수행하게 된다. 그리고 공적연금제도의 분배적 기능이 강화될 경우, 그에 상응하는 만큼 보험제도의 기본적 특성이 되는 수지상등의 원리(equivalence principle)가 훼손되는 문제가 발생하게 된다. 여기서 수지상등의 원리란 다음의 〈식 6〉에서 보는 바와 같이 개인별로 보험계약의 체결시점을 기준으로 향후 납부하게 될 보험료 총액(P)의 기댓값(expected value)과 위험의 발생 시 수령하게 될 것으로 예상되는 급여의 총액(B)이 상호 일치하게 되는 것을 의미한다(이정우, 2002).

$$E(P)=E(B)/\text{수지상등의 원리 식} \quad \cdots\cdots\cdots \langle\text{식 6}\rangle$$

2) 개인별 수지상등의 원리가 훼손되어 적용되었을 경우

수지상등의 원리는 기능별 구분에 따라 다시 '개인별 수지상등의 원리(individual equivalence principle)' 그리고 '한계적 수지상등의 원리(marginal equivalence principle)'로 나누어 살펴볼 수 있다. 여기서 개인별 수지상등의 원리는 공적연금제도의 운영과정에서 특정한 개인이나 집단이 상대방에 비해 분배적 혜택 또는 불이익을 받게 되는 현상이 발생하지 않도록 하는 것을 의미한다. 반면 한계적 수지상등의 원리는 특정한 시점에서 개인이 근로의 연장을 통해 추가적으로 납부한 보험료가 보험수리에 상응하는 수준보다 상당치 높은 급여 인상으로 급여의 인상으로 이어질 수 있도록 하는 원리가 된다.

일반적으로 사회보험제도로서 공적연금제도는 다양한 사회정책적 기능을 수행하게 되며, 따라서 수지상등의 원리가 엄격하게 적용될 수 없는 한계를 가지고 있다. 다음에서는 개인별 수지상등의 원리와 한계적 수지상등의 원리가 지켜지지 않았을 경우 각각은 개인의 퇴직의사결정에 어떠한 영향을 미치게 되는지를 살펴보고자 한다.

먼저 공적연금제도의 분배적 기능으로 인하여 특정한 집단에게 있어서 생애소득의 증가 또는 감소의 현상이 발생하게 되었을 경우 개인별 수지상등의 원리에 위반이 되는 문제가 나타나게 된다. 이러한 문제를 초래할 수 있는 제도적 규정으로는 국민연금제도의 경우 대표적으로 급여산식의 균등부분(A값)[3], 특례노령연금 그리고 최근 도입의 여부가 논의되고 있는 보험료의 납부면제제도인 연금크레딧제도 등이 지적될 수 있다. 이상과 같은 제도적 요소들은 특히 저소득계층에게 유리하게 작용을 하여 그들의 생애소득이 증가하게 되는 효과를 가져다주게 된다. 이 경우 개인의 생애예산선은 [그림 12-3]에서 보는 바와 같이 *FD*에서 *FD'*로 이동을 하게 된다. 여기서 주목하여야 할 사항으로서 생애예산선이 *FD*를 기준으로 수평으로 상향이동하지 않게 되는 이유는 개인별로 퇴직시점이 연기될 경우, 분배적 혜택을 향유할 수 있는 기간이 그만큼 줄어드는 문제가 발생하게 되기 때문이다(Berthold, 1987).[4] 이상과 같은 상황하에서 공적연금제도의 분배적 기능은 특정한 계층에게 있어서 한편으로는 소득의 증대효과를 가져다주게 되고, 다른 한편으로는 노후여가의 기회비용을 경감시키는 역할을 하게 된다.[5] 종합하면, 이 경우 소득효과와 대체효과가 공히 고령자의 조기퇴직을 유도하는 방향으로 작용을 하게 되어, 그림에서 보는 바와 같이 개인은 자신의 퇴직시점을 R_1에서 R_2로 앞당기려고 하는 경제적 유인을 가지게 된다.

---

3) 균등부분은 최초연금수급시점의 전년도 전체 가입자의 평균소득으로 결정됨. 이는 개인의 가입소득에 상관없이 모두에게 동등하게 제공되는 급여의 부분으로서 소득재분배의 기능을 수행하기 위한 목적으로 도입되었음.

4) 극단적인 사례로서 개인이 일생 동안 근로활동을 하게 될 경우 공적연금제도의 분배적 혜택을 전혀 누릴 수 없는 문제가 발생하게 됨.

5) 왜냐하면 예전과 같이 동일한 소득으로 동일한 수준의 보험료를 납부하게 되었을 경우에도 분배적 기능으로 인하여 연금급여가 인상되는 효과가 발생하게 되기 때문임.

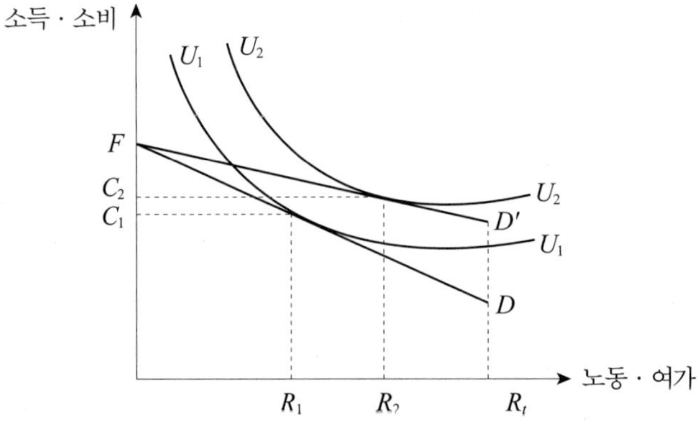

[그림 12-3] 개인별 수지상등의 원리가 지켜지지 않았을 경우의 퇴직의사결정

3) 한계적 수지상등의 원리가 훼손된 상태로 적용되었을 경우

다음으로 개인별로 연금수급시점의 선택에 따라 추가적인 경제적 이익 또는 손실이 발생하게 되어 연금재정의 중립성이 지켜지지 않게 될 경우 한계적 수지상등의 원리가 훼손되는 문제가 나타나게 된다. 이러한 상황은 [그림 12-4]에서 개인의 생애예산선이 *FD*에서 *DEGAF*로 변경되는 것으로 표현을 해 볼 수 있으며, 여기서 당사자는 새로운 무차별곡선인 U_2와 접하는 부분인 G점에서 조기퇴직을 선택하게 될 경우 자신의 경제적 이익을 극대화할 수 있다. 이러한 조치는 개인의 생애예산선을 새로이 *DEG'AF*로 상향 이동시키게 되어 개인적 차원에서 연금의 조기수급을 위한 경제적 유인(U_3)을 더욱 강화하는 작용을 하게 될 것으로 예상된다.

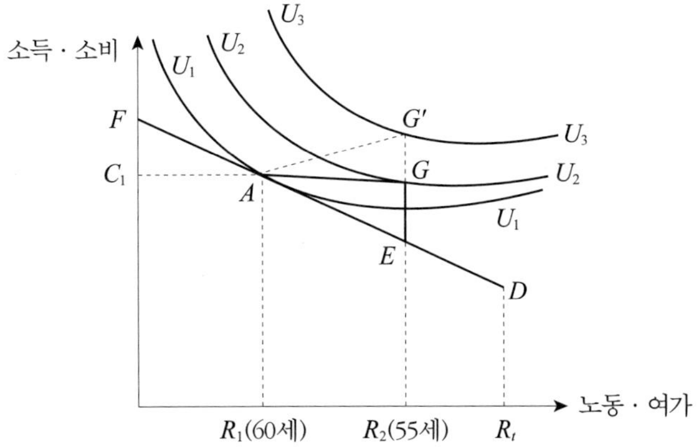

[그림 12-4] 보험수리적 차원의 감액률이 적용되지 않았을 경우의 퇴직의사결정

4) 보험수리적 차원에서 연금의 조기수급 혹은 수급연기에 따르는 감액률 또는 가산율이 제대로 적용되지 않았을 경우의 퇴직의사결정

현행의 국민연금제도는 개인이 60세 이후에도 계속하여 연금가입을 희망할 경우 임의계속가입자로 분류를 하여 본인이 보험료를 전적으로 부담을 하도록 하고, 이 경우 연금수급시점의 연기에도 불구하고 아무런 가산율의 혜택을 제공하지 않고 있다.[6] 뿐만 아니라 개인이 60세 이후 노령연금을 수급하는 상태에서 일정 수준 이상의 소득이 발생하는 업무에 종사하게 될 경우 소득이 있는 업무의 종사자로 분류를 하여, 최고 64세까지 근로소득의 수준에 따라 급여감액이 이루어지도록 하고 있다. 이상의 내용을 종합해 보면, 개인이 60세 이후에도 국민연금제도에 계속하여 가입을 하거나 일정 수준 이상의 소득이 있는 업무에 종사하게 될 경우 가산율의 미적용 또는 급여의 감액으로 인해 경제적 손실을

6) 현행의 제도규정에 따르면 임의계속가입의 자격은 국민연금 가입경력이 20년 미만인 자만으로 제한을 하고 있음.

보게 된다. 여기서 가산율이 적용되지 않는 상태에서 개인이 자신의 연금수급시기를 연기하게 될 경우를 가정해 보면, 당사자의 생애예산선은 [그림 12-5]에서 나타난 바와 같이 기존의 *FD*에서 *DEGBAF*로 굴절된 형태를 보이게 될 것으로 판단된다. 이러한 생애예산의 제약 하에서 개인은 무차별곡선인 U_2와 접하는 점인 R_2보다 U_1과 접하는 점인 R_1점에서 앞당겨 퇴직을 하는 것이 경제적으로 유리하게 작용을 하게 되는 것을 알 수 있다.

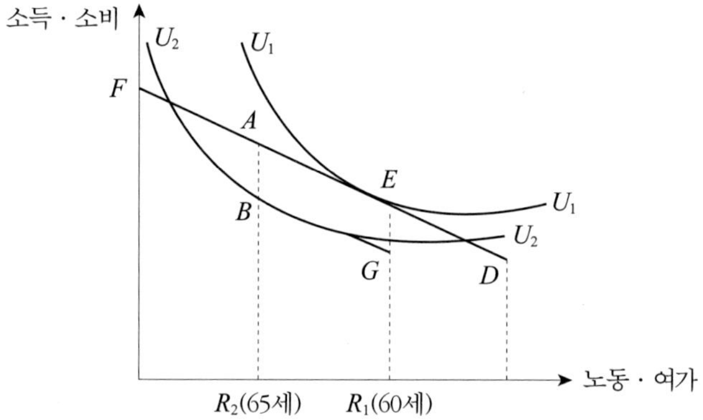

[그림 12-5] 보험수리적 차원의 가산율이 적용되지 않는 상태에서의 퇴직의사결정

제3절 기업 차원의 고령인력에 대한 인사정책변수

최근 한국에서는 중 · 고령 근로계층의 조기퇴직문제가 심각한 사회문제로 대두되고 있다. 실제로 상당수 기업의 경우 해당 연령계층의 근로자가 자발적으로 퇴직할 수 있도록 각종 유인장치를 마련하고 있으며, 심지어는 강제 또는 '무언의 강요(Stummerzwang[독])'를 통하여 비자발적으로 회사를 떠나도록 하는 사례도 종종 발견되고 있다(Bäcker &

Naegele, 1983). 이러한 현상과 관련하여 기업의 입장에서 중 · 고령 근로계층의 퇴직이 어떠한 경제적 이익을 가져다주게 되는지에 대한 의문이 제기될 수 있다. 여기서는 근로자의 퇴직과 관련한 기업의 인사정책적 차원의 변수를 수량적 · 기능적 그리고 재정적 자율성으로 구분하여 각각의 내용에 대해 살펴보고자 한다.

1. 수량적 자율성

수량적 자율성(nummerical flexibility)이란 경기변동 등으로 인해 판매시장의 환경변화나 가동률의 조정사유가 발생하게 될 경우, 관련 기업이 자신의 인력수요를 임의로 조절할 수 있는 권한을 의미한다. 또한 이러한 수량적 자율성은 기업의 인사적체문제를 해소하기 위한 수단으로도 활용되고 있다. 그 일환으로서 상당수의 기업들은 경기침체 현상의 극복과 경영합리화의 차원에서 인력감축을 시도하고 있다.

고용불안 요인이 나타나게 될 경우 실질적인 해고의 위협은 기업 내 특정 집단에서 우선적으로 발생하게 될 가능성이 높다. 일반적으로 기업의 인력구조는 소수의 중심부 근로자와 다수의 주변부 근로자로 구성되어 있다(Staehle, 1989). 여기서 중심부 근로계층은 기업 특수적인 인적자본을 상대적으로 많이 축적하고 있는 집단으로서 높은 수준의 직위와 임금은 물론 장기적인 고용안정을 보장받는 집단이 된다. 반면 주변부 근로자의 경우 인적자본과 임금이 낮을 뿐만 아니라 고용안정은 대내외적인 경제환경의 변화에 민감하게 영향을 받게 되는 특징을 보이고 있다.

경기침체 현상이 발생하게 될 경우 관련 기업은 근로자의 포괄적 해고가 아니라 주변부 근로자의 선별적 그리고 차별적 해고를 시도하게 된다. 이 과정에서 주된 해고의 대상은 생산성에 비해 인건비가 상대적으로 많이 들게 되는 주변부의 중 · 고령 근로자가 될 가능성이 높다. 이처럼 기업의 인사정책적 수단으로서 수량적 자율성은 종사 근로자 간 고용기회의 불평등 구조를 심화시킬 위험이 있다. 왜냐하면 대다수의 근로자는 각종 사유로 인해 기업으로부터 중도에 퇴직을 하여야 하며, 종신고용의 혜택은 소수의 핵심집단에 국한하여 보장되기 때문이다.

2. 기능적 자율성

기능적 자율성(functional flexibility)이란 개별 근로자의 생산능력을 바탕으로 기업이 계속고용 또는 해고 여부를 독자적으로 결정할 수 있는 권한을 의미한다. 이러한 인사정책적 수단을 통하여 관련 기업은 생산비용의 최소화와 생산성의 극대화를 도모하게 된다.

결손모델(deficit model)에 따르면 개별 근로자의 생애주기별 노동생산성은 나이가 증가할수록 점차 하락하고, 그에 상당하는 만큼 고용불안 현상이 증가하게 된다고 한다(Hatzelmann, 1987). 이 경우 연령의 증가에 따른 고용불안 요인으로, 첫째, 기업 내 작업조직의 변화와 기술진보에 대한 적응능력 감소, 둘째, 학습 및 인지능력의 저하, 셋째, 창의성 및 역동성의 감소 등이 지적되고 있다.

앞에서 언급한 결손모델의 특징이 보편적으로 적용된다고 가정을 하면, 고용불안의 현상은 중년 이후의 중 · 고령 근로계층에서 특히 심각하게 나타나게 될 가능성이 높다. 그러나 나이의 증가에 따른 생산성의 하락은 그 정도에 있어서 개인별로 차이를 보이는 것이 일반적이다. 이러한 의미에서 볼 때 중 · 고령 근로계층의 생산성 하락으로 인해 발생하게 되는 고용불안의 현상은 상당 부분 인사정책적 차원에서 기업의 편견이나 차별에 기인할 가능성이 높다(Friedmann, 1981). 일례로 기술의 발전이나 작업방식의 변화로 인한 인적자본의 가치하락문제는 직업교육을 통해서만 유효하게 극복할 수 있다. 그러나 기업은 이러한 직업교육의 기회를 직장 내 젊은 근로자에게 우선적으로 제공하는 것이 경제적으로 유리할 수 있다. 왜냐하면 중 · 고령 근로자에 비해 젊은 근로자에 대한 인적자본의 투자는 투자비용의 회수기간(amortization period)이 그만큼 길어지게 되는 효과를 가져다줄 수 있기 때문이다. 이러한 직업교육 기회의 불평등은 중 · 고령 근로자의 고용불안문제를 심화시켜 그들의 퇴직시점을 더욱 앞당기게 하는 문제를 초래할 수 있다.

중 · 고령기의 고용불안 현상은 근로자 자신의 요인에서뿐만 아니라 기업 내적 요인으로 인해 발생하게 될 가능성이 있다. 여기서 기업 내적 요인으로는 기업의 규모와 종사업종 등이 지적될 수 있다. 달리 표현하면, 중 · 고령 근로계층의 고용불안 현상은 종사 사업장의 내부적 특성에 따라 기업별로 차이가 발생할 수 있다.

기업의 관점에서 개별 근로자의 계속고용 여부에 대한 경제적 판단은 그의 노동생산성과 고용에 따른 비용 간의 상호관계에 의해서 이루어지게 된다. 설명의 편의를 위하여 여기서는 다음과 같이 가정을 한다(Kaufmann, 1960). 첫째, 평균생산비용(y)은 평균고정비용과 평균가변비용의 합으로 구성된다.[7] 둘째, 평균가변비용(b)은 생산량의 변화에 상관없이 일정하다. 셋째, 산업화의 진전에 따라 일인당 자본장비율(고정비용)은 지속적으로 증가하게 된다.

이러한 가정하에서 총고정비용을 a 그리고 단위 시간당 생산량을 x로 표시하면, 평균생산비용은 〈식 7〉과 같이 나타낼 수 있다.

$$y = b + a/x \qquad \cdots\cdots\cdots\cdots \langle 식\ 7\rangle$$

앞에서 b는 생산량과 상관없이 일정하므로 y의 기울기는 x와 a의 관계에 의해서 결정된다. 〈식 7〉의 정의에 따라 x가 증가하면 y의 기울기

7) 기업의 생산비로서 가변비용은 생산량과 비례하게 되며, 이는 주로 인건비 그리고 원자재 구입비용 등으로 구성됨. 반면에 고정비용은 생산량과 관계없이 지출하게 되는 비용으로 여기에는 건물 및 기계의 감가상각비 그리고 기업의 경상비용 등이 있음.

는 우하향하는 형태를 취하게 되며, 자본장비율이 높은 작업장일수록 y의 기울기는 가파르게 변화하게 된다. 이러한 관계는 [그림 12-6]의 좌측 그림으로 표시할 수 있으며, 개별 작업장 자본장비율의 크기는 III > II > I의 순으로 된다. 여기서 M과 N은 각각 해당 작업장에서의 최대 그리고 평균 생산량을 의미한다. 도표의 우측 그림은 연령 증가에 따른 개별 근로자 노동생산성의 변화를 나타내고 있으며, 여기서 횡축은 나이를, 종축은 노동생산성을 표시하고 있다.

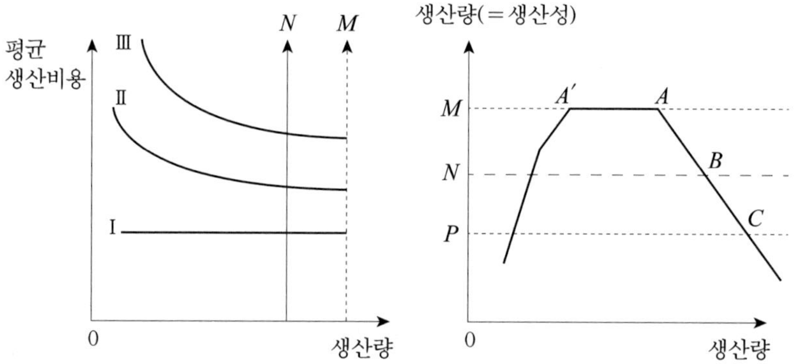

[그림 12-6] 평균생산비용곡선과 생애주기별 노동생산성곡선의 상관관계

출처: Kaufmann (1960).

일반적으로 개인의 노동생산성은 나이가 증가함에 따라 상승하여 극대생산시점인 $A(=M)$점에 도달하게 되고 그 이후 점차 하락하게 된다. 나아가 노령화가 진행되는 과정에서 특정 근로자의 노동생산성은 전체 근로자의 평균노동생산성에 해당하는 점$(N=B)$을 지나 관련 근로자의 고용에 따른 기업의 손익분기점인 $C(=P)$점 이하로 떨어지게 된다. 따라서 기업의 관점에서 C점은 해당 근로자를 고용할 수 있는 한계점이 된다. 그러나 이윤극대화를 추구하는 기업에 있어서 근로자의 해고시점은 C점보다 앞선 시점에서 이루어질 가능성이 높다. 왜냐하면 기업은 종사 근로자와 실업상태에 있는 젊은 계층의 노동생산성을 상호 비교함으로써 개별 근로자의 해고시점을 선택하게 될 것이기 때문이다.

일반적으로 규모가 크고 자본집약도가 높은 기업에 종사하고 있는 고령근로자의 경우 고용불안 현상이 다른 기업에 비해 상대적으로 빨리 나타나게 되는 특성을 보일 수 있다. 그 주된 이유로서 먼저, 해당 기업의 경우 고정자본비율이 높아 근로자의 노동생산성곡선에서 기업의 손익분기점(*C*)이 앞당겨 나타날 수 있기 때문이다. 다음으로, 자본집약도가 높은 작업장(III)일수록 종사 근로자의 생산성곡선은 나이가 증가함에 따라 가파른 증가 및 하락의 형태를 취하게 될 것으로 예상된다는 점이다. 왜냐하면 자본의 증가는 신기술의 도입을 수반하게 되므로 청년기의 경우 노동생산성의 급속한 증가가, 기술의 습득이 둔화되는 중 · 고령기의 경우 생산성의 하락이 빨리 진행될 것으로 예상되기 때문이다.

이상에서 우리는 최근 중 · 고령 근로계층의 고용불안 현상과 관련하여 다음과 같은 시사점을 발견할 수 있다. 첫째, 기업 간 자본집약도의 차이에 따라 고용불안 현상은 중소기업보다는 대기업에서 주로 나타나게 될 가능성이 높다는 점이다. 둘째, 서비스직 관련 기업에서보다 고정비용의 부담이 상대적으로 큰 제조업 관련 기업에서 중 · 고령 근로자의 고용불안 현상이 높게 나타날 수 있다는 점이다. 셋째, 산업의 고도화 추세에 따른 자본집약형 산업의 발전은 중 · 고령 근로계층의 고용불안 문제를 만성화하게 될 가능성이 있다는 점이다.

3. 재정적 자율성

재정적 자율성(financial flexibility)이란 기업이 종사 근로자들 간 임금수준을 상호 비교함으로써 특정 근로자의 계속고용 또는 해고 여부를 결정할 수 있는 권한을 의미한다. 이는 연공서열형 임금체계(seniority wage system)를 가지고 있는 기업에서 특히 중요한 관심사로 대두될 가능성이 높다.

라제어(Lazear, 1979)는 자신의 연공서열형 임금이론에서 다음과 같은 가정을 하고 있다. 첫째, 근로자의 임금은 근속기간에 비례하여 상승하게 된다. 둘째, 근로자의 노동생산성은 전체 근로기간 중 일정하다. 이에 따라 근로자의 임금과 노동생산성은 상호 독립적으로 결정된다. 셋째, 근로자의 임금곡선(W)은 근로생활의 전반기($t_0 \sim t_1$)에는 자신의 노동생산성곡선(V)보다 낮고, 후반기($t_1 \sim T$)에는 이보다 높아진다([그림 12-7] 참조). 넷째, $\widehat{W}$는 노동에 대한 기회비용곡선으로 특정 근로자가 근로여부를 결정하게 되는 최저임금선을 의미한다.[8] 여기서 근로의 시작점에서 당사자가 받게 될 임금은 기회비용곡선과 일치하며, 노동생산성과 기회비용이 교차하는 점에서 최종적인 퇴직이 이루어지게 된다. 다섯째, 해당 근로자의 전체 종사기간 중 임금의 합계와 노동생산성의 합계는 상호 일치한다. 이는 다음의 〈식 8〉로 표시되며, e^{-rt}는 시간선호율을 의미한다.

$$\int_{t_0}^{T} w(t) \cdot e^{-rt} \cdot dt = \int_{t_0}^{T} v(t) \cdot e^{-rt} \cdot dt \qquad \cdots\cdots\cdots\cdots \text{〈식 8〉}$$

[그림 12-7]에서 정규퇴직시점인 T점 이전까지 특정 근로자의 전체 노동생산성의 합계와 임금의 합계는 서로 차이가 있다. 이러한 차액분은 해당 근로자가 자신의 생애임금 중 일정 부분을 기업 내에 유보하고 있는 것을 의미한다. 그리고 근로자는 T시점에서 퇴직을 하게 될 경우에 한해서 전체 근로활동기간 중 자신의 노동생산성에 상응하는 생애임

8) 노동에 대한 기회비용은 특정 근로자가 근로의사를 나타내게 되는 최소한의 임금, 즉 수용임금(acceptance wage)을 말함. 이때 기회비용곡선의 기울기는 여가에 대한 효용, 건강상태, 인적자본의 획득을 위해 투자한 비용, 노동시장의 여건 그리고 경제상황 등에 의해 영향을 받게 됨(Bellmann, 1989).

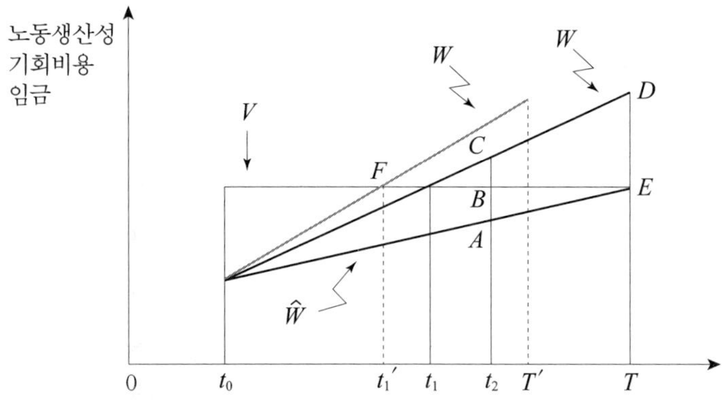

[그림 12-7] 연공서열형 임금체계에서 근로자의 퇴직시점

출처: Lazear, E. P. (1979)를 수정하여 작성.

금을 지급받게 된다. 연공서열형 임금체계를 통하여 기업은 종사 근로자의 전직과 중도퇴사(shirking)문제를 방지할 수 있게 된다. 왜냐하면 t_2시점에서 퇴사를 하게 될 경우 해당 당사자는 $A-C-D-E$ 만큼의 경제적 손실을 감수해야만 하기 때문이다. 나아가 기업은 이러한 임금의 담보분을 바탕으로 개별 근로자에 대하여 노동강도 등 제반 근로조건을 임의로 강요할 수 있는 장점도 가지게 된다.

연공서열형 임금체계에서 정규퇴직시점(T)은 근로계약의 체결 시 근로자와 기업 간 합의에 따라 결정된다. 그러나 실제에 있어서 근로자와 기업은 퇴직시점을 서로 다르게 선택하려고 할 가능성이 있다. 먼저 근로자는 T점 이후에도 해당 기업에서의 계속근무를 희망하게 될 것이다. 왜냐하면 이 시점 이후 근로자의 임금수준은 노동에 대한 기회비용과 노동생산성을 월등히 초과하고 있기 때문이다. 반면 기업으로서는 전반부 근로시점(t_1)을 경과한 근로자를 가급적 빨리 해고를 하려고 노력할 것이다. 왜냐하면 기업은 해당 근로자의 해고를 통하여 자신의 경제적 이익($D-E-F$)을 극대화할 수 있기 때문이다. 이러한 의미에서 와그너(Wagner, 1986)는 연공서열형 임금모델을 기업의 속임수모델(cheatingmodel)로 비판하고 있다.

연공서열형 임금이론은 근로자의 노동생산성이 생애근로기간 중 일정하다는 가정을 하고 있어 현실적용에 많은 한계점을 가지고 있다. 그럼에도 불구하고 이러한 이론은 한국 근로계층의 고용불안 현상을 이해하는 데 상당한 시사점을 제공할 수 있을 것으로 판단된다. 첫째, 최근 명예퇴직제도의 적용 연령계층이 낮아져 40대 중간관리계층의 조기퇴직현상이 증가하고 있다. 이러한 현상은 연공서열형 임금이론에 따르면 해당 계층의 임금 유보분을 박탈하여 기업의 이윤을 극대화하기 위한 전략으로 이해할 수 있다. 둘째, 명예퇴직수당으로 지급되는 특별급여는 기업이 시혜적 차원에서 제공하는 급여가 아니라, 해당 근로자 자신이 기업 내에 유보해 둔 임금의 일정 부분을 되돌려 받는 것일 수 있다. 셋째, 명예퇴직제도의 도입에 따른 근로자의 불만을 해소하고 애사심을 제고하기 위한 일환으로서 관련 기업이 근로자의 임금곡선을 앞의 도표에서와 같이 $W \rightarrow W'$로 상향조정하려고 할 가능성이 있다. 이는 기업의 인건비 부담을 가중하여, 중 · 장기적으로는 고용불안의 심화와 함께 근로자의 기업 내 생존기간이 더욱 단축될 위험이 발생하게 된다. 달리 표현하면 기업이 임금곡선을 상향조정하게 될 경우 연공서열형 임금이론에 따라 근로자의 정규퇴직시점과 근속기간의 중간점은 각각 T'와 t_1'로 앞당겨지게 된다.

참고문헌

김상호, 이정우, 이상의, 김미숙(2003). 국민연금의 세대내 및 세대간 소득재분배 효과 분석. 국민연금연구센터 용역보고서(비발간).

김수봉(2002). 점진적 퇴직을 위한 퇴직금제도 활용방안. 보건사회연구, 22(2), 46-71.

노동부(2005). 고령자고용연장을 위한 사업장 임금피크제 도입 지원방안.

윤석명, 이정우, 김대철(2003). 고령시대를 대비한 소득보장체계 구축방안. 국민연금연구원.

이정우(1996). 조기퇴직제도의 국제비교와 파급효과 분석. 보건사회연구, 16(2), 43-70.

이정우(1997). 퇴직결정변수에 대한 이론적 고찰과 사회정책과제. 사회보장연구, 13(1), 155-182.

이정우(2005). 퇴직의사결정의 자율성을 보장하기 위한 연금수급제도의 개선방안. 규제연구, 14(1), 107-137.

이정우(2006). 고령자의 점진적 은퇴지원을 위한 보충소득지원제도의 도입방안. 인제대학교 산학협력단(2006년 노동부 일반용역사업).

Baker, G., & Naegle, G. (1983). Fruher in den Ruhestand-aber wise?, in: *Soziar Fortschritt, Jg. 32*, S. 24-34. S. 59-64 und S. 79-83.

Barkholdt, C. (2004). Umgestaltung der Altersteilzeit von einem Ausgliederungs-zueinem Eingliederungsimstrument.

Berthold, N. (1987). Der Einflus der Gesetzlichen Rentenversicheurung auf die individuelle Ruhestandsentscheidung, in: *WiSt, Jg. 16*, Hf. 9, S. 435-440.

Edward, P. L. (1979). Why is there Mandatory Retirement?, *Journal of*

Political Economy, 87(6), pp. 1261–1284, The University of Chicago Press.

Hatzelmann, E. (1987). ArbeitstÄtigkeit und Ruhestand: Eine qualiyative Langschnittsuntersuchung an Metallfacharbeitern, Frankfurt am Main.

ILO (2000). Social Security Schemes.

Kaufmann, F–X. (1960). Die Überaltung. Ursachen, Verlauf, wirtschaftliche und soziale Auswirkungen des demographischen Alterungsprozesses, VerÖffentlichungen der Handels Hochschule St. Gallen: Reihe A, ZÜrich.

Munnell, A. H. (1988). Die Wrkungen öffentlicher und privator Pentensysteme auf Ersparnis-und Kapitalbildung, in: *Internationale Revue fur Soziale Sicherheit, Js. 59*, S. 263–279.

Steahle, R. W. (1989). Sweden, in: *The World Crisis in Social Security*, S. 93–120.

Wangner, G. (1986). Reformen beim Rentenzugang?. Wirtschaftsdienst, 145–150.

제13장

고령화 사회를 대비한 연금재정의 안정화 전략

제1절 전략 설정의 배경

오늘날 인구구조의 고령화는 범세계적인 현상으로 확산되고 있다. 이러한 고령화 사회는 정치 · 경제 · 사회 · 문화 등 국가의 전반적 분야에 걸쳐 다양한 부작용을 초래하고 있으며, 특히 한국의 경우 고령화 사회로의 이행속도가 세계에서 가장 빠르게 진행되고 있다는 점에서 우려와 관심의 대상이 되고 있다.

인구구조의 고령화 현상은 생산인구의 감소와 노인인구의 증가가 상호 복합적으로 작용하여 나타나게 된 결과로서, 중장기적으로 공적연금제도의 재정 부실을 가속화 하게 될 위험이 높다. 이에 따라서 한국을 포함한 각국의 정부들은 연금재정의 지속가능성 확보를 최우선 목표로 채택하고 있다. 이러한 목표들은 단순히 보험료의 인상, 급여 수준의 삭감 등과 같은 직접적인 처방을 넘어 별도의 보완적 조치로 공적연금제도의 지급개시연령의 인상, '연금의 조기 수급을 위한 제도적 통로(pathway to early retirement)' 차단을 하고 있다.

연금 재정 안정화 전략은 현실적으로 고령자들의 선호도 또는 육체적 · 정신적 상태에 적합한 일자리가 충분히 뒷받침될 경우에만 비로소 실제적인 효력을 가질 수 있다. 왜냐하면 만약 고령자들의 고용환경과 근로여건이 적절하게 갖추어지지 못한 상태에서 연금수급연령이 인상될 경우 단순하게 소득공백기간만 확장되는 부작용을 초래하게 될 우려가 높기 때문이다. 만약 개인이 이러한 소득공백문제에 대한 일시적 대책으로서 자신의 연금을 앞당겨 신청하게 될 경우 높은 감액률의 적용으로 인하여 당사자들은 노후빈곤의 위험에 노출될 확률도 있다.[1) 특히, 한국의 경우 전일제 위주의 노동시장 환경과 근로조건으로 인하여 고령자들은 근로시간의 선택에 있어서 제한성 그리고 퇴직 시점 및 퇴직 형태의 경직성 등과 같은 문제를 겪고 있으며, 이러한 현상은 고용의 연장이 고령자들에게는 과중한 작업부담을 초래하여 자칫 건강 악화의 원인으로 작용하게 될 위험도 있다.

이상과 같은 취지로 본 연구는 먼저 고령화 사회에서 연금재정의 안정을 위한 정책방안들을 인구-사회정책-노동시장의 영역별로 구분하여 정리해보았다. 첫째, 다양한 재정안정화 방안 가운데 고령자들을 대상으로 한 노동시장정책이 효과성 및 수용성 측면에서 가장 바람직하다는 것을 살펴보았다. 둘째, 고령자들의 퇴직이행에 대한 국가 개입의 필요성을 살펴보았으며, 셋째, 고령자 고용지원정책에 있어서 중요한 논점(일례로 ① 관련 분야에 있어서 국가의 재정적 지원이 노동시장의 수요 측면에서 또는 공급 측면에서 이루어질 수 있도록 해야 할 것인가? ② 정부의 보조금은 고용연장의 조건으로서 희생한 임금을 대상(=임금피크지원금) 또는 고령자의 파트타임 근로 등 근로시간의 단축으로 인한 소득의 하락(=점진적 퇴직에 따른 보충소득지원)을 지원의 대상으로 하여야 할 것인가)에 대하여 살펴보았다.

---

1) 한국 국민연금제도의 경우 이러한 감액률은 매 1년마다 6%씩, 최대 5년까지 적용될 수 있음. 따라서 만약 개인이 5년을 앞당겨서 조기노령연금을 신청하게 될 경우 연금급여는 일생 동안 최고 30%까지 감액하여 지급을 받게 됨.

제2절 연금의 수지균형식을 통해서 본 재정 안정화 전략

1. 연금 재정의 수지균형식

1) 연금 재정의 수지균형 상태

공적연금 재정의 수지균형은 제도별 재정관리방식에 따라서 차이를 보이게 된다. 가령, 부과방식 공적연금제도의 경우 매년도 연금을 포함한 제반의 급여 지출은 같은 해 보험재정의 수입(보험료 및 이자 수입)으로 온전하게 충당된다고 가정할 경우, 이는 부과방식 공적연금제도의 재정수지균형 조건과 유사한 형태를 보이게 된다. 구체적으로 이러한 상황은 적립방식의 공적연금제도가 완전하게 성숙하여 매년의 주기로 보험료 및 이자 수입으로 급여지출을 충당하고, 별도로 미래의 급여지출에 상당하는 수준의 적립기금을 보유하여야 한다.

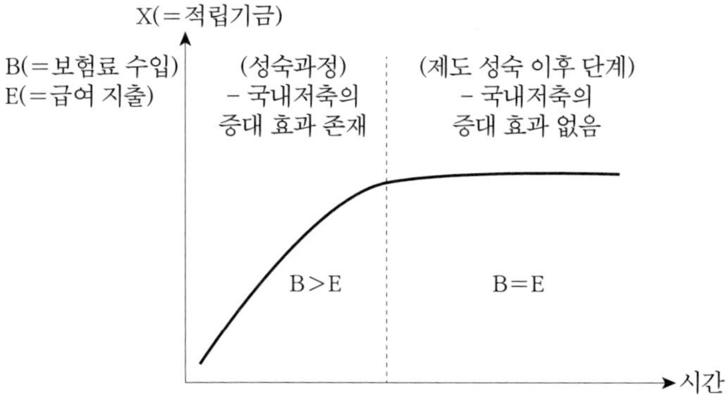

[그림 13-1] 적립방식 연금제도에 있어서 적립기금 규모의 시기별 변화 과정

연금재정의 수지균형은 다음과 같이 정리해 볼 수 있다.

$$\frac{\text{생산연령인구}\times\text{연금적용률}\times\text{평균임금}\times\text{보험료율}}{\text{연금재정수입}} = \frac{\text{노령인구}\times\text{연금수급률}\times\text{평균연금}}{\text{연금재정지출}}$$

$$\text{보험료율} = \frac{\text{노령인구}}{\text{생산연령인구}} \times \frac{\text{연금수급률}}{\text{연금적용률}} \times \frac{\text{평균연금}}{\text{평균임금}}$$

노인부양비율	제도적 부양비율	연금급여율
인구변수	노동시장변수	사회정책변수

$$\text{연금적용률} = \frac{\text{연금가입자의 수}}{\text{연금적용연령의 인구}}$$

$$\text{연금수급률} = \frac{\text{연금수급자의 수}}{\text{연금수급연령의 인구}}$$

[그림 13-2] 연금재정의 수지균형식

연금수급자 부양비율에 대한 국가의 정책적 개입은 장차 고령화 사회를 맞이하여 연금재정의 안정적 운영에 상당히 기여할 수 있을 것으로 판단된다. 그러나 이와 관련한 구체적인 대안의 마련은 노동시장과 공적연금제도 상호간의 관련성을 충분히 감안하여 이루어질 수 있도록 할 필요가 있다. 왜냐하면 앞의 그림에 나타난 바와 같이 연금수급자 부양비율을 결정하는 연금적용률과 연금수급률은 노동시장정책의 방향과 공적연금제도의 설계에 의해 상당부분 영향을 받게 되기 때문이다.

이상의 내용은 재차 [그림 13-2]를 통하여 개략적으로 설명해 볼 수 있다.

첫째, 인구의 고령화는 국내 노동인력의 부족현상을 가져다주게 될 것으로 전망되고 있다. 그러나 이러한 단순한 전망에도 불구하고 장차 노동시장의 환경은 인력공급의 구조적 측면에서 오늘날과 상당한 차이를 보이게 될 것으로 예상된다. 일례로 고령화 사회에서 경제활동인구의 부족문제는 그동안 유휴인력으로 사장되어 왔던 여성 · 노인 · 장애인 등의 고용기회나 근로조건의 개선에 긍정적인 영향을 줄 수 있을 것으로 판단된다. 그러나 이들 계층의 근로능력이나 고용기회는 노동시장정책 그리고 사회정책 차원의 측면지원이 전제될 경우에만 실질적으로 제고될 수 있으므로 국가적 차원에서 사전적인 제도정비가 요구되고 있다.

둘째, 일반적으로 인구의 고령화는 국민의 생활양식과 소비패턴의 변화를 수반하게 된다. 그리고 이는 산업구조의 변화와 함께 인력의 수요에도 상당한 영향을 미치게 될 것으로 생각된다. 특히 인구의 고령화에 따라 각종의 서비스 상품(일례로 수발, 간병, 도우미 등)에 대한 수요가 증대될 것으로 전망되며, 따라서 서비스 산업의 발전과 해당 분야에서의 인력수요 또한 대폭적으로 늘어나게 될 것으로 판단된다. 그리고 이러한 현상은 노령계층의 고용기회를 개선하는 방향으로 작용을 할 수 있을 것으로 기대된다.

셋째, 연금수급자 부양비율은 노령계층의 퇴직형태와 연금수급연령의 조정 등 제도적 노력을 통하여 조절할 수 있는 여지가 넓으며, 그 실효성은 다시 노동시장의 환경에 의해 영향을 받게 된다. 따라서 노령계층의 노동시장 참여를 지원하기 위한 법적 · 제도적 여건과 환경이 갖추어지게 될 경우 고령화 사회의 연금재정 부실의 문제는 상당부분 해소가 될 수 있을 것으로 판단해 볼 수 있다.

넷째, 고령화의 진전에 따라 공적연금제도의 수지불균형이 심화될 경우 보험료의 인상이 불가피하게 될 것으로 예상된다. 여기서 보험료의 인상은 한편으로는 기업의 인력수요에 부정적인 영향을 미치게 되며, 다른 한편으로는 생산연령인구의 근로동기를 위축하게 되는 부작용을 초래하게 될 위험이 높다. 나아가 이러한 문제는 노동의 수요와 공급을 공히 위축하게 되어, 공적연금제도는 재차 재정압박의 문제로 인하여 추가적인 보험료의 인상을 단행하여야 하는 악순환을 겪게 될 수 있다.

따라서 중장기적으로 연금재정의 안정화를 위한 특단의 정책적 노력이 요구되며, 여기에는 급여수준의 하향조정과 국가의 재정보조 확대 등의 방안은 물론 연금수급연령의 단계적 인상이 있을 수 있다.

다섯째, 사회보장제도의 급여체계는 단순히 사회정책적 차원에서뿐만 아니라 노동시장정책적 차원에서도 중요한 의미를 가지고 있다. 후자와 관련하여 사회보장제도의 급여수준과 급여의 수급요건을 어떻게 책정할 것인가 하는 정책적 의사결정에 따라 경제주체의 근로유인은 상당한 영향을 받을 수 있다. 특히 공적연금제도의 연금수급연령과 급여의 내용 및 수준 등은 경제활동의 후반부에 위치한 고령인력의 근로 또는 퇴직의사결정에 직접적인 영향을 줄 수 있다는 점에서 그 중요성이 강조되고 있다.

이상의 내용을 종합하면 인구의 고령화로 인한 연금재정의 불안문제는 단순히 잠재적 가능성만을 중심으로 한 전망에 불과할 수 있으며, 실제로는 사전적 대비와 노력의 여하에 따라 상당부분 극복이 가능한 사안으로 판단된다. 이와 같은 맥락에서 우리는 장차 도래할 것으로 예상되는 고령화 사회를 극단적인 비관론으로 바라보거나, 지나치게 낙관론적인 자세로 대하는 것을 동시에 경계할 필요가 있다. 따라서 고령화 사회로 이행하는 구조적 전환기에서 바람직한 법적·제도적 장치의 마련을 위한 노력이 요구되고 있다.

2) 연금제도의 재정수지에 영향을 주는 중요 영향변수와 이를 위한 정책수단

고령화 사회문제에 대처하여 연금재정의 안정화를 정책적 최우선 순위로 간주할 경우, 정책목표는 수지균형식에서 '보험료율의 안정적 유지'로 나타낼 수 있다. 보험료율의 안정성은 세부적으로 ① 인구변수인 노인부양비, ② 사회정책변수인 연금급여율, ③ 노동시장정책 변수인

연금수급자 부양비율의 상호작용에 의해 영향을 받게 된다.

이를 정리하면 [그림 13-3]과 같다.

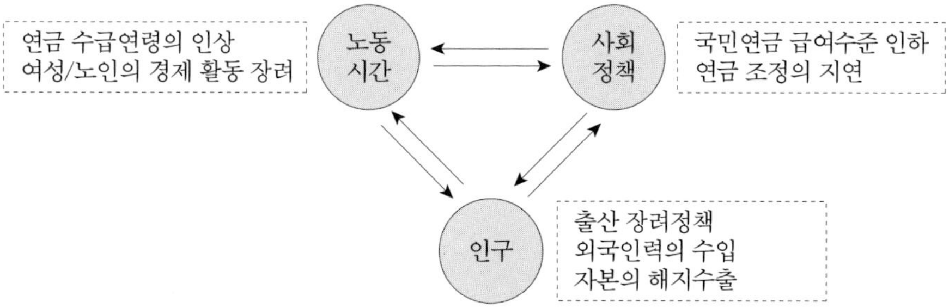

[그림 13-3] 고령화 사회에서 연금재정 안정화를 위한 인구-사회정책-노동시장 정책 변수들과의 상관관계

2. 고령화 사회에서 연금재정 안정화 방안의 개발을 위한 지표체계

앞서 [그림 13-3]에서 연금재정에 영향을 줄 수 있는 변수들의 특성을 정리해 보면 다음과 같다.

1) 노인부양비

노인부양비(old-age dependancy ratio)란 노인인구 대비 생산인구의 비율을 보여주는 일종의 인구 관련 (외생적) 변수로서, 정책적 개입의 여지가 매우 제한적인 특성을 보이고 있다. 노인부양비에 영향을 줄 수 있는 주요 정책들로는 출산장려정책을 우선적으로 생각해 볼 수 있으나, 정책 수단의 투입 대비 그 효과가 매우 큰 시차를 두고 발생하게 된다는 점에서 효율성이 떨어지는 단점을 보일 수 있다.

이 외에도 국민경제의 노인부양비 부담을 줄여줄 수 있는 정책수단으로 외국인 노동력의 수입 또는 국내자본의 해외투자 등이 대표적인 수단이 될 수 있을 것이다. 여기서 전자의 경우 부족한 생산인구를 보충한다는 측면에서는 효과가 클 수 있으나 내국인들의 외국인 인력 수용성을 능가하여 사회적 갈등의 원인으로 작용할 수 있다. 이러한 점에서 볼 때 국내 자본의 해외투자는 외국인 인력의 국내 수입 없이 생산인구의 부족 문제를 보충할 수 있다는 측면에서 큰 장점이 있을 수 있다.

2) 연금급여율

사회정책변수로서 연금급여율은 평균임금 대비 평균연금의 비율을 나타내는 변수이다. 연금재정 안정화를 목표로 하게 될 경우 연금급여율의 정책방향은 직접적으로는 급여수준의 인하, 간접적으로는 급여 인상의 지연 또는 급여 조정방식의 변경(=연금의 임금 연동방식에서 물가 연동방식으로의 전환) 등이 대표적으로 해당될 수 있을 것이다. 하지만 이와 관련한 정책은 그 효과가 비교적 빠르게 나타날 수 있으나, 종종 이와 같은 부류의 정책들은 국민들의 제도불신과 반발을 야기하게 되고, 따라서 일부에서는 이러한 비인기적 정책을 두고 '정치적 자살행위(political suicide)'라고도 이야기하고 있다. 달리 표현하면 동 전략은 연금재정의 안정화에 즉각적이고 효과적인 반응을 할 수 있다는 점에서 장점이 있으나 정치적 유용성 측면에서 볼 때 가장 효과성이 떨어지는 수단으로 판단해 볼 수 있다.

3) 연금가입자 부양비율

동 지표는 연금가입율 대비 연금수급율을 나타내는 변수로서, 노동시장정책적 차원에서 개입의 여지가 상대적으로 폭 넓게 존재할 수 있다는 점에서 장점이 있다.

특히 연금수급연령의 인상조정, 노인 및 여성의 경제활동참가율 지원방안 등은 정책적 효과가 높을 뿐만 아니라, 동시에 정책으로 인한 반발 또한 다른 정책들에 비해 상대적으로 낮게 유지할 수 있다는 장점이 있다(평화로운 연금재정 안정화 정책).

나아가 연금수급연령의 인상은 한편으로 연금 가입인구(=근로계층)를 늘리게 하고, 동시에 다른 한편으로는 연금수급계층의 규모를 줄이게 하여 궁극적으로는 연금 재정에 이중적으로 안정효과를 가져다줄 수 있을 것으로 기대된다. 특히 다가올 고령화사회의 연금재정 불안문제를 감안해 볼 때, 동 방안은 재정안정화를 위한 급여삭감을 근로연장을 통해서 그 비용을 상쇄할 수 있다는 점에서 그 장점을 찾아볼 수 있다.

제3절 재정 안정화 전략의 일환으로서 연금수급연령의 인상: 당위성과 한계

1. 고령화 사회문제에 대한 진단과 전망의 재평가

고령화 사회는 우리가 생각하는 것과 같이 어둡고 침울한 사회가 아니라, 본질적으로 축복을 받은 밝은 사회이다. 왜냐하면 고령화 사회는 모든 인간이 보편적으로 희망하는 '건강하고 오래 살 수 있는 장수사회'가 우리의 가시권 앞으로 성큼 다가와 있기 때문이다.

고령화 사회문제의 본질은 우리가 생각하는 바와 같이 단순히 노인인구가 늘어난다는 사실 그 자체가 아니라 이처럼 늘어나는 노인인구의 대다수가 사회적으로 부양을 필요로 하는 인구로 편입된다는 현실 그 자체가 진짜 문제라는 것이다. 따라서 고령화 사회에서 늘어나는 노인인구의 규모에도 불구하고, 그들 가운데 일정비율을 생산인구로 활용할 수 있을 경우 고령화 사회문제의 상당부분은 극복이 가능할 수 있다. 이러한 측면에서 볼 때, 우리는 장차 다가올 고령화 사회문제를 예정론적으로만 받아들일 것이 아니라, 우리의 의지와 노력에 따라 상당부분 극복할 수 있다는 점을 유의할 필요가 있다. 즉, 고령화 사회의 파고가 우리 사회에 미치게 될 내연(intensity)와 외연(extensity)은 역설적으로 우리의 위기에 대응하는 자세와 마음가짐에 의해 상당부분 달려 있음을 유의해야 할 필요가 있다.

2. 연금수급연령의 인상방식과 제약요인

- 연금수급 연령의 인상 방법
  - 법정연금 수급 연령의 인상
  - 조기노령연금의 자격연령 상향조정 및 조기 퇴직 통로의 차단
  - 연금의 수급자격 요건으로서 일반적인 최소가입기간의 요건이나 조기노령연금의 수급요건 강화 등

- 연금수급연령 인상의 한계
  - 노동시장의 환경: 노령인력의 흡수능력이 전제되어야 한다.
  - 만약 이러한 전제조건이 충족되지 않을 경우 ① 단순히 보장공백기간의 확대 ② 급여수준의 하락으로 인한 노후빈곤의 위험 증가

3. 노동시장의 현실을 감안한 유연한 연금제도의 구축

1) 평균수명 연장의 의미

다음의 [그림 13-4]는 1970년생 인구(X) 그리고 2000년생 인구(Y)의 전체가 각자 태어나 살아가면서 보이게 되는 생존율의 추이를 나타내고 있다.

일반적으로 후세대로 갈수록 사람들의 생존율이 높게 나타나게 되므로, 개별 세대의 생존율 그래프는 X세대보다 Y세대가 오른편의 바깥쪽에 위치하게 된다. 후세대로 갈수록 사람들의 평균수명이 늘어난다는 것은 그래프 상에서 예전보다 많은 수의 사람(a)이 연금수급연령에 도달할 수 있게 되고, 나아가 앞으로 살아갈 수 있는 남은 생존기간도 함께 연장(b)되는 것으로 표현해 볼 수 있다.

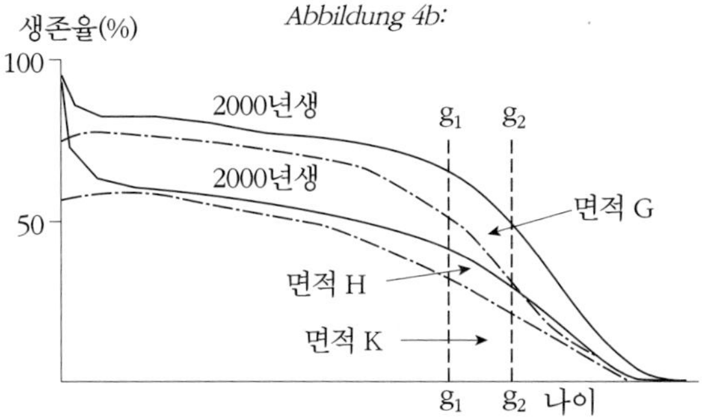

[그림 13-4] 세대 간 생존율의 연령별 변화 형태

2) 평균수명의 연장을 통해 추가적으로 확보한 인력의 구성

평균수명의 연장 추이에 따라 정부가 국민연금의 수급연령을 g1에서 g2로 이동하게 되었다고 가정해 보면, 국내의 생산인구는 그에 상당하는 수준으로 늘어나게 될 것이다. 그러나 실제로 g1 → g2 사이 추가적으로 확보한 인구는 근로능력이나 생산성 등의 측면에서 상호 이질적인 집단으로서 인력의 활용방안이나 사회정책적 지원방안 등에 있어서 구분이 필요하다.

구체적으로 그림에서 면적 K에 상당하는 인력의 경우 고령에도 불구하고 예전과 동일한 근로조건과 근로환경에서 노동력을 제공할 수 있는 집단으로 평가해 볼 수 있다. 따라서 이들에게는 별다른 재정적 지원이 요구되지 않으나, 직업교육 및 후련 등과 같은 인적자본에 대한 투자가 필요한 집단으로 판단된다.

다음으로, 면적 H에 해당되는 사람들의 경우 질병이나 장애 등으로 인해 완전한 근로 활동이 힘든 집단으로서, 이들에게는 노동시장이나 사회정책의 차원에서 특별한 지원이 요구된다. 따라서 이들 계층의 노동력을 활용할 수 있기 위해서는 파트타임 근로가 활성화되어야 하며, 병행하는 선결적 요건으로서 줄어든 근로소득을 보충해 줄 수 있는 방안(일례로, 부분연금제도의 도입)이 활성화되어야 할 것이다.

끝으로 면적 G에 해당되는 집단의 경우 신체적 장애상태 또는 만성적 질환 등으로 근로활동에 있어서 상당한 제약을 받고 있는 집단으로 생각해 볼 수 있다. 따라서 이들 집단을 위해서는 조기퇴직을 유도할 수 있는 (특례)조기노령연금제도를 신설할 필요가 있다. 그리고 이들에게는 질병이나 장애에 대한 보상적 성격의 급여 항목들이 내용이나 수준의 측면에서 강화되어야 하고, 동시에 재활이나 치료 서비스가 활성화되어야 할 필요가 있다.

- 장치 고령화 사회를 대비하여 고령자들을 위한 고용지원정책은 노동시장정책과 사회정책이 상호 유기적으로 연계되어야 하며, 그 과정에서 개인들 각자의 능력과 욕구들이 충실하게 방영될 수 있도록 하여야 한다.

4. 고령자의 고용지원을 위한 정책방안

1) 고령자의 고용정책에 있어서 다양성 · 유연성 · 안정성의 조화

고령자들을 위한 고용정책은 그들이 능력이나 선호, 전문성, 주위환경에 대한 반응 등 제반의 측면에서 서로 차이를 보이게 된다는 다양성(diversity)에서 출발해야 할 필요가 있다(OECD, 2017). 따라서 국가는 고령자들이 삶의 과정에서 직면하게 될 수 있는 차이점에 대하여 제도적으로 유연하게 대처할 수 있는 사회적 인프라(flexibility)를 정비해야 할 필요가 있다.

종국적으로 국가는 이와 같은 개인적 다양성을 현실적 배경으로 하여, 한편으로는 유연하고 동시에 다른 한편으로는 안정적인 사회시스템을 구축하여야 할 것이다.

2) 고령자 고용지원정책의 기본 방향

고령자들에게 각자의 상황이나 선호에 적합한 일자리 및 노동 시간 그리고 근로에서 퇴직으로의 이행형태 등을 자유롭게 선택할 수 있는 권리가 제도적으로나 법률적으로 최대한 보장될 수 있어야만 한다. 이는 '퇴직이행의 유연성(Flexibilität in den Ruhestand)' 또는 '퇴직전환의 가변성(Variabilität in den rentenübergang)'으로도 불리고 있다(Deutscher Bundestag, 2014). 그리고 동시에 이러한 새로운 일자리들은 사회정책적으로도 충분한 제도적 보호(일례로 5대 사회보험의 적용 및 사내 복지혜택, 부당한 해고로부터의 보호 등)를 받을 수 있도록 설계되어야 한다.

제4절 고령자를 위한 퇴직이행 지원제도의 필요성과 이에 대한 국가 개입의 필요성

1. 고령자 퇴직이행의 유익재적 특성(merits-good's Character)

1) 퇴직이행의 개념과 영향력

퇴직이행이란 개인별로 생애 역할이나 활동의 중심이 근로에서 퇴직으로 전환해 가는 일련의 과정을 의미한다. 고령자들에게 있어서 퇴직이행은 생애사적 차원에서 중요한 의미를 가질 수 있다. 왜냐하면 개인들은 근로에서 퇴적으로의 과도기적 이행구간 동안 생활환경의 급격한 변화와 일 역할의 상실 등에 따른 심리정서적 위기상황을 경험할 수 있기 때문이다.

하지만 이러한 과도기적 기간 동안 당사자인 고령자들은 각종의 차별과 편견 그리고 신분적 하락 등을 경험하게 되는 경우가 빈번하게 발생하고 있다.

2) 경제적 사회적 차별의 기제로서 노령

산업화 이후 근대사회로 들어오면서 노령은 각국의 노동시장에서 상대적으로 값비싼 노동력인 고령자의 선별을 위한 일종의 지표로 활용되어 오고 있다. 특히 오늘날 정년퇴직이나 다양한 종류의 조기퇴직제도가 널리 확산됨에 따라 개인은 실제 자신의 근로능력이나 선호 등에 상관없이 일정한 합의된 연령을 기준으로 일률적으로 중단해야만 하는 불합리한 현실을 경험하고 있다.

하지만 이와 같은 현상은 대체로 노령에 대한 편견과 과도하게 이윤만을 추구하는 기업들의 잘못된 인력 관리의 관행에 기인하는 것으로 파악해 볼 수 있다. 이러한 현상은 궁극적으로 고령자 가계의 빈곤문제를 만연화시키고, 나아가 소외와 부적응 등을 초래할 수 있다.

3) 소득흐름의 안정성

인간은 스스로 시장의 기능을 통하여 일생동안 안정적인 소비생활(consumption smoothing)을 영위할 수 있을 경우, 효용수준의 극대화라는 정책목표를 자동적으로 실현할 수 있다. 이러한 차원에서 볼 때 개인의 노후의 안정적인 삶을 보장받기 위해서는 노후의 소비생활을 뒷받침해 줄 수 있는 소득이 충분한 수준으로 뒷받침되어야만 한다.

유익재(merit's goods)란 일반 사적재(private goods)의 경우에서처럼 시장 기능에 따라 자유롭게 생산 및 소비가 이루어질 수 있는 특성을 가진 상품이나 서비스가 해당된다. 하지만 유익재는 사적재의 경우와는 달리, 인산의 생존, 존엄, 건강 또는 복지 등을 위해 반드시 필요한 것이기 때문에, 전적으로 개인이 자율적 판단에만 일임하기에는 상당히 위험이 뒤따를 수 있다는 점에서 적절한 국가개입이 필요로 하게 된다(Fritsch, et al., 1993). 왜냐하면 개인은 종종 현재 소비를 중요시하고 미래 대비를 등한시하는 근시안적 소비행위를 하게 되고, 나아가 이러한 불합리한 경제적 의사결정으로 인하여 자칫 그 피해가 본인 자신은 물론 선량한 제3자에게도 영향을 미칠 수 있기 때문이다.

따라서 유익재의 특성을 가진 상품이나 서비스가 시장에서 자유롭게 거래가 될 수 있도록 하기 위해서는 사전적으로 생산자와 소비자 공히 충분한 정보력을 바탕으로 합리적이고 이성적인 거래를 이루어 낼 수 있는 능력을 갖추어야만 한다.

4) 고령자 퇴직이행 지원의 유익재적 특성

고령자의 퇴직이행은 다음과 같은 측면에서 유익재적 특성을 보이고 있다. 먼저, 노동력의 판매를 통한 생존방식이 널리 일반화되어 있는 오늘날의 현대사회에서 퇴직의 방식, 형태 및 시점 등의 선택에 있어서 합리성은 개인들 각자의 노후생활주기 동안 삶의 질적 수준을 결정하는 매우 중요한 사안이 될 수 있다. 따라서 국가는 고령근로자 각자가 자신에게 가장 유리한 방식의 퇴직의사결정을 수행할 수 있도록 지원하여야 할 책임을 가지고 있다.

다음으로, 국가는 대다수 고령자의 생애 후반부 노동시장 상황이 각종의 차별과 불이익으로 일관되어 있다는 점을 감안하여 그들의 노사관계 또는 일반근로자와의 상대적 지위 그리고 기타 노동법이나 사회보장법상의 지위가 개선될 수 있도록 노력하여야 할 책임이 있다.

끝으로, 고령의 근로자들 자신이 퇴직이행의 과정에서 불합리한 희사결정(일례로, 무리한 조기퇴직의 선택 등)을 하게 될 경우 개인은 자칫 노후빈곤의 위험에 빠질 수 있으며, 나아가 노령기의 빈곤은 대개의 경우 자력에 의한 문제의 극복이 사실상 불가능하게 된다는 점에서 국가의 적극적 역할과 개입이 요구된다.

2. 생애소득의 시기적 재분배 과정에서 시장기능의 실패요인

개인은 일생동안 안정적인 삶을 영위하기 위하여 자신의 생애소득을 시기적으로 적절하게 배분할 수 있는 능력을 갖추어야만 한다. 그러나 부단하게 변화하는 경제 · 사회적 환경 그리고 제반 정보들이 불확실한 세계에서 어떠한 전략이나 대책도 개인 각자 노후대비자산의 안정성을 담보해 줄 수 없는 한계를 드러내 보이고 있다.

이처럼 개인들 각자가 자신의 생애자산을 시기적으로 배분하여 관리하는 과정에서 발생하는 불확실성의 문제는 국가의 합리적 개입을 통해 서만 비로소 원만하게 해결될 수 있다(Gillion, et al., 2000).

제5절 고령자의 고용 활성화를 위한 정책적 기본전략

1. 노동의 수요적 측면에서 지원 vs. 노동의 공급적 측면에서 지원

1) 문제제기

고령자의 고용안정과 고용연장을 위해 국가의 지원이 요구된다면, 이는 누구에게 제공하여야 할 것인가 하는 문제가 제기될 수 있다.

이러한 문제제기를 다시 이론적으로 정리해 보면, 고령자의 고용안정과 고용연장을 위한 국가적 차원의 지원전략은 노동의 수요곡선($N_1 \rightarrow N_2$) 또는 공급곡선($A_1 \rightarrow A_2$)을 대상으로 이루어져야 할 것인가로 요약해 볼 수 있을 것이다.

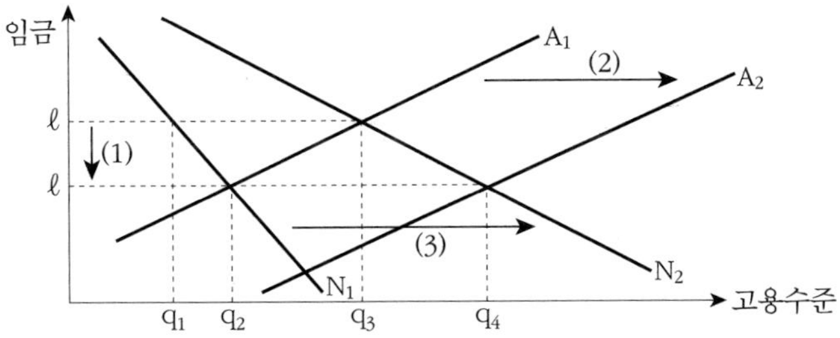

[그림 13-5] 고령자의 노동시장에 대한 정책적 개입 방안

자료: 이정우(2006).

2) 고령자 노동수요곡선의 이동방안($N_1 \rightarrow N_2$)

고령자의 고용과 관련하여 직접적 그리고 실제적 영향을 미칠 수 있는 주체는 기업이다. 이러한 점에서 볼 때 고령자의 고용연장을 위한 제도적 전략은 기업의 경제적 이해를 충실하게 방영해 줄 수 있는 방향으로 개발되어야 할 것이다.

정년을 앞둔 고령의 퇴직 예정자가 동일한 사업장이나 동종의 업종에서 정년연상이나 재고용의 기회를 확보하였을 경우 해당 기업에 대해서는 각종의 제도적 혜택이 제공되고 있다. 이러한 종류의 장려금으로는 한국의 경우 고령자계속고용 장려금이 있으며, 이 이외에도 유사한 취지의 급여로는 채용장려금, 임금피크보전수당, 상생고용지원금(2018년 폐지) 등이 있다.

3) 고령자 노동수요 측면에서 지원방안의 문제점

고령 인력의 채용 또는 해고, 임금 수준 및 근로조건의 결정 등 제방의 측면에서 근로자들보다 높은 의사결정권을 가지고 있는 기업들에게 계속고용장려금과 같은 경제적 혜택을 추가로 제공해 줄 경우, 자칫 이는 기업들의 도덕적 해이를 조장하게 될 우려가 높다.

실제로 유럽연합은 고령자들의 고용안정과 연장을 지원하기 위한 정책프로그램의 개발을 목적으로 하는 토론회에서 기업에 대한 경제적 지원방안에 대해 반대를 하였다(EIRO, 2000). 이에 따라 실질적인 논의의 초반부터 연구자들의 대다수는 임금의 삭감 조치 등 기업에게 일방적인 혜택이 돌아가게 되는 제도적 장안(일례로, 임금피크제도 등)에 대하여 분명한 반대의 입장을 표명하였다.

뿐만 아니라 고령자의 고용연장에 따른 경제적 보상조치로서 임금삭감의 수용 및 각종 장려금 혜택은 고령자들의 노동력이 젊은 실업자들에 비해 상대적이 가격경쟁력을 갖출 수 있도록 함으로써 젊은 연령계층의 취업능력을 떨어뜨리게 하는 부작용을 초래할 우려도 있다.

나아가 상생고용지원금이나 이를 토대로 한 젊은 연령계층에 대한 고용지원 정책 등은 노동시장에서 취업경쟁력이 상대적으로 높은 계층이 우선적으로 혜택을 받게 되는 역진성의 문제[달리 표현하면, 수반효과(Mitnahme-Effekt)]를 초래하게 될 우려도 높다.

4) 고령자 노동공급곡선의 이동방안

노령계층의 노동공급이 실제로 확대될 수 있도록 하기 위한 선행적 조치로서 고령자의 작업 및 근로 환경의 개선 그리고 해당 집단의 근로동기를 자극할 수 있는 제도적 유인장치가 개발되어야 한다. 또한 고용 환경 및 근로조건의 개선은 고령자들이 장기근로를 할 수 있는 여건을 조성해 줄 수 있다는 점에서 그 중요성이 강조되고 있다. 점진적 퇴직은 노화로 인해 나타나는 신체적 부담을 근로시간 단축을 통하여 경감시켜줌으로써 고령자들이 오랜 기간 동안 근로활동에 참여할 수 있는 제도적 환경을 조성해 줄 수 있다.

이상의 기능이 활성화될 수 있기 위해서는 추가적으로 다음과 같은 주변의 환경적 요인의 개선이 필요하다. 첫째, 다양하고 유연한 근로모형이 적극적으로 개발되어야 한다. 둘째, 산업안전과 보건, 고령 친화적 근로환경의 개선 등과 같은 조치를 통하여 고령계층이 업무상 재해 및 질병의 위험 또는 과중한 작업의 부담 없이 장기간 동안 근로에 종사할 수 있는 여건이 마련되어야 한다. 셋째, 고령의 근로계층이 퇴직 이후에도 장기간 동안 근로활동에 종사할 수 있도록 유도하기 위하여 각종의 유인체계나 제재적 장치가 별도로 마련되어야 한다.

2. 지원의 대상: 임금 vs. 근로시간

1) 임금피크제도 또는 점진적 퇴직제도에 대한 비용 보전

만약 고령자의 고용안정을 위한 지원이 필요하다면 임금 삭감에 따른 비용의 보전(=임금피크제 보전수당제도)을 시행할 수 있다. 또는 고령자들의 근로시간 단축으로 인한 급여수준 하락에 대한 보상(점진적 퇴직제도의 보충소득지원제도로서 이 경우 단위 시간당 임금수준은 일정)이 시행될 수 있는데, 이 가운데 어떤 것이 지원대상이 되어야 할 것인가라는 문제가 제기될 수 있다.

2) 근로시간의 단축에 따른 임금하락을 재정보조의 전제조건으로 하는 방안이 합리적인 이유

근로시간의 단축에 따른 실제적 소득감소를 지원의 대상으로 하므로, 퇴직이행제도의 운영에 따른 비용이 노사 어느 한쪽에 일방적으로 부과되는 것을 방지할 수 있다. 점진적 퇴직제도를 포함한 각종의 자율성 연금제도는 지원의 전제조건으로서 근로시간의 단축을 요구하므로 고령자들의 작업부담 경감 그리고 장기간 근로활동이 가능하다. 또한 원칙적으로 단위 시간당 임금 수준이 변화하지 않으므로, 젊은 연령계층과의 가격경쟁력 왜곡문제를 미연에 방지할 수 있다. 더불어 기업들이 고령근로자들의 인적자산을 오랫동안 활용할 수 있으며, 사내정보 등을 젊은 연령계층에게 전달해 줄 수 있는 인적 통로로서의 역할을 수행할 수 있다.

참고문헌

이정우(2006). 활기찬 노령사회를 위한 사회정책 프로그램으로서 점진적 퇴직 제도의 도입방안에 관한 연구. 사회보장연구, 22(2), 23-52.

고용노동부(2006). 고령자 고용 연장을 위한 사업장 임금피크제 도입 지원 방안.

Brussing, M., Knuth, M., & Wojtkowski, S. (2010). Altersteilzeit: Zunehmend BeschaftigungsbrÜcke zum spateren Rentenintritt.

Thiede, S. (2007). *Die gestaffelte Pflegeversicherung: Sozialpolitische und okonomisch Aspekten eines neuen Modells*, Frankfurt/New York.

제5부
공적연금제도의 개혁방안

제14장

노후소득보장제도의 구조개혁 또는 모수적 개혁

제1절 명목적 확정기여형 연금제도의 도입방안

연금제도는 대내외적 관계 악화로 인해 재정위기 상황에 존재하고 있다. 인구 구조의 고령화 · 세계화에 따른 경쟁의 악화와, 그로 인한 불확실성이 증대되고 있으며, 중장기적으로는 1960~1970년대의 고도성장에서 성장둔화로 이어져 국민경제의 일자리 창출능력이 현저히 저하되고 있다.

이상과 같은 위기상황에 대처하여 한국의 국민연금제도는 제도의 본질적 문제에 대해 근본적으로 개혁을 할 것인가? 제도운영의 미숙에 따르는 부분을 교정 · 보완할 것인가의 선택점에 놓여 있다.

1. 명목적 확정기여형 연금제도의 도입취지

명목적 확정기여형(Notional Defined Contribution: NDC) 연금제도란 적립방식과 부과방식의 속성을 동시에 가진 공적연금제도로서, 현재 스웨덴 · 이탈리아 · 폴란드 등 일부 국가에서 실시하고 있다. 이처럼 해당 국가가 NDC 제도를 도입하게 된 배경은 한편으로 인구의 고령화에 대응하여 연금재정의 지속가능성을 장기적으로 보장하고, 다른 한편으로 세계화에 따른 경제적 · 사회적 불확실성의 문제에 대처하여 보다 유연하고 안정적인 연금제도를 마련해야 할 필요가 있었기 때문이다(Holzmann andPalmer, 2007).

2. 명목적 확정기여형 연금제도의 특징

NDC형 연금제도의 특징을 간략하게 정리해 보면 다음과 같다(Palmer, 2007; Barr, 2007).

첫째, DC형 연금제도의 경우와 같이 보험료율이 사전적으로 정해지며, 원칙적으로 그 수준은 계속적으로 유지되어야 한다. 이에 따라 가입자 개인은 자신의 소득에서 보험료율을 곱하여 산정된 금액을 보험료로 납부하여야 하며, 이러한 보험료의 납부의무는 원칙적으로 소득이 발생하는 한 계속하여 적용된다.

둘째, 개인이 납부하게 되는 보험료는 이자수입과 함께 '개인별 연금계정(individual retirement account)'에 저축된다. 여기서 중요한 특징적 차이로서 적립방식의 DC형 연금제도의 경우 개인이 납부한 보험료는 실질적인 연금자산 형태로 적립되고, 따라서 이자수입은 금융자산의 운용수익률에 의해 결정된다. 반면, NDC형 연금제도의 경우 가입자 개인이 납부하는 보험료는 현재 노령세대의 연금급여를 위해 지출하게 되며(부과방식의 특성), 개인별 연금계정에는 적립방식의 원리를 응용하여 자신이 납부한 보험료를 단지 명목적으로만 기록하게 된다. 그리고 이 경우 이자수입은 시장 이자율이 아니라, 법률에 따라 별도로 내부수익률(interne Verzinsung)이 되며, 이는 동상적으로 다양한 경제변수(예: 임금상승률, 생산인구의 증가율, 연금재정의 수지율 등)를 반영하여 제도적으로 결정하게 된다.

셋째, NDC험 연금제도의 경우 공식적인 연금수급연령이 없으며, 단지 연금의 수급자격이 인정되는 최저연령(스웨덴의 경우 61세)만을 법률로 정해 두고 있다. 이에 따라 개인이 법정 최저연령에 도달하였을 경우, 이후 어느 시점에서도 본인의 선택에 따라 연금을 신청할 수 있는 자격을 가지게 된다.

넷째, NDC형 연금제도에서 개인이 근로기간 동안 축적한 명목적) 총 연금자산은 최초로 연금을 신청하게 되는 당시 자신과 동일한 연령집단(cohort)이 가지게 될 기대잔여수명(즉, 기대연금수급기간)으로 나누는 방식으로 연금급여(annuity)를 계산하게 된다.

다섯째, NDC형 연금제도에서는 부과방식 연금제도의 경우에서처럼 적립 기금이 필요하지 않게 되지만, 일정한 규모의 완충기금(bufferfund)이 불가피하게 요구된다. 왜냐하면 NDC형 연금제도의 기능적 특성에 따라 개개의 연령집단별로 생애기간 동안 보험료 총액과 연금급여 총액이 보험수리적으로 일치하도록 설계되어 있기 때문에 인구의 구조적 전환기(예: 베이비붐 세대 → 지출산 세대)에 추가적인 지출수요를 충당할 수 있는 재원이 필요하기 때문이다.

여섯째, NDC형 연금제도에서 개인별 연금자산은 각자의 연금계정에서 관리된다는 점을 감안해 볼 때 이는 마치 연금저축상품과 유사한 측면을 가지고 있으나, 실제적으로는 연금보험상품과 같은 기능을 하게 된다. 왜냐하면 NDC형 연금제도에서는 동일한 연령계층 내부 구성원들 간 수명의 격차로 인한 필요소득량의 편차 문제를 위험분산의 기능으로 해결하기 때문이다. 이를 달리 표현하면, 동일한 연령집단에서 평균수명보다 오래 살고 있는 사람이 생계를 위해 필요하게 되는 추가적인 소득(장수의 위험)은 상대적으로 일찍 사망한 사람이 남겨 준 연금자산(survival's bornus)을 통해 온전하게 충당하게 된다는 것이다.

일곱째, NDC형 연금제도는 순수하게 능력의 원칙과 보험의 원칙을 토대로 운영되기 때문에 보험료를 납부할 수 있는 능력이 없거나 부족한 사람들의 경우 노후빈곤의위험에 직면하게 될 가능성이 높다. 따라서 NDC형 연금제도를 도입한 대다수 국가의 경우 빈곤노인계층의 소득보장을 목적으로 보충적인 성격의 최저소득보증(minimum income guarantee)제도를 별도로 운영해 오고 있다.

3. 명목적 확정기여형 연금제도의 운영경험

1) 명목적 확정기여형 연금제도의 장점

이와 같은 특성을 가진 NDC형 연금제도는 몇 가지 장단점을 가지고 있다. 먼저 NDC형 연금제도의 장점을 살펴보면 다음과 같다.

첫째, NDC형 연금제도는 인구의 고령화 그리고 대내외적 경제환경의 불확실성에 도불구하고 연금재정을 안정적으로 유지할 수 있다. 이와 같은 NDC형 연금제도의 장점은 보험료가 고정적으로 운영되고, 동시에 개인별 또는 연령계층별로 연금급여가 자신들의 목적 연금자산으로 충당될 수 있도록 설계되어 있다는 점이다. 구체적으로, 개인 또는 특정 연령계층의 연금급여는 근로기간 동안 축적한 연금자산을 자신의 기대잔여수명으로 나누어 산정하게 되므로, 사회 전체적으로 평균수명의 연장 추세와 상관없이 연금재정은 안정적으로 유지될 수 있다.

둘째, NDC형 연금제도의 경우 이와 같은 재정수지의 균형이 국가의 자의적 개입 없이 자동적으로 이루어질 수 있다. 그리고 이러한 자동 조절장치는 특정 집단 또는 특정 세대의 이해가 과도하게 반영되는 문제를 억제하여 연금제도 운영의 공정성과 신뢰성을 제고할 수 있는 장점을 가지게 된다.

셋째, NDC형 연금제도는 수지상등의 원리를 바탕으로 운영되므로 국가의 책임을 일정한 수준으로 제한할 수 있다. 따라서 노후대비에 대한 개인의 책임의식이 그에 비례하여 강화될 수 있으며, 이는 국내 저축률의 증가에도 기여할 수 있을 것으로 기대된다.

넷째, NDC형 연금제도는 개인이 각자의 상황이나 신호에 따라 연금급여 수급시점이나 수급방식을 선택할 수 있는 유연성을 가장 폭넓게 보장해 줄 수 있다. 구체적으로, 연금급여는 각자가 축적한 연금자산에 연금을 신청할 당시의 기대잔여수명으로 나누는 방식으로 계산되므로, 개인은 법정최저연령 이후 어느 시점에 상관없이 연금을 선택할 수 있게 된다. 이에 따라 만약 개인이 연금의 신청 시점을 연기한다면, 그에 상응하는 만큼 기대잔여수명이 짧아지게 되므로 급여수준의 증가효과가 발생하게 된다. 동시에 NDC형 연금제도는 개인이 자신의 연금계정에서 연금을 인출하는 방식으로 운영되므로, 개인은 자신의 희망에 따라 완전연금(full-pension) 또는 부분연금(partial pension)의 형태로 임의로 인출할 수 있다. 이 경우 인출하지 않은 나머지의 연금은 자신의 연금계정에 축적되어 향후 완전한 연금 수급할 경우 급여의 인상효과가 발생하게 된다. 뿐만 아니라 NDC형 연금제도에서 개인은 연금의 수급방식을 언제든지 변경할 수도 있다. 예를 들면, 개인은 ① 연금수급 → 재취업에 따라 재차 연금가입 또는 ② 완전연금 부분연금 또는 그 반대로의 전환이 자유롭게 허용된다.

다섯째, NDC형 연금제도는 근로유인을 강화하는 효과를 가져다줄 수 있다. 왜냐하면 이 제도에서 개인이 어떠한 형태의 저임금 일자리를 선택하게 되더라도 여기서 납부하는 보험료는 자신의 연금계정에 축적되어 향후 연금급여의 인상에 기여할 것으로 예상되기 때문이다. 반면, 이와는 달리 현행 부과방식 연금제도의 경우 개인의 연금급여는 실제적인 보험료와는 상관없이 가입기간 동안의 소득을 평균한 '평균소득월액'에 기초하여 결정되므로, 가령 임금피크제와 같이 고령기 임금의 감소는 평균소득월액의 인하 요인으로 작용하게 되어 근로유인에 부정적 영향을 미치게 될 우려가 있다.

여섯째, 오늘날 세계의 대다수 국가가 부과방식의 공적연금제도를 운영하고 있다는 현실을 감안해 볼 때 NDC형 연금제도는 적립방식 연금제도에 비해 전환비용이 상대적으로 적다는 이점이 있다. 왜냐하면 부과방식 연금제도에서 적립방식 연금제도로 전환할 경우 당시의 근로세대에게 이중부담(현재 노인세대의 부양의무와 미래 자신의 노후대비)의 문제가 발생하게 되는 반면, NDC형 연금제도의 경우 현재 노인세대의 부양문제는 세대 간 계약의 원리에 따라 계속하여 근로세대의 보험료로 충당되므로 이와 같은 문제가 발생하지 않게 되기 때문이다.

2) 명목적 확정기여형 연금제도의 문제점

이와 같은 장점에도 불구하고 NDC형 연금제도는 다음과 같은 문제점을 보이고 있다.

첫째, 명목적 확정기여형 연금제도는 제도 설계가 비교적 단순하고 개인별 연금계정에서 연금자산의 운용 상태가 투명하게 파악될 수 있다는 점이 대표적인 장점으로 손꼽힌다. 하지만 이와 같은 투명성은 반대로 경제적 · 사회적 환경 변화가 개인의 연금 자산에 미치게 되는 영향력을 여과 없이 드러내게 되어 오히려 가입자의 제도에 대한 신뢰성을 떨어뜨리게 하는 요인으로 작용할 수 있다.

둘째, NDC형 연금제도에서 보험료가 법으로 고정되어 있는 상황에서 개인별 또는 연령계층별 재정수지의 균형은 급여수준(구체적으로 소득대체율)의 지속적인 조정을 통해서만 유지될 수 있다. 하지만 이러한 현상은 개인이나 국민에게 노후대비에 대한 불확실성의 문제를 초래하게 되어 불안감의 조장과 함께 제도적 불신을 심화시키게 될 소지가 높다.

셋째, NDC형 연금제도 역시 일부 제도적 구성요소에 대한 국가의 개입이 불가피하게 발생하게 된다. 예를 들면, 기대잔여수명의 산정기초가 되는 생명표의 선택 및 변경 그리고 내부수익률 및 법정최저연령의 결정 등은 국가에 의한 정치적 의사결정이 필요하게 되는 분야가 될 수 있다.

넷째, NDC형 연금제도는 장래의 급여를 충당할 수 있는 적립기금 없이 운영된다는 점에서 볼 때 단지 현행 부과방식의 인금제도를 보다 정교하게 재구조화한 수준에 불과하다는 것이다.

제2절 적립방식 공적연금제도로의 전환방안

1. 부과방식에서 적립방식으로 전환에 따른 기대효과

오늘날 전 세계적으로 점차 다수의 학자들은 공적연금제도의 재정관리방식을 부과방식에서 적립방식으로 전환할 것을 주장하고 있다. 이러한 논의는 공통적으로 세대 간 계약에 기초한 부과방식의 공적연금제도가 인구의 고령화와 그에 따른 경제적 · 사회적 환경 변화에 합리적인 방안이 될 수 없으며, 나아가 연금재정의 위기를 증폭하게 될 것이라는 위기감에 그 배경을 두고 있다.

2. 순수한 적립방식 연금제도의 핵심적 특징

순수한 적립방식 연금제도의 핵심적 특징은 다음과 같다. 첫째, 개인별로 가입기간 동안 납부해야 하는 보험료의 총액과 노후기간 동안 수급하게 될 연금총액이 보험수리적으로 상호 일치하여야 한다. 둘째, 개인별로 연금급여의 수준은 가입기간 동안 납부한 보험료의 총액과 연금자산의 운용수익률에 의해 결정된다. 셋째, 개인이 가입기간 동안 납부한 보험료와 자산의 운용수익은 각자 '개인별 연금계정(Individual Retirement Account: IRA)'에 적립되고, 그 규모는 퇴직 당시 장차 생존기간 동안의 기대연금총액을 충당할 수 있는 수준이 되어야 한다.

3. 적립방식 연금제도의 특징에 기초한 적립방식 옹호론자들의 주장

이와 같은 적립방식 연금제도의 특징에 기초하여 적립방식 옹호론자들은 다음과 같은 주장을 하고 있다.

첫째, 적립방식은 부과방식에 비해 상대적으로 높은 경제적 이익을 가져다줄 수 있다. 이를 설명하기 위해서는 사전적으로 다음과 같은 사실에 대한 이해가 필요하다. 개인별로 부담과 급여의 관계를 의미하는 수익률은 적립방식의 경우 이자율에 의해 결정되는 반면, 부과방식의 경우 임금상승률과 인구증가율에 영향을 받게 된다(Dinkel, 1984: 5) 오늘날 대다수 선진국의 경우 자본의 수익률이 임금상승률에 비해 높게 나타나고 있는 것으로 조사되고 있다. 따라서 적립방식의 연금제도는 동일한 보험료 수준에서 부과방식에 비해 가입자에게 상대적으로 높은 연금급여를 보장해 줄 수 있다는 것이다.

둘째, 적립방식은 적립기금의 효율적 활용을 통하여 경제성장 효과를 도모할 수 있다(Feldstein, 1974). 적립방식 연금제도에서 조성되는 적립기금은 국내 저축 그리고 그에 상응하는 수준의 자본 축적 효과를 가져오게 되고, 이는 다시 생산성 향상과 경제성장에 긍정적인영향을 미치게 될 것으로 예상된다.

셋째, 적립방식은 보험료의 부담과 연금급여의 수급 간에 보험수리적 균형을 유지함으로써노후소득보장 문제에 대한 개인의 책임의식을 강화할 수 있다.

넷째, 적립방식은 공적연금제도에 대한 가입자의 신뢰성을 확보할 수 있다. 왜냐하면 노후소득보장에 대한 가입자의 청구권은 부과방식의 경우 '묵시적'인 세대 간 계약에 의해 뒷받침되는 반면, 적립방식의 경우 실제적인 적립 기금을 통하여 보장되기 때문이다.

다섯째, 적립방식은 노후소득보장과 관련하여 세대 간 형평성(generational

equity)을 도모할 수 있다. 구체적으로 적립방식의 경우 모든 개인은 개별적으로 기금의 사전적립을 통하여 스스로 자신의 노후를 책임지게 되어, 부과방식에서 발생하게 되는 미래세대에 대한 부담 전가의 문제를 적절하게 예방할 수 있다.

여섯째, 적립방식은 연금제도에 대한 불합리한 정치적 개입을 방지할 수 있다. 부과방식의 경우 개인별로 비용의 부담총액과 연금 급여의 기대총액 상호 간 수지상등의 원리가 제대로 적용될 수 없으므로 연금제도는 종종 정치적 선심용 수단으로 활용될 위험성이 높다. 반면, 적립방식은 그 특성상 수지상의 원리가 엄격하게 적용되어야 하므로 연금제도에 대한 정략적 개입을 억제할 수 있는 장점을 가지고 있다.

4. 적립방식 반대론자들의 입장

이와 같은 적립방식의 장점에도 이러한 재정관리방식은 실제로는 많은 경제적 · 사회적 문제점을 내포하고 있다. 적립방식 반대론자의 입장을 정리해 보면 다음과 같다.

첫째, 적립방식 하에서 공적연금제도가 완전히 성숙하게 될 경우 적립기금의 규모가 한 나라 GNP의 2~10배가량이 될 것이라는 연구결과가 있다(Grohmann, 1987; Müller & Roffel, 1990: 7) 따라서 연금 적립기금의 수익성 · 안정성 · 공공성을 담보할 수 있는 자본의 관리능력 문제가 제기될 수 있다.

둘째, 대규모 적립기금의 조성에 따른 경제 충격을 최소화하고, 기금의 안정성 및 공공성을 확보할 수 있다는 측면에서 국가의 기금관리가 정당화될 수 있다. 그러나 이러한 방안은 다음과 같은 측면에서 문제가 있다. 먼저 적립기금이 직접적 또는 간접적 방법으로 국가의 재정으로 활용될 경우 이는 국가부채의 누적적 증가를 초래하여 미래정부에 대한 정치적 부담과 미래세대의 경제적 부담을 가중시킬 우려가 있다. 적립방식 공적연금제도의 경우 도입 초기 성숙과정에서 매년도 재정수입이 급여지출을 능가하여 적립기금의 국가 차입분이 지속적으로 증가하게 된다. 그리고 이러한 차입금에 대한 실제적인 변제의무는 향후 급여지출이 재정수입을 상회하게 되는 시기에 가서 비로소 발생하게 된다. 이 경우 미래정부는 당시 일반재정의 지출 규모를 축소하거나 아니면 조세 인상을 통하여 현재의 정부가 초래하였던 국가부채를 청산하게 될 것으로 예상된다. 여기서 우리는 향후 고령화 사회에서 부과방식 공적연금제도에서 발생하게 될 것으로 예상되는 미래세대의 보험료 부담 인상문제와 국가관리의 적립방식에서 미래세대의 조세부담 증가의 문제를 비슷한 맥락에서 이해할 필요가 있다. 따라서 Krupp(1997)는 적립기금의 국가관리방식은 비록 형식상으로는 적립방식을 채택하고 있을지라도 실제적으로는 부과방식이 된다고 주장하고 있다. 다음으로, 적립기금이 정부 부문에 의해 관리될 경우 이는 정치집단에게 당리당략적 차원의 전략을 행사할 수 있도록 재정적 지원을 하게 되는 우를 범할 수 있다(Buttler, 1997). 일반적으로 정치집단의 의사결정은 단기적 차원의 목표(지지도의 확보)를 달성하기 위하여 이루어지게 되며, 이 경우 적립기금은 선거 선심용 수단으로 활용될 위험성이 높다. 이러한 정치집단의 집권 경쟁과정에서 발생하게 된 적립기금의 누수에 따른 폐해는 먼 미래에서 발생하게 된다. 종합하면, 단기적 차원의 정치목표와 중장기적 차원에서 적립기금의 기능(노후소득 담보장치) 간의 시간적 괴리는 적립방식 연금제도의 모순구조를 심화시키게 될 소지를 다분히 가지고 있다.

셋째, 기금의 국가관리에 대한 문제점을 방지하고, 적립기금의 수익성 확보를 위하여 민간부문이 자본을 활용하도록 하는 방안(금융상품 매입, 주식투자, 부동산 매입 등)을 생각해 볼수 있다. 그러나 이러한 방안 또한 다음과 같은 점에서 문제를 초래할 가능성이 있다. 먼저, 투자자본의 유동성 확보와 실질가치의 유지 문제가 제기될 수 있다. 향후 연금재정의 수입과지출 간 수지불균형이 발생하게 될 경우 공적연금제도는 연금급여의 지급을 위하여 보유하고 있는 금융 및 실물자산을 현금화하여야 할 것이다. 만약 이러한 수지불균형의 규모가 매년 막대한 규모로 발생하게 된다고 가정할 경우, 금융 또는 실물시장은 수요와 공급의 불균형에 의해 심각한 자산디플레이션(예: 주식 또는 부동산 가치의 폭락)의 문제를 겪게 될 소지가 있다. 이에 따라 공적연금제도의 적립기금은 실질가치의 상당 부분을 상실하게 될 위험성이 높다.

다음으로, 자본시장에서 막대한 규모의 공적연금자산이 독점적 지위를 차지하게 될 경우 경제흐름의 왜곡과 경제체제적 모순(기금 사회주의의 문제)을 초래할 소지가 있다. 마지막으로, 대규모 적립기금의 존재는 국내 금융시장의 공급과잉 현상을 가져와 이자 및 수익률의 하락문제를 초래할 수 있다. 이러한 문제는 다시 개인의 저축동기 저하와 자본의 해외유출을 조장하여, 궁극적으로 국내자본의 감소로 이어지게 할 가능성이 있다.

넷째, 국민경제적 차원에서 적립기금 흡수능력의 한계에 대처하여 기금의 상당 부분을 해외시장에 투자하는 방안을 고려해 볼 수 있다. 그러나 이러한 방안 또한 다음과 같은 문제를 가지게 된다. 먼저, 세계경제의 가변성, 부단한 환율변동, 정치적 불확실성 등에 대처하여 투자자산의 안정성 확보에 문제가 발생할 수 있다. 다음으로, 적립방식을 기초로 한 공적연금제도가 세계적으로 보편화될 경우 국제금융시장의 공급과잉 문제가 발생할 수 있다. 이러한 문제는 국제금리의 인하를 가져와 적립기금의 수익성 확보에 애로가 발생할 소지가 있다. 마지막으로, 인구의 고령화는 국가별로 정도의 차이가 있을 수는 있겠지만, 세계적 추세라는 사실이다. 따라서 향후 연금재정의 수지불균형이 발생하여 적립기금을 투자한 제3세계 국가로부터 자본을 회수하고자 할 경우 해당국가의 경제적 충격과 외교적 갈등이 발생하게 될 위험성이 있다.

다섯째, 부과방식은 물론 적립방식 또한 가입자에게 향후 연금급여 수준을 확실하게 약속할 수 없다는 점이다. 먼저, 부과방식의 경우 연금급여는 가입자가 실제로 부담하는 보험료 수준과는 상관없이 가입기간 동안 자신의 종전소득에 비례하도록 설계되어 있다. 그리고 이 경우 연금급여는 매년도 전체 가입자 평균임금의 변화율 또는 물가수준 등에 영향을 받게 되므로, 사전적으로 급여액을 확정할 수 없는 한계를 가지게 된다. 다음으로, 적립방식의 경우 연금급여는 가입자가 종전 납부한 보험료 총액과 이에 대한 이자수입에 의해 결정된다. 여기서 이자수입은 매년도의 경기상황은 물론 적립기금 투자상품의 선정 및 자산배분(portfolio) 그리고 위험률 등에 의해 중대한 영향을 받게 된다. 종합하면, 부과방식과 적립방식 공적연금제도는 모두 가입자에게 실제적인 연금급여액을 미리 약속할 수 없는 불확실성의 문제를 가지게 된다.

여섯째, 적립방식 공적연금제도의 노후소득보장기능과 관련한 근본적인 의문으로서 소득의시기적 이전(근로시기 → 노령시기)이 가능할 것인가 하는 문제다. 이러한 적립방식의 회의론에 대한 이론적 배경은 독일의 학자 미켄로스(Mackenroth, 1952)에 기초하고 있다. 그는 노후소득보장의 기능을 개인적 차원과 국민경제적 차원으로 구분하여 설명하였다. 먼저 개인적 차원에서 볼 때 각자는 근로활동시기 자신의 소득 가운데 일정 부분을 유보하고, 이를 노령시기에 인출함으로써 노후소득을 보장할 수 있다. 그러나 다음으로 국민경제적 차원에서 볼 때 이러한 소득의 시기적 이전은 불가능하게 될 수 있다. 왜냐하면 매년 개인의 저축분은 같은 시기에 자본을 필요로 하는 사람(예: 기업가)에게 제공되어 완전히 소비하게 되고, 향후 당사자는 자본을 제공한 대가로 확보한 재산권 또는 채권을 그 당시에 생산된 소비재와 교환함으로써 자신의 노후생활을 보장받게 되기 때문이다. 이를 달리 표현하면, 화폐경제적 차원에서 볼 때 소득의 시기적 이전이 가능할 수 있으나, 실물경제적 차원에서 보면 소득의 시기적 이전은 불가능하게 된다(Dinkel, 1984). 따라서 Mackenroth(1952)에 따르면, 매년도 국민의 노후소득보장은 항상 같은 시기에 생산된 국민소득을 바탕으로 이루어지게 된다. 그리고 공적연금제도가 어떠한 재정관리방식을 채택하고 있더라도 실제로는 부과방식에 근거하여 기능하게 되며, 다만 개별 재정운영방식은 제도의 분배적 기능에만 차이를 가져오게 된다고 주장하였다.

일곱째, 이와 같은 논의에도 불구하고 설령 이론적 차원에서 적립방식이 부과방식에 비해 우월한 것으로 인정을 하게 된 경우에도 부과방식 공적연금제도를 적립방식으로 전환하는 것은 현실적 차원에서 불가능할 수 있다는 점이다. 왜냐하면 이와 같은 재정관리방식의 전환과정에서 당시의 생산세대는 노인세대의 소득보장을 위한 비용은 물론, 자신의 노후대비를 위한 보험료 또한 동시에 부담하여야 하는 이중부담(dual burden)의 문제가 발생하게 될 것이기 때문이다.

5. 종합

종합하면, 인구의 고령화 문제에 대한 대처방안 그리고 경제적 효율성의 확보 차원에서 적립방식의 연금제도가 부과방식보다 우월할 것이라는 주장은 성급한 판단이다. 그러므로 단순히 적립방식을 채택함으로써 향후 고령화 사회에서 야기될 수 있는 제반 문제를 해결할 수 있다고 미리 예단하는 것은 위험한 발상이 될 수 있을 것이다. 더욱이 불확실성이 존재하는 미래사회에서 국민이 안정된 노후생활을 영위할 수 있도록 하기 위해서는 국가의 적극적인 역할이 요구되며, 이러한 과제는 임금과 물가에 연동되는 부과방식의 공적연금제도가 적립방식에 비해 상대적으로 우월하게 수행할 수 있다. 나아가 이와 같은 세대 간 연대 기능에 바탕을 둔 국가적 차원의 해결방안은 시장의 기능에 기반을 둔 다른 어떠한 대안보다도 비용이 절약되고 동시에 생애소비의 안정화와 위험의 분산기능을 가장 효과적으로 수행할 수 있을 것으로 판단된다(Barr, 2004). 하지만 그럼에도, 인구의 급속한 고령화에 대처하여 현행과 같은 부과방식의 공적연금제도에 대한 대대적인 체질개혁이 필요로 하다는 점에 대해서는 반론의 여지가 없을 것으로 생각된다.

제3절 부과방식 공적연금제도의 점진적 개선방안

1. 부과방식 공적연금제도에 있어서의 사회계약

부과방식은 사회계약(social contract)의 산물로서 통상적으로 국가의 책임으로 운영되는 공적연금제도에서만 적용될 수 있다. 왜냐하면 부과방식 공적연금제도에서 노후소득보장의 기능은 적립방식에서와 같은 적립자산이 아니라 무형의 세대 간 연대원리를 바탕으로 이루어지기 때문이다. 이러한 부과방식 연금제도의 핵심적 특징은 다음과 같다.

첫째, 매년도 연금급여 지출총액은 원칙적으로 그해의 전체 가입자가 납부하는 보험료 총액과 정부보조금으로 충당하여야 한다. 따라서 부과방식 연금제도는 일정 규모의 완충기금을 초과하는 별도의 적립기금을 필요로 하지 않게 된다.

둘째, 부과방식에서 연금은 개인이 과거에 납부한 보험료가 아니라, 매년도 근로계층의 부담을 토대로 제공되므로 정치적 의지에 따라 연금제도의 성숙이 빠르게 이루어질 수 있다. 실제적 사례로서 스위스는 1948년 국민연금제도(AHV)를 최초로 도입하였으며, 당시의 중년층 및 고령의 가입자에 대해서는 일정한 기간만 가입하여도 완전한 노령연금을 제공해 주었다.

셋째, 개인별로 연금급여는 미리 정해진 급여 산정공식에 의해 결정(DB형 연금)되며, 그 수준은 가입기간 그리고 그 기간 동안의 소득을 평균한 금액(국민연금의 경우 평균소득월액)에 비례하게 된다.

넷째, 부과방식의 연금제도는 개인별로 보험료 부담과 급여 혜택의 상관관계를 나타내는 수지상등의 원리가 완화되어 적용되므로 정치적 의사결정에 따라 소득재분배의 기능을 상당 부분 수용할 수 있다.

여기서는 적립방식으로의 전환이나 NDC형 연금제도의 도입과 같은 급진적 연금개혁방안 보다는 부과방식의 공적연금제도를 유지하는 상태에서 연금재정의 안정성과 제도적 지속가능성을 모색하는 '모수적 연금개혁방안(parametric pension reform strategy)'에 대해 살펴보고자 한다. 이러한 방안은 급진적 제도개혁에 대한 국민의 반발과 정치적 · 경제적 · 사회적 충격을 최소화할 수 있다는 점에서 현실적인 대안이 될 수 있을 것으로 판단된다.

고령화 사회로의 진행은 특히 부과방식 공적연금제도에서 재정적 부실을 가중하게 될 위험이 높다. 하지만 비록 인구의 고령화가 연금재정에 부정적인 영향을 미치게 될 것이라는 점에 대해는 모두가 인정하게 된다고 하더라도, 그 강도(intensity)나 수준에 있어서도 견해의 차이를 보일 수 있다.

일반적으로 부과방식공적연금제도의 재정 불안문제는 보험료율의 지속적 인상과 같은 형태로 나타나게 될 가능성이 높다. 따라서 고령화 사회에서 연금재정의 안정화 방안은 이러한 보험료율을 적정한 수준으로 유지할 수 있는 방향에서 모색하여야 할 필요가 있다. 이와 같이 보험료율의 수준이나 변동 폭은 부과방식 공적연금제도의 재정적 안정성을 평가할 수 있는 중요한 지표가 될 수 있다. 앞서 제시한 공식을 보면 연금재정은 단순히 인구의 연령별 구성비를 나타내는 '노인부양비율(old age dependancy ratio)' 그리고 연금수급률 대비 연금적용률을 나타내는 '제도적 부양비율(institutional dependancy ratio)'뿐만 아니라 평균연금 대비 평균임금의 비율을 의미하는 '연금급여율(pension level)'에 의해서도 상당한 영향을 받게 된다. 이러한 세 가지의 비율은 그 기능적 특성에 따라 각각 인구변수, 노동시장변수 그리고 사회정책변수로도 불린다. 여기에서는 부과방식 공적연금제도의 재정적 안정성을 확보하기 위한 목표로 국가가 각각의 변수들을 대상으로 개입할 수 있는 전략들을 살펴보고자 한다.

1) 인구변수에 대한 국가의 개입방안

대표적인 인구변수로서 노인부양비율은 노인인구 대비 생산인구의 구성비를 의미하며, 연금제도에서 볼 때 일종의 외생변수가 된다. 따라서 연금재정의 안정화를 목표로 국가가 노인부양비율에 대해 개입할 수 있는 전략이나 그에 따른 효과는 매우 제한적이다. 이와 관련한 방안들로는 다음과 같은 것을 생각해 볼 수 있다.

먼저, 해외로부터 부족한 노동력을 수입해 오는 방안을 생각해 볼 수 있다. 이와 같은 방만은 비록 단기적으로는 생산인구를 확대하여 연금재정의 안정화에 기여할 수 있지만, 중장기적으로는 오히려 이들이 연금수급계층이 되어 연금재정의 부담요인이 될 가능성이 있다. 뿐만 아니라 외국인 노동자의 국내 유입이 점차 많아지게 될 경우, 각종 사회적 · 문화적 갈등이 초래되어 수용능력의 한계에 직면하게 될 우려도 높다.

다음으로, 출산장려정책을 통하여 미래의 생산인구를 확대하는 방안을 생각해 볼 수 있다.하지만 이와 같은 전략은 그 효과가 장기적 차원에서 발생하게 되며, 출산 · 양육 · 보육 · 교육 그리고 노동시장 등 다양한 분야에 걸친 정책의 개발과 상호 유기적인 연계가 이루어질 경우에만 비로소 실효성을 확보할 수 있다. 일반적으로 아동의 출신과 양육은 양육자(주로 여성)의 노동시장 참여를 제한하게 되고, 이는 소득의 단절문제는 물론 연금가입 경력의 공백문제를 야기하게 된다. 여기서 후자와 같은 문제에 대처한 국가의 개입방안은 여성의 출산의사결정에 긍정적인 영향을 미칠 수 있으며, 대표적으로 출산크레딧제도를 언급해 볼 수 있다. 이러한 출산크레딧제도는 출산 및 양육에 의한 연금수급권의 불리문제를 보완해 줄 수 있는 장치로서, 크레딧의 제공 시점에 따라 다음의 두 가지로 구분해 볼 수 있다. 먼저, 연금의 가입단계에서 국가가 아동의 출산 이후 일정한 기간 동안 연금보험료를 대신 납부해 주는 방안이다. 다음으로, 연금의 수급단계에 가서 국가가 개인별로 출산 횟수에 따라 일정한 가산금을 제공해 주는 방안이 있을 수 있다. 이 두 가지 방안의 차이는 출산크레딧에 따른 비용을 국가가 어느 시점에서 부담할 것인가 하는 문제와 관련이 있다.

2) 노동시장변수에 대한 국가의 개입방안

고령화의 문제에서 핵심적인 요점은 단지 사람이 오래 살고 또한 노령인구가 많아진다는 것이 아니라, 개인의 생애주기 동안 경제활동기간이 비경제활동기간에 비해 점차 줄어들고 있다는 사실이다. 보편적 추세로서 개인의 생애노동량은 평균교육기간의 연장 등으로 인한 입직시점의 지연, 중년 및 고령계층의 고용불안 등에 의한 조기퇴직 현상의 심화, 주5일 근무제의 확산과 법정근로시간의 단축 등에 따라 지속적으로 줄어들고 있다. 반대로 이러한 현상은 기대수명의 연장과 함께 개인의 일생에서 비경제활동기간이 비정상적으로 확대되는 작용을 하게 된다. 따라서 개인별로 생애주기의 차원에서 노동과 여가의 시간적 배분이 합리적 균형을 유지할 수 있도록 하는 방인은 고령화 사회에서 예상되는 인력부족의 문제와 연금재정의 불안 문제를 해소할 수 있는 바람직한 역할을 할 수 있을 것이다.

우리 일정한 연령(통상적으로 60세 또는 65세)을 기준으로 정해지는 노인부양비율과는 달리 제도적 부양비율은 연금수급자 대비 연금가입자의 비율로 계산된다. 공적연금제도에서 개인은 근로활동에 종사하게 될 경우 연금가입자 그리고 퇴직 또는 장애 등으로 근로활동을 중단하게 되었을 경우 연금수급자가 된다. 이러한 측면에서 볼 때 공적연금제도의 제도적 부양비율은 노동시장정책이나 연금제도의 개선(특히 연금수급연령의 인상) 또는 장애연금 수급요건의 강화 등과 같은 수단을 통하여 상당 부분 조질이 가능한 정책 영역이 될 수 있다. 따라서 고령화 사회에서 연금재정의 안정성은 이러한 정책적 개입 노력의 실효성에 의해 상당한 영향을 받을 수 있다. 특히 이와 같은 방안의 장점은 연금급여율을 인하하는 전략과는 달리 국민의 반발을 최소화할 수 있는 현실적이고 수용 가능성이 높은 정책대안이 될 수 있다.

고령화 사회에서 연금재정의 안정성을 위해 국가가 제도적 부양비율에 개입할 수 있는 전략은 크게 다음의 두 가지 방향으로 구분해 볼 수 있다. 먼저, 연금가입인구를 확대하는 방안으로서 대표적으로 비경제활동인구(예: 여성, 노인, 장애인 등)나 실업인구의 고용기회를 개선하여 새로이 연금가입자로 편입될 수 있도록 지원하는 정책대안이 있을 수 있다. 다음으로, 연금수급 인구를 축소하는 방안으로서 여기에는 대표적으로 연금의 조기수급 억제와 연금 수급시기의 연기 유도 그리고 법정 연금수급연령의 인상 등이 있을 수 있다. 여기서 특히 후자와 같은 방안들은 연금가입인구의 확대에도 기여할 수 있다는 점에서 이중적인 재정 안정화 효과를 가져다줄 수 있다.

3) 사회정책변수에 대한 국가의 개입방안

연금급여율은 평균연금 대비 평균임금의 비율을 나타내는 지표로서, 이는 매년도 생산된 경제적 부가가치를 생산세대와 노인세대에게 각각 어느 정도의 비율로 배분할 것인가 하는 일종의 정치적 변수(political variable)이다. 이러한 차원에서 볼 때 고령화 사회에 대비한 연금재정의 안정화 방안으로서 노인세대에게 돌아가는 분배의 몫을 일정한 수준에서 억제하거나 또는 그 비율을 인하할 수 있는 전략을 생각해 볼 수 있다. 하지만 이와 같은 방안은 세대 간 갈등이나 노인빈곤의 문제를 양산하게 될 우려가 있어 정치적으로는 실행 가능성이 상당히 제한적일 수 있다. 사회정책변수인 연금급여율을 인하할 수 있는 방안들은 다음과 같다.

첫째, 연금의 급여수준을 인하하는 방안으로서, 이는 급여산식의 조정을 통하여 연금의 소득대체율(income replacement rate of pension)을 낮추는 방법이다. 하지만 이와 같은 전략은 그 파급효과가 모든 연금수급자들에게 직접적으로 영향을 미치게 되어 상당한 정치적 부담요인으로 작용할 수 있다.

둘째, 연금의 산정방식을 변경하는 방안으로서, 여기에는 연금급여의 계산을 위한 기준소득을 퇴직 당시의 소득에서 전체 가입기간 동안의 평균소득으로 변경하는 방법이다. 일반적으로 근로자의 임금수준이 재직기간에 비례하여 증가하게 된다는 점을 생각해 볼 때, 이러한 방안은 연금재정의 안정화에 상당한 기여를 할 수 있을 것으로 예상해 볼 수 있다. 이와 관련된 사례로서, 2010년 한국의 공무원연금제도 개혁에 따라 연금산정의 기준소득이 퇴직 전 3년 동안의 평균소득에서 전체 가입기간 평균소득으로 전환 되었다.

셋째, 퇴직 이후 연금수급자가 안정적으로 생계를 유지할 수 있도록 지원하기 위한 제도적 장치로서 연금급여의 재조정 방식을 임금연동제(wage indexation)에서 물가 연동제(price indexation)로 전환하는 방법이 있다. 일반적으로 임금상승률이 물가상승률에 비해 상대적으로 높게 나타나게 되기 때문에 이와 같은 방안 역시 비록 간접적이지만 연금급여율의 인하효과를 가져다줄 수 있다.

넷째, 연금급여를 최초로 산정하거나 또는 이후 매년 재조정하는 과정에서 별도로 고령화 지수(dernographic factor)를 반영하여 급여의 인상폭을 제한하는 방법이다.

이는 현재 독일 등 다수의 국가에서 적용하고 있는 방식으로서 인구의 고령화 수준에 따라 급여의 인상폭을 제한함으로써 연금재정의 안정화에 기여할 수 있는 전략이 될 수 있다.

제4절 연금제도의 향후 방향

연금제도에서 급진적 구조적 개혁, 모수적 단계 개혁으로 나누는 것은 모순이다. 이는 취사선택의 문제가 아니라 단기적 또는 중장기적으로 문제해결을 위한 합리적 방법론을 신중하게 모색하여야 한다.

35년간의 제도 운영의 경험은 새로운 제도 개선을 위한 진통의 과정으로 앞으로 어떻게 할 것인가? 근본적 제도를 없애고 새로운 제도를 만들 것 인가? 시행착오 과정에서 겪었던 모든 경험은 버려야 하는가를 결정하는 데 크게 작용한다. 보험료부과, 급여산정방식, 근본적 제도, 재정관리방식 등을 바꾸는 것은 기존제도의 질서를 바꾸는 방법이진만, NDC순수부과 방식의 채택은 기존의 방식을 모두 뒤바꾸는 새 판 짜기인 셈이다. 이 두 가지 방향은 대립적 관점이 아니라 상호보완적 및 순차적 관점에서 다루어져야 한다.

연금제도의 개혁이란 것은 구조적 개혁과 같은 근본적 개혁뿐만 아니라 상식적으로 발생하는 위험요인인 인플레이션, 이자율, 출산율 등에 대응하는 장기적인 방식이 필요한 실정이다.

첫째, 제도개혁의 방법은 3층 보장체계의 하나인 노후보장체계는 국가의 국민연금, 기업의 퇴직연금, 개인의 연금 등 세 가지를 분산시켜야 한다. 왜냐하면 제도가 특정 층에 쏠림현상이 나타나게 된다면 제도 간 공평한 비용분담의 원칙을 훼손하는 결과를 초래할 수 있기 때문이다. 국가, 노동자, 사용자가 분담의 원칙을 세워 공동으로 처리해야 할 과제이다.

둘째, 제도운영의 합리성(근본적 측면이 아니라 기술성)차원에서 비용부담 주체의 공정한 구분이 요구된다. 일례로 사회보험에 대한 국가의 위임사업들의 경우 그 비용은 당연히 국가가 부담을 해야 함에도 불구하고 사회보험 운영기구의 비용을 전가하는 문제는 적극 차단하여야 한다.

셋째, 제도운영의 공정성을 지켜야 한다. 국민연금 제도 도입초기에는 보험료 수준이나 역으로 급여수준에 있어서 초기 가입자에게 경제적 혜택이 주어지는 경우가 상당수 존재한다. 한국의 경우에도 이러한 초기 가입자에 대해 상대적으로 낮은 수준의 보험료와 높은 수준의 연금급여를 제공한 사례가 있다. 하지만 한국의 경우 이러한 혜택은 주로 장기간 동안 제도에 가입하고 동시에 소득수준이 상대적으로 높았던 계층에게 편중되는 결과를 가져다주었다. 이러한 현상은 분배적역기능을 초래하게 되어 초기 산업화사회에서 발생했던 빈부격차를 국민연금제도가 더욱 가중시키게 되었다.

참고문헌

Barr, N. (2007). *The Economics of the Welfare State* (4th ed.). Oxford University Press.

Börsch-supan, A. (2005). Was sind NDC-Rentensystrm? Welchen Nutzen haben sie fÜr Reformstategien?

Buttler, J. (1997). VorschlÄgc fur eine Umgestaltung der Alterssicherung in: *Sozialer Fortschritt, Jg. 34*, Hf. 1, S. 11–14.

Dinkel, K. (1984). Umlage und Kapitaldeckungsverfahren als Organisationspirizipieiner allgemeinen Sozialversicherung. *WiSt, Jg. 13*, Hf. 4, S. 165–169.

Feldstein, M. (1974). Social Security, Induced Retirement and Aggregate Capital Accumulation. *Journal of Political Economy, 82*, S. 905–926.

Grohmann, H. (1987). Keine Alternative zum Umlagerverfahren in: *Arbeit und Sozialpolitik*, S. 346–350.

Holzmann, R. & Palmer, E. (2007). Der Stand der Diskussion Uber NDC–system: Einleitung und Uberblick.

Krupp, H. J. (1997). Perspektiven einer Strukturrerform der sozialen Alterssixherung in: Aus Politik und Zeitgeschichte, *Beilage Zur Wochenzeiyung 'Das Parlament', B 35/87*, S. 2–16.

Mackenroth, G. (1952). Die Reform der Sozialpolitik durch einen deutchen Sozialplan, in: Albrecht, G. (Hrsg.), *Die Berliner Wirtschaft zwschen Ost und Westm Schriften des Vereins fur Sozialpolitik*, N.F. Bd. 4, Berlin, S. 39–76.

MÜller, H. W. & Roffel, U. (1990). Zur Herabsetzung der Altersgrenze, in: *Deutsche Rentenversicherung*, Hf. 2–3, S. 89–117.

찾아보기

인명

내용

저자 소개

이정우(Prof. Dr. Jung Woo Lee)

경희대학교 경제학 학사
경희대학교 경제학 석사
독일 베를린공과대학교(TU Berlin) 사회경제학 석사(사회정책전공)
독일 베를린공과대학교(TU Berlin) 사회경제학 박사(사회정책전공)

전 한국보건사회연구원 책임연구원
국민연금제도개선기획단 전문위원
공무원연금운영위원회 위원
행정자치부 공무원연금제도개선 전문위원회 전문위원
행정자치부 공무원재해보상제도 개선자문단 위원
행정자치부 정책자문위원회 위원
대통령 직속 정책기획위원회 위원
대통령 직속 국민경제자문회의 위원
경남사회복지연구원 연구위원
국민연금공단 국민연금심사위원회 위원
안전행정부 공무원연금제도 개선 전문위원회 위원
국민연금공단 국민연금급여 선진화포럼 위원
더불어민주당 제19대 대통령선거 중앙선거대책위원회 직능본부 미래국가정책특별위원회 위원
근로복지공단 연구심의위원회 심의위원(2016, 2020년)
경상남도 도정자문위원회 위원
한독경상학회 BMW 학술상 최우수상 수상(논문명: 「독일의 통일과정에서 복지국가의 역할」)
국무총리 자문위원
현 인제대학교 사회과학대학 사회복지학과 교수

연금과 노후소득보장
Pension and Income Security for the Elderly

2023년 1월 5일 1판 1쇄 인쇄
2023년 1월 10일 1판 1쇄 발행

지은이 • 이정우
펴낸이 • 김진환
펴낸곳 • (주) 학지사
04031 서울특별시 마포구 양화로 15길 20 마인드월드빌딩
대표전화 • 02)330-5114 팩스 • 02)324-2345
등록번호 • 제313-2006-000265호

홈페이지 • http://www.hakjisa.co.kr
페이스북 • https://www.facebook.com/hakjisabook

ISBN 978-89-997-2787-0 93330

정가 23,000원